普通高等教育卓越工程师培养系列教材·汽车类

汽车车身修复技术

（第2版）

主　编　谢　霞　马　超
副主编　张丽杰　王晓燕　徐　柳
主　审　朱诗顺

北京理工大学出版社
BEIJING INSTITUTE OF TECHNOLOGY PRESS

内 容 简 介

本书是在第1版的基础上全面修订编写的。全书共分七章，介绍了汽车车身结构和汽车车身常用材料等基本知识；讲述了汽车车身钣金件焊接和汽车车身钣金基本工艺，并对汽车车身测量与校正、汽车车身修复过程、汽车车身典型零部件修复从理论与实践两方面进行了阐述。

本书图文并茂，理实兼备，实用性强，可供高等院校和高等专科学校汽车类专业使用，也可供从事汽车维修、汽车营销的工程技术与管理人员阅读。

版权专有　侵权必究

图书在版编目（CIP）数据

汽车车身修复技术／谢霞，马超主编．—2版．—北京：北京理工大学出版社，2020.9（2021.5重印）

ISBN 978-7-5682-9111-8

Ⅰ．①汽⋯　Ⅱ．①谢⋯　②马⋯　Ⅲ．①汽车-车体-车辆修理-高等学校-教材　Ⅳ．①U472.4

中国版本图书馆 CIP 数据核字（2020）第 187018 号

出版发行／北京理工大学出版社有限责任公司	
社　　　址／北京市海淀区中关村南大街5号	
邮　　　编／100081	
电　　　话／（010）68914775（总编室）	
（010）82562903（教材售后服务热线）	
（010）68948351（其他图书服务热线）	
网　　　址／http：//www.bitpress.com.cn	
经　　　销／全国各地新华书店	
印　　　刷／三河市天利华印刷装订有限公司	
开　　　本／787毫米×1092毫米　1/16	责任编辑／封　雪
印　　　张／21.5	文案编辑／毛慧佳
字　　　数／505千字	责任校对／周瑞红
版　　　次／2020年9月第2版　2021年5月第2次印刷	责任印制／李志强
定　　　价／49.80元	

图书出现印装质量问题，请拨打售后服务热线，本社负责调换

前言

随着汽车工业的迅猛发展，汽车车身材料和结构发生很大变化，因此对汽车车身修复技术提出了更高要求。伴随维修技术的改革，基于新技术的维修装备不断投入使用，操作工艺相比以往进一步革新。为了使汽车维修从业人员更好地掌握车身修复技术，修订《汽车车身修复技术》成为当务之急。

本书是在《汽车车身修复技术》（第1版，高职高专"十三五"精品课程建设规划教材）的基础上全面修订编写的。全书共分七章，第一章汽车车身结构；第二章汽车车身常用材料；第三章汽车车身钣金件焊接；第四章汽车车身钣金基本工艺；第五章汽车车身测量与校正；第六章汽车车身修复过程；第七章汽车车身典型零部件修复。

根据汽车维修行业新型人才培养模式的需求，本书具有以下特点：

（1）图文并茂，理实兼备。全书附图500余幅，生动形象，通俗易懂；既有理论知识，又有丰富的实践操作，内容安排合理，方便实用。

（2）操作性强。本书实操部分采用项目式、任务型编写模式，按照提出任务、操作准备、操作方法的学习流程，构建理实一体化的知识学习模式，有助于读者学习掌握。

（3）资源丰富。本书结合文字相关内容配有动画和视频，满足相应知识技能的学习要求，贴合实际，容易掌握。读者可扫描二维码观看学习。

（4）内容新颖。顺应车身技术的最新发展，在介绍传统材料、工艺的基础上，增加了新材料、新技术、新装备等的说明。尤其是每章最后设置了"知识链接"模块，拓展了知识结构，增加了阅读趣味性。

本书可供高等院校和高等专科学校汽车类专业使用，也可供从事汽车维修、汽车营销的工程技术与管理人员阅读参考。

本书由陆军军事交通学院谢霞副教授、马超讲师任主编，张丽杰副教授、王晓燕讲师、徐柳讲师任副主编，朱诗顺教授任主审。另外，参加编写的还有张健、张晓丽、王宾、刘文开、徐来春等。在编写过程中，编者参阅和引用了大量文献资料，在此向原作者表示诚挚感谢。

由于编者水平有限，书中难免有不妥和疏漏之处，恳请广大读者批评指正。

编　者

目录
MU LU

▶ 第一章 汽车车身结构 ··· 1
 第一节 汽车总体结构概述 ··· 1
  一、汽车的分类与车级 ·· 1
  二、汽车的总体构造及布置 ·· 2
 第二节 汽车车身结构分类及特点 ·· 5
  一、概述 ·· 5
  二、非承载式车身 ··· 6
  三、承载式车身 ·· 7
 第三节 汽车车身结构组成 ··· 9
  一、承载式车身的典型车身结构 ·· 9
  二、汽车车身覆盖件主要结构 ·· 14
 第四节 汽车车身设计概述 ·· 20
  一、汽车对车身设计的要求 ··· 21
  二、车身设计中应注意的问题 ·· 22
  三、车身开发流程 ·· 22
 【知识链接】 ··· 24

▶ 第二章 汽车车身常用材料 ·· 28
 第一节 金属材料主要性能 ·· 28
  一、金属的晶体结构 ··· 29
  二、金属材料的机械性能 ··· 30
  三、金属材料的工艺性能 ··· 31
 第二节 汽车车身常用金属材料 ·· 32
  一、钢 ··· 33
  二、铝合金 ·· 37
  三、其他金属材料 ··· 40

第三节　汽车车身常用非金属材料 …………………………………… 43
　一、塑料 …………………………………………………………… 44
　二、橡胶 …………………………………………………………… 46
　三、玻璃 …………………………………………………………… 48
　四、黏结剂 ………………………………………………………… 50
　五、密封剂 ………………………………………………………… 52
第四节　汽车车身常用复合材料 ………………………………………… 53
　一、概述 …………………………………………………………… 53
　二、玻璃纤维复合材料 …………………………………………… 54
　三、碳纤维复合材料 ……………………………………………… 54
　四、硼纤维复合材料 ……………………………………………… 55
　五、金属纤维复合材料 …………………………………………… 55
【知识链接】 ………………………………………………………………… 55

第三章　汽车车身钣金件焊接 …………………………………………… 57

第一节　气焊 ……………………………………………………………… 57
　一、气焊设备及原理 ……………………………………………… 58
　二、气焊工艺参数 ………………………………………………… 61
　三、气焊方法 ……………………………………………………… 65
　四、气焊车身操作要领及注意事项 ……………………………… 67
　五、气焊缺陷分析 ………………………………………………… 70
第二节　焊条电弧焊 ……………………………………………………… 77
　一、焊条电弧焊过程 ……………………………………………… 77
　二、焊条电弧焊设备 ……………………………………………… 77
　三、焊条电弧焊电焊条 …………………………………………… 80
　四、焊条电弧焊工艺参数 ………………………………………… 83
　五、焊条电弧焊方法 ……………………………………………… 85
第三节　气体保护焊 ……………………………………………………… 91
　一、气体保护焊原理 ……………………………………………… 91
　二、气体保护焊设备 ……………………………………………… 92
　三、气体保护焊工艺参数 ………………………………………… 94
　四、气体保护焊方法 ……………………………………………… 98
　五、气体保护焊注意事项 ………………………………………… 103
第四节　电阻点焊 ………………………………………………………… 105
　一、电阻点焊原理 ………………………………………………… 105
　二、电阻点焊设备 ………………………………………………… 106
　三、电阻点焊工艺参数 …………………………………………… 108
　四、电阻点焊方法 ………………………………………………… 109

五、电阻点焊操作要点 ··· 110
第五节　钎焊 ·· 112
　　一、钎焊基本原理 ··· 113
　　二、钎焊分类 ·· 113
　　三、锡钎焊 ·· 113
　　四、黄铜钎焊 ·· 117
【知识链接】 ·· 117

第四章　汽车车身钣金基本工艺 ·· 125

第一节　钣金常用设备 ·· 125
　　一、车身钣金常用手工工具及使用 ·· 125
　　二、气动工具 ·· 138
　　三、电动工具 ·· 142
　　四、其他设备 ·· 145
第二节　钣金工安全操作 ·· 146
　　一、钣金修复工具的操作安全 ··· 146
　　二、钣金修复人员的安全防护 ··· 149
第三节　钣金构件的展开与放样 ·· 151
　　一、基本概念 ·· 151
　　二、可展开表面的展开 ··· 156
　　三、不可展开表面的近似展开 ··· 165
　　四、钣金构件的板厚处理和接口咬缝 ·· 168
第四节　薄板手工成形工艺 ·· 173
　　一、弯曲 ··· 173
　　二、伸展、拱曲与收缩 ··· 176
　　三、卷边与咬接 ·· 180
　　四、制筋 ··· 185
第五节　车身钣金件一般修复工艺 ··· 186
　　一、钣金敲平作业 ··· 186
　　二、钣金弯曲校正 ··· 189
　　三、钣金收放 ·· 197
　　四、填料填补修复 ··· 204
　　五、板件切换修复 ··· 206
【知识链接】 ·· 211

第五章　汽车车身测量与校正 ·· 212

第一节　汽车车身变形的测量 ·· 212
　　一、车身测量的意义 ··· 212

二、车身测量的基准 …………………………………………………………………… 213
　　三、车身测量系统 ……………………………………………………………………… 219
第二节　汽车车身损坏诊断 ………………………………………………………………… 222
　　一、碰撞分析 …………………………………………………………………………… 222
　　二、承载式车辆车身的损坏 …………………………………………………………… 224
　　三、非承载式车辆车身的损坏 ………………………………………………………… 226
第三节　汽车车身变形的校正 ……………………………………………………………… 228
　　一、车身的固定 ………………………………………………………………………… 228
　　二、车身的校正 ………………………………………………………………………… 232
　　三、车身校正实例 ……………………………………………………………………… 239
【知识链接】 ………………………………………………………………………………… 244

第六章　汽车车身修复过程 …………………………………………………………… 245

第一节　汽车车身检验与评估 ……………………………………………………………… 245
　　一、概述 ………………………………………………………………………………… 245
　　二、车身损伤形式 ……………………………………………………………………… 245
　　三、汽车车身损伤评估 ………………………………………………………………… 247
第二节　汽车车身拆卸 ……………………………………………………………………… 248
　　一、概述 ………………………………………………………………………………… 248
　　二、车身附件拆卸 ……………………………………………………………………… 248
　　三、车身钣金件拆卸 …………………………………………………………………… 249
第三节　汽车车身钣金件修复 ……………………………………………………………… 249
　　一、概述 ………………………………………………………………………………… 249
　　二、车身钣金件维修 …………………………………………………………………… 249
　　三、车身钣金件更换 …………………………………………………………………… 252
第四节　汽车车身塑料件修复 ……………………………………………………………… 258
　　一、概述 ………………………………………………………………………………… 258
　　二、塑料种类的鉴别 …………………………………………………………………… 259
　　三、塑料件的修复方法 ………………………………………………………………… 261
　　四、纤维增强型塑料件的修理 ………………………………………………………… 267
　　五、塑料件维修的注意事项 …………………………………………………………… 270
第五节　汽车车身涂装修复 ………………………………………………………………… 270
　　一、车身涂层的构成及作用 …………………………………………………………… 270
　　二、车身涂层修复 ……………………………………………………………………… 271
第六节　汽车车身装配 ……………………………………………………………………… 278
　　一、装配的支承、定位和夹紧 ………………………………………………………… 278
　　二、装配的顺序和技术要求 …………………………………………………………… 278
【知识链接】 ………………………………………………………………………………… 278

第七章　汽车车身典型零部件修复 ……………………………………………… 281

第一节　车门的修复 ……………………………………………………………… 281
一、车门的维修 ……………………………………………………………… 281
二、车门的调整 ……………………………………………………………… 288

第二节　车门锁和玻璃升降器的修复 …………………………………………… 295
一、车门锁的结构 …………………………………………………………… 295
二、车门门锁的拆装与调整 ………………………………………………… 297
三、玻璃升降器的拆装 ……………………………………………………… 299

第三节　汽车玻璃的修复 ………………………………………………………… 300
一、汽车玻璃的拆装 ………………………………………………………… 300
二、前风窗玻璃的修复 ……………………………………………………… 310

第四节　保险杠的修复 …………………………………………………………… 312
一、保险杠缓冲器 …………………………………………………………… 312
二、保险杠的拆装 …………………………………………………………… 313
三、保险杠的焊修 …………………………………………………………… 316
四、保险杠的黏结 …………………………………………………………… 317

第五节　汽车翼子板的修复 ……………………………………………………… 318
一、前翼子板的拆装 ………………………………………………………… 319
二、前翼子板加强件的更换 ………………………………………………… 319
三、后翼子板的更换 ………………………………………………………… 321

第六节　汽车钣金件焊接实例 …………………………………………………… 324
一、汽油箱的焊修 …………………………………………………………… 324
二、排气管、消声器的焊修 ………………………………………………… 327
三、车身钣金件裂纹的气焊修复 …………………………………………… 327
四、车架的焊条电弧焊修复 ………………………………………………… 329
五、前车身悬架支承构件的更换 …………………………………………… 330
六、车身后围侧板的局部挖补 ……………………………………………… 332

【知识链接】 ………………………………………………………………………… 332

参考文献 …………………………………………………………………………… 334

第一章

汽车车身结构

第一节 汽车总体结构概述

我国的国家标准《汽车和挂车类型的术语和定义》（GB/T 3730.1—2001）对汽车是这样定义的：汽车是由动力驱动的，具有四个或四个以上车轮的非轨道承载的车辆，主要用于载运人员和/或货物、牵引载运人员和/或货物的车辆或其他特殊用途。它还包括与电力线相连的车辆，如无轨电车以及整车整备质量超过 400 kg 的三轮车辆等。

一、汽车的分类与车级

（一）汽车的分类

根据国家标准《汽车和挂车类型的术语和定义》（GB/T 3730.1—2001）规定，汽车按用途可分为乘用车和商用车两类。

乘用车是指主要用于载运乘客及其随身行李和/或临时物品的汽车，包括驾驶员座位在内最多不超过九个座位。它也可牵引挂车。乘用车又分为普通乘用车、活顶乘用车、高级乘用车、小型乘用车、敞篷车、仓背乘用车、旅行车、多用途乘用车、短头乘用车、越野乘用车和专用乘用车。

商用车是指除乘用车以外，主要用于运送人员和货物的汽车，可以牵引挂车。商用车又分为客车、货车和半挂牵引车三类。客车是指用于载运乘客及其随身行李的商用车辆，包括驾驶员座位在内，座位数超过九个。客车有单层的或双层的，也可牵引挂车。客车又分为小型客车、城市客车、长途客车、旅游客车、铰接客车、无轨电车、越野客车和专用客车。货车是指用于载运货物的商用车辆。货车又分为普通货车、多用途货车、全挂牵引车、越野货车、专用作业车和专用货车。半挂牵引车是指用于牵引半挂车的商用车辆。

（二）汽车的车级

汽车的车级通常以发动机排量、车轴前后距离、售价等相关的重要技术参数作为基准进行分类。

1. 我国的车级分类

按照我国标准，汽车根据发动机排量不同可分为微型汽车、普通型汽车、中级汽车、中高级汽车和高级汽车五个等级。

2. 欧洲车系的车级分类

德国大众汽车集团是欧洲最大的汽车制造商，也是最早进入我国汽车市场的企业，它的汽车分级方法具有代表性。它将汽车分为A、B、C、D级。其中，A级又可分为A00、A0级，相当于我国微型汽车和普通型汽车；B级和C级分别相当于我国的中级汽车和中高级汽车；D级相当于我国的高级汽车，该级别车的轴距越长、排量和重量越大，汽车的豪华程度也越高。车尾的字母有G、GL、GLS等，虽然没有厂家正式公布的技术解释，但大家都统一将G理解为基本型（入门级）、GL理解为豪华型、GLS理解为顶级车。

当然，随着车型的增加以及价格、款式、配置选择越来越多样化，A级、B级、C级的边缘交会也会越来越多。例如，有些车型或许轴距属于A级范围，而排量与价格却与B级相差无几。

3. 美洲车系的车级分类

美洲车系分类标准可参考通用汽车公司的分类方法。通用汽车公司综合考虑了车型尺寸、排量、装备和售价之后，将汽车分为三级。其中 Mini 级相当于我国的微型汽车；我国的普通型汽车在通用汽车公司的分类中可找到两个级别，即 Small 级和 Low-med 级；它的中级汽车 Interm 级同我国的中级汽车和欧洲车系的 B 级基本一致；中高级汽车即 Upp-med 级，在我国相当于奥迪、别克、雅阁等新型汽车；高级汽车相对应的是 Large/lux 级别。

二、汽车的总体构造及布置

（一）汽车的总体构造

汽车通常由发动机、底盘、电气设备和车身四部分组成，其总体构造如图1-1所示。

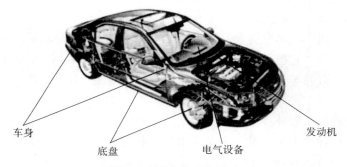

图1-1 汽车的总体构造

1. 发动机

发动机是汽车的动力装置，其功能是使燃油燃烧而产生动力。现代汽车的发动机主要采用往复活塞式内燃机。发动机一般由曲柄连杆机构、配气机构、燃油供给系统、冷却系统、润滑系统、点火系统（汽油发动机采用）和起动系统组成。

2. 底盘

底盘是接受发动机的动力，使汽车运动并按驾驶员的操纵而正常行驶的部件。它是汽车的基体。发动机、车身等其他总成或部件都直接或间接地安装在底盘上。底盘主要由传动系统、行驶系统、转向系统和制动系统组成。

(1) 传动系统

传动系统将发动机的动力传给各驱动轮。传动系统包括离合器、变速器、万向传动装置和驱动桥等部分。

(2) 行驶系统

行驶系统支撑整车质量,传递和承受路面作用于车轮的各种力和力矩,并缓和冲击、吸收振动,保证汽车在各种条件下正常行驶。行驶系统包括车轮与轮胎、车桥、车架和悬架等部分。

(3) 转向系统

转向系统使汽车按照驾驶员选定的方向行驶。转向系统包括转向操纵机构、转向器和转向传动机构等部分。目前,汽车多采用动力转向系统。

(4) 制动系统

制动系统使行驶中的汽车迅速减速乃至停车,并保证汽车能够可靠地驻停。制动系统包括供能装置、控制装置、传动装置和制动器等部分。

3. 电气设备

电气设备由电源、用电设备和配电装置三部分组成。电源部分包括蓄电池和发电机。用电设备部分由起动系统、点火系统、照明设备、信号装置、仪表及报警装置、汽车电子控制系统(包括现代汽车各种智能技术,如自适应巡航、自适应雨刷、自动灯光等)和辅助电器等组成。配电装置包括电源管理器、中央接线盒、电路开关、保险装置、插接件和导线。

4. 车身

车身既是驾驶员工作的场所,也是容纳乘客和货物的场所。

(二) 汽车的总体布置

现代汽车按发动机相对于各总成位置的不同,通常有以下几种布置形式。

1. 发动机前置后轮驱动 (FR)

图 1-2 所示是一种传统的布置形式,应用比较广泛,适用于除越野汽车以外的各类汽车,如大多数货车、部分较高档次的乘用车和部分客车。在乘用车中,宝马车系基本采取的都是发动机前置后轮驱动布置形式;丰田的皇冠和锐志非入门级车采取的都是发动机前置后轮驱动布置形式。

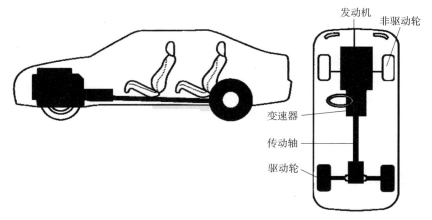

图 1-2 发动机前置后轮驱动示意图

2. 发动机前置前轮驱动（FF）

如图 1-3 所示，目前市场上大多数乘用车采用发动机前置前轮驱动布置形式，具有结构简单紧凑、整车装备质量小、高速行驶时操纵稳定性好等优点。

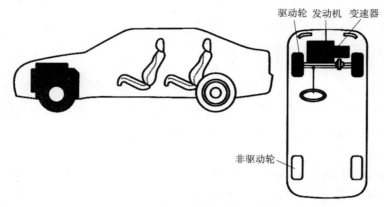

图 1-3　发动机前置前轮驱动示意图

3. 发动机后置后轮驱动（RR）

如图 1-4 所示，大、中型客车和少数乘用车采用发动机后置后轮驱动布置形式，具有车内噪声小、空间利用率高等优点。

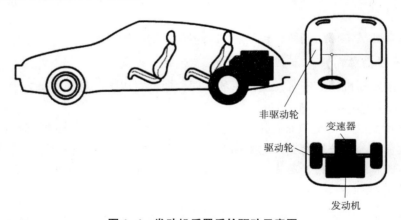

图 1-4　发动机后置后轮驱动示意图

乘用车采用发动机后置后轮驱动布置形式的典型代表是保时捷 911。另外，F1 赛车及国外版雨燕也有采用发动机后置后轮驱动布置形式的。

4. 发动机中置后轮驱动（MR）

如图 1-5 所示，方程式赛车和多数跑车采用发动机中置后轮驱动布置形式，将功率和尺寸较大的发动机布置在驾驶员座椅与后轴之间，有利于实现前、后轴较为理想的轴荷分配，提高汽车的性能。

由于跑车比较追求汽车的运动性能，因此，它可以不顾及乘坐空间而将发动机和传动机构布置在车的中部，以达到较为理想的运动特性。法拉利、兰博基尼等超级跑车，都毫无例外地采用 MR 形式来布置发动机和传动机构。

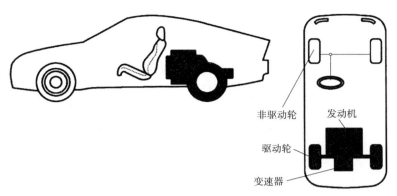

图 1-5 发动机中置后轮驱动示意图

5. 发动机前置全轮驱动（XWD）

如图 1-6 所示，它是越野汽车特有的布置形式。通常发动机前置，动力经离合器、变速器、分动器、万向传动装置分别输送给全部驱动轮。目前，部分乘用车也采用全轮驱动形式。

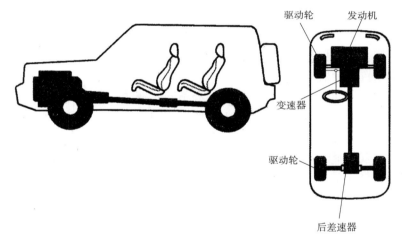

图 1-6 发动机前置全轮驱动示意图

汽车驱动情况常用 4×2、4×4 等表示，前一位数表示汽车车轮总数，后一位数则表示汽车驱动轮数。著名的全轮驱动汽车有通用汽车公司的悍马、克莱斯勒汽车公司的吉普（Jeep）等。

第二节　汽车车身结构分类及特点

一、概述

汽车车身应保护驾驶人免受汽车行驶时振动、噪声和废气的侵袭以及外界恶劣气候的影响，并保证完好无损地运载货物且装卸方便。另外，汽车车身上的一些结构措施和设备还有助于安全行车和减小事故发生的概率。车身应保证汽车具有合理的外部形状，在汽车行驶时能有效地引导周围的气流，以减少空气阻力和燃料消耗。此外，车身还应有助于提高汽车行驶稳定性和改善发动机的冷却条件，并保证车身内部的良好通风。汽车发生碰撞后，需要将汽车恢复到事故前的状态，因此，车身维修人员必须充分了解汽车是如何设计和制造的，然后准确地识别所有损毁的部件，了解不同部位零部件在车身构造中所起的作用，并对它们的修理或更换做出恰当的选择。

对于轿车而言，车身一般由车身本体、内外装饰件、车身附件以及车身电器和电子设备组成。对于货车和专用汽车，还包括货箱和其他专用设备。

汽车车身本体（白车身）既是汽车承载的主体，也是一切车身部件的安装基础，通常由纵梁、横梁、立柱、加强板等车身结构件和车身覆盖件组成，并且还包括发动机舱盖、翼子板、车门和行李舱盖等。

汽车车身内、外装饰件是车身内部和外部起装饰和保护作用的零部件的总称。外饰件主要包括前后保险杠、外部装饰条、玻璃、密封条、商标标志、散热器面罩和车外后视镜等；内饰件主要包括仪表板、车门内护板以及顶棚、地板和侧壁的内饰等。

汽车车身附件是车身中具有某些独立功能的机构和装置，包括门锁、门铰链、玻璃升降器、遮阳板、后视镜、拉手、点烟器、烟灰盒，以及座椅、安全带、安全气囊、车用空调等附属装置。

汽车车身电器和电子设备是指除用于发动机和底盘以外的所有电器和电子设备，如各种仪表及开关、照明装置、信号装置、门窗玻璃电动升降设备、音像设备、刮水器、洗涤器、除霜装置、防盗装置、导航系统等。

对于汽车车身，不同生产厂家、不同系列和不同时期的车身结构和形式都存在着一定差异，但为了认知其结构的本质，人们尽可能按照不同的原则划分车身类型。

汽车车身通常按车身的承载方式、车身外形、用途和结构等分为不同的形式，与车身维修密切相关的分类方法是按承载方式分类。汽车车身按承载方式不同可分为非承载式车身、承载式车身和半承载式车身。

半承载式车身是一种介于非承载式车身和承载式车身之间的结构形式，拥有独立完整的车架，车架与车身刚性连接，因此车身壳体可以承受部分载荷。半承载式车身的特点是车身与车架用螺钉连接、铆接或焊接等方法刚性地连接。半承载式车身一般应用于大客车上，在现代汽车中较少使用。

二、非承载式车身

非承载式车身也称车架式车身，如图1-7所示。这种形式车身的典型特点是其下有足够强度和刚度的独立车架，车身通过弹性元件紧固在车架上，施加于汽车上的力基本上都由车架来承受，车身壳体不承载或只在很小程度上承受由于车架弯曲或扭曲变形所引起的部分载荷。由于载荷主要由车架承受，因此这种车身的支柱一般较细，风窗玻璃也较大。

（一）非承载式车身的优点

1. 减振性好

介于车身与汽车行驶系统之间的车架可以较好地吸收或缓和来自路面的冲击，降低噪声和减轻振动，从而提高乘坐舒适性。

图 1-7 非承载式车身

2. 组装工艺简单

底盘和车身可以分开装配，然后总装在一起。这样可简化装配工艺，便于组织专业化生产线。

3. 易于改型

由于有车架作为整车的装配基础，便于汽车上各总成和部件的安装，同时，也容易改变车型或将其改装成其他车辆。

4. 安全性好

发生碰撞事故时，车架可以对车身起到一定的保护作用，从而保护乘员。

（二）非承载式车身的缺点

1. 整车质量大

由于车架的重量较大，因此整车的重量也较大。

2. 承载面高

由于底盘和车身之间装有车架，因此整车高度增加，汽车在高速行驶时的稳定性较差。

3. 生产成本较高

由于车架构件的截面尺寸较大，因此生产厂家必须具备大型的压、夹具及检验等一系列较昂贵复杂的制造设备，从而导致生产成本较高。

由于有上述特点，故非承载式车身结构大多用于载货汽车和中型以上的客车中；而在普通汽车中则很少使用。一些高端的越野车，如丰田兰德酷路泽、日产途乐等也都采用非承载式车身。

三、承载式车身

承载式车身又称整体式车身，在前、后轴之间没有起连接作用的车架，车身是承担全部载荷的刚性壳体，直接承受从地面传来的力和动力系统传来的力，如图1-8所示。承载式车身十分有利于减轻自身重量，并使车身结构合理化，现代普通汽车几乎都采用承载式车身。

承载式车身虽然没有独立的车架，但由于车身主体与类似于车架功能的车身底板（包括前后纵梁）采用组焊等方式制成整体刚性框架，使整个车身（底板、骨架、内外蒙皮、车顶等）都参与承载。由于前柱、中柱及前纵梁等结构件采用高强度合金钢材，所以整车构成了由多个躯干支撑的曲面网状结构的外壳，这样，分散开来的承载力会分别作用于各个车身结构件上，车身整体刚度和强度同样能够得到保证。当车身整体或局部承受适度载荷时，壳体不易发生变形，而且这个由构件组成的刚性壳体在承受载荷时"牵一发而动全

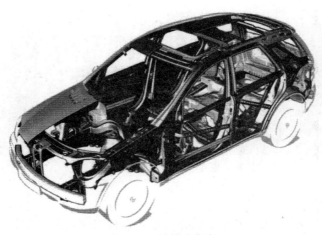

图 1-8　承载式车身

身"，依作用力与反作用力的平稳法则，"以强济弱"地自动调节，使整个壳体在极限载荷内始终处于稳定平衡状态。

1. 承载式车身的优点

（1）重量减轻。

承载式车身不像制作车架那样要使用厚钢板冲击件制成，而是采用容易成形的薄钢板冲压件。

（2）生产性好、适合现代化流水线生产。

用薄钢板冲压成的各种结构件，在流水生产线上采用点焊工艺和多工位自动焊接等自动化生产方式，生产效率高，质量保障性好。

（3）车身组合后的整体变形小，结构紧凑，安全性高。

由薄板冲压成形组焊而成的车身具有均匀承受载荷并加以扩散的功能，对冲击能量的吸收性好。尽管当汽车发生碰撞事故时的局部变形较大，但对乘员室的影响却相对小得多，汽车的安全保障性得到改善和提高。

（4）能够实现车身整体合理的强度等级设计理念（也称车身刚度匹配）。

所谓车身强度等级设计，是指在设计汽车车身时，有意将中部区域（乘客区）的刚度和韧性设计得比前后区域大，这样在前后碰撞时，车身前、后部易变形（尺寸缩短）而吸收撞击能量，从而对中部区域产生一定的保护作用。

承载式车身是目前普通汽车的主流车身形式。例如，丰田车系中包括皇冠、锐志、花冠、威驰等在内的17种车型均为承载式车身。绝大多数的国产汽车也都采用这种车身结构。

2. 承载式车身的缺点

（1）底盘部件与车身结合部位（通常指减振系统安装部位）在汽车长期运动载荷的冲击下容易发生疲劳损伤。

（2）乘员室容易受到来自汽车底盘的振动与噪声的影响。

（3）由事故所导致的整体变形较为复杂，而且车身整体定位参数的变化还会直接影响到汽车的行驶性能。对整体参数复原时，钣金修复作业不仅难度大，而且必须使用专用设备和特定的检查与测量手段。

另外，根据侧窗数、座位数等，汽车分为三厢式和两厢式两种。三厢式汽车是一种目前的主流车型，车身为封闭、刚性结构，有四个以上侧窗，两排以上座位和两个以上车门。由于发动机室、乘员室、行李舱分段隔开形成相互独立的三段布置，因此称三厢式汽车。三厢式汽车后排空间设计较大，乘坐舒适感较好。由于乘员室与行李舱隔离，隔声效果也较好，因此，商务型汽车多采用三厢式。两厢式汽车后部形状按较大的内部空间设计，将乘员室与行李舱同一段布置，故称两厢式汽车。相对而言，两厢式汽车行李舱空间较大，但车内噪声也略大于三厢式汽车。

第三节 汽车车身结构组成

一、承载式车身的典型车身结构

承载式车身的结构有三种基本类型，即前置发动机后轮驱动、前置发动机前轮驱动和中置发动机后轮驱动。由于三种类型车身的结构基本相似，因此以汽车普遍采用的前置发动机前轮驱动（前置前驱）为例介绍。

前置前驱的车身被分为前车身、乘员室（中车身）和后车身三个主要部分。

前置前驱的发动机可以纵向放置也可以横向放置。当发动机纵向放置时，其支撑如图1-9所示，发动机由连接左、右前纵梁的前悬架横梁支撑。这种发动机的放置方式与后轮驱动发动机的放置方式相同。当横向发动机放置时，其支撑在四个点上，如图1-10所示，即发动机安装在中心构件（或称为中间梁）和左、右前纵梁上。

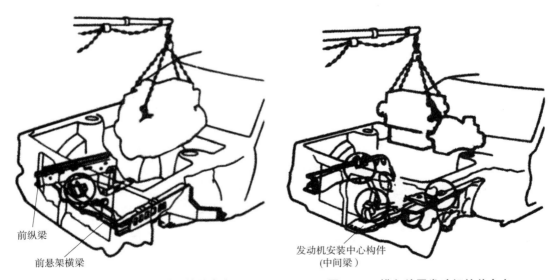

图1-9 纵向放置发动机的前车身　　图1-10 横向放置发动机的前车身

（一）前车身

前置前驱的前车身壳体由前翼子板、散热器上下支架、散热器侧支架、前横梁、前纵梁、前挡泥板和用薄钢板冲压成的前围板等构成。前置前驱和前置后驱汽车的前悬架几乎是相同的，它们都采用滑柱式独立前悬架。前车身的精度对前轮定位有直接影响，所以在完成前车身修理以后，一定要检查前轮的定位。

图 1-11 所示为前置前驱纵向放置发动机的前车身构件。为了增加前挡泥板的强度和刚度，将前挡泥板、盖板与前纵梁焊接在一起。纵向放置发动机（包括 4WD）的前车身与后轮驱动的前车身几乎相同，但由于前置前驱汽车前部承受较大的载荷，其扭力箱焊接在前纵梁的后端，因此其前纵梁强度比前置后驱汽车相应构件的强度要大。

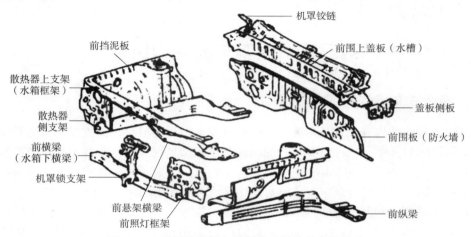

图 1-11　前置前驱纵向放置发动机的前车身构件

图 1-12 所示为前置前驱横向放置发动机的前车身。由于发动机横向放置，转向操纵机构的齿轮齿条就装在前围板的下部，转向传动杆系通过前横梁后部的大开口和悬架臂一起装在直对开口下面的结构上，因此其前车身的下围板和前纵梁与后轮驱动汽车或发动机纵向安置的前轮驱动汽车完全不同。

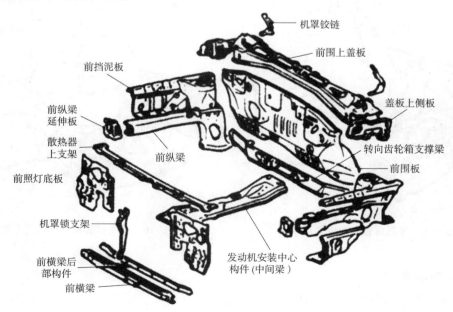

图 1-12　前置前驱横向放置发动机前车身构件

(二) 中车身

前置前驱汽车的中车身壳体是基本相同的,包括车底、侧围板、车顶盖等部分。

1. 车底

车底由地板、地板纵梁、加强梁、地板横梁等组成,其中段构件如图 1-13 所示。地板纵梁用高强度钢板制成,位于乘员室两侧下端,又称为车门槛板内板。由于前置前驱车身没有传动轴,车地板拱起空间小,因此能够提供较大的腿部活动空间。

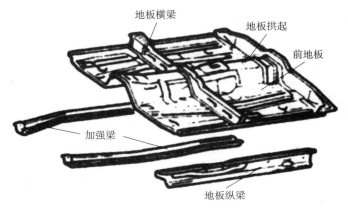

图 1-13 车底中段构件

2. 侧围板

侧围板指车身侧面由前支柱(A 柱)、中支柱(B 柱)、后支柱(C 柱)、后风窗支柱、顶盖侧梁、门槛加强板及后翼子板组合成的焊接框架,装配时作为独立的大总成与地板、前后围等焊接成一个整体。侧围总成贯穿于车身的中后部。图 1-14 所示为桑塔纳汽车侧围板零件。图 1-15 所示为侧围板、后围板、顶盖及其相关结构件主要断面形状。

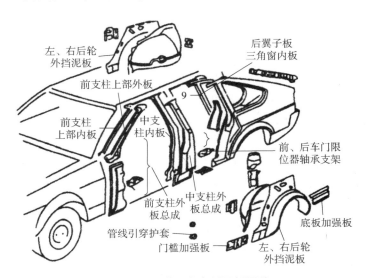

图 1-14 桑塔纳汽车侧围板零件

(1) 前支柱（A柱）。

前支柱由上段的前风窗支柱和下段的前围支柱焊接而成。前风窗支柱既是侧围板的重要零件，又参与构成前风窗框，其断面形状如图1-15（b）所示。前围板支柱断面尺寸较大，它主要的功能是承担前门负荷。

(2) 中支柱（B柱）。

中支柱主要起车门立柱的作用，同时，增加侧围板的刚度，以承受侧面撞击。其形式为内板凹入形成闭合断面空间弯曲梁，其断面形状如图1-15（c）所示。凹入形的内板有利于前座椅安全带的布置。

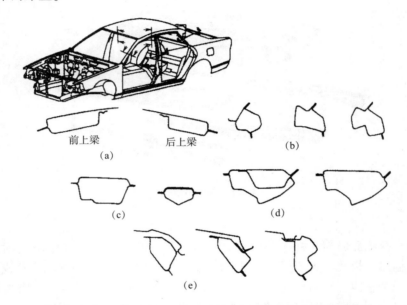

图1-15 侧围板、后围板、顶盖及其相关结构件主要断面形状
(a) 顶盖梁；(b) 前支柱；(c) 中支柱；(d) 后支柱；(e) 顶盖侧梁

(3) 后侧围内板。

后支柱、后风窗支柱、连接板、加强板、后轮罩外板及安全带固定板等共同组成后侧围内板的焊接分总成。后支柱的断面形状如图1-15（d）所示。图1-16所示为典型汽车后侧围内板分总成，这是车身骨架中较大的一个分总成，可靠地支撑着乘客区的后部。

(4) 后翼子板。

后翼子板又称后侧围外板，后翼子板与侧围一体化是现代车身结构的一个突出特点。翼子板的作用是包裹轮胎以防止流水飞溅，并要符合外观要求。

(5) 顶盖侧梁。

顶盖侧梁的形状较为复杂，既要承受纵向载荷，又要与前、中、后三种支柱及内饰拉手连接。从安全性出发，顶盖侧梁在前支柱至中支柱之间加设侧梁加强板，使之与侧梁组成闭合断面，以提高结构强度和抗弯、抗扭刚度。侧梁的下侧翻边与顶盖的垂直翻边采用点焊连接，上侧翻边与顶盖内表面黏结，既保证了顶盖的表面质量，又起到密封隔振的效果，其断面形状如图1-15（e）所示。

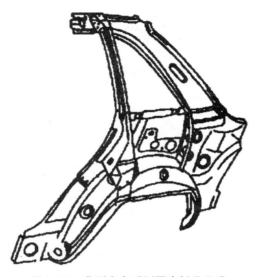

图 1-16 典型汽车后侧围内板分总成

（6）门槛外板。

侧围下部的门槛外板其实属于地板焊接总成，为使焊接工艺简便，先与侧围各零件焊于一体，其内部与前支柱和后支柱连接处分别设有加强板，以提高接口刚度。此外，在下表面冲制有车辆举升支座固定孔，以方便厂内运输及维修调整。

（三）后车身

前置前驱的后车身壳体由上下两部分组成，上部由后门总成、下后板、后地板、后轮罩外板等组成，如图 1-17 所示。车身底部由后地板横梁和后地板纵梁组成，其后段构件如图 1-18 所示。

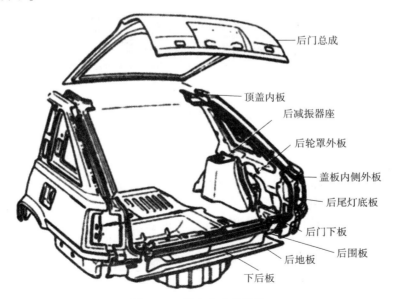

图 1-17 后车身壳体结构

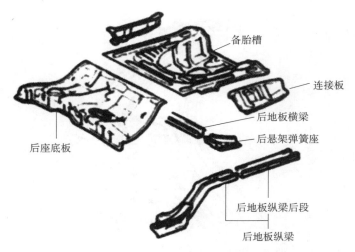

图 1-18　车身底部后段构件

二、汽车车身覆盖件主要结构

根据在车身上的位置不同,车身覆盖件可分为车身前部板制件、车身中部板制件和车身后部板制件,主要包括保险杠面罩、散热器面罩、发动机盖、车门、顶盖(带天窗)、围板、翼子板、保险杠等,如图 1-19 所示。

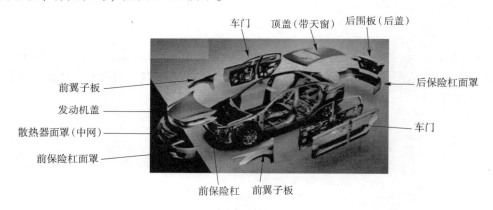

图 1-19　车身覆盖件

(一) 发动机盖

发动机盖总成由外板和内板组成,如图 1-20 所示。为适应整车造型的需要,外板是较为平整(或稍有拱曲)的大覆盖件。另外,有的外板表面还纵向布置两条通长的加强筋,以增强发动机盖整体纵向刚度。为增强发动机盖的整体刚度,内板由薄钢板经整体拉延后成形,内板呈网格状,凸筋的布局增加了美感、提高了刚度。内板上开设的孔口,除考虑减轻重量、整体刚度及整体美观的要求外,还要考虑避让诸如铰链、锁机构等零件的需要。

内外板采用胶粘、翻边咬合的形式连接。粘接时，先在外板的粘接面处涂环氧树脂胶，然后将内板总成放在外板上，输送至咬合模中进行咬合。

除用环氧树脂胶沿周边粘接外，在内板筋条翻边处与外板内表面还留有2~5 mm间隙，在内外板组装在一起时，填入有机填料或车身密封胶，经烘干固化后，这种有机填料就会变成外表硬、内部软的状态，起到吸振和减小噪声的作用。

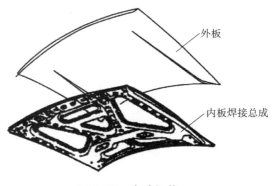

图1-20 发动机盖

有的车型的发动机盖内板上还覆盖一层隔声隔热棉，前部有密封条。

发动机盖通过铰链与车头本体相连接。发动机盖的前部装有发动机盖锁，发动机盖锁的主要功能是使发动机盖安全锁闭，在行车中不得自动开启，并保证发动机盖与车身的相对位置不变。

发动机盖的支撑分为带支杆和不带支杆两种。一般在普通汽车上，发动机盖可通过暗铰链与车身连接。它可绕铰链轴线转动，然后打开并用支撑杆支撑。

(二) 前翼子板

前翼子板是车身上的大型覆盖件之一，一般由0.6~0.8 mm高强度钢板拉延成形，表面形状由车身造型确定。在绝大多数轿车上，前翼子板是用螺钉与车身本体连接的，其后端通过中间板和前围支柱连接，侧面与发动机盖缝线处和挡泥板相连，前部和散热器框延长部分相连，左右前翼子板间也有连接板。奥迪A6轿车前翼子板如图1-21所示。

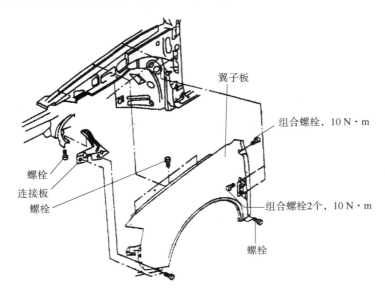

图1-21 奥迪A6轿车前翼子板

（三）保险杠

汽车最前端和最后端都有保险杠。保险杠的主要功能是当汽车前后端与其他物体相撞时，不仅能有效地保护车身，而且还有利于减轻被撞人和物的损伤程度。保险杠作为车身外部装饰，除了与散热器面罩相互配合外，还起到美化汽车外形的作用。

按结构不同，保险杠分为普通型和吸能型两类。普通型保险杠结构简单、重量轻，广泛用于一般汽车上；吸能型保险杠的安全保险性能好，且与车身造型相协调，多用于高级汽车上。

保险杠的防护结构包括两部分：减少行人受伤的保险杠软表面，由弹性较大的泡沫塑料制成；可吸收一部分撞击能量的装置，有金属构架、全塑料装置、半硬质橡胶缓冲结构、液压或气压装置。

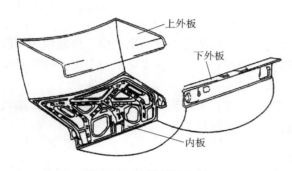

图 1-22　行李舱盖构成

（四）行李舱盖

行李舱盖由上外板、下外板、内板三块钣金件构成，为减轻整车重量，应尽可能选择拉延性能好的薄钢板，如图 1-22 所示。从结构上看，内板的形状较复杂，既有纵向肋，又有横向肋，还有斜向肋和环状肋。这是因为汽车的行驶工况非常复杂，单一方向的肋不能保证汽车在各种路面行驶时行李舱盖不发生变形。此外，整个行李舱盖的刚度必须接近车身后部的刚度，否则汽车在不平路面行驶时，若某一部分变形大，而另一部分变形小，则会影响锁的正常使用及盖的密封性，同时，也会产生噪声。

（五）后围板

后围板是轿车最后部的外覆盖件，包括连接板、加强横梁、连接托架等构件。这些构件组成行李舱和车身的最后部分，为尾灯及后保险杠提供安装配合面及相应的固定位置。后围板是车身骨架中承受纵向载荷的主要零件之一。

（六）风窗玻璃

风窗玻璃通常通过橡胶密封条或胶黏剂牢固地安装在玻璃框上。一般在车身的内外围绕玻璃处装有嵌条。内部嵌条称为装饰条，外部嵌条称为窗框嵌条。风窗玻璃的安装方法有密封条式和粘接式两种。密封条式安装法在老式汽车上极为普遍，在新型汽车上也仍有使用的。国产车型大多采用此种结构，如上汽荣威系列车型几乎全部采用密封条式安装法安装风窗玻璃。

风窗玻璃的边缘有一个塑料装饰塑模。它既有单片塑料装饰塑模，也有双片塑料装饰塑模。双片塑料装饰塑模嵌条中的一片在制造时就粘接在玻璃上，另一片则在玻璃安装以后再装上。目前，汽车上多采用这样的玻璃安装结构，更适合汽车的外形轮廓需要。

前后风窗玻璃是车身覆盖件的重要组成部分。其不仅具有透光和密封功能，发生事故时，也会因其所在位置而首当其冲受到损伤。前风窗玻璃主要靠手工安装，故对钣金修复技师的专业技能要求比较高。

（七）汽车顶盖

汽车顶盖是轮廓尺寸较大的大型覆盖件，其不仅可以避雨，而且在汽车侧翻时可起到保护乘员安全的作用。

汽车顶盖为整体式大型冲压板材。有的汽车顶盖后部为整体式，与后风窗框一次冲压成形，两侧表面为压筋式凹槽，使侧围表面既平滑又提高了纵向抗弯刚度。汽车顶盖前后横梁均为单板冲压件。前横梁两端分别与左右前风窗支柱内板点焊，后横梁两端与左、右后风窗支柱内板点焊。这样，顶盖前后横梁、左右侧梁、左右前风扇支柱及左右后风扇支柱共同构成了乘员室上部的完整的受力骨架。位于驾驶员座椅上方的顶盖横梁通常尺寸较大，以达到局部加强的作用。

普通汽车均采用与车身成为一体的固定式汽车顶盖，有些高级汽车出于采光与通风等方面的需要，在汽车顶盖适当部位开了不同形状的天窗，再安装上活动的遮阳板。汽车天窗可分为可开启和不可开启两种结构。常见的汽车天窗有外滑板式天窗、内滑板式天窗、部分不可开启的天窗、倾斜向上的天窗、外滑加倾斜向上的天窗和不可开启的天窗六种。

（八）车门

1. 车门结构

车门是车身上的一个独立总成，一般用铰链安装在车身上，通常由车门本体、附件和内外装饰件组成。车门应具备保证乘员上下车的方便性、行车的安全性、良好的侧面视野、密封性及低噪声等方面的性能。

按开启方法分，车门的形式有顺开式、逆开式、上掀式、水平滑移式、折叠式和外摆式等，如图 1-23 所示。

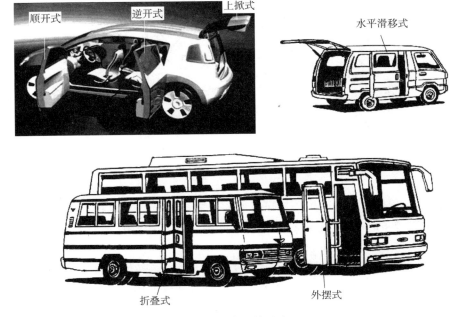

图 1-23　车门的形式

顺开式车门即使在汽车行驶时仍可借气流的压力关上，比较安全，故被广泛采用。逆开式车门在汽车行驶时若关闭不严就可能被迎面气流冲开，因此很少采用。水平滑移式车门的优点是车身侧壁与障碍物距离很小时仍能全部开启。上掀式车门广泛用于轿车及轻型客车的背门，有时也用于低矮的汽车上。折叠式和外摆式车门广泛应用于大、中型客车。另外，有些大型客车上还备有能够加速乘客撤离事故现场以及便于救援人员进入的安全门。

图1-24所示是解放CA1092型汽车驾驶室的车门和车窗。门内板是各个车门部件的安装基体，其前部借助于两个门铰链安装在车身壳体上。在解放CA1092型汽车的门铰链上还装有开度限位器，可限制车门的最大开度并使开启的车门保持在某个位置。门内板后部装有门锁，使门关闭时能与车身壳体扣紧。门锁借助于内手柄和外手柄操纵。在门锁上还有导向榫，使门后部在垂直方向正确定位。

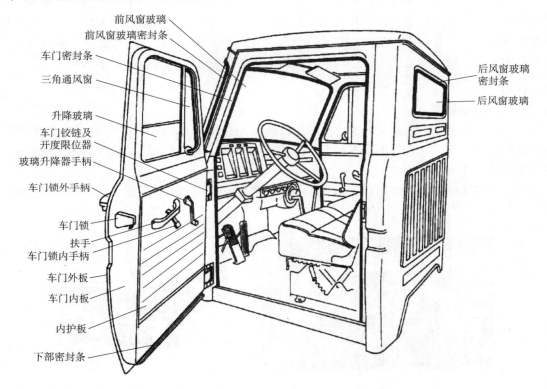

图1-24 解放CA1092型汽车驾驶室的车门和车窗

汽车行驶时，车身壳体将产生反复扭转变形。为避免在此情况下车门与门框摩擦产生噪声或被门框卡住，车门与门框之间留有较大的间隙，靠橡胶密封条将间隙密封。车门关闭时，密封条受挤压，封严门框间隙。

车门本体的骨架部分包括玻璃窗框、车门外板、外加强板、加强板和车门内板，如图1-25所示。车门外板一般用0.6~0.8 mm厚的薄钢板冲压而成，其形状取决于车身侧围的造型和门框的尺寸，一般为空间曲面。通常在外板上冲制一些孔，用以安装外手柄、锁机构、装饰条等。车门内板是车门主要受力部件，大多数车门附件装在车门内板上，所以形状复杂，刚度、强度都较高，并且在一些重要位置还需焊上加强板。车门内板有整体冲压的，也有分块冲压后焊接成形的。车门内板和车门外板一般采用焊接并通过四周的咬合形成封闭的箱体，内装门锁和玻璃升降装置等。

2. 玻璃升降器

玻璃升降器是车门主要附件之一，是调节门窗玻璃开度大小的部件。其功能是保证车窗玻璃平衡升降，不仅可以使车窗玻璃随时顺利开启和关闭，而且还能使玻璃锁止在任意位置上。现代汽车广泛采用圆柱面的升降玻璃，通常采用齿轮齿扇交叉臂式和钢丝绳式两种玻璃升降器。图1-26所示是齿轮齿扇交叉臂式玻璃升降器。手柄的转轴与齿轮相连接，连接方法如图1-27所示，带动相啮合的齿扇旋转。铆接

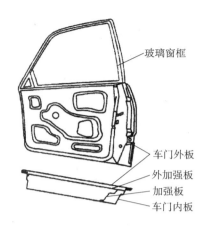

图1-25　车门本体结构

在齿扇上的主动臂随齿扇一起转动，使玻璃升降。从动臂与主动臂成交叉状，起支撑作用。在齿扇轴上装有钟表发条状弹簧（又称平衡弹簧），用来平衡玻璃的重力。制动弹簧是玻璃升降器中最重要的零件，可使玻璃停在任何位置而不会因重力而下滑。平衡弹簧可抵消玻璃作用在齿扇轴上的大部分力矩，其余小部分则由制动弹簧承受。

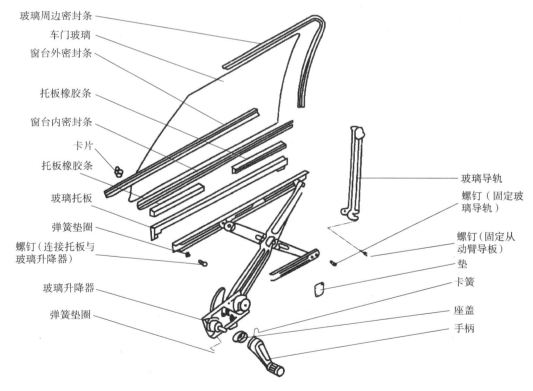

图1-26　齿轮齿扇交叉臂式玻璃升降器

玻璃升降器制动机构的结构和原理如图 1-27 所示。手柄转轴支撑在外壳（制动鼓）上。外壳的内部安装有制动弹簧。制动弹簧的外径略大于外壳的内径，事实上是撑在外壳内，与外壳摩擦而形成制动力矩。制动弹簧的两头有钩状末端与转轴的扇形缺口相对应。联动盘与齿轮铆接在一起并与手柄转轴同心。联动盘凸销位于制动弹簧的两个钩状末端之间。当乘员转动手柄时，手柄转轴的扇形缺口抵住制动弹簧的钩状末端，使弹簧卷紧（直径缩小），制动弹簧与外壳的摩擦力大大减小，钩状末端又推动联动盘凸销从而使齿轮转动。上述传动过程不可逆。当玻璃的重力通过齿扇推动齿轮时，联动盘凸销抵住制动弹簧的钩状末端，有使弹簧直径增大的趋势。此时，弹簧在外壳上撑得更紧，不能转动。

钢丝绳式玻璃升降器的构造如图 1-28 所示。它是通过摇转手柄时驱动牵拉钢索，进而驱动玻璃托架移动的。其动力传递路线为：摇手柄—小齿轮—扇形齿轮—钢绳卷筒—钢丝绳—运动托架—玻璃升降。

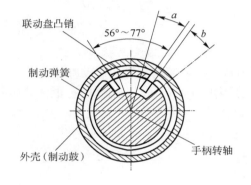

图 1-27　玻璃升降器制动机构的结构和原理

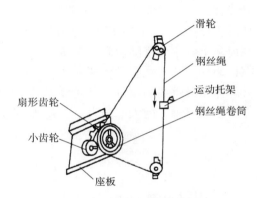

图 1-28　钢丝绳式玻璃升降器的构造

第四节　汽车车身设计概述

汽车车身是汽车的"上层建筑"，给人们以直观形象，不仅是驾驶员、乘客、货物的承载体，而且也是一种工业艺术产品，能给人们以艺术造诣、工业水平、工艺精良程度等方面综合的概念，是汽车工业中最有活力和最积极的因素，总是在不断地变化、创新。随着消费观念的变化，人们对汽车的需求也逐步发生变化和升级。人们已经不再仅仅满足于产品功能上的要求，更加注重品牌理念和审美价值。这就要求汽车不仅要在其结构和性能方面不断提高，而且在艺术造型方面也要不断有新的突破。现代汽车的设计理念已不再是人适应车，而是车适应人，以满足大多数人的使用要求。进行车身设计时，要充分考虑驾驶员在各种环境下的驾驶舒适性，包括人体的生物力学特性及人的视觉响应特性等。与此同时，由于汽车保有量的持续高速增长，能源、环保、安全等问题日益严重。减轻车身重量意味着在同样的燃油消耗下可提高汽车的承载能力或在同样的承载能力下降低汽车的燃油消耗，还可以减少轮胎的磨损、延长汽车的使用寿命。采用优质材料（合金钢）、轻金属（铝合金、镁合金）、非金属材料（塑料、玻璃钢等）和新型复合材料是实现汽车车身"轻量化"的主要途径。此外，车身制造工艺也在不断完善，各种大型冲压床和组合模具取代了原始的手工作坊加工方式，焊接、喷涂机械手和机器人代替了沉重、危险及简单重复的手工工作。

一、汽车对车身设计的要求

汽车车身是用来容纳乘客或货物的场所，其最基本的要求是安全和舒适，因此对汽车车身的设计要求具体有以下几点：

（一）足够的强度和刚度

在正常工作条件下，汽车车身各构件应具有足够的强度、刚度而不致发生断裂、变形进而影响其性能的正常发挥。如构件断裂可能导致安全事故，构件变形可能导致门窗等活动件开闭困难。汽车车身设计不仅要保证在常规负荷下的车身结构及其附件的耐用性和有效性，而且还要考虑允许其有一定的超负荷能力，以充分保证汽车车身的可靠性。

（二）保证安全

每年因大量交通事故而造成的人员伤亡促使人们对汽车安全性的要求越来越高。汽车的安全性包括主动安全性和被动安全性。主动安全性是指汽车避免发生交通事故的性能，如宽敞的视野、舒适的工作环境、先进的智能交通系统及辅助驾驶系统等。被动安全性是指在交通事故不可避免时尽量减少事故伤害的性能，如安全的汽车车身结构、先进的乘员约束系统等。

（三）满足乘坐舒适及人机工程要求

车内布置需满足人机工程的要求，座椅舒适、操纵方便、使乘员有足够的活动空间；要保证能够进行足够的通风换气，空调工作可靠，时刻保持车内空气新鲜、温度和湿度适宜，使乘员感到舒适、愉快；防振、隔热、降噪、密封性要好。

（四）自身质量小，面积利用率高

汽车是世界上生产规模最大的工业产品。每辆汽车用 4 000~5 000 种不同品牌、不同规格和不同材料的零部件制成，消耗占世界总产量的 46% 的石油、24% 的钢铁、50% 的玻璃。全世界有 3 亿人直接或间接地为汽车生产服务，而汽车又为全世界 95% 以上的人服务，因此，降低成本、降低使用费用、使车身轻量化以获得更低的燃料消耗和更多的经济效益是汽车车身设计的核心内容之一。

（五）空气动力性好

随着道路条件的改善，车速不断提高，空气阻力所消耗的动力已占主导地位。此外，车身外形还将直接影响到汽车的高速行驶稳定性、侧风作用下的直线行驶稳定性等，因此，良好的空气动力学性能是汽车节能降耗和安全行驶的重要保障。

（六）美观新颖的造型

汽车兼有工业品和艺术品的双重特性，不仅要考虑结构、比例、尺寸的均衡，而且还要考虑其质感、色彩和动感。设计时要通过形体、线形和色彩的变化和统一，达到既自然和谐又新颖独特的艺术效果。

（七）结构合理、制造维护方便

根据现有的和可能达到的工艺、工装水平对车身进行合理设计，从而达到最佳性价比。

(八) 车身各构件工作可靠、不发生异响、密封严实

车身各构件应该有足够的寿命，保证正常使用过程中的可靠性。车身各构件的运动不应发生干涉现象，整车不得有异响。门、窗关闭严密，不漏水和灰尘。

二、车身设计中应注意的问题

国家各相关部门制定了许多法规、标准、技术条件，对汽车提出了各个方面的要求和限制。设计车身时，必须使设计的产品符合各种法规、标准的要求。车身设计要满足"三化"要求，即产品的系列化、零部件的通用化和零部件设计的标准化。车身的开发要注重时代性和继承性的结合。

三、车身开发流程

汽车车身开发流程是指从车身产品定义开始直到车身批量投产的整个过程。图1-29所示为某企业的汽车车身开发流程。具体流程大致分为以下几个阶段：

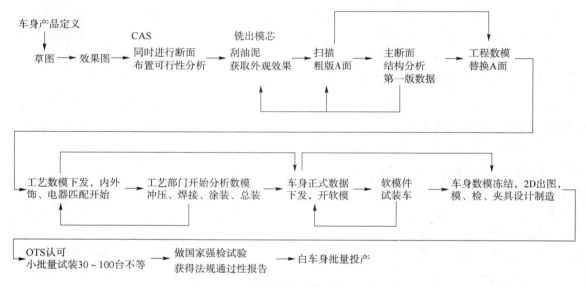

图1-29 某企业的汽车车身开发流程

(一) 产品策划阶段

产品策划阶段是车身产品开发的第一阶段，从宏观上初步定义车身开发任务，明确关键的性能指标、目标成本以及开发阶段重要的试验验证条款，并详细描述各总成的性能指标、初步的结构方案、基本工艺模块等。

(二) 概念设计阶段

概念设计阶段是指以车身产品策划为依据，将造型概念和工程结构有机结合，将创意转换为方案的实现过程。车身概念设计包括车身造型、车身结构可行性研究和工程分析（CAE）三个方面。

1. 车身造型

车身造型主要包括草图构思、效果图设计、胶带图设计、CAS 设计、模型制作、模型测量和线图设计等。

2. 车身结构可行性研究

产品设计通常都是从总体结构设计开始的,总体结构设计进行的同时或之后,必须进行结构分析,只有结构分析正确之后,才能进行后续的详细零部件设计工作。车身结构设计的可行性分析是汽车车身产品开发成功的关键所在。车身结构可行性分析指以满足车身开发目标并服务于车身造型的结构可行性研究、构思以及布置等活动的总称。车身结构可行性分析方法有主断面分析法、节点分析法和模型分析法三种。

3. 工程分析

工程分析(CAE)是优化设计的主要手段,为设计的最佳化和追求特定目标提供条件,可避免开发失误并缩短开发周期,提高汽车的结构性能并降低开发成本。工程分析主要包括静态分析、动态分析、碰撞分析、运动件干涉分析、板料冲压工艺性分析、塑料件工艺性分析、空气动力特性模拟分析等。

(三) 技术设计阶段

技术设计阶段包括三维结构设计、二维图设计和工艺支持。

1. 三维结构设计

三维结构设计是基于有限元模型分析法、白车身型面与截面的定义、连接静强度、白车身强度刚度、振动噪声、白车身疲劳寿命、碰撞及翻滚安全性、子系统的安全性、车门及发动机罩的闭合性、计算流体动力学和人机工程学等方面进行设计的。其目的是根据车身数字模型进行结构的细化三维结构设计。在设计过程中,CAE/CAD/CAM 同步交叉穿插。

2. 二维图设计

二维图设计是在已完成的三维设计的基础上进行的,包括零件图、总成图、装置图和工艺合件图等。

3. 工艺支持

车身的开发是与车身工艺紧密联系在一起的。因其自身的特点,车身形成了冲压、焊接、涂装、总装四大基本工艺。

(四) 车身试制阶段

车身试制的主要过程包括校验样车、总布置功能模型车、过渡样车、首辆样车、小批量试制样车、工装件样车以及螺钉车。车身试制需遵循的原则:一是体现设计思想,满足设计要求,检验设计的合理性;二是用最简洁、最新的工艺方法,快速、按期完成试制工作;三是本着成本最低的思想,考虑试制方案和工艺方法;四是最大限度地保证试制的精度和质量。

(五) 车身试验阶段

车身试验种类和项目繁多,根据类别的不同分为性能试验和可靠性试验;根据种类分为考核型试验和安全法规试验;根据零部件种类分为整车、车身总成、内部安装件、内饰件、车身附件等相关试验。车身试验流程大体分为试验准备、安装调试、试验条件评审、进行试验、数据分析及报告、报告评审和报告入库。

（六）生产准备阶段

在生产准备阶段，工艺、工装及生产线全面铺开。对于柔性生产线，可以通过适当调整工装夹具来满足新车型的开发要求，但有时可能需要重新建立生产线。生产准备完成后，经过调试、零批量、批量试生产到正式投产，开发工作才结束。

【知识链接】

一、汽车车身发展史

1890—1920年马车过渡到汽车，金属车身出现。1885年，德国工程师卡尔·本茨制成了世界上第一辆三轮车，并于1886年1月29日申请并获得了发明专利，所以，1886年1月29日被人们视为汽车诞生日。几乎同时，德国工程师戈特利布·戴姆勒也成功研制成一辆公认的以内燃机为动力的四轮汽车。1894年奔驰VELO是最早的量产汽车。材料方面，1900年，金属车身获得专利，但主体结构仍是木材和连接它们的钢材。20世纪初，John Pierpont Morgan创建了美国钢铁公司，为迅速成长的汽车工业提供充足原料，1914年，Edward G budd发明了全金属车身。同年，道奇公司生产了第一辆全金属汽车。1918年，意大利蓝旗亚公司也开始生产全金属汽车。非承载式车身向承载式车身转变，汽车不再是底盘和车身的简单叠加，而是成为整体。技术方面，1890年，Panhard Levassor公司（法国）制造的第一批汽车为后来的汽车设定了很多标准并沿用至今，如前置发动机后轮驱动布局和最早的变速器。1904年，Panhard Levassor又对汽车布局做出了注解，包括发动机舱罩的身高和乘客座位的降低等，勾勒出了现代汽车雏形。颜色方面，早期汽车只有黑色，1924年，庞蒂亚克前身Oakland汽车公司与杜邦油漆公司合作，推出了第一辆彩色汽车（蓝色）。

（一）哈利·厄尔时代（1920—1950年）

德国人发明了汽车，美国人则把这个行业带入了艺术设计的圣殿，而哈利厄尔则是有史以来最伟大的汽车设计大师，对现代汽车的影响不可估量。哈利厄尔进入通用汽车公司后，1927年设计出凯迪拉克LaSalle，哈利厄尔时代开始。他设计的汽车有圆润的线条，锥形的尾部，修长低矮的轮廓。1928年，哈利厄尔在汽车设计中加入了镀铬装饰。20世纪30年代开始，他建立的艺术色彩使通用汽车逐渐成为最强大的汽车帝国。1938年，他设计出世界上第一款概念车别克Yjob。船型车身和复杂曲面构建的流线型车身都是此后几十年厂商模仿的对象。别克Yjob还第一次引入黏土模型技术，使汽车外形更加灵活，该技术一直沿用至今。1947年，凯迪拉克Sedanet用银光闪闪的镀铬装饰和漂亮的尾鳍征服了世人，是哈利厄尔将汽车从单纯的交通工具变成了艺术和时尚产品。

（二）流线型与船型车身（1930—1950年）

20世纪30年代的大萧条到第二次世界大战结束，是汽车设计向现代化转变的重要时期，欧洲人也加入了由美国人独占鳌头的汽车设计领域。欧洲在流线型设计方面走在前面。意大利Giuseppe Merosi在1913年为Count Ricotti公司设计的汽车是流线型的最早期作品，Paul Jaray第一次开始了风洞实验并获得了美国专利。由于经济不景气，美国制造商也认识到空气动力学在节省燃料方面的重要性。流线型在20世纪30年代几乎就是时尚的代名词。车头变宽,将轮胎包入车身,前大灯陷入车头,挂在车尾的独立式行李箱也与车尾融为一体,奠定了现代三厢轿车的雏形,完全摆脱了马车的影子。1934年克莱斯勒Airflow采用了更轻的承载式车身,达到了54∶46的前后轴质量分配(当时同类产品为30∶70)大幅提高了操控,但习惯了浮夸风格的美国人并不甘心完全屈从于空气动力学,因为这让车看起来过于相似,不利于刺激消费。到了20世纪40年代,流线型潮流如时装一样褪去。以别克Y Job为代表的新型汽车拥有了高高隆起的鼻子和向下的车尾,成为船型车身。这段时间中,欧洲制造商却在工程技术方面取得了长足进步,雪铁龙在20世纪30年代就将独立式前悬架和前轮驱动技术大规模应用于雪铁龙Traction Avant。为了降低自重,它还采用了来自赛车的承载式车身。19世纪末,汽车的最高速度达到了50 km/h,开放式车身向封闭式车身过渡。20世纪20年代是美国汽车产业的第一个爆发期,为了刺激消费,通用汽车在1924年第一次推出了"年度改款",这在现在几乎被所有的大型汽车厂商使用。代表车型有1927年Paul Jaray的流线型汽车、1934年克莱斯勒Airflow、1934年泰托拉T77、1934年雪铁龙Traction Avant。

(三) 国民车 (1940—1960年)

美国在第一次世界大战前就凭借福特的流水线生产模式进入汽车普及时代,而汽车在意、英、法、德等欧洲国家是第二次世界大战后才大量进入家庭的,并在20世纪六七十年代进入高峰。希特勒在第二次世界大战前提出的"生产国民大众使用的汽车"思想使第二次世界大战结束后欧洲车坛诞生了很多实用、经典的国民车,采用尽可能简单耐用的机械结构,而造型只是附属品。大众甲壳虫,汽车史上划时代的经典,也是历史上生产周期最长的一款车(即使今天,甲壳虫依然是时尚实用的代名词,虽然与当时国民车的理念有所背离),出自费迪南德·保时捷之手,1930年诞生原型车,1939年开始正式生产,简单耐用,便宜省油,迅速成为当时世界上最畅销的车,也奠定了大众汽车今后在汽车界的地位。1948年法国雪铁龙2CV,1948年英国Morris Minor,1957年意大利Fiat500,1959年英国Mini,都是那个时期国民车的经典,也是汽车史上的经典。1950—1970年长尾鳍到短尾,Coupe短暂兴起。当时典型的美国汽车是火箭式车头、飞船式车尾。第二次世界大战结束后十几年美国汽车爆发式增长是史无前例的,更大更好成为格调,性能的重要性变得稍逊于外表,舒适度和款式变得最重要。而长尾鳍正是那个时代美国车的典型特征。后来,楔形车身,即短尾设计的运动汽车变得普遍。20世纪六七十年代的中置发动机跑车兰博基尼、法拉利、玛莎拉蒂以及福特野马、克维特、道奇蝰蛇都采用了长车头(放置排量巨大的前置发动机)、短而宽阔的车尾(容纳巨大的车轮)。美国经济的强大以及意大利、英国为首的欧洲小厂热衷表现美学功底,使追求运动气息的年轻人开始追求Coupe车型。阿斯顿马丁DB2、阿尔法罗密欧Giulietta、玛莎拉蒂A6和5000GT等,都是那个时代的经典。20世纪70年代后,石油危机爆发,人们逐渐失去对Coupe的热情而转向经济实用的小型车,尤其是日系车。

(四) 平面直角和多元化 (1970—1990年)

1974年是个重要的年份,马里奥·甘地尼设计的兰博基尼Countach和乔治罗亚设计的大众高尔夫都在这年诞生,它们采用的直角造型将流行数十年的曲线美学无情抛到了一边。

此后几年乔治罗亚又设计出类似的 fiat 熊猫和兰西亚 delta 等。他们的出现改变了很多设计师的思维模式，同时也是对当时汽车零配件工艺的一种妥协，我们都知道要准确制造几个使用不同材料构成的带有复杂线条和曲面结构的零件并完美组合在一起的难度要远远高于搭几块集合积木。所以方方正正的造型能够在 20 世纪 80 年代异军突起，并被日本厂商发扬光大至 20 世纪 90 年代。其中最坚定的支持者非 Volvo 莫属，尤其是 20 世纪 70 年代后期的 Volvo 240。厂商希望方正的造型设计给驾驶者带来安全的心理暗示。20 世纪 70 年代受石油危机影响，80 年代财政相对困难，汽车开始向多样化的实用性发展。来自军用、农用、远征等领域的设计，凭借特别"缺少风格"的怀旧情结和强烈的实用性特点，在汽车界掀起波澜并在后来成为时尚。最能体现这种转变的美式吉普逐渐成为 20 世纪 40 年代以后美国人文景观的一部分。1974 年，第一辆切诺基诞生，成为吉普汽车史上最为成功的系列，但受到石油危机的影响，人们开始关注更精巧、外观更像轿车的运动多用途车。1984 年，新切诺基问世，吉普把以前的粗犷越野车变成了一种时尚都市汽车。同时期诞生的路虎揽胜则抓住了高端市场。20 世纪 80 年代开始，MPV（多用途汽车）诞生，1983 年 11 月，克莱斯勒第一款也是全球第一款厢式旅行车——大捷龙问世，与以往面包车不同，这种车在为乘客提供更大空间的同时，还拥有轿车的安静舒适。MPV 旋风至此从北美延伸至全球。雷诺 Espace 则是欧洲第一款 MPV。20 世纪 90 年代，雪弗兰卢米娜和丰田大霸王也加入这个阵营。

（五）Present 分裂的时代（1990 年）

"百家争鸣，百花齐放"。现代经济发展迅速，人们更加追求个性，更加挑剔，思想更加多元化，导致多种风格同时涌现。其中有一种风格是经典主义，其中又包含多种层次，一层是设计师本身对过去经典的缅怀与尊敬；另一层是设计师力图在原来的经典车型中赋予自己的色彩，还有试图使用经典车型为公司开辟一条新的道路。各自的代表分别为大众新甲壳虫、Mini 和克莱斯勒 PT 漫步者。另一分支是新经典主义，传统是要遵循的，但更多的还是要在这个基础上创新。20 世纪 90 年代末宾利和劳斯莱斯分别被大众和宝马收购，随后，在全新设计团队的操作下推出的欧陆 GT 和幻影虽然有着全新的面貌，但是依然有着对传统的尊重，这才使其能够继续壮大。更为重要的边锋主义和流线主义，它们虽然各有特点，但是设计中却摆脱不了对方的影响，可以说你中有我我中有你。边锋主义（New Edge）设计理念被普遍认为从福特 GT90 开始，曲面宽大，圆角尖锐，过渡凌厉，线条果断而富有张力，区别于圆润流畅的造型风格，在设计上更注重线条层次感。这种强调线条的设计在视觉上会让人感觉车型尺寸更为宽大，针对小型车设计来说非常合适，所以颇受厂家欢迎。代表车型为奔驰 A 级。可以看出，边锋主义的实施过程中依然摆脱不了流线主义，如果没有流线，设计出来的小型车只能是箱子一块，缺乏美感，当然，在边锋主义的影响下，流线主义的设计更为运动和时尚，这在 20 世纪 90 年代末出现的一些跑车上可以看出，比如第一代奥迪 TT、福特雷鸟等，车型充满了气势。进入 21 世纪后，从现在的汽车设计趋势来看，边锋主义战胜了流线主义，不管是内饰还是外部都追求极其硬朗的线条。这种线条可以让汽车看起来强劲有力，很安全，但缺点是它迫使汽车变得更长、更宽、更高，这可以从小车越做越大的状况上体现，但是这对于中大型车和跑车就非常合适，比较经典的如克莱斯勒 300C、兰博基尼 Gallardo 等。

二、白车身

白车身（Body in White）按照车身术语标准和教科书上的定义，是指车身结构件及覆盖件焊接总成，包括前翼板、车门、发动机罩、行李舱盖，但不包括附件及装饰件的未涂漆的车身。涂装后的白车身加上内外饰（包括仪表板、座椅、玻璃风挡、地毯、内饰护板等）和电子电器系统（音响、线束、开关等），再加上底盘系统（包括制动、悬架系统等），还有动力总成系统（包括发动机、变速器等）就组成了整车。

第二章
汽车车身常用材料

随着科学技术的发展，汽车的功能日益完善，对经济性、安全性、便捷性等方面提出了更高要求。展示整车特征的车身是汽车的重要组成部分，是驾驶员和乘员活动的空间，因此，车身材料必须既能满足节能、环保、安全、舒适的使用性能要求，也能满足车身生产制造工艺要求，并往轻量化、高强度、高性能等方向发展。除金属材料、非金属材料外，具有优异性能的复合材料和纳米材料也将获得广泛的应用。

车身材料可分为金属材料、非金属材料和复合材料三大类。金属材料包括钢板、铸铁等重金属材料，铝、镁、钛等轻金属及其合金材料、泡沫金属等材料。非金属材料包括塑料、橡胶、玻璃、纤维、树脂、非金属泡沫材料等。复合材料包括纤维增强塑料、纤维增强金属、纤维增强陶瓷等。

材料种类繁多，在对汽车车身进行维修时，如何来合理地选择和使用材料呢？根据材料的性能、作用和应用场合不同，首先必须遵循选材的一般原则，即使用性原则、工艺性原则和经济性原则。使用性原则是指材料在使用过程中具有良好的工作性能，且大多数情况下也是选材首先要考虑的问题。工艺性原则是指材料便于加工。经济性原则是指材料使产品具有较低的成本。

虽然汽车车身上已经开始大量应用不同种类的材料，但多数还是用金属材料制成。车身修复过程中，只有了解了金属材料的性能，才能合理地设计修复工艺，提高维修质量，降低维修成本，以实现正确的修复。

第一节 金属材料主要性能

金属材料的主要性能包括使用性能和工艺性能两大类。使用性能是指金属材料在使用过程中所表现出来的力学、物理和化学性能。力学性能对于结构件来说非常关键，它指的是金属在外力作用下所表现出来的性能，反映的是金属材料抵抗外力的能力，故又称机械性能。工艺性能是指金属材料在加工制造过程中所表现出来的性能，反映的是材料接受加工的难易程度，如冲压性能、焊接性能、切削加工性能和铸造性能等。

一般情况下，不同的金属材料具有不同的机械性能，即使同一种金属材料，在不同的条件下其机械性能也是不同的。金属材料机械性能的差异从本质上来说是由其内部构造所决定的，因此，有必要了解金属的内部构造，进而掌握其对金属性能的影响。

一、金属的晶体结构

(一) 晶格与晶胞

图 2-1 所示为金属的晶体结构。一切物质都是由原子组成的。根据原子在内部聚集状态的不同,可将物质分为晶体和非晶体两大类。非晶体物质内部的原子是无规则杂乱堆积的,而晶体物质内部的原子是按一定规律排列的。在自然界中,绝大多数的固态物质都是晶体。一般情况下,固态金属都是晶体。

在金属晶体中,原子按一定几何形状有规律地排列。不同金属有不同的原子排列方式,即晶体结构。金属的晶体结构是决定金属性能极为重要的内在因素。

从图 2-1 (a) 可以看出,金属晶体中各原子都是紧密地堆积在一起的。为了便于分析晶体中原子排列的规律,可以把这些原子简化为一个点,用假想的线条将各个点连接起来,就得到了一个一定几何形状的空间格架,如图 2-1 (b) 所示。这种描述原子在晶体中排列形式的几何空间格架称为结晶格子,简称"晶格"。

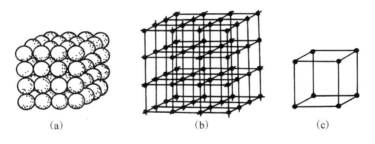

图 2-1 金属的晶体结构
(a) 晶体中原子的排列;(b) 晶格;(c) 晶胞

从晶格的示意图中可以看出,一个体积相当大的晶格,是由许多形状、大小相同的小几何单元重复堆积而成的。能够完整反映晶格特征的最小几何单元称为晶胞,如图 2-1 (c) 所示。晶胞的棱边长度称为晶格常数,其大小以单位"埃"来度量,用符号"Å"表示($1\text{Å} = 10^{-8}\text{cm}$)。

(二) 金属常见晶格类型

金属晶体结构的主要差别就在于晶格类型及晶格常数不同,所以表现出各不相同的机械性能和物理性能。金属元素的晶格类型有多种,一般常见的有体心立方晶格、面心立方晶格和密排六方晶格三种类型,如图 2-2 所示。

体心立方晶格的晶胞是一个立方体,在晶胞的中心和八个顶点各有一个原子 [图 2-2 (a)];面心立方晶格的晶胞也是一个立方体,在晶胞的八个顶点和六个面的中心各有一个原子 [图 2-2 (b)];密排六方晶格的晶胞是一个六棱柱体,在晶胞的十二个顶点和上下两面的中心处各有一个原子,且晶胞内部还包含着三个原子 [图 2-2 (c)]。

金属的晶格类型不同,其性能必然存在差异。即使晶格类型相同的金属,由于各元素的原子大小和原子间距不同,性能也不相同。金属的晶格类型和晶格常数发生改变时,金属的性能也会发生相应变化。

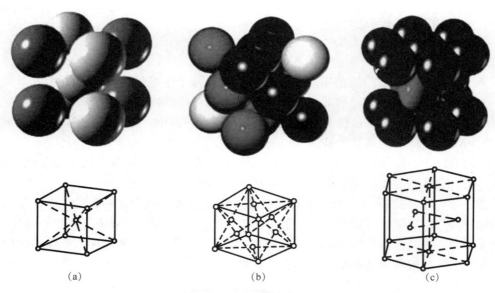

图 2-2 三种晶格类型

(a) 体心立方晶格；(b) 面心立方晶格；(c) 密排六方晶格

二、金属材料的机械性能

生产过程中，经常用弹性、塑性、强度、硬度、冲击韧性、疲劳强度等来反映金属的性能。弹性变形和塑性变形如图 2-3 所示。

(一) 弹性

材料在外力作用下产生变形，当外力撤销后，材料变形可全部恢复或部分恢复。能完全恢复原来形状的性能，称为弹性。随外力消失而完全恢复的变形称为弹性变形，如图 2-3 (a) 所示。这种变形量越大，说明材料的弹性越好。

(二) 塑性

材料在外力作用下产生永久变形而不破坏的能力叫作塑性。外力去除后能保留的永久变形称为塑性变形，如图 2-3 (b) 所示。如一般受拉会伸长，受压会变形，这种伸长或变形量大，而又不出现破坏现象的材料塑性好。塑性好的材料，容易进行各种成形加工，如冷冲压、冷拔、冷镦、压延、弯曲等。

(三) 强度

材料在外力作用下抵抗变形和断裂的能力叫作强度，是衡量零件本身承载能力（即抵抗失效能力）的重要指标，因此，强度是机械零件首先应满足的基本要求。抵抗外力的能力越强，则材料的强度越高。

工程上常用的指标是屈服强度和抗拉强度。抵抗塑性变形的能力称为屈服强度。材料在拉力作用下，抵抗破坏的能力，称为抗拉强度。当施加的外力分别为压力或弯曲力时，这种抵抗破坏的能力，则分别称为抗压强度或抗弯强度。

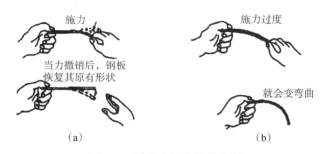

图 2-3 弹性变形和塑性变形
(a) 弹性变形；(b) 塑性变形

(四) 硬度

硬度是指材料抵抗更硬物体压入其表面的能力，是衡量材料软硬程度的指标，表示材料抵抗局部塑性变形的能力。抵抗的能力越大，不易被压入，则硬度越高；反之，则硬度越低。一般情况下，硬度越高，材料的耐磨性越好。

硬度指标有布氏硬度、洛氏硬度、维氏硬度和显微硬度等，常用的两种指标是布氏硬度和洛氏硬度。

(五) 冲击韧性

材料在冲击载荷作用下抵抗断裂的能力称为冲击韧性，以单位横截面积上所耗用的功来表示，也称冲击值。其值的大小表示材料韧性的强弱。韧性低的材料由于脆性大，断裂前无明显征兆，一旦发生危险，则后果非常严重；韧性高的材料在断裂前会发生明显的塑性变形，在工程实践中能引起注意，故可以避免严重事故的发生。

(六) 疲劳强度

材料在多次重复或交变载荷（即大小、方向反复变化的载荷）作用下，在远低于其屈服强度时即发生断裂的现象，称为疲劳。材料在无数次交变载荷作用下不致引起断裂的最大应力称为疲劳强度。为提高零件的疲劳强度，一方面，在设计时应考虑结构形状以避免应力集中；另一方面，可以提高零件的表面质量，如减小表面的粗糙度、表面喷丸及表面热处理等。

三、金属材料的工艺性能

材料的工艺性能主要包括冲压性能、焊接性能、切削加工性能和铸造性能。

(一) 冲压性能

金属在冷或热的状态时，在压力作用下，进行塑性变形的能力，叫作冲压性能，即金属可进行热锻、冷冲压、冷镦、冷挤压等的能力。如汽车车身、搪瓷制品的胎料及许多日用品都是用冲压方法制成的。用于冲压的金属材料必须有良好的冲压性能或延展性能。

金属材料的冲压性能，常用金属的塑性和变形抗力来综合衡量。塑性越大，则变形抗力越小，压力加工性能越好。

(二) 焊接性能

金属材料对焊接加工的适应性称为金属的焊接性能。金属材料的焊接性能好，则说明该金属材料易于用一般焊接方法与工艺施焊，而且焊接时不易形成裂纹、气孔、夹渣等缺陷，其接头强度可与母材相近。焊接性能差的材料必须用特定的方法与工艺进行焊接。

金属焊接性能涉及的内容很广，包括可焊性、熔接合金成分的改变、吸气性及氧化性、内应力及冷热裂倾向、热影响区的组织改变及晶粒长大趋势等。对于不同材料、不同工作条件下的焊件，焊接性的主要内容是不同的。例如，普通合金结构钢对淬硬和冷裂纹是比较敏感的，焊接性的主要内容便是如何解决其淬硬和冷裂纹问题；焊接奥氏体不锈钢时，晶间腐蚀和热裂纹是主要矛盾，因此该问题则成为焊接性的主要内容。

通常，低碳钢具有良好的焊接性能，而中碳钢、高碳钢、高合金钢、铸铁和铝合金焊接性能较差。

(三) 切削加工性能

切削加工性能是指金属材料在切削加工过程中所表现出来的性能，反映了材料被切削加工的难易程度。影响切削加工性能的因素很多，如材料本身的成分、组织和性能及刀具的几何参数等。以硬度对其产生的影响来分析，若硬度越高，则刀具磨损越严重，材料的切削加工性能越差；硬度越低，越容易发生粘刀现象，且切屑不易断裂，会降低表面加工质量，材料的切削加工性能也越差。切削加工性能好的材料，不仅刀具磨损小、切屑易脱落，而且具有较好的表面加工质量。

从切削加工性能优劣的角度来说，有色金属的性能优于黑色金属，铸铁的性能优于钢，中碳钢的性能优于低碳钢。

(四) 铸造性能

铸造是熔炼金属、制造铸型，并将熔融金属浇入铸型，凝固后获得一定形状与性能的毛坯或零件的成型方法。铸造所获得的毛坯或零件称为铸件。材料在铸造过程中所表现出来的工艺性能称为铸造性能，它对能否获得优质铸件具有很大影响。铸造性能通常用流动性和收缩性来衡量。

流动性是指液态金属本身的流动能力。流动性越好，液态金属充满铸型的能力越强，易于获得形状完整、轮廓清晰、尺寸准确、薄而复杂的铸件；反之，铸件容易产生浇不足或冷隔等缺陷。

浇入铸型中的液态金属在冷却凝固过程中会发生体积和尺寸缩小的现象。这种现象称为收缩。发生的体积和尺寸收缩的程度称为收缩性。如果这种收缩不能得到及时补足，那么将在铸件中产生缩孔、缩松、变形等缺陷。

第二节 汽车车身常用金属材料

根据化学成分不同，金属材料可分为黑色金属和有色金属。黑色金属是指铁、铬和锰及三种金属的合金，尤其是铁碳合金即工业上大量使用的钢铁材料。除黑色金属外的金属（合金）则属于有色金属。汽车车身常用的金属材料主要有钢、铝合金、铜合金及镁合金等。

一、钢

（一）概述

1. 碳素钢和合金钢

钢铁材料在生产中应用广泛。它是以铁和碳两种元素为主所构成的合金，即铁碳合金。根据含碳量的不同，铁碳合金可分为工业纯铁、碳钢以及铸铁。含碳量为 0.0218%～2.11% 的铁碳合金称为碳素钢，简称碳钢；含碳量大于 2.11% 的铁碳合金称为铸铁；含碳量低于 0.0218% 的铁碳合金称为工业纯铁。

碳是决定钢性能最主要的元素，钢中的杂质对钢性能也有一定的影响。在含碳量小于 0.77% 的碳钢中，随着含碳量的增加，钢的强度和硬度不断提高，塑性和韧性不断下降。含碳量大于 0.77% 的碳钢，随着含碳量的增加，其强度和硬度继续上升，而当含碳量超过 0.9% 时，强度开始下降，但硬度还在提高，塑性、韧性则会继续下降。

为了改善钢的组织与性能，有意识地在碳钢中加入某些合金元素所获得的钢种，称为合金钢。

碳钢或合金钢经热处理后，不仅可以显著提高其综合机械性能，还能满足某些特殊性能的要求，如可获得较高的硬度、淬透性、耐腐蚀性、红硬性（高温下保持高硬度和高耐磨性）等。

2. 钢的分类

根据化学成分、质量、用途，可将钢进行分类，见表 2-1。

表 2-1 钢的分类

分类方法	名　称		说　明
按化学成分分类	碳素钢	低碳钢（含碳量低于 0.25%）	除铁外，碳素钢的成分中还含有碳和一定数量的硅、锰、硫、磷等元素，碳素钢按其含碳量多少可分为低、中、高碳钢三种
		中碳钢（含碳量为 0.25%～0.60%）	
		高碳钢（含碳量高于 0.60%）	
	合金钢	低合金钢（合金元素总含量低于 5%）	加入一定数量合金元素的碳素钢称为合金钢。加入合金元素的目的在于改善钢的机械性能、工艺性能、物理性能和化学性能。加入的合金元素有铬（Cr）、镍（Ni）、硅（Si）、锰（Mn）、硼（B）、铌（Nb）等
		中合金钢（合金元素总含量为 5%～10%）	
		高合金钢（合金元素总含量高于 10%）	

续表

分类方法	名 称	说 明
按质量分类	普通钢 钢中含硫量不超过 0.050%，含磷量不超过 0.045%	这种分类法是根据钢中硫、磷等有害杂质含量的高低而区分的
按质量分类	优质钢 钢中含硫量不超过 0.035%，含磷量不超过 0.035%	这种分类法是根据钢中硫、磷等有害杂质含量的高低而区分的
按质量分类	高级优质钢 钢中含硫量不超过 0.030%，含磷量不超过 0.035%	这种分类法是根据钢中硫、磷等有害杂质含量的高低而区分的
按用途分类	结构钢 （含碳量小于 0.7%）	碳素结构钢	用于工程结构、制造机械零件
按用途分类	结构钢 （含碳量小于 0.7%）	合金结构钢	用于工程结构、制造机械零件
按用途分类	结构钢 （含碳量小于 0.7%）	滚动轴承钢	用于工程结构、制造机械零件
按用途分类	结构钢 （含碳量小于 0.7%）	弹簧钢	用于工程结构、制造机械零件
按用途分类	工具钢 （含碳量为 0.7%~1.4%）	碳素工具钢	用于制造各种工具，又可细分为量具钢、刃具钢、模具钢等
按用途分类	工具钢 （含碳量为 0.7%~1.4%）	合金工具钢	用于制造各种工具，又可细分为量具钢、刃具钢、模具钢等
按用途分类	工具钢 （含碳量为 0.7%~1.4%）	高速工具钢	用于制造各种工具，又可细分为量具钢、刃具钢、模具钢等
按用途分类	特殊用途钢	不锈耐酸钢	用于特殊用途，具有特殊的物理、化学性能
按用途分类	特殊用途钢	耐热不起皮钢	用于特殊用途，具有特殊的物理、化学性能
按用途分类	特殊用途钢	磁性材料和电热合金	用于特殊用途，具有特殊的物理、化学性能
其他分类	按炼钢方法分	平炉钢	
其他分类	按炼钢方法分	转炉钢	
其他分类	按炼钢方法分	电炉钢	
其他分类	按浇铸前脱氧程度分	镇静钢	
其他分类	按浇铸前脱氧程度分	沸腾钢	
其他分类	按浇铸前脱氧程度分	半镇静钢	
其他分类	按金相组织不同分	奥氏体钢	
其他分类	按金相组织不同分	马氏体钢	
其他分类	按金相组织不同分	铁素体钢	

（二）钢板

汽车车身上的钢板可分为热轧钢板与冷轧钢板、低碳钢板、高强度钢板和特殊钢板等。

1. 热轧钢板与冷轧钢板

汽车车身结构中使用的钢板有两种，即热轧钢板和冷轧钢板。

经 800 ℃以上的高温轧延后制成的钢板称为热轧钢板。热轧钢板一般使用在车身、横梁、纵梁、车身内部钢板等外观不需要很美观的部分，且用于制造要求强度高的零部件。

热轧钢板经常温轧延变薄及退火处理，称为冷轧钢板。冷轧钢板大都用在汽车车身、机械零件、电器等表面需要平滑美观的部分。这是因为与热轧钢板比较，其加工性优良且表面美观。大多数汽车车身组件由冷轧钢板制成。在悬架周围、车身底部容易腐蚀的地方，需对冷轧钢板进行表面处理后再进行使用。

2. 低碳钢板

在 2000 年以前，汽车车身修理的钢板大多是由低碳钢制成的。由于含碳量低，比较软，便于加工，低碳钢可以很安全地进行焊接、热收缩和冷加工等操作，且强度不会受到严重影响。但是由于低碳钢容易变形，强度一般低于 200 MPa，需要用较厚的钢板才能达到足够的强度，会使汽车的重量增加。环保和节能要求的提高对汽车提出了轻量化的要求，人们开始在汽车车身上改用高强度钢板替代低碳钢。从修理的角度考虑，车身的外覆盖件一般还会使用低碳钢。

3. 高强度钢板

高强度钢板是指强度高于低碳钢的钢材。这种钢板的抗拉强度高且屈服强度低，抗冲击能力较强，具有较大的延展性，所以加工成形性良好。使用高强度钢的目的如下：最主要的目的是轻量化，若能获得相同的强度，就可使用薄钢板，轻量化效果显著；通常使用于容易受力的部位，确保车辆经久耐用；应用于车体主体部位，当事故发生时可以保护乘员。

高强度钢所具有的高强度和重量轻的特点不利于车身的修复。这是因为高强度钢受到碰撞时不容易变形，但是一旦变形，比低碳钢更难修复到原来的形状。传统的车身修复方法是，采用加热的方法来释放应力或焊接新的零部件，但对高强度钢，加热受到限制或者根本不能加热，否则会对车身构件造成破坏。

高强度钢板的种类有很多。通常情况下，高强度钢板会有目的的应用于车身上的不同部位，主要有以下三种：

（1）高强度低合金钢（HSLA）。它是通过在低碳钢中加入磷来提高钢的强度的，又称回磷钢。它具有和低碳钢相类似的加工特性，为汽车的外部面板和车身提供了更高的抗拉强度。

在美国生产的许多汽车零部件上都使用了高强度低合金钢，如前后梁、门槛板、保险杠面板、保险杠加强筋、车门立柱等。它的强度主要取决于添加的化学元素，但对高强度钢板高温加热后，原用于提高强度的化学元素被损失掉，从而导致其强度降低，因此，修理时要对高强度钢的加热温度和加热时间进行严格控制。

（2）高抗拉强度钢（HSS）。增加硅、锰和碳的含量可以使其抗拉强度提高的钢，又称为 Si-Mn 固溶体淬火钢。一般用它来制造与悬架装置有关的构件和车身等。通过形成碳氮化铌沉淀物来提高钢材的强度，称为沉淀淬硬钢。这也是一种高抗拉强度钢，具有优异的加工性能，主要用于门边护板、保险杠加强筋等。

对于使用高抗拉强度钢制成的车身构件，常规的加热和焊接方法不会明显降低这种钢的强度（屈服强度可达 350 MPa，抗拉强度可超过 450 MPa）。在汽车受到碰撞而产生变形时，它的应力将增加，如果对受到碰撞的部位适当加热，促使其恢复原状，可减小因碰撞产生的应力，使强度恢复。如果碰撞所产生的应力超过了材料的抗拉强度，钢材将会破裂，可用一般的焊接方法（包括氧乙炔焊）修理。

（3）超高强度钢（UHSS）。将钢材在连续的热处理传送带或带钢热轧机上淬火后得到的钢，具有两相显微组织，又称为双相钢。超高强度钢主要有高塑性钢、双相钢、多相钢、硼钢和铁素体-贝氏体钢等。马氏体钢就是一种超高强度钢,抗拉强度几乎可达到普通低碳钢的10倍,车门护梁和保险杠加强筋都是使用此钢制成的。

超高强度钢内不含合金元素,其高强度源于在成形和加工过程中产生的特殊结构。若在修复时对其重新加热,则必然会破坏这种结构,钢的强度将会降低至一般低碳钢的水平。另外,由于车身材料非常坚硬,在常温下很难校正,因此,由这种材料制成的车身构件不能修复,只能换件。

4. 特殊钢板

（1）防锈钢板。

防锈钢板是在金属材料板的表面涂有一层镀层,使汽车车身具有良好的耐腐蚀性。镀层有镀锌、镀铝和镀锡三种。其中,镀锡钢板防腐蚀能力最好。镀锌钢板常用来制造车身钢板,镀铝钢板常用来制造排气管,镀锡钢板则用来制造燃油箱等。

在汽车车身上应用最广泛的是镀锌钢板。钢板表面镀有锌,可以避免空气与钢板的直接接触。若出现锈蚀,锌先于钢板生锈,且只在表面形成薄的涂层,不向内部延伸,从而保护了钢板。镀锌钢板主要有以下几种:

①电镀锌钢板。这种钢板表面均匀,涂装性、焊接性好,但是镀层薄,防锈性差。

②熔解镀锌钢板。这种钢板镀层厚,防锈性好,不过焊接性和涂装性差。

③镍锌合金电镀钢板。电镀锌和镍的合金力求使钢板达到涂装性、加工性和防锈性集为一体的效果。

④合金化熔解镀锌钢板。合金化熔解镀锌钢板是指将熔解镀锌钢板加热到450~600℃,然后对镀层膜进行与铁的合金化处理而制得的。这样处理后,有利于提高钢板的焊接性、涂装性和防锈性等。

汽车车身用的镀锌钢板有单面镀锌和双面镀锌两种,如图2-4所示。

双面镀锌钢板一般用在汽车车身的下部板件,如车地板、挡泥板、发动机盖等。这些部件经常接触腐蚀物质,需要重点防护。单面镀锌钢板一般用于不经常接触腐蚀物质的部件,如车身上部的板件。

根据镀锌层的不同,镀锌钢板上的单面镀锌一般分为单层镀锌钢板和双层镀锌钢板两种。

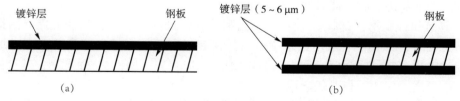

图2-4 单层镀锌钢板和双层镀锌钢板
(a) 单层镀锌钢板；(b) 双层镀锌钢板

（2）不锈钢板。

不锈钢板是指在碳钢中添加铬、镍,经热轧和冷轧所制成的材料,具有很强的耐腐蚀性,外观为光滑美观的银白色。不锈钢板主要用于制作一些豪华汽车的外装饰部件。不锈钢板的化学成分和用途见表2-2。

表 2-2 不锈钢板的化学成分和用途

分类	符号	化学成分/%								用途
		C	Si	Mn	P	S	Ni	Cr	其他	
奥氏体钢	SUS 309S	<0.08	<1.00	<2.00	<0.040	<0.030	12.00~15.00	22.00~24.00	—	进气、排气歧管
	SUS 310S	<0.08	<1.50	<2.00	<0.040	<0.030	19.00~22.00	24.00~26.00	—	进气、排气歧管
	SUS 304	<0.08	<1.00	<2.00	<0.040	<0.030	8.00~10.50	18.00~20.00	—	车窗饰条、车轮饰盖
	SUS 321	<0.08	<1.00	<2.00	<0.040	<0.030	9.00~13.00	17.00~19.00	Ti：5倍碳含量以下	触媒容器、排气管
铁素体钢	SUS 430	<0.12	<0.75	<1.00	<0.040	<0.030	—	16.00~18.00	—	

（3）夹层制振钢板。

夹层制振钢板又名减振钢板，表面或中间覆有塑胶，如图 2-5 所示。

以前应用于钢板的覆盖塑胶膜较薄，而现在应用的覆盖塑胶膜较厚，吸收振动的效果也更好一些。夹层制振钢板用在下隔板或后舱隔板中。

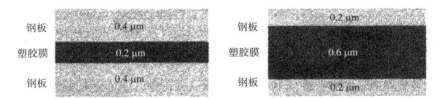

图 2-5 夹层制振钢板

二、铝合金

（一）概述

铝是地壳中储量最丰富的金属元素，占地壳总重量的 8.2%。由于具有优异的性能，因此铝几乎在所有工业领域中得到应用。

1. 纯铝

纯铝的熔点为 657 ℃，密度为 2.7 g/cm³，导电性和导热性好，仅次于金、银与铜。纯铝化学性质活泼，在空气中极易氧化而形成一层致密的氧化膜，从而隔绝了空气，使其具有良好的耐腐蚀性。它具有面心立方晶格结构，塑性和韧性好，容易通过压力加工成形。它还具有良好的工艺性能，如易于铸造和切削。纯铝的缺点是强度低，不宜作承力结构材料使用。

2. 铝合金

在纯铝中加入适量的硅、铜、镁、锰等合金元素后所形成的合金就是铝合金。

铝合金的种类很多,根据合金元素的含量和加工工艺特点,可以分为变形铝合金和铸造铝合金两大类。

由于合金元素的加入,铝合金的强度大大提高,如果进行热处理和冷加工硬化,那么有些铝合金的强度甚至可以与低合金结构钢相媲美,但同时仍保持纯铝密度小、导热性能好、耐蚀性好及重量轻的优点,因此,铝合金在汽车上的用量不断上升,是仅次于钢铁的金属材料。最初,铝合金只应用于车身外部装饰件,如发动机盖、车顶和车门板等,但现在为了实现轻量化,铝合金已经逐渐应用在一些新车型的车身零件上,如车身结构件和外部板件等。

3. 铝合金车身的优点

铝合金车身优于传统的钢结构车身,主要体现在经济性、环保性、耐腐蚀性、可加工性及安全性五个方面。

(1) 经济性。

铝合金车身可大大减轻车身重量,从而减少燃油消耗,改善车辆的操纵性。

(2) 环保性。

铝合金车身不仅可以减少燃油的消耗,而且重要的是减少在生产制造过程中污染物的排放。因为99%的铝可以被循环利用,这在一定程度上补偿了从铝矿石冶炼铝产生的成本和高消耗。

(3) 耐腐蚀性。

铝合金车身表面的铝由于氧化形成了一层致密的氧化物(氧化铝),隔离了空气,防止车身进一步腐蚀。

(4) 可加工性。

铝合金具有良好的塑性和刚性,可以制造整车和部分钣金件;铝合金的一致性要比钢材好,能够很好地通过冲压或挤压加工成形。

(5) 安全性。

铝合金具有较高的能量吸收性能,因此成为一种制造车身变形区的理想材料,可以增加车身的被动安全性。

(二) 变形铝合金

以压力加工方法生产的铝合金称为变形铝合金,也称为塑性铝合金,一般以板、型材、带、棒、管、条等形式供应。它的牌号由4位字符组成,即数字2~8(1为纯铝)+字母+两位数值表示。铝合金系列符号与种类的对应关系见表2-3。第1位数值为主要合金元素的顺序号。依据第1位数值或铝合金中的主要合金元素将其称为"X系铝合金"。例如,主要合金元素为Mn,顺序号为3,则称为"3系铝合金"。

汽车车身上常用的变形铝合金是5系和6系。5系铝合金容易变形,常用来制造形状更复杂的结构件,如汽车的前围板;6系铝合金经热处理后强度大大提高,常用来制造汽车的结构件,如前纵梁。

根据特点和用途不同,变形铝合金分为防锈铝合金、硬铝合金、超硬铝合金和锻造铝合金。

1. 防锈铝合金

对空气、水和油等介质具有良好的耐腐蚀性能的铝合金，称为防锈铝合金。此合金主要是指 Al-Mg 系和 Al-Mn 系合金，其特点是耐腐蚀性、焊接性能和塑性好并有良好的低温性能，不可进行热处理强化，只能通过变形加工来提高合金的硬度。防锈铝合金主要用于制造要求耐腐蚀性的低载荷零件或焊接件，如铆钉、油管、油箱、车身蒙皮、装饰件等。

表 2-3 铝合金系列符号与种类的对应关系

合金组	主要合金元素
1XXX	Al（纯铝）
2XXX	Al、Cu（铝、铜）
3XXX	Al、Mn（铝、锰）
4XXX	Al、Si（铝、硅）
5XXX	Al、Mg（铝、镁）
6XXX	Al、Mg、Si（铝、镁、硅）
7XXX	Al、Zn、Mg（铝、锌、镁）
8XXX	铝和其他

2. 硬铝合金

经过热处理具有较高强度和硬度的铝合金称为硬铝合金。此合金属于 Al-Cu-Mg 系合金，特点是强度、硬度较高，比强度（强度/密度）与钢接近，但耐腐蚀性较差。在生产中，一般常在硬铝合金板材表面包一层纯铝，以提高其耐腐蚀性能。硬铝合金主要用于制造受力一般的航空零件和汽车铆钉。

3. 超硬铝合金

比硬铝合金强度和硬度更高的铝合金称为超硬铝合金，简称超硬铝。此合金属于 Al-Cu-Mg-Zn 系合金，是常温强度最高的铝合金，经热处理后的强度可高达 680 MPa。超硬铝合金的缺点是高温软化快、耐腐蚀性和焊接性差，常通过外包 Al-1%Zn 合金来提高耐腐蚀性，主要用于受力较大的重要结构和零件，如飞机大梁、起落架、加强框等。

4. 锻造铝合金

适宜于锻造的铝合金称为锻造铝合金，简称锻铝。此合金主要是 Al-Mg-Si-Cu 系合金，特点是具有优良的热塑性、热加工性能好、铸造性和耐腐蚀性较好，力学性能可与硬铝合金相当。锻造铝合金主要用于复杂的航空及仪表零件，如叶轮、支杆等；也可作耐热合金（工作温度为 200~300 ℃），用于内燃机活塞及气缸头等；在汽车上主要用于制造形状复杂的中等强度的锻件和冲压件，如发动机活塞、风扇叶片等。

(三) 铸造铝合金

用来直接浇铸各种形状的机械零件的铝合金称为铸造铝合金，简称铸铝，一般由合金铸锭供应。它的牌号用 ZAl+其他主要元素符号及其含量来表示。如 ZAlSi9Mg 表示 Si 的含量为 9%及含少量 Mg（0.17%~0.30%）的铸造铝硅合金。该合金的代号用 ZL+3 位数值表示。第 1 位数值为合金类别代号（1-铝硅系；2-铝铜系；3-铝镁系；4-铝锌系列）；后两位数值为合金顺序号，顺序号不同，化学成分不同。如 ZL104 表示 4 号 Al-Si 系铸造铝合金。

常用铸造铝合金的分类、牌号/代号、性能和用途见表2-4。

表2-4 常用铸造铝合金的分类、牌号/代号、性能和用途

分 类	牌号/代号	性能	用途
Al-Si系铸造铝合金	ZAlSi12/ZL102 ZAlSi5CuMg/ZL105	极好的铸造性，密度小，导热性好，还有高气密性及优良耐腐蚀性	用于制造受载大的复杂件，如气缸体、发动机活塞、风扇叶片等
Al-Cu系铸造铝合金	ZAlCu5Mn/ZL201 ZAlCu/ZL202	热强性最好，但其强度和铸造性能不如Al-Si系合金，耐腐蚀性也较差	一般只用于要求强度高且工作温度较高的零件，如活塞、内燃机缸头等
Al-Mg系铸造铝合金	ZAlMg10/ZL301	强度高，耐腐蚀性最好，抗冲击，切削加工性好，但其铸造性和耐热性差，冶炼复杂	用作承受冲击、耐海水腐蚀且外形较简单的零件，如舰船配件、雷达底座、螺旋桨等
Al-Zn系铸造铝合金	ZAlZn11Si7/ZL401	价格便宜，成本低，而且其铸造、焊接和尺寸稳定性较好，但耐热、耐腐蚀性差	用于制造工作温度较低（<200 ℃）但形状复杂、受载小的压铸件及型板、支架等

三、其他金属材料

（一）铜合金

1. 概述

铜是一种非常重要的有色金属，具有许多与其他金属不同的优异性能，因此，铜及铜合金的应用非常广泛。我国拥有丰富的铜资源，是最早使用铜合金的国家。

（1）纯铜。

纯铜呈玫瑰红色，表面经常形成一层紫红色的氧化物，因此俗称紫铜。纯铜的熔点为1 083 ℃，密度为8.9 g/cm^3，导电性和导热性仅次于金和银，是最常用的导电、导热材料。纯铜的化学稳定性强，在空气、淡水和冷凝水中有良好的耐蚀性。纯铜虽然无磁性，塑性好，但强度较低，可采用冷加工进行形变强化。由于纯铜强度低，一般不宜直接作为结构材料使用。除用于制造电线、电缆、导热零件及耐腐蚀器件外，纯铜多作为配制铜合金的原料使用。

（2）铜合金。

为获得较高强度的结构用铜材，一般采用加入合金元素制成各种铜合金。铜合金具有较高的强度、硬度和耐腐蚀性，已广泛用于机械制造工业部门。

根据加入的元素不同，常用铜合金分为黄铜、青铜和白铜三大类。以锌作为主要合金元素的铜合金称为黄铜，以镍作为主要合金元素的铜合金称为白铜。除黄铜和白铜外，其他的铜合金统称为青铜。在普通机器制造业中，应用较为广泛的是黄铜和青铜。

2. 黄铜

黄铜是以锌为主要合金元素，因呈金黄色，故称黄铜。按化学成分的不同，分为普通黄铜和特殊黄铜。普通黄铜是指铜锌二元合金，其锌含量小于50%，牌号以"H+数值"表示。其中H为"黄"字汉语拼音字头，数值表示平均含铜量。如H62表示含Cu 62%和

Zn 38%的普通黄铜。特殊黄铜是在普通黄铜中加入铅、铝、锰、锡、铁、镍、硅等合金元素所组成的多元合金，其牌号以"H+第二主添加元素的化学符号+铜含量+除锌以外的各添加元素含量"（数值间以"-"隔开）表示（注：黄铜中锌为第一主添加元素，但牌号中不体现锌含量）。如 HMn58-2 表示含 Cu 58%和含 Mn 2%，其余为 Zn 的特殊黄铜。若材料为铸造黄铜，则在其牌号前加"Z"，如 ZH62、ZHMn58-2。

在汽车上，普通黄铜主要用来制作散热器、油管接头、气缸小套、黄油嘴等；特殊黄铜常用于制造耐磨损的零件，如转向节主销衬套、钢板销衬套等。

表 2-5 列出了常用黄铜的类别、牌号、化学成分、铸造方法、力学性能及用途。

3. 青铜

青铜是指以除锌和镍以外的其他元素为主要合金元素的铜合金。其牌号为"Q+第一主添加元素化学符号+各添加元素的百分含量"（数值间以"-"隔开），如 QSn4-3 表示成分为 4%的 Sn、3%的 Zn，其余为铜的锡青铜；若为铸造青铜，则在牌号前再加"Z"。

在青铜合金中，工业用量最大的为锡青铜和铝青铜，强度最高的为铍青铜。汽车工业上用得较多的青铜有锡青铜、铝青铜、铍青铜、铅青铜和硅青铜等。

表 2-6 列出了常用青铜的主要成分、性能及主要用途。

4. 白铜

白铜是指以镍为主要合金元素（含量低于 50%）的铜合金。按成分可将白铜分为简单白铜和特殊白铜。简单白铜即铜镍二元合金，其牌号以"B+数值"表示，后面的数值表示镍的含量，如 B30 表示含 Ni 30%的白铜合金；特殊白铜是在简单白铜的基础上加入了铁、锌、锰、铝等辅助合金元素的铜合金，其牌号以"B+主要辅加元素符号+镍的百分含量+主要辅加元素含量"表示，如 BFe5-1 表示含 Ni 5%、Fe 1%白铜合金。

白铜延展性好、硬度高、色泽美观、耐腐蚀、富有深冲性能，被广泛用于造船、石油化工、电器、仪表、医疗器械、日用品、工艺品等领域，而且还是重要的电阻和热电偶合金，但是由于其主要添加元素镍比较稀缺，因此价格比较昂贵。

表 2-5 常用黄铜的类别、牌号、化学成分、铸造方法、力学性能及用途

类别	牌号	化学成分/%		铸造方法	力学性能			用途
		Cu	其他		R_m/MPa	A/%	HBW	
普通黄铜	H80	79.0~81.0	Zn 余量	—	640	5	145	造纸网、薄壁管
	H70	68.5~71.5	Zn 余量	—	660	3	150	弹壳、造纸用管、机械和电气零件
	H68	67.0~70.0	Zn 余量	—	660	3	150	复杂的冷冲件和深冲件，散热器外壳，导管
	H62	60.5~63.5	Zn 余量	—	500	3	164	销钉、铆钉、螺帽、垫圈、导管、散热器
	ZCuZn38（ZH62）	60.0~63.0	Zn 余量	S	295	30	590	一般结构件和耐蚀件，如法兰、阀座、手柄和螺母
				J	295	30	685	
	H59	57.0~60.0	Zn 余量	—	500	10	103	机械、电器用零件，焊接件、热冲压件

续表

类别	牌号	化学成分/% Cu	化学成分/% 其他	铸造方法	力学性能 R_m/MPa	力学性能 A/%	力学性能 HBW	用途
特殊黄铜	HPb59-1	57.0~60.0	Pb 0.8~1.9 Zn 余量	—	650	16	140	热冲压及切削加工零件，如销子、螺钉、垫圈等
特殊黄铜	HAl59-3-2	57.0~60.0	Al 0.7~1.5 Ni 2.0~3.0 Zn 余量	—	650	15	150	船舶、电机等常温下工作的高强度耐蚀零件
特殊黄铜	HSn90-1	88.0~91.0	Sn 0.25~0.75 Zn 余量	—	520	5	148	汽车拖拉机弹性套管等
特殊黄铜	HMn58-2	57.0~60.0	Mn 1.0~2.0 Zn 余量	—	700	10	175	船舶和弱电用零件
特殊黄铜	HSi80-3	79.0~81.0	Si 2.5~4.0 Fe 0.6 Mn 0.5 Zn 余量	—	600	8	160	耐磨锡青铜的代用品
特殊黄铜	ZCuZn25Al6-Fe3Mn3（ZHAl66-6-3-2）	60.0~66.0	Al 2.5~5.0 Fe 1.5~4.0 Mn 1.5~4.0 Zn 余量	S	725	10	1 570	高强、耐磨零件，如桥梁支承板、螺母、螺杆、耐磨板、滑块和涡轮等
特殊黄铜	ZCuZn25Al6-Fe3Mn3（ZHAl66-6-3-2）	60.0~66.0	Al 2.5~5.0 Fe 1.5~4.0 Mn 1.5~4.0 Zn 余量	J	740	7	1 665	高强、耐磨零件，如桥梁支承板、螺母、螺杆、耐磨板、滑块和涡轮等

注：S—砂模；J—金属模。

表2-6 常用青铜的成分、性能及主要用途

名称	主要成分	性能	主要用途
锡青铜	铜、锡	良好的铸造性、耐磨性、耐腐蚀性	各种衬套、滑动轴承、抗磨垫、弹性零件、抗磁零件等
铝青铜	铜、铝	强度高，韧性好，疲劳强度高，受冲击不产生火花；而在大气、海水、碳酸及多数有机酸中有极好的耐腐蚀性	气门导管、轴承、弹簧、轴套、蜗轮、在高压下工作的螺母、齿轮等
铍青铜	铜、铍	综合力学性能高，良好的弹性、抗疲劳性、切削性能与焊接性能	常用于制造汽车上的波纹管、仪表膜盒及重要的弹簧和弹性元件、高温高速滑动轴承等耐磨零件
铅青铜	铜、铅	良好的减磨性	广泛用于浇铸高负荷及高速轴承等工件
硅青铜	铜、硅	良好的耐磨性、耐腐蚀性	弹簧、耐腐蚀零件、制动杆、齿轮等

(二) 镁合金

1. 概述

(1) 纯镁。

纯镁熔点为650℃，在熔化温度下极易氧化甚至燃烧；密度很小，仅有1.74 g/cm^3；冷变形能力很差，但高纯度镁具有一定的塑性变形能力，强度低，与铝差不多；化学性质很活泼，冶炼非常困难。正是以上特点使得镁在工业上的应用起步较晚。

(2) 镁合金。

在镁中加入合金元素可以制成各种高强度镁合金，但仍能保持密度小的特点。镁合金在汽车行业具有很大的应用潜力，使用它可以实现汽车的轻量化。由于镁价格昂贵，因此限制了其在汽车上的应用，目前仅在少数高端车型中有所应用。镁合金的铸造流动性能极好，非常适合于制造横拉杆之类的薄壁结构件和大面积的车辆内部结构件，在汽车车身上可以用于仪表板、座椅架、车门内衬、安全气囊外壳、加油口盖、车灯外壳、发动机盖、车顶板等的制作。

镁合金可分为铸造镁合金和变形镁合金两类。铸造镁合金的牌号用"ZM"加顺序号表示，如ZM1、ZM3、ZM5等；变形镁合金的牌号用"MB"+顺序号表示，如MB1、MB5、MB7等。目前常用的镁合金主要有镁-锰系、镁-铝-锌系、镁-锌-锆系。

2. 镁-锰系合金

锰是镁-锰系合金的主要合金元素，其主要作用是改善耐腐蚀性。当锰的质量分数为1.3%~2.5%时，合金的力学性能不会下降，但其在海水中的耐腐蚀性却显著提高。镁-锰系合金的耐腐蚀性和焊接性能优于其他镁合金。单纯的镁-锰系合金力学性能不高，且不能通过热处理强化，但通过加入少量的固定化学元素可提高力学性能，如在MB1中加入少量铈(0.15%~0.35%)。

3. 镁-铝-锌系合金

铝是镁-铝-锌系合金的主要合金元素，锌和锰是辅助合金元素。铝的主要作用是固溶强化提高合金的强度和硬度。锌的主要作用是补充强化，而且还能改善合金的塑性。锰的主要作用是提高合金的耐腐蚀性。与镁-锰系合金相比，镁-铝-锌系合金的主要特点是强度高，可以通过热处理来强化，具有良好的铸造性能，但耐腐蚀性没有镁-锰系合金好，屈服强度和耐热性较低。

4. 镁-锌-锆系合金

锌和锆是镁-锌-锆系合金的主要合金元素。锌的主要作用是固溶强化并可通过热处理提高合金的屈服极限，其质量分数在6%左右为宜。锆的主要作用是细化合金组织，提高强度和屈服极限，改善合金的塑性和耐腐蚀性，并能提高合金的耐热性，其质量分数在0.5%~0.8%时作用效果最佳，但在合金中加锆的工艺复杂，且易发生偏析。与镁-铝-锌系合金相比，镁-锌-锆系合金铸造性能较好，屈服极限较高，且热塑性变形能力大。因此，镁-锌-锆系合金可作为高强度铸造合金与变形合金使用。

第三节 汽车车身常用非金属材料

汽车制造中广泛使用非金属材料是因为非金属材料具有许多优良的理化性能，可以满足某些特殊要求且原料来源丰富，加工简便。车身非金属材料的使用是实现汽车轻量化的有效途径，节能增效作用强大。

非金属材料的种类很多，汽车制造中主要使用的有塑料、橡胶、玻璃、黏结剂、密封剂等。

一、塑料

(一) 概述

1. 概念及分类

塑料是以合成树脂为主要成分，加入各种添加剂，在加工过程中可塑制成各种形状的高分子材料。

合成树脂的种类、性质及加入量的多少对塑料的性能起着很大的作用，因此，大部分的塑料是以所加树脂的名称来命名的。工程上常用的合成树脂有酚醛树脂、环氧树脂、氨基树脂、有机硅树脂和聚氯乙烯、聚苯乙烯等。

塑料的性能主要取决于树脂，但添加剂也起着相当重要的作用。添加剂是为了改善塑料的使用性能或成型工艺性能而加入的其他组分，包括填料（又称填充剂或增强剂）、增塑剂、固化剂（又称硬化剂）、稳定剂（又称防老化剂）、润滑剂、着色剂、阻燃剂、发泡剂、抗静电剂等。填料主要是起强化作用，同时，也能改善或提高塑料的某些性能，如加入云母和石棉粉可以改善塑料的电绝缘性和耐热性；加入氧化硅可提高塑料的硬度和耐磨性等；增塑剂用于提高塑料的可塑性与柔软性；稳定剂可以提高塑料在光和热作用下的稳定性，以延缓老化；固化剂可以促使塑料在加工过程中硬化；着色剂可使塑料制品色彩美观，以适应不同的使用需要。

塑料的种类很多，按其热性能不同，可分为热固性塑料和热塑性塑料两大类。

2. 特点及应用

塑料的主要缺点是强度、硬度、刚度低；耐热性、导热性差，热膨胀系数大；易燃烧，易老化。与此同时，塑料也具有许多优点：质轻、比强度高；具有良好的耐蚀性、减摩性与自润滑性；绝缘性、耐电弧性、隔音性、吸振性优良；工艺性能好。塑料在工业生产和日常生活中的应用十分广泛。

近年来，塑料在汽车上的应用越来越受到人们的重视，甚至出现了全塑料车身汽车。用塑料代替金属，不仅可获得汽车轻量化的效果，还可改善汽车某些性能，如耐磨、防腐、避振、减小噪声等。

汽车常用塑料的种类、特性及应用见表2-7。

(二) 热固性塑料

热固性塑料在一定温度下软化熔融，可塑制成一定形状，经过一段时间的继续加热或加入固化剂后，化学结构发生变化即固化成型。固化后的塑料质地坚硬，性质稳定，不再溶入各种溶剂中，也不能再加热软化（温度过高便会自行分解）。因此，热固性塑料只可一次成型，废品不可回收，软化与固化是不可逆的。该类塑料虽然耐热性好，抗压性好，但韧性较差，质地较脆。常用的热固性塑料有酚醛树脂、呋喃树脂、环氧树脂等。

(三) 热塑性塑料

热塑性塑料又称热熔性塑料。这类塑料受热时软化，熔融为可流动的黏稠液体，冷却后成型并保持既得形状，再受热又可软化成熔融状，可反复进行多次，即具有可逆性。该塑料的优点是加工成型简便，具有较高的力学性能，废品回收后可再利用。缺点是耐热性、刚性较差。聚氯乙烯、聚苯乙烯、聚乙烯、聚酰胺（尼龙）、ABS、聚四氟乙烯（F-4）、聚甲基丙烯酸甲酯（有机玻璃）等均属于热塑性塑料。

表 2-7 汽车常用塑料的种类、特性及应用

	名称	主要特性	应用举例
一般结构零件	酚醛塑料	有优良的耐热、耐磨、电绝缘、化学稳定性、尺寸稳定性和抗蠕变性，但较脆，抗冲击能力差	分电器盖、分火头、水泵密封垫片、制动摩擦片、离合器摩擦片等
	聚苯乙烯	有优良的耐蚀、电绝缘、着色及成型性，透光度较好，但怕热；抗冲击能力差	各种仪表外壳、汽车灯罩、电信零件等
	低压聚乙烯	强度较高，耐高温、耐磨、耐蚀、电绝缘性好	油箱、挡泥板、手柄、风窗嵌条、内锁按钮、保险杠等
	ABS	有较高的抗冲击性能，良好的强度、耐磨性、化学稳定性、耐寒性，吸水性小	方向盘、仪表板总成、挡泥板、行李箱、小轿车车身等
	有机玻璃	具有高透明度、耐蚀、电绝缘性能好，有一定的强度，但耐磨性差	油标尺、油杯、遮阳板、后灯灯罩等耐磨减摩零件
耐磨减摩零件	聚酰胺（尼龙）	有韧性，耐磨、耐疲劳、耐水等。但吸水性大，尺寸稳定性差	车窗摇手、风扇叶片、里程表齿轮、输油管、球头碗、衬套等
	聚甲醛	有优良的综合力学性能，尺寸稳定性好，耐油、耐磨、电绝缘性好，吸水性小	万向节轴承、半轴和行星齿轮垫片、汽油泵、转向节衬套等
	聚四氟乙烯	有极强的耐蚀性，良好的化学稳定性、耐低温性、电绝缘性，摩擦系数小	汽车中的各种密封圈、垫片等
耐高温零件	聚苯醚	具有很宽的使用温度范围（-127~121℃），良好的耐磨、抗冲击及电绝缘性能，有良好的力学性能，耐磨、耐高温、耐腐蚀	小型齿轮、轴承、水泵零件等，活塞裙、正时齿轮、水泵、液压系
	聚酰亚胺	化学性能稳定	密封圈，冷却系密封垫等
隔热减振零件	聚氨酯泡沫塑料	相对密度小、质轻、强度高、导热系数小、耐油、耐寒、防振和隔音	汽车内饰材料、坐垫、仪表板、扶手、头枕等
	聚氯乙烯泡沫塑料	相对密度小，导热系数小，隔热防振等	各种内装饰覆盖件，如密封条、垫条、驾驶室地垫等

二、橡胶

(一) 概述

1. 概念及分类

橡胶是以生胶为主要成分，加入适量的配合剂和增强材料而制成的一种具有高弹性的有机高分子材料。

生胶是橡胶工业的主要原料，不能直接用来制造橡胶制品，需经过特种物理化学过程方可使用。不同的生胶可以制成不同性能的橡胶制品。橡胶可以是天然的，也可以是合成的。

配合剂是为了提高和改善橡胶制品的性能而加入的物质，主要有硫化剂、硫化促进剂、补强剂、软化剂、防老剂等。硫化剂的作用与塑料中的固化剂相类似，常用的有硫黄、氧化硫、氧化硒等；硫化促进剂起加速硫化过程，缩短硫化时间的作用，常用的有氧化锌、氧化铝、氧化镁以及醛胺类有机化合物等；补强剂用以提高橡胶的力学性能和耐磨、耐撕裂性能，常用的有炭黑、氧化硅、滑石粉等；软化剂能提高橡胶的柔软性和可塑性；防老剂主要是防止橡胶老化。橡胶老化是指橡胶在贮存和使用中，其弹性、硬度、抗溶胀性及绝缘性发生变化，出现变色、发黏、变脆及龟裂等现象。引起橡胶老化的主要原因是空气中氧、臭氧的氧化以及光照（特别是紫外线照射）、温度的作用和机械变形而产生的疲劳等，因此，为减缓老化并延长使用寿命，橡胶制品在使用和贮存过程中应避免与酸、碱、油及有机溶剂接触，尽量减少受热和日晒、雨淋。

增强材料的主要作用是提高橡胶制品的强度、硬度、耐磨性和刚性等力学性能并限制其变形。主要的增强材料有各种纤维织品、帘布及钢丝等，如轮胎中的帘布。

橡胶按原料分为天然橡胶和合成橡胶；按性能和用途分为通用橡胶和特种橡胶。

2. 特点及应用

橡胶的缺点是导热性差、硬度和抗拉强度不高、容易老化等。但橡胶也具有许多优点：独特的高弹性，使其可作为减振材料，用于制造各种减轻冲击和吸收振动的零件；良好的热可塑性，可把橡胶加工成不同形状的制品；良好的黏着性，可与其他材料黏结成整体而不分离；良好的绝缘性，可用于制造电线、电缆等导体的绝缘材料；其他良好性能如耐寒、耐蚀和不渗漏水、气等。

橡胶广泛应用于汽车车身、发动机、传动、转向、悬架、制动和电器仪表等系统，用量最大的橡胶制品是轮胎。

汽车常用橡胶的种类、主要特性及应用见表2-8。

表2-8 汽车常用橡胶的种类、主要特性及应用

种类	主要特性	应用
天然橡胶	有良好的耐磨性、抗撕裂性，加工性能好，但耐高温、耐油、耐臭氧性能较差，易老化	轮胎、胶带、胶管及通用橡胶制品等
丁苯橡胶	有优良的耐磨性、耐老化性，力学性能与天然橡胶相近，但加工性能特别是黏着性较天然橡胶差	轮胎、制动摩擦片、离合器摩擦片、胶带、胶管及通用橡胶制品等

续表

种类	主要特性	应用
丁基橡胶	有良好的耐气候、耐臭氧、耐酸碱及无机溶剂性能，气密性好，吸振能力强	轮胎内胎、电线、电缆、胶管、减振配件等
氯丁橡胶	有良好的物理、力学性能，耐臭氧、耐腐蚀、耐油，黏着性好，但密度大，电绝缘性差，加工时易粘辊、脱模	胶带、胶管、橡胶黏合剂、模压制品、汽车门窗嵌条等
丁腈橡胶	有优良的耐油、耐老化、耐磨性能，耐热性、气密性好，但耐寒性、加工性较差	油封、皮碗、O形密封圈、油管等耐油配件

（二）天然橡胶

天然橡胶是橡树流出的胶乳经过凝固、干燥、加压制成片状生胶，再经硫化处理而成的橡胶制品。

天然橡胶有较好的弹性，抗拉强度可达 25~35 MPa，有较好的耐碱性能，是电绝缘体。其缺点是耐油和耐溶剂性能差，耐臭氧老化较差，不耐高温，使用温度在 -70~110 ℃范围。天然橡胶广泛用于制造轮胎、胶带、胶管等。

（三）合成橡胶

合成橡胶是以石油、天然气为原料，经聚合反应而成的高分子材料。由于原料来源丰富、成本低廉，合成橡胶的品种和数量都有很大发展空间，目前其产量已超过天然橡胶。

合成橡胶按用途可分为通用合成橡胶、特种合成橡胶等。通用合成橡胶是指用于制造轮胎、工业用品、日常生活用品等量大而广的橡胶，其性能与天然橡胶相近，物理性能、力学性能和加工性能较好。特种合成橡胶是指在特殊条件（如高温、低温、酸、碱、油、辐射等）下使用的橡胶制品，具有某种特殊性能，如耐热、耐寒、耐油及耐化学腐蚀等。

1. 通用合成橡胶

（1）丁苯橡胶（SBR）。

它是由丁二烯和苯乙烯共聚而成，外观为浅褐色，是合成橡胶中产量最大的通用橡胶。丁苯橡胶的品种很多，主要有丁苯-10、丁苯-30、丁苯-50等，短线后的数字表示苯乙烯的含量。一般来说，苯乙烯含量越多，橡胶的硬度、耐磨性、耐蚀性越高，但弹性、耐寒性越差。

丁苯橡胶强度较低，成型性较差，制成的轮胎的弹性不如天然橡胶，但其价格便宜，并能以任何比例与天然橡胶混合。它主要与其他橡胶混合使用，可代替天然橡胶，主要用于制造轮胎，还可用于制造胶带、胶管、电缆等。

（2）顺丁橡胶（BR）。

它是由丁二烯单体聚合而成。顺丁橡胶的弹性、耐磨性、耐热性、耐寒性均优于天然橡胶，是制造轮胎的优良材料。其缺点是强度较低，加工性能差，抗撕裂性差。顺丁橡胶大部分用于制造轮胎，还可用来制作其他耐磨性制品，如胶带、胶管等。

(3) 氯丁橡胶（CR）。

它是由氯丁二烯聚合而成。氯丁橡胶不仅具有可与天然橡胶相比拟的高弹性、高绝缘性、较高强度和高耐碱性，还具有天然橡胶和一般通用橡胶所没有的优良性能，如耐油、耐溶剂、耐氧化、耐老化、耐酸、耐热、耐燃烧、耐挠曲等性能，故有"万能橡胶"之称。其缺点是耐寒性差，密度大，生胶稳定性差。氯丁橡胶应用广泛，耐燃烧，因为一旦燃烧，便能放出HCl气体阻止燃烧，故是制造耐燃橡胶制品的主要材料。氯丁橡胶广泛用于制造轮胎胎侧、耐油及耐腐蚀的胶管、电线电缆外皮、门窗密封条等。

(4) 丁基橡胶（IIR）。

它的特点是气密性相当好；化学稳定性很高，具有极好的耐热耐老化性能、耐候性、耐化学药品性；电绝缘性比一般合成橡胶好；耐磨耗性优良；耐寒性好并具有良好的减振性能，但其加工性能或黏性等较差，耐油及耐溶剂性能也较差。丁基橡胶既可用来制造充气轮胎的内胎，也可用于制造电线电缆等绝缘材料及防振橡胶制品。

(5) 丁腈橡胶（NBR）。

它由丁二烯和丙烯腈共聚而成，是特种橡胶中产量最大的品种。丁腈橡胶有多种，其中主要有丁腈-18、丁腈-26、丁腈-40等。数字代表丙烯腈含量，随着其含量增大，则耐油性、耐溶剂和化学稳定性增加，强度、硬度和耐磨性提高，但耐寒性和弹性降低。丁腈橡胶的突出优点是耐油性好，同时，具有高的耐热性、耐磨性、耐老化、耐水、耐碱、耐有机溶剂等优良性能。缺点是耐寒性差，其脆化温度为$-10 \sim -20$ ℃，耐酸性差、绝缘性差，不能作绝缘材料。丁腈橡胶主要用于制作耐油制品，如油封、轴封、垫圈、耐油胶管等。

2. 特种合成橡胶

(1) 聚氨酯橡胶（UR）。

它的特点是强度高，耐磨耗性能超过其他橡胶，具有优异的弹性、耐老化性、气密性、耐油性和耐溶剂性，但缺点是耐水性差，尤其是聚酯型聚氨酯橡胶，在高温时遇到酸、碱的情况下，更不能与水接触。其主要用于制造胶带、耐油胶管等。

(2) 乙丙橡胶（EPDM）。

它是由乙烯和丙烯共聚而成，其原料丰富、价廉、易得。由于其分子链中不含双键，故结构稳定，比其他通用橡胶有更多的优点：优异的抗老化性能，抗臭氧的能力比普通橡胶高百倍以上；绝缘性、耐热性、耐寒性好；使用温度范围宽（$-60 \sim 150$ ℃）；化学稳定性好，对各种极性化学药品和酸、碱有较大的抗蚀性，但对碳氢化合物的油类稳定性差。缺点是硫化速度慢、黏结性差。其主要用于制造垫片、密封条、散热器胶管等。

(3) 丙烯酸酯橡胶（ACM）。

它具有很强的稳定性，故耐热性和耐老化性优良，耐油性优异。但缺点是耐寒性低，耐水和蒸汽性能都较差，弹性和耐磨性不够好。其主要用来制造耐高温、在油介质中使用的制品，如汽车的耐热密封垫、油封和耐热耐油海绵制品等。

三、玻璃

（一）概述

玻璃是以石英砂、纯碱、长石、石灰石等为主要原料并加入某些金属氧化物等辅料制成的非金属材料。玻璃具有以下特点：良好的透视、透光性能；隔音，有一定的保温作用；抗拉强度远小于抗压强度，是典型的脆性材料；有较高的化学稳定性；热稳定性较差，急冷急热易发生炸裂；具有良好的绝缘性。目前，玻璃已广泛应用于建筑、日用、医疗、化学、电子、仪表等领域。

玻璃是组成汽车外形的重要材料之一。汽车用玻璃有安全和外观两方面的要求，不仅要有良好的光学性能，还要有良好的耐磨性、耐热性和耐光性。汽车上要使用安全玻璃，玻璃在破碎后不会对乘员造成伤害。现在的风窗玻璃都做成整体一幅式的大曲面型，上下左右都有一定的弧度。这种曲面玻璃从加工过程到安装配合的技术要求都非常高。

根据用途和加工工艺，汽车用玻璃主要分为钢化玻璃、夹层玻璃、特殊功能玻璃、区域钢化玻璃和有机玻璃等。

（二）钢化玻璃

钢化玻璃是将普通玻璃淬火，使其内部组织形成一定的内应力从而使玻璃得到强化。它具有较高的机械强度、良好的热稳定性和安全性能。钢化玻璃发生破碎时，会分裂成无尖角的小颗粒，不易伤人，主要用于制作汽车的风窗玻璃等，但缺点是钢化玻璃在淬火处理后存在残余应力，玻璃破裂的倾向较大。

（三）夹层玻璃

夹层玻璃是用一种黏结材料将两片或两片以上玻璃黏结而成的玻璃制品。这种黏结材料具有良好的抗冲击性能和黏结性能，当玻璃破碎时，外来撞击物不会穿透玻璃，玻璃碎片也不会飞出去伤人，安全性要优于钢化玻璃。汽车的前风窗玻璃几乎全部采用夹层玻璃，有些汽车乘员室的门窗玻璃也采用夹层玻璃。

（四）特殊功能玻璃

特殊功能玻璃是在钢化玻璃的基础上，通过专门的工艺加工出来的具有特殊用途的汽车玻璃，如单面透视玻璃、控制风窗玻璃、控制阳光玻璃、导电玻璃及显示器系统玻璃等。

单面透视玻璃是在普通玻璃上涂抹一层铬、铝或铱的薄膜制成的。它可以将大部分光线反射回去，使汽车从内向外可视性好，而车外却无法透视车内。

控制风窗玻璃具有雨点传感作用，其传感器可测出雨点，然后自动打开风窗玻璃上的刮水器，并根据雨量的大小变化，随时改变刮水器速度。控制风窗玻璃是配置自适应雨刷系统首选的玻璃。

控制阳光玻璃可阻挡太阳光线能量的 84%，可以在汽车所有车窗关闭和阳光直接曝晒的情况下使车内保持凉爽。

导电玻璃是在普通玻璃表面涂上一层氧化钛、氧化锂之类的薄膜而制成的。通过微量的电流后，这种玻璃会产生热量，可使附在车窗上的冰霜立即融化，以保证车内人员的视线正常。大多数汽车的后风窗玻璃采用导电玻璃。

显示器系统玻璃可以作为显示器系统，显示未来汽车路线指南、方位图及各类仪表的信息，既方便又安全。

（五）区域钢化玻璃

区域钢化玻璃是经过特殊热处理的钢化玻璃，其碎片的大小和形状可控。在玻璃冲击破碎时，其裂纹仍可以保持一定的清晰度，保证驾驶员的视野区域不受影响，避免二次事故的发生。

（六）有机玻璃

有机玻璃是用丙酮、氰化烃或者异丁烯等制成的甲基丙烯酸甲酯，是一种高度透明的热塑性塑料，属于透光材料之一。有机玻璃用于在汽车维修作业中制造某些透光材料零件，如驾驶室的遮阳板、灯罩、发动机盖前标志、暖风说明牌等。改性有机玻璃（甲基丙烯酸甲酯、苯乙烯共聚物）被用来制作汽车的指示灯护镜。

四、黏结剂

（一）概述

1. 概念及分类

黏结剂又称黏合剂，是将两种材料黏结在一起，或填补零件裂纹、空洞等缺陷的材料。

黏结剂一般由基料、固化剂或催化剂、填料、溶剂和助剂所构成。基料能使黏结剂获得良好的黏附作用，对黏结剂起决定作用。固化剂或催化剂的作用是可以与主体黏合物质进行化学反应，形成坚韧或坚硬的网状结构。填料可提高黏结强度、耐热性，降低脆性，消除制作成型应力，增加导热率，提高导电性、导磁性并可以降低成本。溶剂能降低合成黏结剂的黏度，易流动，提高浸透力，改善其工艺性能，并延长使用期限。助剂能增加塑性，提高弹性和改进耐寒性；能增加韧性，提高其剥离强度、抗剪强度及低温性能。单一组分的黏结剂通常不能满足使用上的要求，需将各种组分材料混合并经过物理或化学作用才能获得满足性能要求的黏结剂。

黏结剂的种类很多，汽车修理常用的主要有环氧树脂黏结剂、酚醛树脂黏结剂和氧化铜黏结剂等。

2. 特点及应用

黏结剂具有较高的黏接强度和良好的耐水、耐油、耐腐蚀、电绝缘等性能，用它来修复零件具有工艺简单、连接可靠、成本低且不会使零件变形和组织发生变化等优点。目前，黏结剂已经渗透到现代工业和日常生活中。在汽车向轻量化、高速节能、延长寿命和提高性能方向发展的道路上，黏结剂在汽车生产中的作用越来越重要。

（二）环氧树脂黏结剂

环氧树脂黏结剂是以环氧树脂及固化剂为主，再加入增韧剂，稀释剂、填料和促进剂等配制而成的一种有机黏结剂。环氧树脂是人工合成的高分子化合物，优点是黏接力强、固化收缩率小、耐蚀和绝缘性好、使用方便，但缺点是脆性大，耐热性差。固化剂是黏结剂的主要成分。它与环氧树脂化合，使树脂的线状结构变成网状结构，待固化后形成热固性物质，温度升高也不软化和熔化，也不溶于有机溶剂，而且还具有良好的耐油、耐酸性能。增韧剂是为改善环氧树脂脆性，提高其柔韧性而加入的成分，同时，也可减少固化时的收缩，提高黏结层的抗剥离和耐冲击能力。填料能改善黏结接头的强度和表面硬度，提高耐热性、电绝缘性，节约树脂用量。稀释剂是用来溶解树脂、降低黏结剂的黏度，同时它还可以控制固化过程的反应热，延长黏结剂的适用期，增加填料的添加量。促进剂能使黏结剂加速固化并可降低固化温度。

环氧树脂黏结剂种类很多，有些有现成产品，但更多的是由使用者根据实际需要，按一定的配方现配现用。它的用途很广泛，适合黏接各种金属材料和非金属材料。在汽车维修过程中，环氧树脂黏结剂可用于黏补蓄电池壳、填补气缸体裂纹、修复孔或轴颈等。常用环氧树脂黏结剂的配方与用途见表2-9。

表2-9 常用环氧树脂黏结剂的配方与用途（质量比）

配方\成分	一号 名称	用量	二号 名称	用量	三号 名称	用量	四号 名称	用量	五号 名称	用量	六号 名称	用量
环氧树脂	6101	100	6101	100	637	100	6101	100	6101	100	618	100
增韧剂	邻苯二甲酸二丁酯	15	邻苯二甲酸二丁酯	15	邻苯二甲酸二丁酯	10			邻苯二甲酸二丁酯	10	邻苯二甲酸二丁酯	10
固化剂	乙二胺	8	间苯三胺	15	顺丁烯二甲酸酐	40	聚酰胺	80	乙二胺	7	间苯二胺	15
填料	石英粉	15	石英粉	15	石英粉	10	铁粉	20			二硫化钼	2
	石棉粉	4	石棉粉	10	石棉粉	12	玻璃丝	10			石墨粉	2
	炭黑	30	铁粉	20	铁粉	50					玻璃丝	按需
	电木粉	5										
稀释剂	丙酮、甲苯或二甲苯等，用量不限												
主要用途	黏补蓄电池壳		填补气缸体水套裂纹		填补气阀室附近裂纹		修复磨损的孔		镶套粘接		修复磨损轴颈	

（三）酚醛树脂黏结剂

酚醛树脂黏结剂也是一种有机黏结剂，它的基本成分为酚醛树脂。酚醛树脂黏结剂具有较高的黏接强度，耐热性好，可在200℃以下长期工作，但其脆性大，不耐冲击。

酚醛树脂黏结剂可以单独使用，也可以与其他树脂或橡胶混合使用。它与环氧树脂混合使用时，用量为环氧树脂的30%~40%，且要加增韧剂和填料，为了加速固化，可加入5%~6%的乙二胺。这样，既改善了耐热性，又提高了韧性。

KH-506黏结剂是酚醛树脂与丁腈橡胶混合的黏结剂。它具有良好的韧性和耐热、耐水、耐油等特性，可用于汽车各种轴、轴承与泵壳类的修复以及离合器摩擦片、制动蹄片的粘接等。

204黏结剂是酚醛树脂与缩甲醛组成的黏结剂。它的特点是具有优良的耐热性，可在200℃以下长期工作，主要用于在高温环境下工作的零部件的修复。

KH-506黏结剂和204黏结剂的配方（质量比）见表2-10。

表2-10 KH-506黏结剂和204黏结剂的配方（质量比）

成分\名称	酚醛树脂	丁腈混炼胶	乙酸乙酯	乙酸丁酯	聚乙烯醇缩甲乙醛	6101环氧树脂	2-乙基4-甲基咪唑
KH-506	4	3	7.2	7.2	—	—	—
204	40	—	—	—	32	12	2

(四)氧化铜黏结剂

氧化铜黏结剂是一种无机黏结剂,具有良好的耐热性(在600 ℃高温下不软化)和耐油、耐酸性,固化前溶于水而固化后不溶于水,但其脆性大,不耐冲击以及耐强碱能力差等。

氧化铜黏结剂由氧化铜粉、无水磷酸和氢氧化铝调和而成。其中,氢氧化铝用于进行无水处理。氧化铜与磷酸反应生成的磷酸铜,吸水后会形成结晶水化物而固化。这一固化过程与硅酸盐水泥相类似,因此它能如"水泥"一样进行黏补,而且磷酸铜在黏结时与钢铁件表面接触,铁元素与铜元素会发生置换反应,因此能提高其黏结强度。

氧化铜黏结剂在固化后,体积略有膨胀,因此,它特别适用于管件套接或槽接,也可用于填补裂缝、堵漏与黏合零件,如黏补发动机气缸上平面、气阀室附近处的裂纹以及粘接硬质合金刀头等。

五、密封剂

(一)概述

汽车车身板件连接部位和焊接部位容易受到碰撞冲击,且焊接部位是金属防腐的敏感区域,水、雪、灰尘和路面上的沙子都很容易在此聚集,因此汽车上的连接处必须采用密封剂,以消除材料和车身板件表面的缝隙,同时,还起到碰撞保护及防腐的作用。

常用的汽车用密封剂有稀薄密封剂、稠密封剂、固体密封剂和涂刷密封剂等多种类型,而且其应用部位和使用方法也有所不同。

密封剂在汽车上的应用部位如图2-6所示。

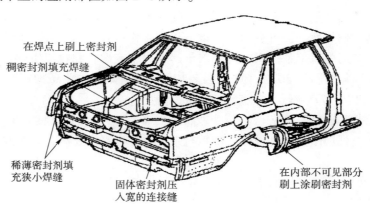

图2-6 密封剂在汽车上的应用部位

(二)稀薄密封剂

稀薄密封剂在保持减振作用的同时会产生微小的收缩,以保证连接处的精确度,具有黏合性能好的特点,可用于密封4 mm以下的缝隙,适用于干净裸露的金属。由于大多数缝隙都在一个垂直的表面,因此使用时应注意防止密封剂流出缝隙。

（三）稠密封剂

稠密封剂既可以遮盖缝隙，也可以珠状形式存在，适用于密封 4~8mm 宽的缝隙。密封剂的收缩量应减到最小，保证其具有很好的抵抗收缩的能力和柔性，以防止发生断裂，常用于汽车构件连接处和重叠缝隙处。

（四）固体密封剂

固体密封剂是条形堵缝形状的，用手指即可压入缝隙，用于密封板件连接和空洞处的巨大缝隙。

（五）涂刷密封剂

涂刷密封剂用于隐藏擦痕，防止盐类物质及像汽油、齿轮油和制动液等汽车油液的腐蚀，一般用于车身的内部外表并不很重要的位置上，如发动机盖下方和车厢下方。

第四节　汽车车身常用复合材料

一、概述

（一）概念及特点

随着现代机械、电子、化工、国防等工业的发展及航天、信息、能源、激光、自动化等高科技的进步，人们对材料性能的要求越来越高。除要求材料具有高比强度、高比模量、耐高温、耐疲劳等性能外，还对材料的耐磨性、尺寸稳定性、减振性、无磁性、绝缘性等提出特殊要求，甚至有些构件要求材料同时具有相互矛盾的性能，如既导电又绝热，强度比钢好而弹性又比橡胶强，并能焊接等。这对单一材料来说是不易实现的。若采用复合技术，把一些具有不同性能的材料复合起来，取长补短，则能实现这些性能要求，于是现代复合材料应运而生。

复合材料是由两种或两种以上不同性质的材料组合而成的。为满足性能要求，人们在不同的非金属之间、金属之间以及金属与非金属之间进行"复合"，使其既保持组成材料的最佳特性，同时又具有组合后的新特性，有些性能甚至超过各组成材料的性能的总和，即复合材料可改善或克服单一材料的弱点，充分发挥材料的性能潜力。如塑料和玻璃的强度及韧性都不强，而其复合而成的材料（玻璃纤维塑料）却有很高的强度与韧性，而且重量很轻。

复合材料由基体和增强材料两部分组成。基体主要起黏结作用，如非金属基体材料如合成树脂、碳、石墨、橡胶、陶瓷，金属基体材料如铝、镁、钢及其合金；增强材料可提高复合材料的力学性能，如常用的增强材料有玻璃纤维、碳纤维、芳纶纤维等。

与其他材料比较，复合材料具有优越的特性：比强度和比弹性模量高、疲劳性能好、减振性能好、高温性能好、断裂安全性高。此外，复合材料的减摩性、耐蚀性、自润滑性、可设计性以及工艺性能也都较好，因此，复合材料在当代材料领域中占据越来越重要的地位。

汽车的发展趋势之一就是轻量化。由于金属、塑料、橡胶等材料在性能上各有优点和不足，各有自己较合适的应用范围，因此高性能复合材料的发展及其在汽车中的应用十分重要。

（二）分类

复合材料的分类如图 2-7 所示。

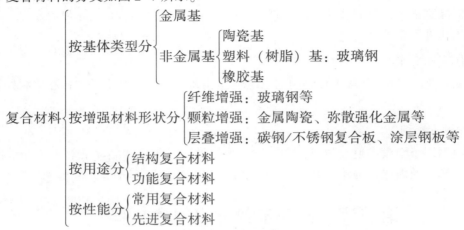

图 2-7 复合材料的分类

根据增强材料的形状，复合材料可分为颗粒状、层状和纤维增强复合材料。其中，纤维增强复合材料应用最多，包括纤维增强塑料、纤维增强金属、纤维增强陶瓷。常用的复合材料主要有玻璃纤维复合材料、碳纤维复合材料、硼纤维复合材料及金属纤维复合材料等。

二、玻璃纤维复合材料

玻璃纤维复合材料又称玻璃钢，出现于第二次世界大战期间。它的应用范围很广。从各种机器的护罩到形状复杂的构件，从各种车辆的车身到不同用途的配件，从电机电器上的绝缘抗磁仪表和器件到石油化工中的耐蚀耐压容器、管道等，都有玻璃钢的身影，大量地节约了金属，提高了构件性能水平。玻璃纤维复合材料是汽车上应用最多的复合材料。

根据树脂基体的性质，玻璃钢分为热塑性玻璃钢和热固性玻璃钢两种。

热塑性玻璃钢是以玻璃纤维为增强剂和以热塑性树脂为黏结剂制成的复合材料。应用较多的热塑性树脂是尼龙、聚烯烃类、聚苯乙烯类、热塑性聚酯和聚碳酸酯五种。它们都具有高的机械性能、介电性能、耐热性和抗老化性能，工艺性能也好。热塑性玻璃钢同热塑性材料相比，基体材料相同时，强度和疲劳性能可提高 2～3 倍以上，冲击韧性提高 2～4 倍（脆性塑料时），蠕变抗力提高 2～5 倍，达到或超过了某些金属的强度，比如铝合金，因此可以用来取代这些金属。

热固性玻璃钢是以玻璃纤维为增强剂和以热固性树脂为黏结剂制成的复合材料。常用的热固性树脂为酚醛树脂、环氧树脂、不饱和聚酯树脂和有机硅树脂四种。酚醛树脂出现最早，环氧树脂性能较好，应用较普遍。热固性玻璃钢集中了其组成材料的优点，是质量小、比强度高、耐腐蚀性能好、介电性能优越、成型性能良好的工程材料。

三、碳纤维复合材料

碳纤维复合材料是 20 世纪 60 年代迅速发展起来的。碳以石墨的形式存在，碳纤维比玻璃纤维具有更高的强度和高得多的弹性模量，且在 2 000 ℃ 以上的高温下强度和弹性模量基本不变,在-180 ℃以下的低温环境中也不变脆。根据基体不同,碳纤维复合材料有碳纤维树脂复合材料、碳纤维碳复合材料、碳纤维金属复合材料和碳纤维陶瓷复合材料等。

碳纤维树脂复合材料的基体是树脂。目前应用最多的是环氧树脂、酚醛树脂和聚四氟乙烯。这类材料比玻璃钢的性能还要优越,其密度比铝小,强度比钢高,弹性模量比铝合金和钢大,疲劳强度、冲击韧性高,耐水耐湿气,化学稳定性、导热性好,摩擦系数小,受 X 射线辐射时强度和模量不变化。

碳纤维碳复合材料是一种新型的特种工程材料。除具有石墨的各种优点外,强度和冲击韧性比石墨高5~10倍,刚度和耐磨性高,化学稳定好,尺寸稳定性也好。

碳纤维金属复合材料是在碳纤维表面镀金属制成的复合材料。这种材料直到接近于金属熔点时仍有很好的强度和弹性模量。用碳纤维和铝锡合金制成的复合材料是一种减摩性能比铝锡合金更优越、强度很高的高级轴承材料。

碳纤维陶瓷复合材料与石英玻璃相比,抗弯强度提高了约12倍,冲击韧性提高了约40倍,热稳定性也非常强,是有发展前途的新型陶瓷材料。

四、硼纤维复合材料

用于基体的材料主要有树脂和金属等。

硼纤维树脂复合材料基体主要为环氧树脂、聚苯并咪唑和聚酰亚胺树脂等,是20世纪60年代中期发展起来的新材料。其特点是抗压强度(为碳纤维树脂复合材料的2~2.5倍)和剪切强度很高,蠕变小,硬度和弹性模量高,有很高的疲劳强度(达340~390 MN/m^2),耐辐射,对水、有机溶剂和燃料、润滑剂都很稳定。由于硼纤维是半导体,因此其复合材料的导热性和导电性很好。

硼纤维金属复合材料常用的基体为铝、镁及其合金、钛及其合金等。用高模量连续硼纤维增强的铝基复合材料的强度、弹性模量和疲劳极限一直到500 ℃都比高强度铝合金和耐热铝合金高。它在400 ℃时的持久强度为烧结铝的5倍,比强度比钢和钛合金还高。

五、金属纤维复合材料

用于增强纤维的金属主要是强度较高的高熔点金属钨、钼、钢、不锈钢、钛、铍等。用于基体的材料主要是金属、陶瓷等。

金属纤维金属复合材料除了强度和高温强度较高外,主要是塑性和韧性较好,而且比较容易制造。金属纤维陶瓷复合材料采用金属纤维增强,可以充分利用金属纤维的韧性和抗拉能力。

【知识链接】

新材料在汽车车身上的应用

汽车作为交通运输工具之一,自诞生后,历经100多年的发展,给人们生活带来了方便。现代汽车设计和制造的要求集中反映在洁净化、安全化、轻量化、舒适化、信息化五大方面,人们尤其关注的是轻量化。21世纪以来,对现代汽车减重节能的要求不断高涨,轻量化已成为汽车优化设计和选材的主要方向。汽车轻量化是通过降低汽车的整车质量来提高汽车的动力性,减少燃料消耗,降低排气污染。有关数据表明,汽车轻量化在很大程度上取决于车身轻量化，但车身轻量化的前提是既应保持汽车原有的性能不受影响，又要保证汽车行驶的安全性、耐撞性、抗振性及舒适性；同时，汽车本身的造价不被提高，以免造成消费者经济上的压力。车身轻量化的实现可以从以下三方面着手：一是采用新材料（轻质高强）替代；二是采用先进的制造工艺；三是优化车身结构。

材料是影响汽车重量的重要因素。使用轻质材料是目前汽车减重的主要途径，同时，实现轻量化的材料也必须具有较高的强度以及良好的成型、耐腐蚀、焊接等性能。除本章前面所介绍的各类轻质材料外，还出现了以下车用新材料。

一、泡沫合金板

泡沫合金板由粉末合金制成，是一种在基体上均匀分布着大量连通或不连通孔洞的新型轻质多功能材料。其特点是密度小、弹性好，当受力压缩变形后，可凭自身的弹性恢复原料形状。泡沫合金板种类繁多，除了泡沫铝合金板外，还有泡沫锌合金、泡沫锡合金、泡沫钢等，可根据不同的需要进行选择。虽然泡沫合金板的生产工艺复杂，原材料也较贵，但由于特殊性能，特别是出众的低密度、良好的隔热吸振性能，深受汽车制造商的青睐。

目前，泡沫铝合金用于保险杠、纵梁、支柱、发动机罩、行李箱盖等。在两个高强度外板之间填充泡沫铝合金所制成的三明治板材，用于保险杠、纵梁和支柱零件上时，不仅实现了轻量化，而且提高了安全性。

二、蜂窝夹芯复合板

蜂窝夹芯复合板是两层薄面板中间夹一层厚而极轻的蜂窝组成。根据夹芯材料的不同，蜂窝夹芯复合板可分为纸蜂窝、玻璃布蜂窝、玻璃纤维增强树脂蜂窝、铝蜂窝等；面板可以采用玻璃钢、塑料、铝板和钢板等材料。蜂窝夹芯复合板由于具有轻质、比强度和比刚度高、抗振、隔热、隔音和阻燃等特点，因此在汽车车身上获得较多应用。

汽车上的车身外板、车门、车架、保险杠、座椅框架等都可以用蜂窝夹芯复合板来制造。英国发明了一种以聚丙烯作芯、钢板为面板的薄夹层板，用以替代钢制车身外板，使零件重量降低了50%～60%，且易于冲压成形。

三、纳米铝合金板

纳米铝合金是通过纳米工艺，在纳米水平实现铝合金内部组织的最优化而制备出的一种纳米多晶材料。在合金中，晶粒内将形状和构造各不相同的纳米析出物（超微析出物）进行分散，同时，对PFZ（晶界无沉淀析出带）的幅度及纳米析出物的形态进行控制。

纳米铝合金的特点是具有高的烘烤硬化性及成形性。这是汽车板材所要求的突出性能，且同时具有轻质、高强的特点。纳米铝合金板可用于汽车板材，如用于车架、挡泥板、顶盖、前后车门等。

四、高强度纤维复合材料

复合材料的力学性能可与金属材料相媲美，且某些条件下具有金属薄板所不能比拟的优点。用复合材料来替代部分金属材料是汽车轻量化的主要发展方向。高强度纤维复合材料（特别是碳纤维复合材料）不仅重量很轻，而且具有足够的强度和刚度，尤其适用于制造汽车的车身，已经引起汽车行业的关注，但由于碳纤维复合材料的价格昂贵，目前在航空航天领域得到广泛应用，在汽车领域应用有限。为降低碳纤维复合材料的价格，人们对碳纤维的生产和碳纤维复合材料的生产工艺方法进行研究是解决其发展应用瓶颈问题的关键。

第三章 汽车车身钣金件焊接

焊接是指通过加热或加压或二者并用，用或不用填充材料使两分离工件实现原子间结合的一种永久性连接方法。

焊接的方法很多，按其工艺特点，可分为熔焊、压焊、钎焊三大类，每一类又可根据所用热源、保护方式和焊接设备等的不同而进一步分成多种焊接方法。常用的焊接方法如图 3-1 所示。

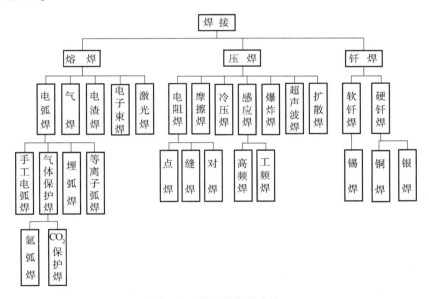

图 3-1　常用的焊接方法

当车身特别是钢质车身，要通过切割更换钣金件来进行修复时，钣金件的重新装配主要是依靠焊接来完成。焊接时，必须按照焊接规范，才能保证修复的车身强度达到原来的程度。

第一节　气　焊

气焊是利用可燃气体（主要是乙炔）和氧气（O_2）混合燃烧时所产生的高温火焰使焊件和焊丝局部熔化和填充金属的一种焊接方法，属于熔焊的一种。焊丝一般选用与母材相近的金属丝制成。

一、气焊设备及原理

气焊设备主要包括焊炬、乙炔气瓶、氧气瓶、氧气减压器、乙炔减压器、乙炔回火保险器等，如图 3-2 所示。

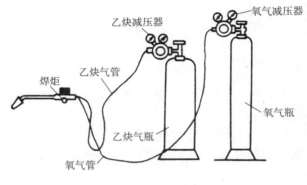

图 3-2　气焊设备

1. 焊炬

焊炬俗称焊枪，是气焊的主要工具，如图 3-3 所示。由氧气瓶和乙炔瓶分别输出的可燃气体，只有通过焊炬按适当比例混合并以一定流速喷射，才能在焊嘴出口形成满足焊接要求的稳定火焰。

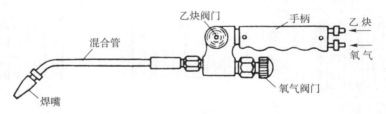

图 3-3　焊炬

2. 乙炔气瓶

乙炔气瓶是储存乙炔的容器。由于乙炔在加压状态下易燃易爆，因此工业应用中乙炔被储存于特制的钢瓶中。乙炔气瓶为无缝钢瓶，瓶体被漆成白色，并刷有红色的"乙炔不可近火"的字样。由于乙炔气体不能直接以高压充入钢瓶内，因此瓶内装有多孔性材料，如活性炭、木屑、硅藻土等。在这些材料中浸透液态丙酮，利用乙炔能溶解于丙酮的特性，像吸水纸那样通过丙酮吸收并大量液化乙炔，而由于这种状态下的乙炔是十分稳定的，因此非自由状态的乙炔便不会改变其组成。

国家标准规定，乙炔气瓶瓶内压力在 15 ℃时不得大于 1.52 MPa，且瓶内必须保持一定的剩余压力（0.1~0.3 MPa）。在瓶内的压力下，1 体积的丙酮可溶解 400 体积的乙炔。乙炔气瓶的容积为 40 L，使用乙炔气瓶时应避免振动、高温和 10 m 以内的明火等。放置时瓶体应直立，否则会因丙酮溢出而引发火灾及爆炸事故。

3. 氧气瓶

氧气瓶是用来储存氧气的高压容器，气瓶外表面涂有天蓝色漆，并印有黑色"氧气"字样。氧气瓶是用优质碳素钢或低合金钢冲压而成的圆柱形无缝容器，经过热处理并具有耐压强度高、抗冲击力好等优点。

氧气瓶的容积一般为 40 L，工作压力为 1.74 MPa（35 ℃时的满瓶压力可达 15 MPa），储气量为 6 000 L，并且瓶内必须保持一定的剩余压力（0.1~0.2 MPa）。

氧气瓶头部有瓶阀和瓶帽，瓶体上有两道橡胶防振圈。在使用过程中，氧气瓶应避免阳光直射和剧烈的振动与冲击。另外，氧气极易与油类发生化学反应而起火，使用过程中应十分注意。

4. 氧气减压器

氧气减压器是将氧气气瓶中的高压氧气调节到气焊所需压力的一种调节装置。氧气减压器不仅能降低压力和调节压力，还能使输出氧气的压力保持稳定。经氧气减压器减压后，氧气气瓶中的高压氧气变为 0.29~0.39 MPa 的低压氧气，以供气焊时使用。

根据工作原理和结构的不同，氧气减压器分为单级减压器和双级减压器。单级减压器又有单级正作用减压器和单级负作用减压器之分。单级减压器一次就可将高压气体减小到工作压力输出，因此其结构简单，使用方便，但输出气体的稳定性不够理想，且冬天易冻结。双级减压器实际上是将两个单级减压器通过串联组合，将气压调节到工作压力，两个不同作用方式的单级减压器可以形成四种组合方式。双级减压器的结构比较复杂，常用于工作气体流量较大和管道供气的场合，并且，由于双级减压器内的高压气体经过两级膨胀，低压室的温度变化较为温和，因此，减压器发生冻结的情况较少出现。减压器中的膜片通常是用特殊橡胶或不锈钢薄钢板制成的。

氧气减压器的构造如图 3-4 所示。减压器上设有压力调节螺栓，用于调节气体的输出压力。当低压腔的气体压力升高时，作用在减压膜片上的力增大，使阀门下移并压缩调压主弹簧，进气阀门的开度也随之变小甚至关闭。当低压腔的压力下降后，调压主弹簧将阀门推回并打开进气阀，使高压气室内的气体再度进入低压腔。如此反复动作，可使低压出口即输出端的气压恒定。旋进或旋出减压器调整螺栓，调压主弹簧的作用力发生变化，输出压力也因此得到调整。

大多数氧气减压器上装有高压和低压两个气压表。其中高压表指示气瓶的储存压力，低压表则用于指示输出压力。压力表多为弹性金属曲管式。当有压力的气体进入金属曲管后，使之趋向伸直并驱动指针摆动机构动作，从而达到指示气体压力的目的，所以，气压表对工作条件和使用方法要求较为严格。除应避免剧烈振动和冲击外，在开启气瓶阀门前应将压力调节杆处于松弛状态，以免突然打开气阀时，气流冲击金属曲管，使之损坏或造成示值误差。同样，作业结束后应将气瓶阀门关闭，然后将调节螺栓松开和释放管路压力。

5. 乙炔减压器

乙炔减压器是将乙炔气瓶中的高压乙炔调节到气焊所需压力的一种调节装置。经乙炔减压器减压后，乙炔气瓶中的高压乙炔变为 0.103 MPa 以下的低压乙炔，以供气焊时使用。

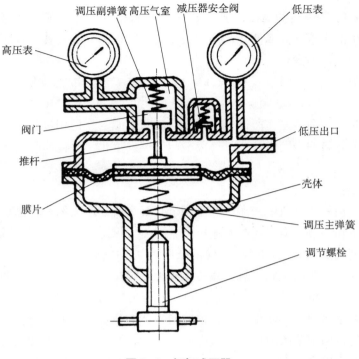

图 3-4 氧气减压器

乙炔减压器的构造与氧气减压器的构造（图 3-4）大致相同，所不同的是调压主弹簧的弹力比氧气减压器的弹力小得多，这是因为二者的输入与输出压力差别很大。乙炔减压器与乙炔气瓶采用特殊的夹环连接方式，指示表上还有极限压力警告线以防超限，因此使用时应严格加以控制。

6. 乙炔回火保险器

气焊作业时，由于枪嘴阻塞、过热或供气压力过低等因素导致产生的气体火焰进入喷嘴内逆向燃烧，这种现象在焊接作业中称为回火。如果不能有效地抑制回火，就会发生燃烧或爆炸事故。乙炔回火保险器的作用就是当气焊过程中发生回火时，可以防止逆向燃烧的火焰倒流至乙炔发生器或乙炔瓶中，或阻止回火后形成的火焰在管路中燃烧。

根据结构和原理的不同，乙炔回火保险器分为水封式和干式两种；根据工作压力的不同，乙炔回火保险器分为低压式（0.01 MPa 以下）和中压式（0.01~0.15 MPa）两种；根据装置位置的不同，乙炔回火保险器分为集中式和岗位式两种。

（1）水封式中压回火保险器。

图 3-5 所示为水封式中压回火保险器。乙炔从底部的进气口进入，顶开止回阀，经滤清器，从出气口进入焊炬。当发生回火现象时，火焰从出气口倒灌，顶开橡胶膜，使燃烧火焰从放气口逸入空气中。另外，由于燃烧火焰的压力，止回阀关闭，切断气路，使火焰无法进入乙炔气发生装置。筒体内的水也阻断了火焰的通路，起到了保险作用。

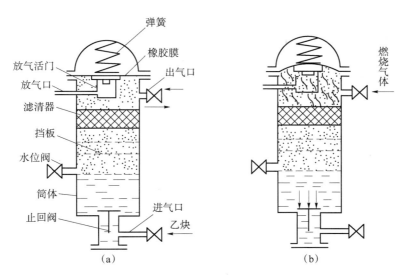

图 3-5 水封式中压回火保险器
(a) 正常工作时；(b) 发生回火时

（2）干式回火保险器。

干式回火保险器如图 3-6 所示，正常工作时，乙炔气体从底部的进气口进入，流入较小的爆炸室，由出气口进入焊炬。当发生回火现象时，防爆橡胶膜 1 瞬间被冲破，使燃烧气体快速散发到空气中。其主要缺点是不能切断气源。

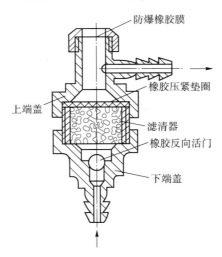

图 3-6 干式回火保险器

二、气焊工艺参数

1. 气焊火焰的分类

气焊火焰（图 3-7）是由乙炔气及起助燃作用的氧气混合燃烧形成的，其构成如图 3-7（a）所示，选用及调整焊接火焰对焊接品质有直接影响。通过调整混合气中氧气和乙炔的比例，可以获得中性焰、碳化焰、氧化焰三种不同性质的气焊火焰。

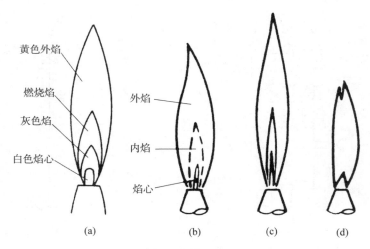

图 3-7 气焊火焰

（a）气焊火焰的构成；（b）中性焰；（c）碳化焰；（d）氧化焰

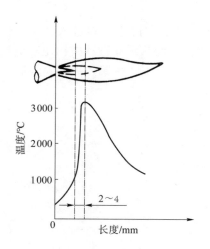

图 3-8 中性焰的温度分布

（1）中性焰。

中性焰又称正常焰，如图 3-7（b）所示，其氧气和乙炔混合的体积比为 1.0~1.2。中性焰由焰心、内焰和外焰三部分组成，火焰各部分的温度分布如图 3-8 所示。焰心呈尖锥状，由于有炙热的碳，呈明亮白色，轮廓清楚，温度不太高。内焰是焰心外边颜色较暗的一层，其温度最高，最高温度可达 3 000~3 200 ℃，故焊接时应使熔池及焊丝的末端处于焰心前 2~4 mm 的最高温度区。外焰呈淡蓝色，其温度较低。

中性焰在燃烧时生成的一氧化碳及氢气，能与金属中的氧作用使熔池中的氧化铁还原。使用中性焰可得到均匀的焊波，而且不易造成气孔、气泡，也不含氧化物，焊缝质量比较优良。中性焰适用于焊接低碳钢、中碳钢、合金钢、纯铜和铝合金等材料。

（2）碳化焰。

碳化焰又称还原焰，如图 3-7（c）所示，其氧气和乙炔混合的体积比小于 1.0。由于氧气较少，乙炔过剩，燃烧不完全，因此整个火焰比中性焰长而柔软，温度较低，最高温度为 2 700~3 000 ℃。碳化焰焰心呈白色，外围略带蓝色，内焰呈淡白色，外焰呈橙黄色，乙炔量多时还产生黑烟。

碳化焰中所含过剩乙炔可分解为氢和碳，其中氢使钢产生白点，碳则熔化到金属中，使焊件的含碳量提高。由此可使钢的强度、硬度提高，塑性降低及可焊性变差。碳化焰适用于焊接高碳钢、硬质合金和焊补材料。焊接其他材料时，会使焊缝金属增碳，变得硬而脆。

(3) 氧化焰。

氧化焰如图 3-7（d）所示，其氧气和乙炔混合的体积比大于 1.2，整个火焰具有氧化性。由于燃烧时氧气过剩，燃烧比中性焰剧烈，氧化焰各部分的长度较中性焰缩短，响声较大。焰心短而尖，呈青白色，温度比中性焰高，最高温度可达 3 100~3 300 ℃。外焰稍带紫色，比正常外焰短，火焰挺直。

氧化焰中过多的氧和铁发生作用生成氧化铁，使钢的性质变坏、脆化，熔池的沸腾现象也比较严重。所以对低碳钢构件进行焊接时不能用氧化焰。氧化焰适合于焊接黄铜及青铜类材料。焊接时，过量的氧能与黄铜中的锌元素化合，生成氧化锌薄膜，并覆盖在熔池表面，可以防止锌在焊接过程中的大量蒸发。

2. 气焊火焰的调整

进行火焰调整前应先检查并调定氧气、乙炔气的输出压力，并选用合适的焊炬和钣金用标准焊嘴。

(1) 点火时，先微开氧气阀门，再将乙炔阀门打开约 0.5 圈，用明火（电子枪或低压电火花等）点燃火焰，此时得到的是碳化焰。

(2) 继续开大乙炔阀门，使之出现红黄色火焰；随后逐渐打开氧气阀门，使火焰变蓝，直至获得清晰鲜明的亮白色焰心为止，这便是如前所述的中性焰。

(3) 在中性焰的基础上进行调节，若继续增加氧气或减少乙炔的量，则可获得氧化焰。

3. 焊炬

焊炬配有一套规格不同的焊嘴，以适于焊接不同板厚的金属。通常，根据焊炬及焊嘴型号可近似判定出每小时的气体消耗量。焊炬型号与焊嘴规格及气压参数见表 3-1。

表 3-1 焊炬型号与焊嘴规格及气压参数

焊炬型号	H01-6					H01-12					H01-20				
焊嘴号码	1	2	3	4	5	1	2	3	4	5	1	2	3	4	5
焊嘴孔径/mm	0.9	1.0	1.1	1.2	1.3	1.4	1.6	1.8	2.0	2.2	2.4	2.6	2.8	3.0	3.2
氧气压力/MPa	0.2	0.25	0.3	0.35	0.4	0.4	0.45	0.5	0.6	0.7	0.6	0.65	0.7	0.75	0.8
乙炔压力/MPa	0.001~0.1					0.001~0.1					0.001~0.1				
氧气耗量/($m^3 \cdot h^{-1}$)	0.15	0.20	0.24	0.28	0.37	0.37	0.49	0.65	0.86	1.10	1.25	1.45	1.65	1.95	2.25
乙炔耗量/($L \cdot h^{-1}$)	170	240	280	330	430	430	580	780	1 050	1 210	1 500	1 700	2 000	2 300	2 600
焊接板厚/mm	1	2	3	4	5	6	7	8	9	10	10	12	14	16	18

表 3-1 的焊炬型号中，H 表示焊炬；0 表示手工；1 表示射吸式；后缀的数字表示焊接低碳钢的最大厚度，单位为 mm。每个焊炬都配有不同规格的五个焊嘴，每个焊嘴上刻有数字 1、2、3、4、5。焊嘴上刻的数字越小，焊嘴的孔径越小，焊接时可根据材料和板厚选择所需的焊嘴。

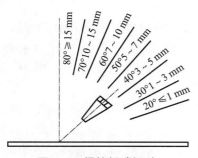

图 3-9 焊接低碳钢时，焊炬倾角与工件厚度的关系

焊炬倾角是指焊嘴与焊接件平面的倾斜角度，由焊接件的厚度、熔点、导热性来决定。一般焊接厚度大、熔点高、导热快的材料，焊炬应选用较大的倾角。图3-9所示为焊接低碳钢时，焊炬倾角与工件厚度的关系。若焊接件为熔点高或导热快的其他金属材料时，可在推荐角度值的基础上增加5°~10°的倾斜角。

4. 焊丝和焊剂

（1）焊丝。

气焊丝一般是光金属丝，用于填充金属并与熔化的焊件金属一起形成焊缝。焊丝直径由焊件厚度及焊接方法决定。焊接板厚度低于15 mm的焊件，用如图3-10（a）所示的右焊法进行焊接时，按板厚的1/2选择焊丝直径；用如图3-10（b）所示的左焊法进行焊接时，将右焊法所选焊丝的直径增加1 mm来选择焊丝直径。当焊接厚度大于15 mm时，所选焊丝直径一般为6~8 mm。

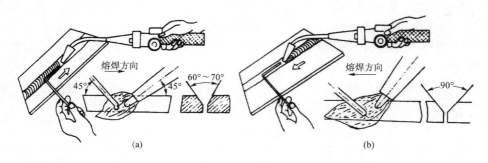

图 3-10 焊接方法

（a）右焊法；（b）左焊法

焊炬从右往左移动的焊接方法称为右焊法，从左往右的焊接方法称为左焊法。

右焊法的优点是火焰指向焊缝，对周围空气的影响较小，焊缝冷却缓慢，能很好地保护熔池的金属；由于热量集中，钢板的坡口角度可以适当开得小一些，焊件的收缩量和变形均有所减少；火焰对着焊缝，能起焊后回火的作用，使焊件冷却缓慢，使得组织细密、质量优良；热利用率高，可节约燃气消耗，并提高焊接速度。其缺点是技术难度较大，非熟练程度时不易掌握。右焊法适用于焊接较厚或高熔点的材料。

左焊法则与此相反，只是火焰指向焊口的前方而起一定的预热作用。左焊法操作简单，适用于焊接薄板及低熔点的材料。

焊丝的成分对焊缝的性能有直接影响。按化学成分的不同，可将焊丝分为低碳钢焊丝、铸铁焊丝、不锈钢焊丝和黄铜焊丝等。选择焊丝时，通常应选与所焊工件的化学成分相同或相近的焊丝。汽车钣金件多为低碳钢板，因此一般选用铁丝即可。

焊丝与焊炬的运动方式主要与焊缝状态、空间位置、焊件厚度和焊缝尺寸的大小有关。其目的在于使焊缝金属熔透，又不至于将焊件烧穿；搅动熔池使各种非金属夹杂物从熔池中排出，气体不至于夹在焊缝内。通常应用的运动方式如图3-11所示。

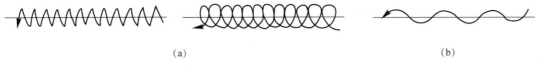

图 3-11 焊炬和焊丝的运动方向
(a) 焊接中板或厚板时；(b) 焊接薄板时

（2）焊剂。

焊剂的作用是去除熔池中形成的氧化物等杂质，保护熔池金属，并增加液态金属的流动性。焊接低碳钢时一般不使用焊剂。焊补铸铁或焊剂铜、铝及其合金时，应使用相应的焊剂。

5. 火焰能率

火焰能率是指单位时间内可燃气体（乙炔）的燃烧量。选取能率大小的依据，主要取决于焊炬型号、焊嘴规格、焊件厚度和材料的物理性质。一般厚度大、熔点高、导热快的焊件以及横缝、平焊所选取的火焰能率就大些；反之，焊接薄钢板时，为了避免焊件被烧穿，则需要较小的火焰能率。其经验公式为：

$$N = KH \tag{3-1}$$

式中，N 为火焰能率，单位为 L/h；K 为能率常数，单位为 L/h，其中左焊法 $K=100\sim120$ L/h，右焊法 $K=120\sim150$ L/h（如果焊接导热快的铜、铝合金材料时，应选能率常数的上限）；H 为焊件厚度，单位为 mm。

调节火焰能率的方法分为粗调和细调两种。其中，粗调通过更换焊炬和焊嘴来实现；细调则通过调节焊炬上的氧气和乙炔调节阀来实现。焊接过程中，在确保焊件不被烧穿的前提下，可以选择较大的火焰能率。

三、气焊方法

1. 平焊

平焊时，工件与工件台或车间地面平行，一般能够得到最好的焊接熔深。平焊是气焊中最普通和最常见的一种方法，其操作示意如图 3-12 所示。对从汽车上拆下的零部件进行焊接时，应尽量将它放在能够进行平焊的位置。

焊接时应预先留出相当于板厚的间隙，使用中性焰，先加热焊缝一端的边缘，待边角开始熔化时，将焊丝加入焊缝，将一端固定；再用同样的方法连接焊缝的另一端。这种临时性点焊也称"暂焊"，主要用于固定对接金属板的相对位置，如图 3-13 所示。若焊缝较长，则还应采取分段方法"暂焊"。

正式焊接时，通常从焊缝的一端开始。加热过程中应注意熔池的颜色及变化，并使焊丝始终处于焊缝上方。如果温度过高，使金属板产生熔化倾向，应及时将焊枪适当提起使之远离焊缝，待焊缝熔池略有凝固时可继续施焊。不可反复在一处加热和施焊，以免使焊缝产生脆硬现象而造成接合强度下降。

当熔池形成后，不要再填充焊丝，并要注意保持熔池前方始终处于熔化状态，这样才能保证完全熔焊。此外，火焰的位置应环绕在焊丝的前沿，及时熔化焊丝可以使焊丝连续不断地填入熔池，使焊接品质和工作效率都可以得到相应的提高。

焊后应检查焊缝的质量，如焊接波纹是否连贯、平顺，是否有焊透或假焊等焊接缺陷。

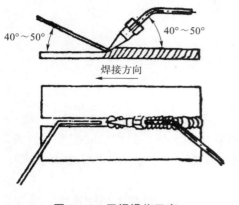

图 3-12 平焊操作示意

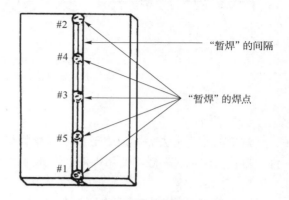

图 3-13 按一定间隔"暂焊"

2. 立焊

立焊时，将工件垂直放置，焊缝垂直或稍稍倾斜于地面。焊接时，焊枪向上或向下移动，重力会将熔池拉向连接点的下方，其操作示意如图 3-14 所示。进行立焊时，由于熔池内呈液态的金属容易下淌，因此焊缝的形成比较困难。

3. 横焊

横焊时，将工件垂直放置，焊缝呈横向或稍稍倾斜于地面，焊接时焊枪横向移动，重力会将熔池拉向地面，其操作示意如图 3-15 所示。进行横焊时，应使焊枪向上倾斜，以抵消重力对熔池的影响。

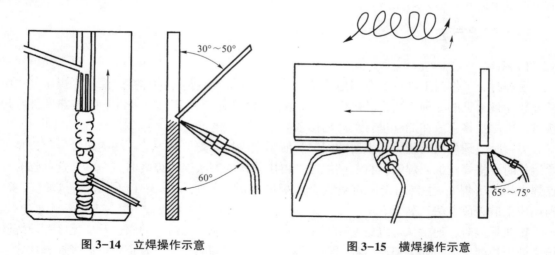

图 3-14 立焊操作示意　　　　图 3-15 横焊操作示意

由于横向焊缝容易造成熔池金属下淌，使横焊的操作变得比较困难；同时，在焊缝上侧易形成咬边，而在下侧易形成焊瘤和假焊等缺陷，如图 3-16 所示。

横焊时，除了应选择比平焊小的火焰能率外，还应注意严格控制熔池温度，以避免过热，使熔化的金属下淌；焊嘴应向上倾斜，火焰与工作方向的夹角为 65°，利用火焰的吹力托住熔池金属，使之不发生下淌。

此外，焊接过程中应始终将焊丝插入熔池之中，并不断把熔化的金属向上拨动。与此同时，使焊丝呈半圆形或斜向运动，并在这一过程中将其加热熔化，由此形成平滑、良好的焊缝。

4. 仰焊

仰焊是将工件安装到操作者头部上方进行焊接的一种方法，其操作示意如图 3-17 所示。仰焊作业最难进行。一方面，在这个位置，一些熔融金属很容易落入喷嘴而引起故障，飞溅的金属或火花也容易对人造成伤害；另一方面，劳动条件差，生产效率低。

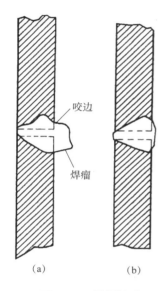

图 3-16 横焊缺陷
(a) 不良；(b) 良好

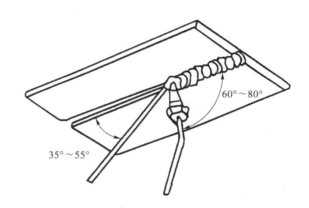

图 3-17 仰焊操作示意

四、气焊车身操作要领及注意事项

1. 气焊薄钢板的操作要领

在车身维修中，经常遇到对薄钢板（一般指厚度低于 3mm 的板料）的焊接。由于气焊时氧乙炔火焰的热量不易集中，并且焊接过程中加热的面积较大，以及金属热传导的作用，不仅会使构件发生较大的变形，还会改变原有金属材料的性质，影响焊件的寿命，因此，汽车制造厂都不提倡使用气焊来修理损坏的零部件。在车身修理厂，氧乙炔火焰主要用来进行收缩、硬钎焊、表面清洁等。

尽管不提倡使用气焊来焊接车身钣金件，但由于修补等的需要，有时也不得已而为之。对薄钢板进行焊接时，焊件容易发生较大变形和翘曲，焊接部位极易被火焰烧穿，因此，焊接时应注意：

（1）焊前准备。

焊接前的准备工作主要有做坡口、清洁焊接部位和使焊件定位。除非必要而使用专门卡具外，一般以暂焊方法将焊件定位即可。每次暂焊的长度约为5 mm，间距为50~100 mm。对于较厚钢板，其定位焊的长度为20~30 mm，间距为300~500 mm。进行定位焊时，也应遵循前述焊接工艺参数，并注意焊接品质和定位正确。

（2）正确选择工艺参数。

焊嘴的倾角要小一些，一般为10°~20°。火焰能率也要定得低，选择能率常数$K = 80 \sim 100$ L/h。焊丝直径要细，以免因熔化不及时而耽误施焊的时机。

（3）避免焊件过热。

焊接时火焰不要正对着焊件，要将焊嘴略向焊丝方面偏斜，由此可使焊丝适当挡住火焰的高温，避免因过热而使焊件晶粒变粗，导致结合强度下降。

（4）及时移动焊炬。

为了防止烧穿焊件，焊接过程中应不断移动焊炬，使焊嘴时常远离焊件并密切注意熔池情况。若母材熔化，则应立即将焊嘴移开。这样可使熔池有机会冷凝，稍后再继续施焊。

（5）有效固定焊缝。

所谓固定焊缝，主要是指对焊口沿全长方向上的有效定位，这一点对焊接薄板类构件十分重要，因为在焊接时，薄板类构件特别容易发生变形和翘曲。若焊前不进行定位焊，轻则焊缝变形，误差过大，重则导致焊接作业无法进行。

（6）适当改变结构。

对于过薄的钢板，如果条件允许可按图3-18所示，改变薄板的接口形式。采用这种卷边接口，可以不加焊丝直接施焊使之形成焊缝。

图3-18　薄钢板接口形式

2. 气焊铝合金的操作要领

在纯铝中加入硅、铜、镁、锰、锌等合金元素制成的铝合金，可以大大提高其力学性能以便于制作车身构件。目前，铝合金的焊接方法主要为氩弧焊和手工电弧焊。手工电弧焊由于受焊接质量控制的限制，已经基本上被氩弧焊所取代。气焊虽然从各方面都远不及氩弧焊，但由于气焊使用的设备简单、方便，在汽车车身维修中的应用比较普遍。

焊铝与焊钢有很大的区别，主要是铝加热到可以焊接的温度时，仍看不出其颜色有明显的变化，这给操作者对焊接温度的控制带来许多困难，并且在加热到可以焊接的温度前，焊件将吸收和传走大量的热，而过量吸收热则会使金属发生损坏，因此，焊接时铝合金会出现易氧化、温度难以控制、易产生热裂纹、残留气孔和组织劣化等问题，焊接性较差。

（1）焊接接头形式。

气焊铝合金构件时，应根据具体情况采用图3-19所示的接头形式。一般应避免直接搭接和采用"T"形接头。这类接头方式易于残留气焊熔剂和焊渣,使焊件受到早期腐蚀而影响焊接强度。对于简单的对接焊缝,可以采用图 3-20 所示的方案,预留呈斜角形的焊接间隙。图 3-20 中有:

$$a_2 = a_1 + (0.01 \sim 0.02)l \tag{3-2}$$

式中,a_1 约为 1 mm;l 为焊缝长度,单位为 mm。

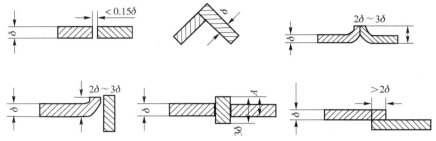

图 3-19 气焊铝合金构件的接头形式

当板厚在 2 mm 以下时,可采用卷边接头的焊接方式,但要注意,卷边焊容易残留熔剂或焊渣,因此背面必须焊透、焊匀。

(2)焊前清理。

焊前清理是保证焊接质量的重要措施,否则焊缝极易出现夹渣、气孔和成型不良。简单易行的办法是用钢丝刷、钢丝轮、刮刀等清洁焊口,使之露出金属光泽。也可用 10%的氢氧化钠溶液煮焊口 2 min,再用水清洗,并用 20%的硝酸溶液中和后,洗净干燥即可。

(3)火焰的选择。

焊接火焰以中性焰或轻微的碳化焰为主。禁止使用氧化焰,以防止加剧铝合金的氧化。焊嘴的大小应与焊件的厚度相适应,基本原则为铝板越厚,所选焊嘴可稍大一些,但要比焊接低碳钢时的焊嘴小一号为宜。

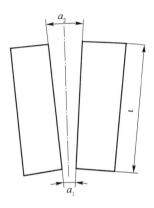

图 3-20 斜角形间隙

(4)定位焊。

焊接铝合金板材时,一定要用定位焊固定其相对位置,以防止产生变形。板厚小于 1.5 mm 的定位间距为 10~12 mm,板厚小于 5 mm 的定位间距为 30~40 mm。进行定位焊时还应注意,用比正常焊接稍大一点的火焰能率并从速进行,以减少变形;对较长的焊缝,应从中间开始,循序向两端定位焊。

(5)焊前预热。

对于厚度大于 5 mm 的焊件,需要将焊件预热到 200~300 ℃方可施焊。由此可以减轻变形,并避免焊件产生裂纹。

(6)起点的选择。

对非封闭焊缝应从距一端 40~50 mm 处开始向另一端起焊,终了后再由起点处重合 20~30 mm,将其余部分焊完。对于较长的焊缝或圆柱体形焊缝,为减少焊件裂纹产生的可能性,最好由两人同时从中间起焊。

(7) 焊后处理。

焊接终了，应将焊件置于热水中或向焊缝上浇热水，同时，用毛刷清洗至干燥后不见白色或黑色渣斑为准。对铝、铝镁合金及铝锰合金等，可在焊后锤击焊缝表面，以消除其内应力。

(8) 焊接要领。

使用铝焊条和铝焊粉，在加热过程中涂抹，并用焊条的端头试探性地拨动被加热的金属表面。若感到有黏性并且焊丝能与焊缝金属熔合在一起时，则说明熔池已达到可以焊接的温度；运动焊炬使火焰以跳动方式前移；焊丝应始终处于熔池的前沿，端头也做轻微跳动，不过与火焰的跳动方向要相反；焊接较小零件时最好用左焊法，以免焊件过热而烧穿；若一次不能焊完，则焊缝搭接处应按上述要求重合。

3. 气焊车身注意事项

为了获得良好的焊接质量，用气焊焊接时一定要做到焊丝和焊缝两边的金属材料同时熔化，并及时移动焊炬，填充焊丝。由于汽车钣金覆盖件的厚度较小，都在 1 mm 左右，焊接时若焊炬移动过快，过早填充焊丝，会造成焊件熔化不良，使焊接不牢固；但若焊炬移动过慢，焊丝填充稍迟，则焊件容易被烧穿。为避免出现这些不良后果，钣金气焊时应注意如下事项：

(1) 考虑到汽车钣金件的特性，气焊时应选用小号焊炬（如 H01-6）、3 号以下的焊嘴、焊丝直径为 2 mm 左右的焊丝，火焰采用中性焰。

(2) 焊缝一次完成，焊接速度要快，绝不可反复烧焊。

(3) 焊炬的移动要平稳，焊丝则以涂抹的动作熔于焊池之中。

(4) 部件边缘裂缝的焊接应从裂缝尾部（裂缝止端）开始起焊，焊嘴应指向焊件外面，以减少部件受热，防止前焊后裂。

(5) 长焊缝的焊接，应事先将连接处修整对齐，并按要求间隔点焊后再进行焊接，一般应从中间向两端，依次交替焊接而成。

(6) 挖补焊接之前应将补丁板料在平台上普遍撞击一遍，以减少焊接变形。

五、气焊缺陷分析

常见的气焊焊接缺陷可分为外部缺陷和内部缺陷两大类。其中，外部缺陷位于焊缝的外表面，用视检的方法或借助低倍放大镜即可发现。常见的外部缺陷主要有焊缝尺寸不合格、表面气孔、裂纹、咬边、未焊满、凹坑、烧穿、焊瘤等。内部缺陷位于焊缝的内部，需要用破坏性的方法才能发现。常见的内部缺陷主要有气孔、裂纹、夹渣、未焊透和未熔合等。

1. 焊缝形状及尺寸不符合要求

完成焊接后，检查焊缝的形状和尺寸与规定的技术要求不符。主要表现为焊缝成型后的质量较差，焊缝出现高低不平、宽窄不一和焊波粗劣等。若焊缝尺寸不符合原定的技术要求，则不仅影响焊缝的美观程度，而且往往还影响焊接金属与母材的结合强度，并在焊接部位形成应力，导致焊件的质量和安全性能下降。

造成焊缝形状及尺寸不符合技术要求的主要原因有：

(1) 焊件准备工作欠佳。

焊件准备工作欠佳主要是指接头边缘加工不整齐、坡口的角度过大或过小、焊件的预装配间隙不合适等。

（2）焊接工艺参数选择不当。

焊接工艺参数选择不当主要指火焰能率过大或过小、焊丝和焊嘴的倾角配合不当、焊接速度不合适或速度不均匀、操作技术不佳以及焊嘴或焊丝横向摆动不一致等。

为了防止出现焊缝形状及尺寸不符合要求的现象，操作中应注意正确调整火焰能率，焊前将接头边缘修整平齐，气焊过程中焊嘴和焊丝的横向摆动要一致，焊接速度要均匀且不要向熔池内填充过多的焊丝。

2. 未焊透

焊接后检查焊件接头的根部，若出现未完全熔透的现象，则称为未焊透，如图 3-21 所示。未焊透不仅降低了焊缝的机械性能，而且容易在未焊透的缺口及末端处形成应力集中，从而使焊缝产生裂纹。因此，对于比较重要的焊缝，如果有未焊透的缺陷，应铲除后重新焊接。造成未焊透的原因主要有：

（1）焊前处理不佳。

焊件接口处清理不净，如存在氧化物、油污等。

（2）坡口处理不良。

焊件坡口角度过小、接口不整齐、间隙太小或钝边过厚。

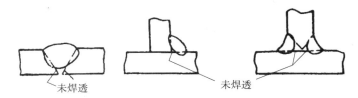

图 3-21　未焊透

（3）焊嘴型号不对。

未能按技术要求选择焊嘴的型号（号码过小）以及火焰能率不够或焊接速度过快。

（4）散热速度过快。

若焊件的散热速度过快，则会使熔池存在的时间短，以致填充金属与母材之间不能充分地熔合。

为避免未焊透现象的发生，除选择合适的坡口形式和装配间隙外，还应十分注意焊前对焊件的清理，消除坡口两侧的氧化物和油污。根据板厚正确选用焊嘴和焊丝，并选择合理的火焰能率和焊接速度。另外，对导热快、散热面积大的焊件，还要进行焊前预热和在焊接过程中用辅助方法加热焊件。

3. 未熔合

焊缝与母材或焊缝与焊缝之间未完全熔化，使结合部分形成假焊，称为未熔合，如图 3-22 所示。

未熔合减小了焊缝的有效接触面，使焊缝的承载能力下降。此外，未熔合处还容易引起应力集中，导致焊缝与焊件的结合部位产生裂纹。

造成未熔合的主要原因是火焰能率过小，并且气焊火焰过于偏向坡口一侧，使母材或前一层焊缝金属未熔化就被填充金属覆盖所致。若坡口或前一层焊缝表面有锈或污物，也容易

图 3-22 未熔合

造成焊缝未熔合的缺陷。

气焊时应注意观察坡口两侧的熔化情况,采用稍大的火焰能率并控制焊接速度不过快,确保母材或前一层焊缝金属熔化后,再添加焊丝。

4. 咬边

由于焊接工艺参数选择不当或操作方法不当,使母材沿焊缝部位产生的沟槽或凹陷,称为咬边,如图 3-23 所示。

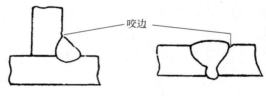

图 3-23 咬边

咬边使母材金属的有效截面减小,从而降低了焊缝的结合强度。同时,咬边处也容易引起应力集中,承载后有可能在咬边处产生裂纹。

一般焊接要求咬边的深度不允许超过 0.5 mm。对于有承载要求的重要部位的焊接,如高压容器、压力管道等,则不允许存在咬边现象。

造成咬边的主要原因是火焰能率过大、焊嘴倾角不正确和焊嘴与焊丝摆动不当等。在气焊操作中,不论采用哪一种焊法,都要使焊丝带住铁水,不使其往下流淌;火焰应正对着焊缝中心,熔池不宜过大而且使焊丝的运动范围达到熔池的边缘,如此就可以有效地防止咬边现象的发生。

5. 烧穿

焊接中熔化的金属自坡口背面流出,形成穿孔的现象,称为烧穿,如图 3-24 所示。

造成焊接烧穿的主要原因是接头处间隙过大或钝边太薄,火焰能率过大或气焊速度太慢,尤其是对薄板进行收火操作时,更容易发生烧穿现象。

因此,焊前应控制好所制坡口的角度,使其不宜过大,并且钝边预留的宽度不宜过小,这样就可以避免因金属过热而熔化。此外,火焰能率应适当选得低一些,焊接速度也不宜过快。当焊接薄板时,使用单面焊或在焊件背面垫铜板散热,以及加施焊剂等方法,均可有效地防止烧穿现象发生。

6. 凹坑

凹坑是指焊后在焊缝表面或背面形成的凹坑缺陷,如图 3-25 所示。

焊后在焊缝上形成凹坑表明其容易有残留气孔、夹渣和微小裂纹,同时,也会影响焊缝的强度。对此,需要焊后认真检查并将凹坑填满。

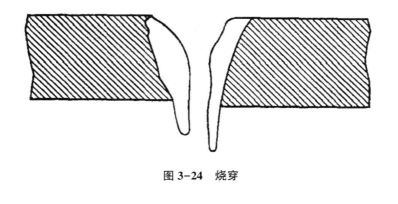

图 3-24 烧穿

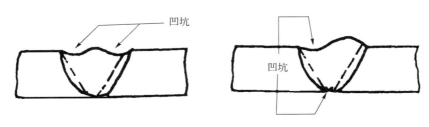

图 3-25 凹坑

气焊薄板时,应注意火焰能率不宜过大和收尾时间不要过短,同时还要注意未将熔池填满时,不要急于结束焊接操作。

7. 过热

金属过热的特征是表面变黑,氧化皮增多和金属晶粒粗大变脆。这是由于气焊时,金属加热温度过高和时间过长造成的。焊接时对金属加热时间过长和超过一定的极限温度时,其内部组织和性能都会发生很大变化。

造成金属局部过热的主要原因是火焰能率过大、焊接速度过慢、焊炬在一处停留时间过长,以及过度采用氧化焰焊接工艺等。

防止焊接金属过热的主要措施有:严格选择焊接工艺参数;根据焊件的厚度选用合适的焊炬和焊嘴;采用中性焰或轻微碳化焰;正确控制焊接速度和防止熔池金属温度过高等。

对于已经发生金属过热的部位,应用机械的方法去除并予以补焊。

8. 焊瘤

焊接过程中熔化的金属流淌到焊缝金属之外,在未熔化的母材上形成的金属瘤称为焊瘤,如图 3-26 所示。

焊后形成焊瘤,不仅影响焊缝的美观,更重要的是在焊瘤出现的同时,往往还伴随着未焊透的现象,因此,凡是出现焊瘤的焊缝,均容易引起应力集中。如果是焊接管道,在其内部形成过多的焊瘤,会影响管道的流通量,导致流通不畅,容易造成管道堵塞。

形成焊瘤的主要原因是火焰能率太大、焊接速度太慢、焊缝预留间隙过大和焊丝和焊嘴角度不正确等。

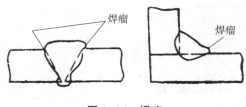

图 3-26 焊瘤

通常情况下，当采用立焊或仰焊时，应选择比平焊小的火焰能率；焊件装配时预留的焊缝间隙不能过大，应正确选择焊丝和焊嘴之间的角度。

9. 夹渣

焊后残留在焊缝处一定数量的熔渣称为夹渣，如图 3-27 所示。

图 3-27 夹渣

夹渣与夹杂物有很大的区别。夹杂物是焊接冶金反应生成的，一般尺寸很小，并且呈分散状态分布在焊缝各处。残留在焊缝金属中的非金属杂质，如氧化物、硫化物、硅酸盐等，所形成的夹渣尺寸较大，通常为 1 mm 至数毫米长。气焊夹渣可在金相试磨片上直接观察到，用射线方式探伤也可检测出来。

由于夹渣的外形不规则，且大小相差悬殊，因此对焊缝的机械性能影响较大。夹渣不仅会降低焊缝的塑性与韧性，且夹渣处的尖角还会引起应力集中，特别是对那些淬火倾向较大的金属，极易因夹渣尖角处产生的应力集中，而造成焊接裂纹。

产生夹渣的主要原因有母材或焊丝的化学成分不当；坡口边缘有污物，焊层和焊道间的熔渣未清除干净；焊接过程中火焰能率控制得过小，使熔池金属和熔渣得到的加热量不足，造成熔池金属流动性差，使熔渣不容易浮上来；熔池金属冷却速度过快，使熔渣尚未浮出焊缝就已凝固。另外，焊丝和焊嘴角度不正确也是产生夹渣的原因之一。

避免焊接产生夹渣的主要措施有：选用合格的焊丝；焊前进行坡口清理，并彻底清除焊丝表面的锈蚀和油污；焊接时应彻底清除焊层间的熔渣；选择合理的火焰能率及其他焊接工艺参数；在焊接操作时，注意熔渣的流动方向，随时调整焊丝和焊嘴的角度，并不断用焊丝将熔池内的熔渣拨动出来，以使熔渣顺利浮到熔池表面。

10. 气孔

焊接过程中熔池中的气泡在凝固前未能及时逸出，使之残留于焊缝中形成的空穴，称为气孔。

根据气孔形状的不同，气焊的气孔缺陷分为密集型气孔、长条形气孔和针状气孔。根据气孔位置的不同，气焊的气孔缺陷有表面气孔和内部气孔之分。位于焊缝表面的气孔称为表面气孔，藏于焊缝内部的气孔称为内部气孔。根据产生气孔气体的不同，又可将气孔分为氢气孔、一氧化碳气孔和氮气孔。

氢气孔是由于焊接时原先熔于熔池中的氢在熔池结晶时，溶解度急剧下降，不能大量析出，在焊缝中形成氢气孔而产生的。对于低碳钢，氢气孔容易形成于气焊焊缝的表面，个别情况下氢气孔也可能形成于焊缝内部，但对于有色金属，氢气孔大部分残留在焊缝内部。氢气孔的断面形状一般为螺钉状，从焊缝表面看呈喇叭口状。

在气焊碳钢金属时，由于冶金反应会产生大量一氧化碳，在熔池结晶过程中来不及逸出，因此导致一氧化碳残留在焊缝内部，形成一氧化碳气孔。多数情况下，一氧化碳气孔形成在焊缝内部，呈长条形并沿结晶方向分布。

在焊缝内或表面形成的气孔，不仅可以使焊缝金属的有效工作截面缩小，降低焊缝的机械性能，还会破坏焊缝的致密性，造成渗漏。由于长条状气孔和针状气孔的边缘最容易造成应力集中，会使焊缝的塑性和韧性降低，因此长条形气孔和针状气孔比圆形气孔的危害更大。

形成气孔的主要原因有：焊接时熔池周围的空气、火焰分解及燃烧气体生成物、由焊件杂质产生的气体，通过溶解和化学反应进入熔池。正常情况下，这些气体在熔池结晶时，将以气泡的形式向外逸出。然而，如果气体在熔池凝固之前来不及逸出，那么气泡就会残留在焊缝中，形成气孔。

防止气孔的有效措施有：正确选用合格的焊丝、熔剂；焊前彻底清除坡口两侧 20~30 mm 范围内的油污、锈迹和其他污物；施焊过程中添加焊丝时要均匀，焊嘴的摆动不能过快、过大，注意加强火焰对熔池温度的保护；气焊熔剂应妥善保存，不使用受潮的焊剂；对于较大的工件，焊前应采取预热措施；焊接时选用合适的焊接速度。如果在焊接终了和焊接中途停顿时，均应缓慢撤离焊接火焰，防止熔池冷却速度过快，使气体充分地由熔池中逸出。

11. 裂纹

焊缝裂纹是在焊接应力及其他致脆因素作用下，焊缝局部金属的原子结合力遭到破坏，形成新的金属界面而产生的，并在外观上表现为焊接缝隙。焊接裂纹具有尖锐的缺口和大的长宽比特征。

焊接裂纹是最危险的焊接缺陷。它严重地影响焊接结构的使用性能和安全可靠性能，是造成许多焊接件结构性破坏事故的直接原因。焊接裂纹除了降低焊缝的强度外，还会因为裂纹末端的尖锐缺口，引起应力集中，使裂纹延伸，直至焊缝被破坏。

根据形成温度，焊缝裂纹分为热裂纹和冷裂纹；根据所处的位置，焊缝裂纹又可分为焊缝金属中的裂纹和热影响区中的裂纹。

（1）热裂纹。

在焊接过程中，焊缝和热影响区的金属冷却到固相线附近的高温区产生的焊接裂纹称为热裂纹，也称凝固裂纹。被焊接的金属大多为合金材料，而合金从凝固开始到最终结束是在一定温度范围内进行的，这便是形成热裂纹的基本原因。焊缝金属中许多杂质的凝固温度都低于焊缝金属的凝固温度，因而首先凝固的焊缝金属把低熔点杂质推挤到结晶的晶粒边界，形成一层液体薄膜。除此之外，焊接时，若熔池的冷却速度过快，则会使焊缝金属在冷却过程中急剧收缩，致使焊缝金属内部产生拉应力。该拉应力把凝固的焊缝金属沿结晶的晶粒边界拉开，由于没有足够的液体金属补充进来，因此会在该处形成微小的裂纹。随着温度的进一步降低，拉应力不断增大，从而导致金属裂纹不断扩大、延伸，最终形成凝固裂纹。

硫是引起焊缝金属发生凝固裂纹的最主要元素。硫在钢中与铁化合生成硫化亚铁，硫化亚铁又与铁发生反应形成一种凝固温度为985 ℃的共晶物质，远低于钢的凝固温度。此外，当钢的含碳量较高时，也有利于硫在晶界中富集，故采用含碳量低的焊接材料，有利于抑制凝固裂纹的产生。

在热影响区熔合线附近产生的热裂纹称为液化裂纹或热撕裂。在进行多层焊接时，前一层焊缝的一部分即为后一焊层焊缝的热影响区，因此，液化裂纹也可能在焊缝层间的熔合线附近产生。液化裂纹产生的原因与凝固裂纹相近，即在不完全熔化区晶界处的易熔杂质部分发生熔化，形成细小的裂纹。液化裂纹一般长0.5~1 mm，属于可能引起热裂纹的裂源，故有很大的危害性。热裂纹的显著特征是断口呈蓝黑色，这是金属因过热被高温氧化后形成的颜色。

防止焊缝产生热裂纹的主要措施有严格控制母材和焊丝中碳、硫、磷的含量；对于钢性较大的焊件，由于焊接时产生的变形小，因此更容易加大焊接应力，促使热裂纹现象的产生，故焊接时应选择合适的焊接工艺参数，必要时还应采取预热和缓冷措施，并合理地安排焊接方向和焊接顺序；气焊时应避免出现凹坑，当在气温较低的场所焊接或焊接中途停顿时，应注意填满凹坑，并将火焰缓慢离开；适当调整焊缝金属的合金成分，若焊接铬镍不锈钢时，则应适当提高焊缝金属的含铬量；在焊缝金属中加入使晶粒细化的元素，如钼、钒、钛、铌、锆、铝等，同样有利于消除集中分布的液体薄膜，可以有效地防止热裂纹的产生。

（2）冷裂纹。

焊后焊缝良好，而当其冷却到一定温度时，随之产生裂纹的现象称为冷裂纹。冷裂纹与热裂纹的主要区别在于，冷裂纹是在相对较低的环境温度下形成的，通常在200~300 ℃或更低一些的温度下形成，即冷裂纹不是在焊接过程中产生的，而是当焊后延续一定时间后产生的。当然，若焊后冷却到室温并持续一定时间（几小时或若干天）后才出现的裂纹，则不属于冷裂纹，而称其为延续裂纹。与热裂纹相比，冷裂纹的断口无氧化色。

冷裂纹产生的影响因素主要有钢材的淬火倾向、残余应力、焊缝金属和向热影响区扩散的氢含量等，其中氢的影响是形成冷裂纹的重要原因。当焊缝和热影响区的含氢量较高时，焊缝中的氢在结晶的过程中向热影响区扩散。若该处存在着显微缺陷，则氢原子就会结合成氢分子在该处聚集，加之被焊材料的淬硬性的倾向较大，焊后冷却过程中就会在热影响区形成脆而硬的马氏体组织，再加上焊后所形成的残余应力，三方面因素的共同作用便导致了冷裂纹的产生。由于在不同材料中氢的扩散速度不同，因此冷裂纹的产生具有延迟性。

避免产生冷裂纹的主要措施有焊前预热和焊后缓冷。这样不仅能改善焊缝的组织，降低热影响区的硬度和脆性，而且还能有利于加速焊缝中氢的向外扩散，同时也起到了降低焊接应力的作用。除此之外，选择合适的焊接速度也是防止发生冷裂纹的关键要素。焊接速度过快，容易使焊缝形成淬火组织；若焊接速度过慢，则会使热影响区的范围变宽，促使焊缝产生冷裂纹。

由于冷裂纹通常具有延迟性，因此焊接时应采用合理的装配和焊接顺序，这样做的目的在于减少焊缝的残余应力。对于重要的焊件，必须在焊后立即进行旨在消除内应力的热处理。焊后及时去氢也很重要，一般做法是焊后立即在 200~350 ℃ 的温度下保温 2~6 h 后缓冷，如此可使焊缝金属内扩散的氢加速逸出。当然，焊前去除坡口两侧和焊丝表面的油污、锈迹、水汽，以及在使用前烘干气焊熔剂，都可以减少焊缝中氢的来源。

第二节　焊条电弧焊

焊条电弧焊是手工操纵焊条，用电弧作为热源来熔化焊条和母材而形成焊缝的一种焊接方法，如图 3-28 所示。由于设备简单、操作灵活方便、适应性强并能在空间任意位置进行焊接，因此焊条电弧焊成为应用最广泛的一种焊接方法，但由于对焊工操作技术要求较高，劳动条件较差，生产效率低，焊接质量不够稳定，因此多用于单件小批生产和修复，一般适用于板厚为 2 mm 以上各种常用金属的各种焊接位置的、短的、不规则的焊缝的焊接。

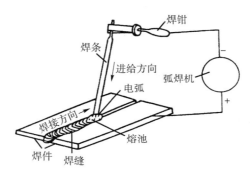

图 3-28　焊条电弧焊

一、焊条电弧焊过程

焊条电弧焊的焊接过程如图 3-29 所示。焊接开始时，将电焊机的两个输出端分别用电缆线与焊钳和焊件相连接，用焊钳夹牢焊条后，使焊条和焊件瞬时短路接触，随即提起一定的距离（2~4 mm），即可引燃电弧。利用高达 6 000 K 的高温电弧使母材（焊件）和焊条同时熔化，形成金属熔池，随着母材和焊条的熔化，焊条向下和向焊接方向同时前移，保证电弧的连续燃烧并同时形成焊缝。熔化或燃烧的焊条药皮会产生大量 CO_2 气体，使熔池与空气隔绝，保护熔化金属不被氧化并与熔化金属中的杂质发生化学反应，结成较轻的熔渣漂浮到熔池表面。随着电弧的不断前移，原先的熔池也逐渐成为固态渣壳。这层熔渣和渣壳对焊缝质量的优劣和减缓焊缝金属的冷却速度起重要作用。

二、焊条电弧焊设备

电弧焊机是供给焊接电弧燃烧的电源，又称弧焊电源。根据焊接电流性质的不同，电弧焊机分为交流弧焊机和直流弧焊机两大类，其型号编制方法及含义可参阅 GB/T 10249—2010《电弧焊型号编制方法》。

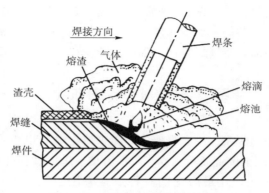

图 3-29 焊条电弧焊的焊接过程

1. 交流弧焊机

交流弧焊机是一种电弧焊专用的降压变压器,又称弧焊变压器。交流弧焊机的输出电压随输出电流的变化而变化,其可将工业用的 220 V 或 380 V 的电压调节到焊接所需要的电压。空载时,弧焊机的输出电压为 60~70 V,既能满足顺利起弧的需要,对操作者也较安全。起弧时,焊条与焊件接触形成瞬时短路,弧焊机的输出电压会自动降低至趋近于零,使短路电流不致过大而烧毁电路或焊机。起弧后,弧焊机的输出电压会自动维持在电弧正常燃烧所需的范围内,一般为 20~35 V。

根据增大漏感的方式及其结构特点,交流弧焊机有动铁芯式(BX1-200、BX1-300、BX1-500)、动圈式(BX3-300、BX3-500)和变换抽头式(BX6-120)等类型,详见 GB/T 10249—2010《电弧焊型号编制方法》。常用的交流焊条电弧焊机有 BX1 系列焊机(图 3-30)和 BX3 系列焊机(图 3-31)。

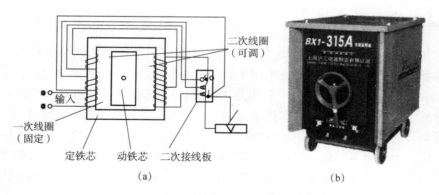

图 3-30 BX1 系列焊机
(a) 工作原理;(b) 外形

弧焊机能供给焊接时所需的电流,一般为几十安至几百安,并可根据焊件的厚度和焊条直径的大小调节所需的电流值。电流调节通过改变可动铁芯或绕组的位置,从而改变漏磁通的方式来实现。电流调节一般分为粗调节和细调节两级。

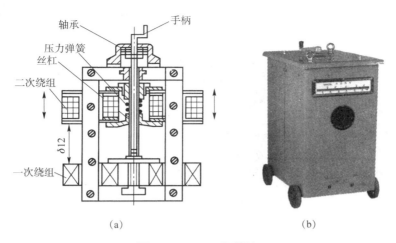

图 3-31　BX3 系列焊机

(a) 构造；(b) 外形

粗调节是通过改变焊机二次绕组接线的匝数（BX1 系列焊机），或将转换开关转动到相应的 1 挡或 n 挡来改变焊接电流（BX3 系列焊机）来实现焊接电流的大范围调节的。细调节是通过摇动电流调节手柄，改变焊机内可动铁芯的位置（BX1 系列焊机）或一、二次绕组之间的距离（BX3 系列焊机）来实现焊接电流的小范围调节的。

交流弧焊机具有结构简单、工作噪声小、价格较低、使用安全可靠、维修方便等优点，但在电弧稳定性等方面存在一些不足之处，而且对某些种类的焊条不能应用，应用范围受到一定的限制。

2. 直流弧焊机

直流弧焊机一般分为发电机式和整流式两类。

发电机式直流弧焊机由一台交流电动机和一台直流弧焊发电机组成，发电机由电动机带动。常用的 AX5-500 型旋转式直流弧焊机如图 3-32 所示。焊接电流的粗调是通过改变发电机电刷的位置来实现的；而细调则是通过旋转调节手柄和改变变阻器的电阻来实现的。虽然旋转式直流弧焊机的电弧稳定性好，焊接质量较好，但因其结构复杂，噪声较大，制造成本较高，能耗较大，维修较困难，目前已很少使用。

整流式直流弧焊机的结构相当于在交流弧焊机上加上整流器，从而将交流电变为直流电，故又称弧焊整流器。常用的 ZXG-300 型整流式弧焊机的外形如图 3-33 所示。与交流弧焊机相比，整流式弧焊机的电弧稳定性好；与旋转式直流弧焊机相比，整流弧焊机的结构简单，使用时噪声小，因此，整流弧焊机的应用日益增多。

直流弧焊机的输出端有正极和负极之分，焊接时电弧两端的极性不变，因此，直流弧焊机的输出端有两种不同的接线方法（图 3-34），即正接和反接。

(1) 正接。

该方法是将焊件接到弧焊机的正极，焊条接其负极，如图 3-34 (a) 所示。焊接较厚或高熔点的金属时，一般采用正接。这是因为电弧正极的温度和热量比负极高，采用正接能获得较大的熔深。

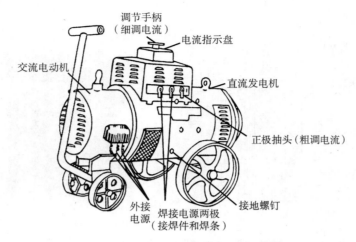

图 3-32 AX5-500 型旋转式直流弧焊机

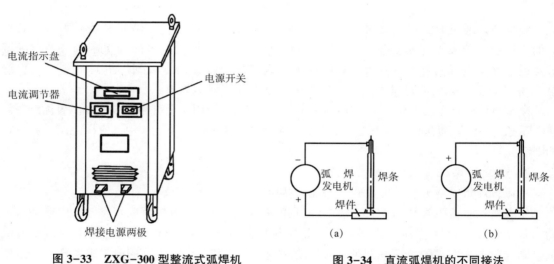

图 3-33 ZXG-300 型整流式弧焊机　　图 3-34 直流弧焊机的不同接法
　　　　　　　　　　　　　　　　　　　(a) 正接；(b) 反接

（2）反接。

该方法是将焊件接弧焊机的负极，焊条接其正极，如图 3-34（b）所示。焊接薄板或低熔点的金属时，为了防止烧穿，常采用反接。当采用碱性低氢钠型焊条进行焊接时，均采用直流反接。

三、焊条电弧焊电焊条

电焊条是涂有药皮、供手弧焊使用的熔化电极，简称焊条。焊条由焊芯和药皮两部分组成，其结构如图 3-35 所示。焊条在焊接过程中应具有良好的工艺性能，并保证焊缝金属具有所需的机械、化学或特殊性能。

1. 焊芯

焊条中被药皮包覆的金属芯称为焊芯。其作用是在焊接过程中用作电极，传导焊接电流，产生电弧；焊芯熔化后作为填充金属与母材金属共同组成焊缝金属。为保证焊缝金属具有良好的塑性和较高的强度，减小产生裂纹的倾向性，焊芯通常由经过专门冶炼的、低碳、低硫、低硅、低磷的金属丝制成。

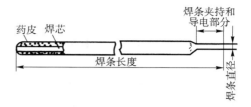

图 3-35　焊条结构

焊芯的牌号用"焊"字汉语拼音的首字母"H"作为字首，后面的数字表示含碳量的万分之一，其他合金元素含量的表示方法与钢号大致相同。质量不同的焊芯在牌号的末尾以一定符号加以区别。其中，高或 A 表示高级优质钢，其硫、磷含量均不超过 0.03%；E 和 C 表示特级优质钢，E 级的硫、磷含量均不超过 0.02%，C 级的硫、磷含量均不超过 0.015%。焊芯的详细牌号参阅 GB/T 14957—94。

2. 药皮

压涂在焊芯表面上的涂料层称为药皮，由矿物类、有机物类、金属及铁合金类和化工产品类等原材料按一定比例配制而成，见表 3-2。

表 3-2　药皮的原材料

材料种类	来源
矿物类	各种矿石、矿渣，如钛铁矿、赤铁矿、金红石、大理石、白云石、萤石、长石、白泥、云母等
金属及铁合金类	金属铬、金属镍、锰铁、硅铁、铬铁、钼铁、钒铁等
化工产品类	钛白粉、纯碱、碳酸钾、碳酸钡以及起黏结作用的水玻璃等
有机物类	淀粉、木粉、纤维素、酚醛树脂等

按照原材料中主要成分的不同，药皮类型有钛型、纤维素、金红石、碱性、碱性+铁粉、钛铁矿、氧化铁、氧化铁+铁粉、钛酸型、金红石+铁粉等类型。药皮的主要作用如下：

（1）提高焊接电弧的稳定性。

当采用没有药皮的焊芯且用直流电源进行焊接时，也能引燃电弧，但电弧十分不稳定。如果用交流电源时，根本不能引弧。涂上药皮后，其中含有钾和钠成分的"稳弧剂"，能在较低电压下电离，以提高电弧的稳定性，使焊条在交、直流电的情况下都能进行正常的焊接，保证焊条容易引弧、稳定燃烧以及熄弧后的再引弧。

（2）防止空气对熔池的侵入。

药皮中加入一定量的"造气剂"，在焊接时会产生大量的气体笼罩熔池，使熔化金属与外界空气隔离，防止空气侵入。药皮熔化后形成的熔渣覆盖在焊缝表面保护焊缝金属，并使焊缝金属缓慢地冷却，有利于焊缝中气体的逸出，减少气孔的产生，同时，药皮熔化后的熔渣还起着美化焊缝成型的作用。

（3）补充合金元素，提高焊缝性能。

焊接过程中，由于空气、药皮和焊芯中有氧、氧化物以及氮、氢、硫等杂质存在，其焊缝金属质量降低，因此，药皮中需要加入一定量的硅铁、锰铁等合金元素，进行脱氧、去硫并补充焊接过程中流失的合金元素，从而使焊缝获得令人满意的机械性能。

(4) 改善焊接工艺性能，提高焊接生产率。

药皮中含有合适的造渣、稀渣成分，焊接时可获得流动性良好的熔渣，以便得到成型美观的焊缝，而且由于药皮的熔点比焊芯稍高，焊接时形成一个套筒，使金属熔滴在药皮保护下顺利地向焊接熔池过渡，减少飞溅造成的金属损失，以保证在各种空间位置都能进行焊接。如果在药皮中加入较多的铁粉，使它过渡到焊缝中，就明显地提高了熔敷效率，即提高了焊接生产率。

3. 焊条的分类及型号

根据化学成分的不同，按照国家标准，焊条的分类见表3-3。

表3-3 焊条的分类

国家标准号	名称	代号	国家标准号	名称	代号
GB/T 5117—2012	非合金钢及细晶粒钢焊条	E	GB/T 13814—2008	镍及镍合金焊条	ENi
GB/T 5118—2012	热强钢焊条	E	GB/T 3670—1995	铜及铜合金焊条	ECu
GB/T 983—2012	不锈钢焊条	E	GB/T 3669—2001	铝及铝合金焊条	E
GB/T 984—2001	堆焊焊条	ED	GB/T 32533—2016	高强钢焊条	E
GB/T 10044—2006	铸铁焊条及焊丝	EZ			

焊条型号是国家标准中的焊条代号。以非合金钢及细晶粒钢焊条为例，其焊条型号由五部分组成，见GB/T 5117—2012。

(1) 第一部分用字母"E"表示焊条。

(2) 第二部分为字母"E"后面的紧邻两位数字，表示熔敷金属的最小抗拉强度代号。

(3) 第三部分为字母"E"后面的第三和第四位两位数字，表示药皮类型、焊接位置和电流类型。

(4) 第四部分为熔敷金属的化学成分分类代号，可为"无标记"或短划"-"后的字母、数字或字母和数字的组合。

(5) 第五部分为熔敷金属的化学成分分类代号之后的焊后状态代号，其中"无标记"表示焊态，"P"表示热处理状态，"AP"表示焊态和焊后热处理两种状态均可。

4. 焊条的选用原则

焊条的种类很多，选用是否得当，直接影响焊接质量、生产率和生产成本。生产中选用焊条的基本原则是保证焊缝金属与母材具有同等水平的性能。

(1) 等强度原则。

当焊接低碳钢和低合金钢时，一般应使焊缝金属与母材等强度，即选用与母材相同强度等级的焊条。

(2) 同成分原则。

当焊接耐热钢、不锈钢等材料时，应使焊缝金属的化学成分与母材的化学成分相同或相近，即按母材的化学成分选用相应成分的焊条。

(3) 抗裂纹原则。

当焊接刚度大、形状复杂、使用中承受动载荷的焊接结构时，应选用抗裂纹性好的碱性焊条，以免接头在焊接和使用过程中产生裂纹。

(4) 抗气孔原则。

受焊接工艺条件的限制，若对焊接接头部位的油污、铁锈等清理不便，则应选用抗气孔能力强的酸性焊条，以免在焊接过程中气体滞留于焊缝中，形成气孔。

(5) 低成本原则。

在满足使用要求的前提下，应尽可能选用工艺性能好、成本低和效率高的焊条。

此外，还应根据焊件的厚度、焊缝的位置等条件，选用不同直径的焊条。一般焊件越厚，选用直径越大的焊条。

5. 焊条的储存和保管

焊条是极易受潮变质的材料，必须存放在干燥且通风良好的地方，并随用随拆包装。对存放时间过长或受潮的焊条，应该烘干后方可使用。酸性焊条需加热到150~200 ℃，碱性焊条需加热到250~350 ℃，烘烤2 h。当用碱性焊条焊接较重要的产品时，最好在用前对其进行烘干处理，烘干后尽可能存放在100~150 ℃的烘干箱内。

四、焊条电弧焊工艺参数

焊接工艺参数是指焊接时，为保证焊接质量并提高生产率而选定的物理量的总称。正确选择焊接工艺参数是获得高质量焊缝的首要条件。由于焊前准备、焊工的技术水平、坡口形状及工艺要求和现场情况等的不同，在满足焊缝质量要求的前提下，焊接工艺参数的选择可以有多种组合。

1. 焊条直径

焊条直径对焊缝质量有明显的影响，同时，与生产效率密切相关，因此应根据焊件厚度、接头形式、焊缝位置、焊接电流等选择焊条直径。

(1) 根据焊件厚度选择。

一般来说，厚度较大的焊件选用直径较大的焊条，其选择参考值见表3-4。

表3-4 焊件厚度与焊条直径选择参考值

焊件厚度/mm	≤1.5	2	3	4~7	8~12	≥13
焊条直径 d/mm	1.6	1.6~2.0	2.5~3.2	3.2~4.0	4.0~5.0	5.0~6.0

(2) 根据接头形式选择。

在较厚焊件开坡口的多层焊中，第一层焊缝所用的焊条直径一般不超过3.2 mm，在焊接完几层焊缝后，可以用较粗的焊条。在根部要求完全均匀焊透的开坡口的角接、T形焊缝以及背面不清根打底焊的对接焊缝，不论板厚多厚，在焊接时均应采用小直径焊条，最好采用直径不超过3.2 mm 的焊条焊接。

(3) 根据焊缝位置选择。

焊缝位置不同，选用的焊条直径也不同。平焊时，可用直径较大的焊条，甚至可以选用直径5 mm 以上的焊条；立焊时，一般应选择直径小于5 mm 的焊条；横焊、仰焊时，焊条直径一般不超过4 mm。

(4) 根据焊接电流选择焊条直径。

对于重要的焊接结构，应根据表3-5规定的各种直径焊条使用焊接电流参考值的范围确定焊条直径。

表 3-5 各种直径焊条使用焊接电流参考值的范围

焊条直径 d/mm	1.6	2.0	2.5	3.2	4.0	5.0	5.8
焊接电流/A	25~40	40~60	50~80	100~130	160~210	200~270	260~300

2. 焊接电流

焊接电流是焊接工艺的关键参数。在焊条电弧焊焊接过程中，需要调节的只有焊接电流，而焊接速度和电弧压力都是由焊工操作控制的。焊接电流的大小对焊接质量和生产效率有较大影响。

选择焊接电流时，应根据焊条类型、焊条直径、焊件厚度、接头形式、焊缝位置及焊接层数来综合考虑。在其他条件确定后，应重点根据焊条直径和焊缝位置选取焊接电流。

（1）根据焊条直径选择。

焊接电流与焊条直径有关。通常，焊接电流的选择可按下列经验公式或按焊条直径与经验系数的关系（表 3-6）进行选择。

$$I = kd \tag{3-3}$$

式中，I 为焊接电流，单位为 A；k 为经验系数，见表 3-6（当焊条直径小时，系数选下限值；当焊条直径大时，系数选上限值）；d——焊条直径，单位为 mm。

表 3-6 焊条直径与经验系数的关系

焊条直径/mm	1.0~2.0	2.0~.3.0	3.0~4.0	4.0~6.0
焊接电流/A	20~25	25~30	30~40	40~50

根据式（3-3）计算出的焊接电流只是一个参考值，在实际生产中，还应考虑其他因素，并加以修正。对于低、中碳钢，可用式（3-4）精确计算焊接电流：

$$I = 43r^3 \tag{3-4}$$

式中，I 为焊接电流，单位为 A；r 为焊条半径，单位为 mm。

（2）根据焊缝位置选择。

一般情况下，立焊、横焊时的焊接电流要比平焊时小 10%~15%；仰焊时的焊接电流要比平焊时小 15%~20%；使用碱性焊条时的焊接电流要比酸性焊条的小些。

（3）根据焊接层数选择。

当工件厚度较大时，为保证焊缝的力学性能，需要采用多层焊接。一般每层厚度为焊条直径的 0.8~1.2 倍比较合适，生产率高且易控制。焊接层数可按式（3-5）近似计算：

$$n = \delta/d \tag{3-5}$$

式中，n 为焊接层数；δ 为工件厚度，单位为 mm；d 为焊条直径，单位为 mm。

多层焊在焊接打底焊道时，为保证背面焊道的质量，应使用较小的焊接电流；焊接填充焊道时，为保证熔合好，应使用较大的焊接电流；焊接盖面焊道时，为防止咬边和保证焊道成型后的美观，应使用稍小一些的焊接电流。

选择焊接电流，首要的是保证焊接质量，其次应尽量采用较大的焊接电流，以提高生产率。焊接电流初步选定后，要经过试焊，检查焊缝成型和缺陷后，才能最终确定。

3. 焊接速度

焊接速度是指单位时间内完成的焊缝长度。在焊接过程中，焊接速度应该均匀适当，既要保证焊透，又不能烧穿，同时还要让焊缝尺寸符合设计要求。对焊接热输入有严格要求的材料，焊接速度应按工艺文件的参数认真执行。在焊接过程中，应稳定焊接速度，并可根据实际需要随时调整，以保证焊缝的高低和宽窄的一致性。

4. 电弧电压

电弧电压主要由电弧长度决定。电弧长度是指焊条末端与起弧处工作表面间的距离。电弧长，电弧电压高；反之则低。焊接时，电弧不宜过长，否则电弧容易左右摆动，电弧的热量不能集中作用在熔池上而散失在空气中，使焊缝熔深变浅，熔宽变宽，且还会由于空气中的氧、氮侵入电弧区，引起严重飞溅并使焊缝产生气孔，使焊缝表面的鱼鳞纹不均匀，导致获得的焊缝质量较差。但若电弧过短，会使操作困难，容易粘焊条。

一般情况下，电弧长度等于焊条直径的 0.5~1 倍为佳，相应的电弧电压为 16~25 V。碱性焊条的电弧长度不超过焊条的直径，为焊条直径的一半为佳，尽可能选择短弧焊；酸性焊条的电弧长度应等于焊条的直径。在焊接过程中，都要始终保持电弧长度基本不变，这样才能保证整个焊缝熔宽和熔深的一致性，以获得高质量的焊缝。

五、焊条电弧焊方法

1. 焊条电弧焊基本操作

（1）引弧。

引弧就是使焊条与焊件间引燃并保持稳定的电弧。常用的引弧方法有敲击法和摩擦法两种，如图 3-36 所示。焊接时将焊条端部与焊件表面划擦或轻敲形成短路接触后，迅速将焊条提起一段距离（2~4 mm），即可引燃并保持稳定的电弧。应注意的是，焊条不能提得太高，否则电弧易熄灭。焊条末端与工件接触时间不能太长，以免焊条粘连在焊件上。当发生粘连时，应迅速左右摆动焊条，以使焊条脱离焊件。

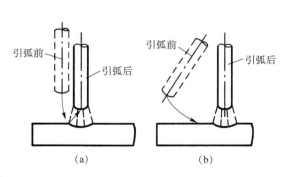

图 3-36 引弧方法

(a) 敲击法；(b) 摩擦法

（2）运条。

电弧引燃后，就开始正常的焊接过程。在焊接过程中，焊条需要不断地运动。焊条的运动称为运条。运条是电焊工操作技术水平的具体体现。焊缝质量的优劣和焊缝成型的好坏主要由运条来决定。

焊条电弧焊时，焊条除了沿其轴向向熔池送进和沿焊缝方向前移外，为了获得一定宽度的焊缝，焊条还应沿垂直于焊缝的方向做横向摆动，如图 3-37 所示。焊条沿其轴向均匀向下送进时，为保证一定的电弧长度，焊条的送进速度应与焊条的熔化速度相同，否则会使电弧长度发生变化，影响焊缝的熔宽和熔深。若电弧长度过大，会导致电弧飘浮不定，熔滴飞溅；但电弧长度过小，则容易发生粘连。运条时还应注意控制焊条与焊件间的角度，平焊时焊条的基本角度如图 3-38 所示。

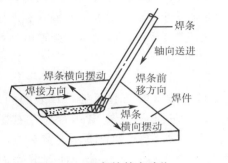

图 3-37 运条的基本动作

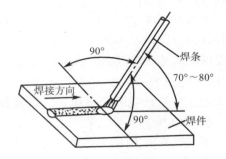

图 3-38 平焊时的焊条角度

为了控制熔池温度，使焊缝具有一定的宽度和高度，生产中经常采用包括直线形运条法、直线往返运条法、锯齿形运条法、月牙形运条法、三角形运条法和圆圈形运条法在内的焊条电弧焊运条法，如图 3-39 所示。

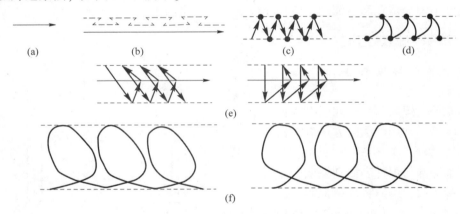

图 3-39 焊条电弧焊运条法

(a) 直线形运条法；(b) 直线往返运条法；(c) 锯齿形运条法；(d) 月牙形运条法；
(e) 三角形运条法；(f) 圆圈形运条法

① 直线形运条法。

直线形运条法如图 3-39 (a) 所示。采用该运条方法焊接时，焊条不做横向摆动，只沿焊接方向直线移动。这种运条方法常用于 I 形坡口的对接平焊、多层焊的第一层焊或多层多道焊。

② 直线往返运条法。

直线往返运条法如图 3-39 (b) 所示。采用该运条方法焊接时，焊条末端沿焊缝的纵向来回摆动，其特点是焊接速度快、焊缝窄、散热快。这种运条法适用于薄板焊接和接头间隙较大的多层焊的第一层焊。

③ 锯齿形运条法。

锯齿形运条法如图 3-39 (c) 所示。采用该运条方法焊接时，焊条末端进行锯齿形连续摆动及向前移动，并在两边稍停片刻。摆动的目的是控制熔化金属的流动和得到必要的焊道宽度，以获得较好的焊缝。这种运条法在生产中应用较广，多用于厚钢板对接接头的平焊、仰焊、立焊和角接接头的立焊。

④月牙形运条法。

月牙形运条法如图3-39（d）所示。采用该运条方法焊接时，焊条的末端沿焊接方向做月牙形的左右摆动；同时，为了使焊缝边缘有足够的熔深，防止咬边，需在接头两边做片刻的停留。摆动的速度要根据焊缝的位置、接头形式、焊缝宽度和焊接电流来决定。这种运条法的特点是金属熔化良好，有较长的保温时间，气体容易析出，熔渣也易于浮到焊缝表面，使焊缝的质量较高，但焊出来的焊缝余高较高。这种运条法的应用范围和锯齿形运条法基本相同。

⑤三角形运条法。

三角形运条法如图3-39（e）所示。采用该运条方法焊接时，焊条末端做连续的三角形运动，并不断向前移动。按照摆动形式的不同，三角形运条法又分为斜三角形和正三角形两种。斜三角形运条法的优点是能借助焊条的摆动来控制熔化金属，促使焊缝成型良好，适用于T形接头的平焊、仰焊和有坡口的横焊。正三角形运条法的特点是能一次焊出较厚的焊缝截面，焊缝不易产生夹渣等缺陷，有利于提高生产率，但其只适用于开坡口的对接接头和T形接头的立焊。

⑥圆圈形运条法。

圆圈形运条法如图3-39（f）所示。采用该运条方法焊接时，焊条末端连续做正圆圈或斜圆圈形运动并不断移动。正圆圈形运条法的优点是熔池存在时间长，熔池金属温度高，有利于溶解在熔池中的氮、氧等气体析出，便于熔渣上浮，适用于焊接较厚焊件的平焊缝。斜圆圈运条法的优点是利于控制熔化金属不受重力影响而产生下淌现象，以利于焊缝的成型，适用于角形接头的平焊、仰焊和对接接头的横焊。

（3）收尾。

收尾是指焊接结束或一根焊条用完、准备连接后一根焊条时的熄弧动作。收尾时，切忌立即拉断电弧，这样做会在收尾处形成比焊件表面低的弧坑。这不仅会降低收尾处的强度，弧坑处还容易出现疏松、裂纹、气孔、夹渣等缺陷，因此，焊缝完成时的收尾动作不仅是熄灭电弧，还要填满弧坑。

焊缝结束时的收尾。应在熄弧前让焊条在熔池处做短暂停顿或作几次环形运条，使熔池填满，然后将焊条逐渐向焊缝前方斜拉，同时抬高焊条，使电弧自动熄灭，完成收尾。

连续收尾。应在熄弧前减小焊条与焊件间的夹角，将熔池中的金属和上面的熔渣向后赶，形成弧坑后再熄弧。连接时的引弧应在弧坑前面，然后拉回弧坑，再进行正常焊接。

一般的收尾方法有划圈收尾法、反复断弧收尾法和回焊收尾法三种。

①划圈收尾法。

划圈收尾法如图3-40（a）所示。焊条移至焊缝终点时，使电弧在焊缝收尾处做圆周运动，直到填满弧坑再拉断电弧。此法适用于厚板的焊接，对薄板则有烧穿的危险。

②反复断弧收尾法。

反复断弧收尾法如图3-40（b）所示。在焊缝收尾处，在较短时间内，焊条在弧坑处反复熄弧和引弧数次，直到弧坑填满为止。此法一般适用于薄板焊接、大电流焊接，但用碱性焊条时不宜采用，否则在尾部容易产生气孔。

③回焊收尾法。

回焊收尾法如图3-40（c）所示。焊条移至焊缝收尾处立即停住，同时改变焊条的方向，由位置1转向位置2，等填满弧坑后，再稍稍后移至位置3，然后慢慢拉断电弧。此法对碱性焊条较为适宜。

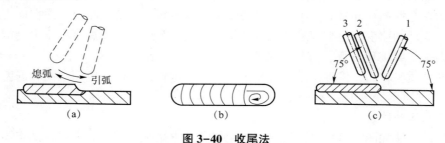

图3-40 收尾法

(a) 划圈收尾法；(b) 反复断弧收尾法；(c) 回焊收尾法

2. 各种位置的焊接

根据所处的空间位置，焊接可分为平焊、立焊、横焊及仰焊。各种焊接位置操作的共同要点是通过保持正确的焊条角度和掌握好运条的三个动作，严格控制熔池温度，使熔池金属中的气体、杂质能彻底排除，并与基体金属很好熔合。

（1）平焊。

对接平焊时的运条角度如图3-41所示。如果30°的运条角度操作不正确，如图3-41（a）所示，则会使熔池温度得不到保证，熔深减小，因而影响焊缝强度。若处理不好，则还会造成焊缝夹渣。如果90°的运条角度操作不正确，如图3-42（b）所示，则焊条会出现偏斜，电弧会偏向一边，顶弧的一边容易咬边，背弧的一边容易焊不透，容易形成单边焊缝。焊接4 mm以下薄板时，角度可向下倾倒30°~40°。

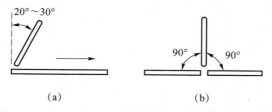

图3-41 对接平焊时的运条角度

角接平焊时的运条角度如图3-42所示。角接平焊时，如果30°的运条角度操作不正确，如图3-42（a）所示，会造成熔池温度得不到保证，熔深不够。焊件本身成90°连接，如果45°的运条角度操作不正确，如图3-42（b）所示。若下倾过度，电弧就会偏向焊件的垂直面，则容易使焊缝的上沿咬边，下沿焊不透；若上倾过度，电弧偏向焊件的水平面，则容易使焊条熔滴堆在水平面上，而垂直面上又焊不透。

搭接平焊时的运条角度如图3-43所示。搭接平焊时，若60°的运条角度操作不正确，上倾太多，则会形成单边焊缝，导致焊缝宽度太大而高度不够；若下倾太多，会使上面的焊件产生咬边。

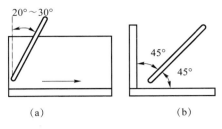
图 3-42 角接平焊时的运条角度

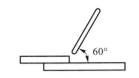
图 3-43 搭接平焊时的运条角度

（2）立焊。

对接立焊时的运条角度如图 3-44 所示。若焊条与接头不成直线，如图 3-44（a）所示，则会产生一边咬边，一边焊不透的缺陷。若 10°~20° 的运条角度操作不正确，如图 3-44（b）所示，则若上倾过度，会使熔池过热，铁水下淌，造成焊瘤；若下倾过度，则会使焊角处焊不透，导致熔深不够。焊接 4 mm 以下薄板时，角度可向下倾倒 20°~30°。

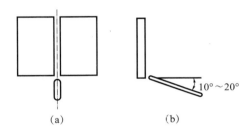
图 3-44 对接立焊时的运条角度

角接立焊和搭接立焊的运条角度是一样的，如图 3-45 所示。若焊条角度不对，则和对接立焊时一样，会形成单边焊缝或焊瘤。

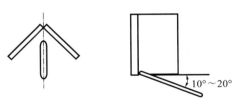
图 3-45 角接立焊和搭接立焊的运条角度

在不开坡口的焊件接头上进行立焊时，大都采用向上立焊，即自下而上焊接，同时，大都采用既使电弧有规律地瞬间离开熔池，以避免焊件局部过热，而又不使焊接中断的排弧焊操作法。对薄板件或间隙过大的接头进行立焊时，大都采用每焊一环后都使焊条离开熔池，瞬间熄弧后，再继续焊接的灭弧焊操作法。

（3）横焊。

横焊的运条角度如图 3-46 所示。横焊时，焊条熔滴应只加在接头上面的一边，通过旋转性的运条法，使焊缝金属均匀地分布在横焊接头里。若焊条熔滴平均地加在横焊缝的两边，则铁水会因重力下坠，导致上边的铁水过少，下边的铁水过多，使焊缝不是出现咬边现象，就是形成单边焊缝，甚至焊缝上边会出现一条凹槽，严重影响焊缝的机械性能。

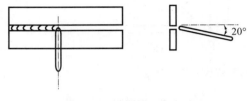

图 3-46　横焊的运条角度

（4）仰焊。

仰焊的焊接接头都是朝向地面的，焊接时熔池里的铁水随时可能往下滴落，比平焊和立焊都要难操作一些。

对接仰焊时的运条角度如图 3-47 所示。若 90°的运条角度操作不正确，无论偏左还是偏右，都会使电弧偏向一边，造成咬边和未焊透。若 0~10°的运条角度操作不正确，前倾过度，则造成夹渣和未焊透；若后倾，则容易造成熔池过热，会使铁水下坠，造成焊瘤。

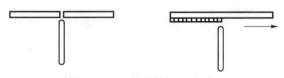

图 3-47　对接仰焊时的运条角度

角接和搭接仰焊时的运条角度相同，如图 3-48 所示。仰焊时，90°角保持正确，焊条与下板保持 30°角，使焊条熔滴熔化在上板上，然后通过圆弧形运条法，把熔化在上板上的一部分熔滴拖到下板上。这样，铁水就能均匀地熔合在接头两边。

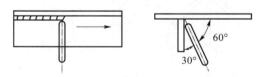

图 3-48　角接仰焊和搭接仰焊时的运条角度

3. 薄板件的焊接

薄板一般是指厚度不大于 2 mm 的钢板。薄板焊接时的主要困难是容易烧穿、变形较大及焊缝成型不良等，因此，薄板焊接时应注意：

（1）装配间隙应越小越好，最大不要超过 0.6 mm，焊口边缘的切割熔渣和剪切毛刺应清除干净。

（2）两板装配时，对口处的对接偏差不应超过板厚的 1/3，对某些要求高的焊件，偏差不应大于 0.2~0.3 mm。

(3) 应采用直径较小（2.0~3.2 mm）的焊条进行焊接。定位焊的间距适当小些，定位焊缝应呈点状。

(4) 焊接电流可比焊条说明书规定的电流值大 10~20 A，但焊接速度应稍高，以获得小尺寸的熔池。

(5) 焊接时应采用短弧、快速直线焊接，焊条不需摆动，以获得小熔池和整齐的焊缝表面。

(6) 对可移动的焊件，最好将焊件一头垫起，使焊件倾斜呈 15°~20°，进行下坡焊。这样可提高焊速和减小熔深，对防止薄板焊接时的烧穿和减小变形极为有效。

(7) 对不能移动的焊件可使用灭弧焊接做法，即焊接一段后发现熔池将要漏穿时，立即灭弧，使焊接处温度降低，然后再进行焊接。也可采用直线前后往复焊接，但向前时，电弧需稍微提高一些。

4. 厚薄不同焊件的焊接

汽车行业常有厚度小于 2mm 的薄板件与非薄板件进行焊接。这种焊接，无论是对接接头、搭接接头，还是 T 形接头，关键是运条的角度问题，即焊条倾斜要大一些，使电弧对准厚的一边，背向薄的一边，熔池主要在厚板一侧形成，熔池边缘与薄板相沾，如图 3-49 所示。

图 3-49 厚薄不同焊件的焊接

第三节 气体保护焊

气体保护焊是熔化极气体保护电弧焊的简称，是指用外加气体作为电弧介质并保护电弧和焊接区的电弧焊。气体保护焊已经成功应用于工程机构与机械制造业，并逐步取代焊条电弧焊，广泛应用于低碳钢、低合金钢以及部分高合金钢、有色金属的焊接。

一、气体保护焊原理

气体保护焊如图 3-50 所示，在焊接时，焊丝在送丝滚轮的驱动下连续送进，保护气体从焊枪喷嘴中不断地喷出，覆盖在电弧、熔滴、熔池及焊丝的焊接区外围，形成局部气体保护层，机械地将空气与焊机区隔绝，从而保证焊接过程的稳定性，并获得质量优良的焊缝。

气体保护焊的具体分类见表 3-7。

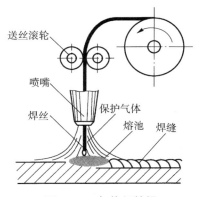

图 3-50 气体保护焊

表 3-7 气体保护焊的具体分类

气体保护焊（GMAW 焊）	保护气体不同	惰性气体保护焊（MIG 焊）	Ar
			He
			Ar+He
		活性气体保护焊（MAG）	Ar+O_2
			Ar+CO_2
			Ar+O_2+CO_2
		二氧化碳气体保护焊（CO_2 焊）	CO_2
			CO_2+O_2
	焊丝	细丝气体保护焊	焊丝直径小于 1.6 mm
		粗丝气体保护焊	焊丝直径大于或等于 1.6 mm
	操作方式	半自动焊	适用于不规则或较短焊缝的焊接
		自动焊	适用于较长的直线焊缝和规则的曲线焊缝的焊接

二、气体保护焊设备

气体保护焊设备由焊接电源、送丝机构、焊枪、供气系统、水冷系统和控制系统等部分组成。汽车车身修理用的气体保护焊设备多是半自动化的，如图 3-51 所示。在焊接过程中，设备自动运行，但焊枪需手动来控制。

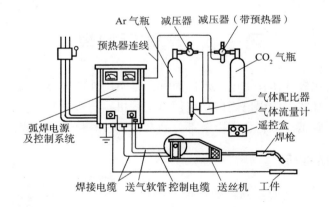

图 3-51 半自动化气体保护焊焊接设备

1. 焊接电源

气体保护焊通常采用直流焊接电源。焊接电源的额定功率取决于所需要的电流范围，通常为 50~500 A，特种应用要求 1 500 A。电源的负载持续率通常为 60%~100%，空载电压为 50~85 V。

气体保护焊通常采用直流反接。直流反接时，使用各种焊接电流都能获得比较稳定的电弧，熔滴过渡平稳、飞溅范围小，焊缝成型好。

2. 送丝机构

送丝机构包括电动机、减速器、校直轮及焊丝盘等。为了保证送丝速度的稳定和方便调节，送丝电动机一般采用直流型。

根据送丝方式的不同，送丝机构可分为拉丝式、推丝式和推拉丝式三种类型，如图 3-52 所示。

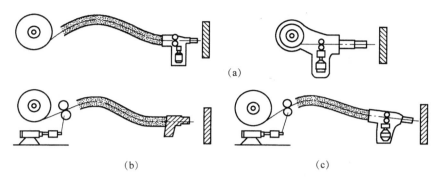

图 3-52　送丝方式分类
(a) 拉丝式；(b) 推丝式；(c) 推拉丝式

(1) 拉丝式。

如图 3-52（a）所示，拉丝式适用于细丝半自动焊。

(2) 推丝式。

推丝式是半自动化气体保护焊应用最广泛的送丝方式之一，如图 3-52（b）所示。该送丝方式的焊枪结构简单、轻便，操作和维修都比较方便。但焊丝送进的阻力较大，且随着软管的加长，送丝的稳定性变差，特别是较细、较软材料的焊丝，因此，送丝软管一般长为 3~5 m。

(3) 推拉丝式。

如图 3-52（c）所示，使用该送丝方式送进焊丝时，既靠后面送丝机的推力，又靠前面送丝机的拉力，但是，拉丝速度应稍快于推丝，做到以拉丝为主，可以使焊丝在软管中始终处于拉直状态。该送丝方式的送丝软管最长可以加到约 15 m，这无疑扩大了半自动焊的操作距离。

3. 焊枪

焊枪一般由导电嘴、气体保护喷嘴、焊接软管和导丝管、气管、水管、焊接电缆和控制开关等组成。焊枪的作用是向焊接区输送保护气体；通过送丝机构向焊接区送进焊丝；通过导电嘴将电流通入焊丝，使之与母材产生电弧。

4. 供气系统

供气系统通常由气瓶、减压器、流量计和气阀等组成，如图 3-53 所示。对于二氧化碳气体保护焊，还需要安装预热器。对于活性气体保护焊，还需要安装气体混合装置。

5. 水冷系统

水冷式焊枪的冷却水系统由水箱、水泵、冷却水管和水压开关等组成。水箱里的冷却水经水泵流经冷却水管和水压开关后流入焊枪，然后经冷却水管再流回水箱，形成冷却水循环。水压开关的作用是保证当冷却水未流经焊枪时,焊接系统不能启动焊接,以避免焊枪因过热而烧坏。

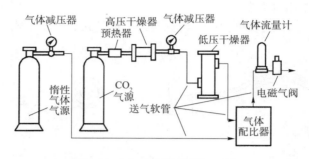

图 3-53 气体保护焊供气系统

三、气体保护焊工艺参数

1. 保护气体

氩弧燃烧非常稳定,进行熔化极氩弧焊时,熔滴很容易呈稳定的轴向射流过渡,飞溅范围较小。在气体保护焊中,氩气主要用于有色金属及其合金、不锈钢和高强度钢等的焊接。但纯氩气保护的气体保护焊不适宜焊接低碳钢、低合金钢等钢铁材料。

在相同的电弧长度下,氦弧比氩弧的弧压和电弧温度高,氦的传热系数大。由于氦属于重量第二轻的元素,比空气轻。为有效保护焊接区,其气体流量要比氩气大得多。另外,由于氦比氩稀缺,价格也更高,因此除特殊情况外,很少使用氦气。

二氧化碳弧的收缩性较强,不利于熔滴的过渡,焊缝的成型受熔滴过渡形式的影响较大。在气体保护焊中,二氧化碳气体常用于碳钢及低合金高强度结构钢的焊接。

2. 熔滴过渡形式

气体保护焊的熔滴过渡形式非常重要。它不仅关乎焊接过程的稳定和飞溅,还进一步影响焊缝的成型和截面特征。一般来说,气体保护焊的熔滴过渡形式有短路过渡、滴状过渡和喷射过渡三种。

(1) 短路过渡。

在电流小、电压低的情况下,形成短路过渡,如图 3-54 所示。因为电弧短,液态熔滴还未增大时即与熔池接触形成短路,使电弧熄灭,熔滴脱离焊丝过渡到熔池中去,然后电弧重新引燃。这种周期性短路—燃弧交替进行,即为短路过渡。在这种过渡形式中,焊丝与熔池的短路频率为 20~200 次/s,其产生体积小而快速凝固的焊接熔池,母材受热量较少,变形小,熔深较浅,适合于薄板的焊接。汽车钣金焊接多采用此种形式。

(2) 滴状过渡。

在电弧电压高、焊接电流小的情况下,金属熔滴不易与熔池发生短路,于是熔滴在电弧空间自由过渡,形成滴状过渡。由于焊接电流较小,弧根面积的直径小于熔滴直径,熔滴与焊丝之间的电磁力不易使熔滴形成缩颈,斑点压力又阻碍熔滴过渡。随着焊丝的熔化,熔滴长大,最后重力克服表面张力的作用而形成滴状过渡,如图 3-55 所示。

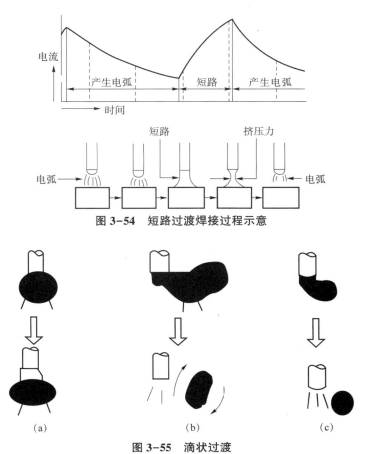

图 3-54　短路过渡焊接过程示意

图 3-55　滴状过渡

(a) 大滴过渡；(b) 排斥过渡；(c) 细颗粒过渡

（3）喷射过渡。

氩气或富氩气体保护焊时，能够产生稳定、无飞溅的轴向喷射过渡。根据不同的工艺条件，因熔滴尺寸和过渡形态也不同，喷射过渡又分为射滴过渡、连续射滴过渡和旋转射流过渡等形式，如图 3-56 所示。

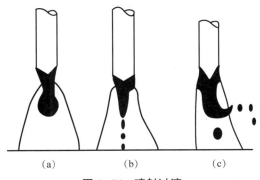

图 3-56　喷射过渡

(a) 射滴过渡；(b) 连续射滴过渡；(c) 旋转射滴过渡

3. 焊丝直径及送丝方式

与其他焊接方法相比，气体保护焊的焊丝直径虽小，但电流的适用范围却很宽。焊丝的平均直径为 1.0~1.6 mm，但是焊丝的直径可以小到 0.5 mm 或大于 5 mm。表 3-8 为 CO_2 气体保护焊时，不同焊丝直径的适用范围。

表 3-8 CO_2 气体保护焊焊丝直径适用范围

焊丝直径/mm	熔滴过渡形式	板厚/mm	焊丝位置
0.8	短路过渡	1.5~2.5	全位置
	细颗粒过渡	2.5~4	水平
1.0~1.2	短路过渡	2~8	全位置
	细颗粒过渡	2~12	水平
≥1.6	短路过渡	3~12	全位置
	细颗粒过渡	26	水平

汽车钣金修理中，焊丝的直径以 0.8 mm 居多。近年来，国外修理设备中直径为 0.4 mm 的细丝应用得较为普遍。

由于气体保护焊采用的是小直径的焊丝及较大的电流，所以焊丝的熔化速度高。除镁外，所有金属的熔化速度范围为 2.4~20.4 m/min，而镁丝的熔化速度可达 35.4 m/min。当选择细焊丝时，应采用等速送丝方式配合电弧自动调节系统来实现弧长控制。当使用 3 m 以上的粗焊丝焊接时，由于自身调节系统的灵敏度降低，因此可采用变速送丝方式配合弧压反馈系统来稳定弧长。

4. 焊接电流

焊接电流的种类包括直流电流、脉冲电流和交流电流。

（1）直流电流。

MIG 焊、MAG 焊和 CO_2 焊均可以采用直流电流，使用的熔滴过渡形式包括短路过渡、滴状过渡和喷射过渡。

（2）脉冲电流。

脉冲电流主要用于 MIG 焊和 MAG 焊，但 CO_2 焊一般不采用。

（3）交流电流。

由于电流过零时，电弧会熄灭，电弧难以再引燃且焊丝为负极的半波电弧不稳定，因此气体保护焊通常不使用交流电。

焊接电流的大小根据焊件的厚度选择，其直接决定了焊缝的熔深，且电流值实际上与送丝速度有着对应关系。表 3-9 列出的是 CO_2 气体保护焊焊接电流与电弧电压的适用范围。

表 3-9 CO_2 气体保护焊焊接电流与电弧电压的适用范围

焊丝直径/mm	短路过渡		细颗粒过渡	
	焊接电流/A	电弧电压/V	焊接电流/A	电弧电压/V
0.5	30~60	16~18		

续表

焊丝直径/mm	短路过渡		细颗粒过渡	
	焊接电流/A	电弧电压/V	焊接电流/A	电弧电压/V
0.6	30~70	17~19		
0.8	50~100	18~21		
1.0	70~120	18~22		
1.2	90~150	19~23	160~400	25~38
1.6	140~200	20~24	200~500	26~40
2.0			200~600	27~40
2.5			300~700	28~42
3.0			500~800	32~44

5. 电弧电压

电弧电压决定了电弧的长度，在其他参数保持不变的情况下，电弧电压与电弧长度呈正比。在电流一定的情况下，当电弧电压降低时，电弧长度减小，将会使焊道变得窄而高且熔深减小，但当电弧电压过低时，则会产生焊丝插桩现象，焊缝呈狭窄凸起状，如图 3-57（a）所示。当电弧电压增加时，焊道宽而平坦；但当电弧电压过高时，电弧长度增加，将会出现气孔、飞溅和咬边，焊缝呈扁平状，如图 3-57（c）所示。

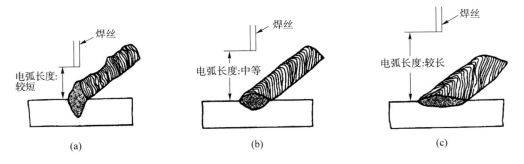

图 3-57 电弧电压和焊缝的形状
（a）电弧电压低；（b）电弧电压中等；（c）电弧电压高

6. 喷嘴直径和气体流量

气体保护焊要求保护气体有很好的保护效果，如果保护不良，将会产生焊接质量问题。当气体保护焊的喷嘴直径为 20 mm 时，气体流量大。

保护气体从喷嘴流出时如果能形成较厚的层流，将会有较大的保护范围及良好的保护效果。若气体流量过大，将会形成涡流，降低保护层的效果，造成气体浪费；若气体流量过小，则保护层的效果也会降低，不能良好地保护焊接熔池。因此，对于一定孔径的喷嘴，都有一个合适的气体流量范围。常用的保护气体流量为 10~30 L/min，必要时可达 30~60 L/min。

7. 干伸长度

干伸长度是指焊丝从导电嘴到母材的距离，如图3-58所示。焊接过程中，保持焊丝干伸长度的不变是保证焊接过程稳定的重要因素之一。当干伸长度过长时，气体保护的效果不好，易产生气孔等缺陷，引弧性能变差，电弧不稳，熔深变浅，焊道过窄，焊核过大，飞溅范围扩大，焊丝容易断，焊缝成型不好，但干伸长度过短时，则看不清电弧，焊嘴易被飞溅物堵塞，熔深变深，焊道过宽，焊核又扁又平，焊丝易与导电嘴产生粘连，造成保护效果不好，同时，易烧坏导电嘴，因此，标准的干伸长度应为6~16 mm。

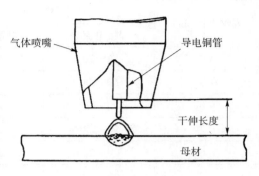

图3-58 干伸长度

8. 焊接速度

在焊件厚度、焊接电流及电弧电压等其他条件确定的情况下，增加焊接速度，焊接熔深及熔宽均减小，焊缝单位长度上的焊丝熔敷量减小，焊缝余高将减小，焊缝会变成圆拱形。但焊接速度过快，还可能出现咬边现象；焊接速度过低则易产生烧穿孔，因此，要根据焊缝成型及焊接电流确定合适的焊接速度。正常情况下，焊接速度应调节控制在表3-10所列的参数范围内。

表3-10 焊接速度与母材板厚的关系

母材板厚/mm	焊接速度/（mm·min^{-1}）
0.6~0.8	1 100~1 200
1.0	1 000
1.2	900~1 000
1.6	800~850

四、气体保护焊方法

气体保护焊的种类多种多样，而在车身修理中，最常用的焊接方法是CO_2气体保护焊。下面以CO_2气体保护焊为例来介绍气体保护焊常用的焊接方法。

1. 平焊

如图3-59（a）所示，平焊一般容易进行，且焊接速度较快，能够得到最好的焊接熔深，焊接质量易于保证。对不是在汽车上的零部件进行焊接时，应尽可能把零部件放在能够进行平焊的位置。

2. 立焊

立焊如图3-59（b）所示。垂直焊缝焊接时，最好让电弧从接头的顶部开始，并平稳地向下拉。立焊时，可根据具体情况选用上焊法、下焊法或立角焊法。对于气体保护焊，应以上焊法为主，手工电焊则以下焊法为主。

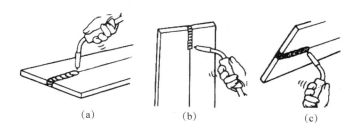

图 3-59 各种典型的焊接位置
(a) 平焊；(b) 立焊；(c) 仰焊

3. 仰焊

仰焊如图 3-59（c）所示。仰焊是最难掌握的，其容易造成熔池过大，且一些熔滴会落入喷嘴导致故障。在仰焊时，为避免熔化金属脱落引起事故，一定要用较低的电压、短电弧和小的焊接熔池相配合。施焊时，将喷嘴推向工件，以保证焊丝不会向熔池外移动，最好能够沿着焊缝均匀地拉动焊枪。

4. 定位焊

如图 3-60（a）所示，定位焊实际上属于临时点焊，用于保持两焊件相对位置固定不变的一种替代措施。定位焊各焊点之间的距离与母材厚度有关，大致是厚度的15~30倍。

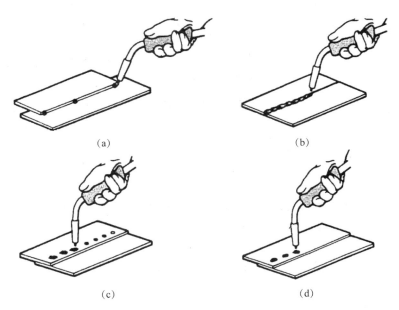

图 3-60 各种基本的焊接方法
(a) 定位焊；(b) 连续焊；(c) 塞焊；(d) 点焊

5. 连续焊

如图 3-60（b）所示，焊炬连续、稳定沿焊缝移动形成连续焊缝。

6. 塞焊

如图3-60（c）所示，塞焊是将两块金属板叠在一起，在其中一块需要连接的外层母材或板上钻或冲一个或多个通孔（图3-61），将电弧穿过这些孔并使孔被熔化金属所填满而形成焊点。用塞焊替代铆接、螺钉连接是使用非常广泛的工艺方法。

图3-61 在要焊接的外板上钻孔

塞焊步骤如图3-62所示。焊接时应将两金属板夹紧，焊炬与焊件表面保持一定角度，将焊丝放入孔内，触发电弧然后断开，使熔化的焊丝进入孔内并凝固。金属下表面呈半球形凸起，即表示焊接良好。

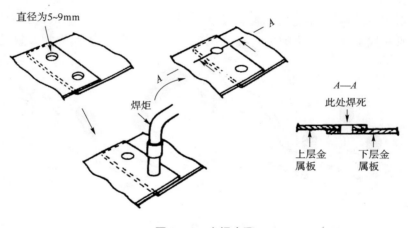

图3-62 塞焊步骤

在车身修理过程中，塞焊可以代替电阻点焊。塞焊时，绝不允许用水对焊点强制冷却，以免造成严重变形。

7. 点焊

点焊如图3-60（d）所示。点焊法是送丝定时脉冲被触发时，将电弧引入被焊的两块金属板，使其局部熔化的焊接方法。

8. 对接焊

对接焊是将两块相邻的金属板边缘结合在一起，沿着两块金属板相互配合或对接的边缘进行焊接的一种方法，如图3-63所示。

对接焊的焊接步骤一般为：

（1）选好定位点做定位点焊，以防止金属板焊接时发生变形。图3-63中涂黑处即为定位点焊点。对较长的焊缝，定位点焊是必须的。

(2) 确定分段焊接的顺序。点焊定位后,应对焊接过程分步进行。图3-64所示为正确和错误的焊接过程。正确的分段焊接应当使上一段的焊缝不致受下段焊接的热影响而能自然冷却。每一段焊接的长度最好不超过20 mm。

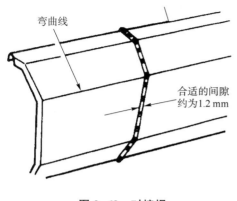

图3-63 对接焊

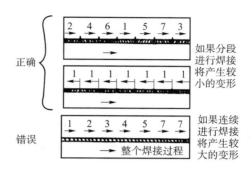

图3-64 正确的和错误的焊接过程

为了有效防止金属板弯曲变形,对接焊应从焊缝中部开始,向左右两侧依次交替进行,如图3-65所示。

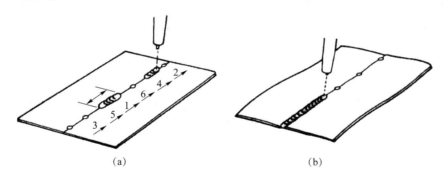

图3-65 焊接顺序
(a) 正确;(b) 错误

(3) 对接焊操作的一般方法如图3-66所示。先用工具撬动底板,使接缝对平齐,如图3-66(a)所示;再用夹子夹持工件,并在关键点上进行点焊定位,如图3-66(b)所示;用工具调整对缝高度差,并施点焊定位,如图3-66(c)所示;准备就绪后,进行对接焊,如图3-66(d)所示。

(4) 试焊。调节导电嘴至母材的距离和焊炬移动速度,直至获得最佳焊缝,如图3-67和图3-68所示,然后才可以投入实际的焊接。

(5) 当母材厚度超过2 mm时,对接焊前应磨出V形槽,使熔深抵达底部。对接焊分单道对接焊和多道对接焊,如图3-69所示。单道对接焊纵向焊炬角度为5°~10°,横向焊炬角度为90°;多道对接焊纵向焊炬角度为5°~10°,横向焊炬角度按图3-69所示进行摆动。

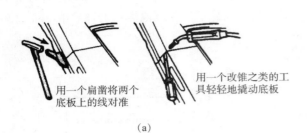
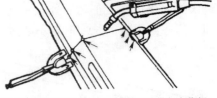

(a) 用一个扁凿将两个底板上的线对准　用一个改锥之类的工具轻轻地撬动底板

(b) 将底板的线对准，并在关键的几处进行定位焊

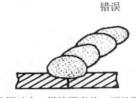  

(c) 调整底板表面的高度差，并在适当的位置进行定位焊

(d) 不要从一个点到另一个点连续进行焊接，应间接地进行焊接

图 3-66　对接焊操作方法

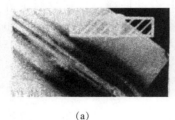  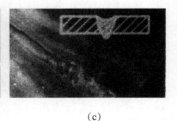

错误　　　　　　　　　错误　　　　　　　　　正确

熔深过小。焊接强度差，而且用研磨机研磨底板时，底板会分离　　熔深好。研磨既困难、又费时　　熔深好且易于研磨

图 3-67　焊缝的剖面形状

(a)　　　　　　　　(b)　　　　　　　　(c)

图 3-68　焊炬移动速度与焊缝的形状
(a) 移动速度正确；(b) 移动速度过快；(c) 移动速度过慢

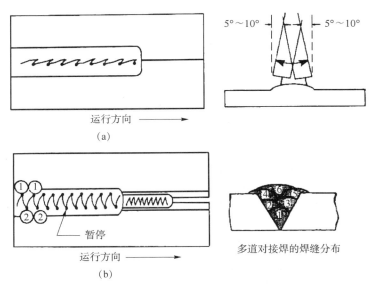

图 3-69 对接焊的分类
(a) 单道对接焊；(b) 多道对接焊

五、气体保护焊注意事项

1. 安全注意事项

（1）工作前应正确穿戴好劳保用品，检查焊机的接地装置，检查电缆绝缘体油污破损，清除场地障碍物，以免工作时绊伤人。

（2）若为 MAG 焊，则应检查 MAG 焊面罩是否透光，以免焊接时对眼睛造成伤害。

（3）刚焊接完时，严禁将喷嘴离头部太近，以免焊枪灼伤人。

（4）焊接时，严禁焊接以外的人员接触夹具开关盒，以免夹具突然松开，对焊接人员造成伤害。

（5）焊接时，严禁野蛮操作，以免划伤、撞伤。

（6）焊接完成时，应将零件挂好，以免零件掉下砸伤人。

（7）更换焊丝后，严禁用手捂住喷嘴或将喷嘴离眼睛很近，来检查焊丝是否送出。

（8）工作完后，必须关好电气。

2. 延长焊机使用寿命注意事项

（1）注意负载持续率。

GB/T 1559—2004 规定，负载持续率是指给定的负载持续时间与全周期时间之比。这一比值为 0~1，可用百分数表示。对本部分而言，一个全周期时间为 10 min。

（2）不允许超过额定电流使用焊机。

为能够既满足实际焊接生产中的需要，又减轻焊机重量，降低制造成本，节约资源。通常，焊机容量都是按额定负载持续率（额定负载持续率是指允许焊机以额定电流连续工作的时间与全周期时间之比）和额定电流进行设计和制造，因此使用时必须给予足够的重视。

（3）注意日常的维护和保养。

每六个月用干燥的压缩空气清除焊机内部的灰尘一次；注意焊机不受外物的挤压、磕碰；焊机超载异常报警后，不要关闭电源开关，应利用冷却风扇进行冷却，待恢复正常后降低载荷，再重新开始焊接。

3. 送丝机使用注意事项

（1）送丝机必须与规定的焊接电源和焊枪配套使用。

（2）送丝机与焊接电源、焊枪和供气系统的连接必须紧固、密封，否则，易造成送丝机的损坏或焊接过程的不稳定。

（3）焊接工作中应避免金属飞溅物落在送丝机上，并注意及时清理。

（4）送丝机应避免受到外力的强烈撞击，且不要在潮湿的地面上工作。

（5）不要用拉动焊枪的方式来移动送丝机，以免造成损坏。

（6）送丝机发生非使用故障时，应请专业人员修理。

4. 焊枪使用注意事项

（1）焊枪必须与指定的送丝机、焊接电源配套使用。

（2）易损件及需要换的部件应选用纯正部品。

（3）焊接时要注意焊枪的额定负载持续率。

（4）焊枪必须注意不得挤压、磕碰和强力拉拽，焊接结束时，应将焊枪放置在安全位置。

（5）焊枪的各连接处必须紧固，每次焊接前均应进行检查。

（6）导电嘴与所用焊丝的规格必须一致，磨损后应及时更换。

（7）送丝管的规格、长度应符合要求，并定期进行检查。

（8）喷嘴、喷嘴接头、气筛必须完好、齐备并保持良好的清洁、绝缘状态。

（9）焊接时，一线制电缆的弯曲半径不得小于 300 mm。

（10）使用防堵剂时，喷嘴、气筛和导电嘴的飞溅物要及时清理。

5. 供气系统使用注意事项

（1）安装减压器前，应先将气瓶阀打开，放出瓶内的杂气，并将瓶口污物吹净，以防止污物堵塞减压器。

（2）减压器与气瓶连接紧固时，压力表和流量护罩不得受力，安好的减压器要与地面垂直，以保证所指示的流量准确。

（3）焊接结束时，关闭气瓶阀门，打开焊机的气体检查开关，放出流量计中的高压气体，使压力表的指针回零，然后关闭焊机的电源开关。

（4）流量计使用时必须保持状态的正常、良好，发生损坏或需要更换时，切不可自行拆卸，应请专业人员进行修理。

（5）供气系统各连接处必须可靠连接，整个气体通路不得有泄漏现象发生。

（6）送丝软管的热缩管和密封圈及焊枪分流器、气体喷嘴保持正常或清洁状态。

6. 焊接板件时的注意事项

（1）镀锌钢材进行气体保护焊时，不必将锌清除掉。若将锌磨掉，则会使金属的厚度降低，强度也会随之降低，导致该区域极易受到腐蚀。

（2）焊接镀锌钢材时，应采用较低的焊枪运行速度。这是因为锌蒸气容易上升到电弧的范围内，干扰电弧的稳定性。当焊枪运行速度较低时，可使锌在焊接熔池的端部烧掉。

（3）焊接镀锌钢材时，由于焊接熔深略浅，对接焊的时间应稍长。

（4）为了防止较宽的间隙造成烧穿或过量的熔深，焊接时，应使焊枪左右摆动。

（5）焊接镀锌钢材时，由于产生的溅出物比较多，所以，应在焊枪喷嘴的内部加上防溅剂，且应经常清洁喷嘴。

（6）焊接板件间的间距为板件厚度的一半。

第四节　电阻点焊

电阻点焊是将被焊工件压紧于两电极之间，并通以电流，利用电流流经工作接触面及邻近区域产生的电阻热，将焊件加热到熔化状态，形成一个焊点的电阻焊方法。

电阻点焊具有如下优点：不消耗焊丝、焊条或气体，成本低；焊接过程中不产生烟尘或蒸气，环保；焊接时不需要去掉板件上的镀锌层，操作简单；在1s或更短的时间内便可焊接高强度钢、超高强度钢、高强度低合金钢或低碳钢等工件，焊接速度快；焊接强度高，受热范围小，工件不易变形等。由于拥有这些优点，承载式车身制造过程中，电阻点焊是应用最为广泛的一种焊接方法，其焊接量占车身全部焊接部位的90%以上。在车身修复过程中，立柱、车顶、窗洞、门洞、车门槛板、各种外部壁板和散热器框架等板件的更换都需要用到电阻点焊。

一、电阻点焊原理

电阻点焊如图3-70所示。装配成搭接接头的焊件被压紧在两电极之间，通电后，电极与焊件的两个接触点及焊件搭接接头这三个点处的电阻热最大，但由于电极带有冷却水系统，电阻热仅将焊件搭接接头处加热，形成一个周围为塑性壳的熔核。断电后，在压力作用下，熔核结晶，形成一个焊点。移动电极或反方向移动焊件，为下一个焊点的焊接做好准备。

焊接新焊点时，一部分电流会从原焊点流过，出现点焊分流现象，使新焊点的电流强度降低。新焊点电流强度的降低，缩短了新焊点的直径，严重影响了焊件的承载能力，因此，为减少分流对焊接质量的影响，相邻焊点之间必须保持一定的距离，见表3-11。从表3-11可以看出，焊点间距的大小与母材的厚度及材质种类有关。

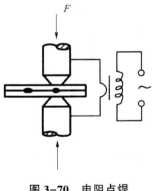

图3-70　电阻点焊

表3-11　点焊接头推荐使用尺寸　　　　　　　　　　单位：mm

焊件厚度	点焊焊点直径	单排焊点最小搭边直径		点焊最小间距		
		碳钢、低合金钢、不锈钢	铝、镁、铜及合金	碳钢、低合金钢	不锈钢、钛合金	铝、镁、铜及合金
0.3	2.5~3.3	6	8	7	8	8
0.5	3.0~4.0	8	10	10	7	11

续表

焊件厚度	点焊焊点直径	单排焊点最小搭边直径		点焊最小间距		
		碳钢、低合金钢、不锈钢	铝、镁、铜及合金	碳钢、低合金钢	不锈钢、钛合金	铝、镁、铜及合金
0.8	3.5~4.5	10	12	11	9	13
1.0	4.0~5.0	12	14	12	10	15
1.2	5.0~6.0	13	16	13	11	16
1.5	6.0~7.0	14	18	14	12	18
2.0	7.0~8.8	16	20	16	14	22
2.5	8.0~9.5	18	22	20	16	26
3.0	9.0~10.5	20	16	24	18	30
3.5	10.5~12.5	22	28	28	22	35
4.0	12.0~13.5	26	30	32	34	40

二、电阻点焊设备

1. 电阻点焊机的构成

电阻点焊机主要由变压器、控制器和电极三部分构成，如图3-71所示。

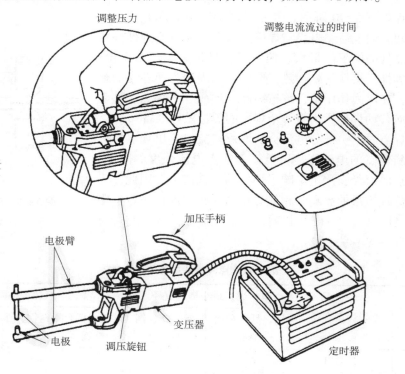

图3-71 电阻点焊机的构成

(1) 变压器。

变压器的功能是将低电流强度的 220 V 或 380 V 的高电压转变为 2~5 V 的低电压、高电流强度的焊接电流,以避免电击的危险,供电阻点焊使用。点焊机变压器一般安装在电极臂上。对于大型点焊机(如流水线上分布在不同焊点上同时焊接的点焊机),变压器与各电极臂之间用电缆连接,作为一个独立的供电电源使用。

(2) 控制器。

点焊机控制器可以调节变压器输出的焊接电流和焊接时间(见图 3-71 中的定时器)。一般汽车维修钣金作业时,焊接时间在 1/6~1 s 为宜。焊接电流的大小由焊接金属板的厚度和电极臂长度来决定。使用缩短型电极臂时,应减小焊接电流;反之,宜用大电流。

(3) 电极。

电极利用电极臂向被焊金属施加挤压力,并通过焊接电流。大多数电阻点焊机带有一个增力机构,可以产生很大的电极压力,以稳定焊接质量。挤压型的电阻点焊机一般无增力机构,其完全由操作者来控制压力的大小,在整体车身修理中较少使用。

用于整体式车身修理的电阻点焊机,带有一套可更换的电极臂装置。对于较难焊接的部位,可视具体条件,选用合适的电极臂进行焊接。

2. 点焊机的调整

为了使点焊部位有足够强度,在施焊之前,应对挤压式电阻点焊机进行检查和调整。

(1) 根据焊接部位的具体情况选择合适的电极臂,如图 3-72 所示。

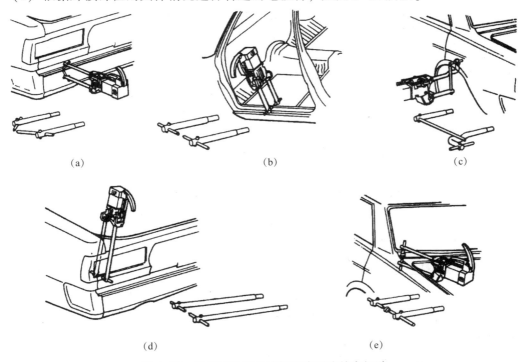

图 3-72 根据焊接部位选择适当形式的电极臂

(a) 45°电极臂;(b) 标准电极臂;(c) 用于轮罩的电极臂

(d) 长电极臂;(e) 旋转电极头

(2) 电极臂长度的调整。

电极臂应尽量缩短其外伸长度，以获得较大压力，如图 3-73 所示。长度调好后，要将电极臂和电极头紧固，以免在焊接时发生松动而影响焊接质量。

(3) 调节上电极和下电极，使之对准并在同一直线上，如图 3-74 所示。

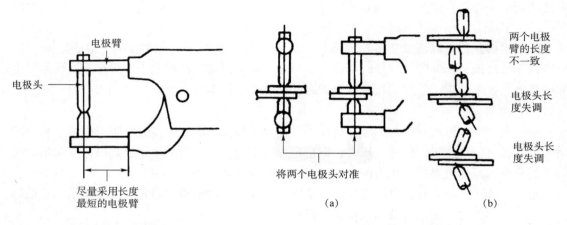

图 3-73 电极臂长度的调整

图 3-74 电极头的调整
(a) 正确；(b) 错误

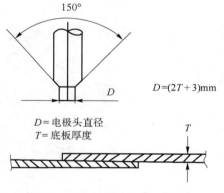

图 3-75 确定电极头直径的方法

(4) 检查电极头直径。

电极头直径 D 与板厚 T 有关，推荐值为 $D=(2T+3)$ mm，如图 3-75 所示。

电极头直径合适以后，还要用锉刀将电极头表面锉光，清除杂质后才能投入使用。如果电极头直径不符合要求，则应使用电极头切刀将其直径切至合适的尺寸，然后将端部修平，才能投入使用。电极头每进行 5~6 次点焊后，应让其冷却后再投入使用。若电极头烧毁，则应及时修整。

(5) 调节电流通过时间。

根据金属板的厚度来调节电极臂的长度和焊接时间（最好按焊机说明书上列出的数值来选择具体时间）。

三、电阻点焊工艺参数

影响点焊质量的因素很多，除了电极压力、焊接电流、通电时间以外，还有如电极状态、焊钳臂装配情况、焊件的材料与清洁程度等。

1. 电极压力

焊点强度与电极压力密切相关。若压力过小，则会在接触点处造成焊接飞溅，导致焊接接头的强度降低；若压力过大，虽然通过的电流也大，但会使焊接区域的接触面积和热量的分布区域增大，电流密度减小，焊点直径和熔深变小，导致焊接部位的强度降低，严重时还会出现未焊透的缺陷。

2. 焊接电流

焊接时流经焊接回路的电流称为焊接电流。焊点直径和焊接强度都随焊接电流的增加而增大。电流过大且压力较小时，会造成板间的飞溅，使焊点的强度降低；反之，则可能使飞溅减至最小程度。可见，焊接电流和电极压力之间还存在一定的关系，需要在焊接作业中摸索并加以调整。

通过焊点部位颜色的变化就可判断焊接电流的大小。焊接电流正常时，焊点中间电极触头接触部分的颜色不会发生变化，与未焊接之前颜色相同。当焊接大流大时，焊点中间电极触头接触部分的颜色变深并呈蓝色。焊接电流小时，焊点中间电极触头接触部分的颜色不发生变化，焊点中间层和外层的颜色变淡，且压痕变浅。

3. 通电时间

电阻焊时的每个焊接循环，自电流接通到停止的持续时间，称为焊接通电电流。通电时间长，热量生成多，焊点直径大，熔深也深，但通电时间过长也未必有利。若电流一定，则通电时间过于延长，并不会使焊点增大，并且还会出现电极压痕和热变形现象。

4. 焊点布置

焊点的间距（焊点之间的距离）和边距（焊点至板边缘的距离）对焊点强度也有决定性作用。虽然可以通过缩小焊点间距的方法来提高焊件的连接强度，但实际上也是有限度的。因为间距超过一定的限度，焊接电流会经由上一个焊点导走、泄漏。这时所增加的焊点不再具有增强焊件连接强度的作用，而且还会适得其反。从这个意义上来说，焊点的间距一定要跨出电流的泄漏区。不言而喻，焊点的边距不足，其接合质量也不可靠。

低碳钢板点焊技术规范见表 3-12，其中给出了与不同规格板厚相匹配的焊接电流、电极压力、通电时间及焊点布置要求等。由于点焊机只能焊接薄钢板（一般为 0.7~1.4 mm、总厚度不超过 3 mm）并且有些点焊机的电流和电极压力不可调，对此，可参照焊机说明书的规定，用适当加长焊钳臂和通电时间的方法来解决。

表 3-12 低碳钢板点焊技术规范

板厚/mm	最佳条件			电极直径/mm		焊点布置/mm		结果
	通电时间/s	压力/N	电流/A	端部	杆部	间距	边距	抗剪力/N
0.6	0.11	1 471	6 600	4.0	10	11 以上	5 以上	2 942
0.8	0.14	1 863	7 800	4.5	10	14 以上	5 以上	4 315
1.0	0.17	2 206	8 800	5.0	13	18 以上	6 以上	5 982
1.2	0.20	2 648	9 800	5.5	13	22 以上	7 以上	7 649
1.6	0.27	3 530	11 500	6.3	13	29 以上	8 以上	10 395

四、电阻点焊方法

电阻点焊通常有双面点焊和单面点焊两大类。

1. 双面点焊

双面点焊时，电极由工件的同一侧向焊接处馈电，如图 3-76 所示。图 3-76（a）所示的是最为常用的双面点焊，这时工件两侧均有电极压痕。图 3-76（b）所示的是用大接触面积的导电板作下电极的双面点焊，这样可以消除或减轻下面工作的压痕，常用于装饰性板料的点焊。图3-76（c）所示的是同时焊接两个或多个焊点的双面点焊，其使用一个变压器将各电极并联。这时，所有电流通路的阻抗必须基本相等，且每一焊接部位的表面状况、材料厚度和电极压力都必须相同，才能保证通过各个焊点的电流基本一致。图3-76（d）所示的是采用多个变压器的双面多点点焊，可以避免图3-76（c）的不足之处。

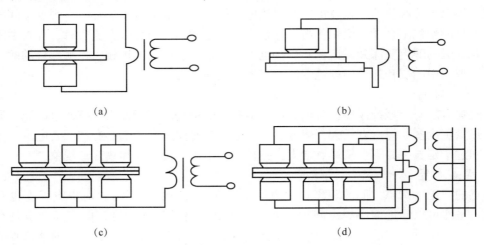

图3-76 双面点焊

2. 单面点焊

单面点焊时，电极由工件的同一侧向焊接处馈电，如图3-77所示。图3-77（a）所示的是单面单点点焊，在两个电极中，不形成焊点的那个电极采用大直径和大的接触面，以减小电流密度。图3-77（b）所示的是无分流的单面双点点焊，此时的焊接电流全部流经焊接区。图3-77（c）所示的是有分流的单面双点点焊，流经上面工件的电流不经过焊接区，形成分流。为了给焊接电流提供低电阻的通路，工件的下面垫有铜垫板。图3-77（d）所示的是两个焊点的间距 L 很大（如在骨架构件和复板的焊接）时的单面双点点焊，为避免可能由不适当加热引起的复板翘曲和减小两电极间的电阻，采用特殊的铜板A与电极同时压紧在工件上。

在大量生产中，单面多点点焊获得了广泛应用，如图3-78所示。这时既可采用由一个变压器供电的同时，各对电极轮流压住工件的形式，如图3-78（a）所示，也可采用各对电极同时压住工件的形式，如图3-78（b）所示，该方式优点较多，应用较为广泛。

五、电阻点焊操作要点

点焊的焊前准备工作必须细致入微，否则会因结合强度不好而返工；而返工时，常常需要将不合格的焊点打磨掉。

1. 焊件的清洁

焊件的清洁部位不仅在两焊件之间，而且与点焊电极的接触点同样也需要认真打磨干净（包括板材表面上的油漆）。对于不便清除的油污，还可以采取火焰法轻烧轻燎，然后再将板材表面用钢丝刷或钢丝磨轮打磨干净，但能否用火焰法应视具体情形而定。

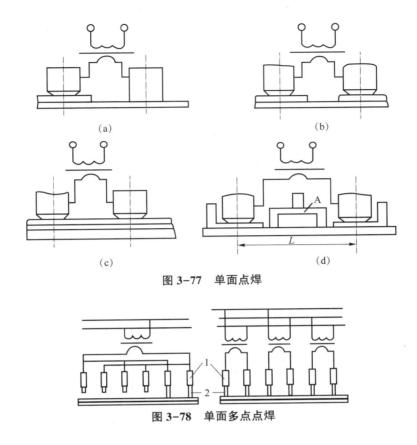

图 3-77 单面点焊

图 3-78 单面多点点焊

2. 调整焊接臂

点焊机在使用前,应先检查焊臂是否装配牢固,以确保焊钳上所装焊接臂的位置准确度。其装配状态正确与否,对电极压力和电流的通过能力都有影响。其基本要求是两焊极的端面应平行、重合,并按要求调好电极的压力。点焊机上一般都设有能调整压力的调节器,可根据实际需要加以选择。

3. 焊接

按焊接工艺参数和电极等,将焊件的相互位置确定,并用大力钳等专用工具夹紧后,即可按计划分布的焊点施焊。对于手提式点焊机,连续焊接 5~6 个焊点后应稍微停顿一下,以给焊极一定的冷却时间,让其冷却。在正常使用过程中,电极也会发生烧灼和积垢,这会使电阻增大,通过焊件的电流也会减小,焊点的熔深变浅。若焊接过程中发现电极端头发红或火花飞溅增多,则应及时用专用的电极修整器或电极修磨机将电极端头修磨好。

4. 焊点的外观检查

由于点焊的焊接点在两板面之间,因此难以观察焊接过程及其焊接质量,但在焊接终了后,仍然可以通过外观检查的方式来判断焊接质量的好坏,点焊质量缺陷分析如图 3-79 所示。如图 3-79(a)所示,检查压痕的深度不得大于板厚的 1/2,若两板件的厚度不一时,应以较薄的尺寸为准。如图 3-79(b)所示,焊件表面不可有较为明显的针孔;如图 3-79(c)所示,焊件表面不应发生明显的飞溅现象,如属于车身蒙皮、外板等覆盖件,则应佩戴手套抹拭,不得刮丝。

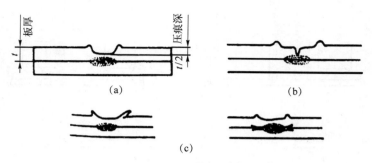

图 3-79 点焊质量缺陷分析
(a) 压痕;(b) 针孔;(c) 飞溅

对试焊件焊接质量进行检查时,可参照图 3-80 所示的方法用力拆解,根据断口的清晰与否,直观地判定点焊质量的优劣;也可用图 3-81 所示的扁口錾,沿焊件接缝楔入板间距焊点 7~10 mm 处,打进深度以观察到熔核形状时为止,但不得超过 30 mm,待确认焊点无脱开后,抽出检具并将检验处修平。

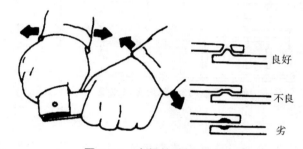

图 3-80 点焊的破坏性试验

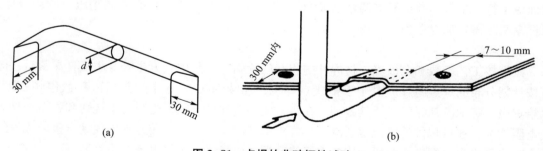

图 3-81 点焊的非破坏性试验
(a) 检具;(b) 检验方法

第五节　钎焊

钎焊是采用比母材熔点低的金属材料为钎料,将焊件和钎料加热到高于钎料熔点、低于母材熔化的温度并利用液态钎料润湿母材、填充接头间隙并与母材相互扩散而实现连接的一种焊接方法，其过程如图 3-82 所示。汽车钣金修理中，如散热器、汽油箱、装饰钣金、车身缺陷等的修理，都离不开钎焊。

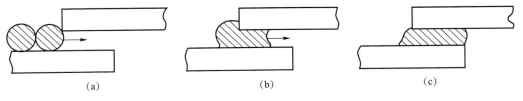

图 3-82 钎焊过程
(a) 在焊件接头处安置钎料并进行加热；(b) 熔化的钎料开始流入焊件接头间隙内；
(c) 钎料填满间隙后，与母材相互扩散、凝固形成钎焊接头

一、钎焊基本原理

钎焊的过程可分为两个阶段。

第一阶段，熔化钎料的润湿过程，如图 3-82 (a) 和图 3-82 (b) 所示。在接头间隙处的钎料受热熔化后，渗入接头间隙中，润湿母材。若熔化的钎料润湿性不好，则熔化的钎料会呈球状，滚来滚去而不进入待焊缝隙中。为改善钎料的润湿性，要加钎焊熔剂，简称钎剂。钎剂不仅能降低熔化钎料的表面张力，去除钎料及焊件表面的氧化膜、油污，而且还能保护钎料及焊件不被氧化。

第二阶段，钎料与母材的相互扩散过程，如图 3-82 (c) 所示。熔化的钎料在待焊缝隙中与固态母材金属之间发生相互溶解和原子扩散，形成牢固的焊接接头。

二、钎焊分类

根据钎料熔点的不同，钎焊分为硬钎焊和软钎焊两种。

使用钎料熔点高于 450 ℃ 的钎焊称为硬钎焊，如黄铜焊。硬钎焊常用的钎料有铜基、银基、铝基、镍基等合金；常用的钎剂有硼砂、硼酸、氯化物、氟化物等；加热源有焊炬火焰、电阻加热、感应加热、盐浴加热及炉内加热等。硬钎焊焊接接头的强度高，适用于受力较大及工作温度较高焊件的焊接，如自行车车架、工具和刀具等。

使用钎料的熔点低于 450 ℃ 的钎焊称为软钎焊，如锡焊。应用最广泛的软钎料是锡基合金，多数软钎料适合的焊接温度为 200~400 ℃，钎剂为松香、松香酒精溶液、氯化锌溶液等，加热工具常使用烙铁。软钎焊焊接接头的强度低，一般在 70 MPa 以下，适用于焊接受力不大、工作温度较低的焊件，如电子元器件、仪器、仪表、导线等。

三、锡钎焊

锡钎焊是指采用锡基钎料进行铜及铜合金及其他母材的钎焊。

(一) 锡焊钎料

锡钎焊中常用的钎料是锡铅钎料。锡铅钎料是以锡和铅为主体的一种合金，呈白色，且锡含量越高，流动性越好。锡铅钎料的熔点低，且含铅量高者强度高、硬度大。由于锡、铅含量的不同，其熔点大致为 180~280 ℃，因此可以焊接钢、铁、铜等机件及电工仪器、工

具。含铅量超过10%的锡铅钎料，因为含铅量大时易引起人身中毒，所以不能用于饮食器皿的焊接。常见锡铅钎料的牌号、化学成分、熔化温度及主要用途见表3-13所示。

表3-13 常见锡铅钎料的牌号、化学成分、熔化温度及主要用途

牌号	化学成分/%			熔化温度/℃		主要用途
	Sn	Sb	Pb	固相线	液相线	
S-Sn18PbSbA	17~19	1.5~2.0	余	183	279	灯泡、冷却机制造、钣金、铅管
S-Sn30PbSbA	29~31	1.5~2.0	余	183	258	
S-Sn40PbSbA	39~41	1.5~2.0	余	183	238	钣金、铅管软钎料、电缆线、换热器金属器材、辐射体、制管等的软钎焊
S-Sn60PbSbA	59~61	0.3~0.8	余	183	224	电气、电子工业、印刷线路、微型技术、航空工业及镀层金属的软钎焊
S-Sn90PbA	89~91	—	余	183	215	电气、电子工业、耐高温器件

锡铅钎料的牌号不同，含锡量和含铅量也各不相同，用途也有区别。汽车钣金工焊工常用的锡铅焊料的含锡量为30%~40%，在选用时应加以鉴别。含锡量越多，色越白；反之，色青白。一般含锡较多的钎料，在弯曲时，可以听到清脆而细碎的声响。

（二）锡焊用钎剂

1. 盐酸

盐酸是氯化氢化合物，浓盐酸在空气中产生刺鼻的烟雾，浓盐酸加2/5的水稀释，可以作为焊接镀锌铁板的焊剂。

2. 氯化锌溶液

氯化锌溶液也称为熟盐酸、热强水，是锡焊常用的一种焊剂。其配制方法是把盐酸装入玻璃瓶内（不能用金属器皿），加入锌块（汽车废旧的雨刮器、汽化器，也可以用镀锌铁板剪成小块），使其产生化学反应，直至不冒泡。焊接铜类零件时，应往氯化锌溶液中再加入50%的清水，方可使用；焊接钢类零件时，也应加入30%的清水冲淡后再使用。

3. 松香

松香比上述两种焊剂的使用效果稍差，因此可以将其研成粉状撒在焊缝上使用，精密零件焊接可用酒精溶解松香使用。

4. 焊药膏

焊药膏是由74%的石油胶、20%的无水氧化锌、5%的氯化铵和1%的水组成的。焊药膏有腐蚀性，因此当焊接完成后，应将焊缝周围的残余焊药膏擦净并用清水擦拭。

（三）锡焊加热设备与工具

1. 锡焊加热设备

锡焊时常用的热源有炉子、喷灯、汽油焊枪和电烙铁等。炉子以木炭为燃料，适用于大批量锡焊的加工；喷灯为氧乙炔火焰，主要用于小批量锡焊的烙铁加热；汽油焊枪直接用于焊接；电烙铁使用方便，应用广泛。

2. 锡焊常用工具

锡焊常用工具有烙铁、钳子、锉刀、小毛刷、剪刀等，如图3-83所示。

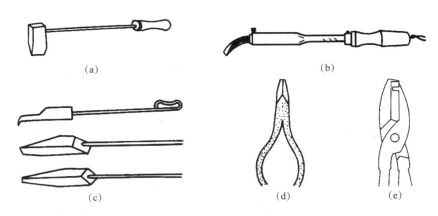

图3-83 锡焊常用工具

(a) 锤形烙铁；(b) 尖嘴烙铁；(c) 电烙铁；(d) 尖嘴钳；(e) 扳边钳

(四) 锡钎焊工艺

1. 焊前准备工作

(1) 清洁焊接接头。

焊前必须对焊接表面的氧化层、油垢油漆等杂物进行清理，一般常用锉刀、刮刀、断锯条等刃具，直到把焊接表面清理出金属光泽。清理焊接表面是锡焊工作中比较重要的步骤，直接关系到焊接质量，即俗语所言的"七分清洁三分焊"。

(2) 烙铁口镀锡。

用锉刀将烙铁口锉光，刃口部呈圆弧形，然后加热烙铁，加热到能使钎料熔化的温度时，刃口表面涂上盐酸再沾上钎料，在严整光滑的金属面上将左右口分别蹭试五、六次，最好是在钎料条上进行蹭试，直至刃口左右均匀地镀上一层银亮的钎料层为止。

(3) 烙铁加热。

烙铁加热温度要适中，温度高或低均会影响焊接质量。温度低了，焊口钎料厚薄不匀；温度高了，沾不上钎料，也会使焊口过热氧化而使焊口出现焊渣状氧化物。温度是否合适的一个简单的判断方法是将烙铁加热后在盐酸中浸一下烙铁口，听其声响。如果烙铁发出清脆的吱吱声，且烙铁口呈白亮色为温度合适，可以进行焊接。如果烙铁发出急促的爆炸声，则温度太高，不能马上进行焊接，此时应把烙铁在室温下冷却一会儿，在盐酸中浸一下，沾上钎料进行焊接。如果烙铁在盐酸中发出嘶嘶声，则温度太低，应继续加热。当烙铁温度过高而烧毁了刃口的镀锡时，应重新镀锡后再进行焊接。

2. 锡焊操作方法

(1) 焊锡过渡。

焊锡过渡方法有两种。一种是用烙铁沾上焊锡进行焊接；另一种则是右手拿烙铁，左手拿焊锡条，对准待焊缝隙，将钎料熔化在缝隙上，如图3-84所示。

(2) 工件镀锡。

①烫锡擦锡法。烫锡擦锡法如图 3-85 所示。先将工件平面涂上一层氯化锌溶液，宽度可比烙铁口略宽一些，然后用加热的烙铁将钎料条沿长度方向烫到工件上，且越薄越好。整个烫锡表面完成后，为保证镀锡表面的光滑平整，应再将烫过锡的表面用喷灯或氧乙炔火焰加热到锡熔点，然后用废布顺着一个方向擦拭。加热要均匀，要一次擦拭完毕，不要反复。若镀锡平面较大，则可以分几次进行加热擦拭，经擦拭后的镀锡表面厚薄均匀，光亮如镜。

图 3-84 焊锡过渡

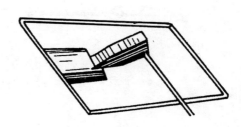

图 3-85 烫锡擦锡法

②浸锡法。浸锡法如图 3-86 所示，适用于小工件。其过程是先将焊锡熔化在铜皮锅内，再将清洁后的焊件涂上钎剂，浸在锡熔液内 5～10 s，取出后向锡锅内甩一下，将多余的锡去掉。浸锡时要注意，锡熔液的温度不能过高，否则会在表面形成一层氧化物，影响浸锡质量。

(3) 渗焊法。

渗焊法如图 3-87 所示，主要用于覆盖较大的两平面搭接焊。

①平面必须平整，吻合良好，并在上面的板料上钻几个孔，便于渗入钎料，如图 3-87 所示。

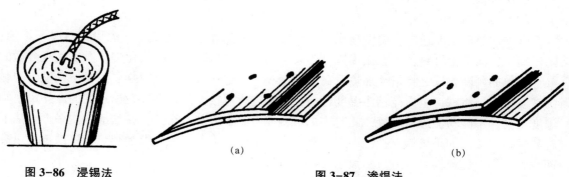

图 3-86 浸锡法

图 3-87 渗焊法

②将焊缝两个结合面镀上一层钎料后，再相互搭贴吻合。如果两结合面是小平面，贴合后用大烙铁加热压在上板料并四周移动，左手持一金属或木棍用力下压上板料，直到所压平面出现下沉时撤去烙铁，压力棍继续施压至锡熔液冷却为止。如果两结合面面积较大，用烙

铁加热会导致冷热不均，使焊接平面贴合不好。这时需用喷灯或氧乙炔火焰进行加热，加热的同时用底部是平面的物体下压上板料。当所压上板料平面下沉时停止加热，继续按压但不做移动，直至冷却为止。再查看四周边缘及各孔四周，如果有缝隙，则用烙铁焊接并填满各孔。

四、黄铜钎焊

黄铜钎焊是指采用黄铜基钎料进行铜及铜合金及其他母材的钎焊。

1. 黄铜钎焊钎料与钎剂

常用的黄铜钎焊钎料见表3-14，常用的黄铜钎焊钎剂见表3-15。

表3-14 常用的黄铜钎焊钎料

类别	牌号	熔化温度范围/℃	
		固相线	液相线
铜磷钎料	BCu95P	710	925
铜锌钎料	BCu60ZnSn	890	905
高铜钎料	BCu97Ni	1 085	1 100

表3-15 常用的黄铜钎焊钎剂

牌号	成分/%	钎焊温度/℃	用途
YJ1	硼砂100	800~1 150	铜基钎料钎焊碳钢、钢、铸铁和硬质合金
YJ2	硼砂25、硼酸75	850~1 150	
YJ6	硼砂15、硼酸80、氟化钙5	850~1 150	铜基钎料钎焊不锈钢和高温合金
YJ11	硼砂95、过锰酸钾5	>800	铜锌钎料钎焊铸铁

2. 黄铜钎焊操作要点

（1）施焊前应将焊件清理干净。

（2）用气焊火焰加热铜钎条，蘸上钎剂。

（3）将焊件用气焊焰加热至樱红色，随即将蘸有钎剂的铜条烧熔滴入焊件。

（4）焊缝较长时，应一边加热一边熔料，并随时蘸取钎剂；必要时，把钎剂撒在焊接处，以消除焊接过程中焊缝内的氧化物。

【知识链接】

汽车车身焊接新技术

一、等离子弧焊

等离子弧焊是利用高能量密度束流等离子弧作为焊接热源的一种熔焊方法。等离子弧焊接具有能量集中、生产率高、焊接速度快、应力变形小、电弧稳定且适宜焊接薄板和箔材等特点，特别适合于焊接各种难以熔化、易氧化及热敏感性强的金属材料，如钨、钼、铜、镍、钛等。

1. 等离子弧的产生

如图 3-88 所示，在等离子焊枪的阴极（如钨极）与阳极之间加一较高电压，经高频振荡使气体电离形成自由电弧。自由电弧在机械压缩效应、热压缩效应和电磁收缩效应的共同作用下，使能量高度集中在直径很小的弧柱中，弧柱中的气体被电离成高温、高电离度及高能量密度的等离子体，称为等离子弧。

等离子弧的温度很高，可达 20 000~50 000 K，能量密度可达 10^5~10^7 W/cm^2。一般自由状态的钨极氩弧焊的最高温度为 10 000~20 000 K，能量密度低于 10^4 W/cm^2，因此，等离子弧能迅速熔化金属材料，可以用来焊接和切割。

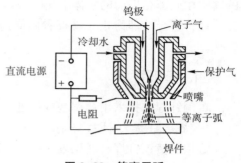

图 3-88 等离子弧

2. 等离子弧焊设备

如图 3-89 所示，等离子弧焊设备一般由焊接电源、焊枪、控制系统、水冷系统和供气系统等组成。

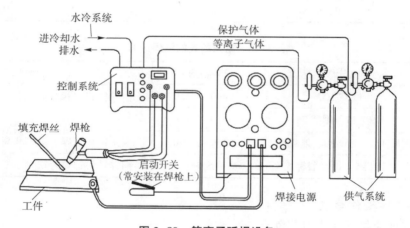

图 3-89 等离子弧焊设备

（1）焊接电源。

下降或垂直下降特性的整流电源或弧焊发电机均可作为等离子弧焊的电源。用纯氩作离子气时，电源空载电压为 65~80 V；用氢、氩混合气作离子气时，电源空载电压为 110~120 V；微束等离子弧焊电源的空载电压为 100~130 V。

（2）焊枪。

焊枪是等离子弧焊设备中的关键组成部分，主要由电极、上枪体、下枪体、压缩喷嘴、中间绝缘体及冷却管等组成，如图 3-90 所示。

（3）控制系统。

控制系统一般包括高频引弧电路、拖动控制电路、延时电路和程序控制电路等部分。

（4）供气系统。

供气系统应能分别供给离子气和保护气，如图 3-91 所示。

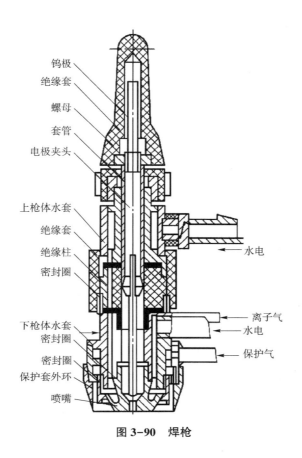

图 3-90 焊枪

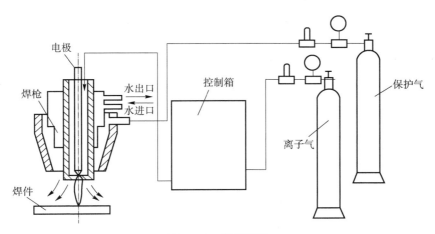

图 3-91 供气系统

(5) 水冷系统。

由于等离子弧的温度在 20 000 K 以上，为防止烧坏喷嘴，并增加对电弧的压缩作用，必须对喷嘴进行有效的水冷却。冷却水的流量不小于 3 L/min，水压不小于 0.15~0.2 MPa，且水路中应设有水压开关，以在水压达不到规定要求时，切断供电回路。

3. 等离子弧焊方法

按照焊透母材方式的不同，等离子弧焊方法分穿透型等离子弧焊和熔透型等离子弧焊两种。熔透型等离子弧焊又可分为普通熔透型等离子弧焊和微束等离子弧焊，见表 3-16。

表 3-16 等离子弧焊方法

焊接类型	电流范围/A	可焊板厚/mm	等离子弧类型	焊缝成型方法	应用场合
穿透型等离子弧焊	100~500	2~12	转移型	穿透法（小孔法）	中低厚度的不锈钢、钛合金、低碳钢、低碳合金钢以及铜、黄铜和镍及镍合金的合金
普通熔透型等离子弧焊	15~100	0.5~3.0	转移型	熔透法	薄板的焊接
微束等离子弧焊	0.1~30	0.025~0.500	混合型	熔透法	超薄金属零件的精密焊接

(1) 穿透型等离子弧焊。

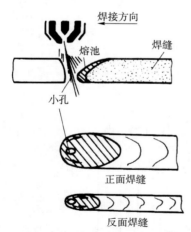

图 3-92 穿透型等离子弧焊

穿透型等离子弧焊，又称为小孔型等离子弧焊，如图 3-92 所示。该焊法是利用等离子弧能量密度大和等离子流吹力大的特点，将工件完全熔透，在熔池上产生一个贯穿焊件的小孔，并从焊件背面喷出部分电弧（又称尾焰）。随着等离子弧焊焊接方向的移动，熔化金属依靠表面张力的承托，沿着小孔两侧的固体壁面向后方流动，熔池后方的金属不断地封填小孔，并冷却凝固，形成焊缝，其焊缝断面呈酒杯状。使用该焊法进行焊接时，不添加填充金属，适用于板厚为 3~8 mm 的不锈钢、板厚为 12 mm 以下的钛合金、板厚为 2~6 mm 的低碳钢、低碳合金钢以及铜、黄铜和镍及镍合金的焊接。

(2) 普通熔透型等离子弧焊。

普通熔透型等离子弧焊，又称熔入焊接法，如图 3-93 所示。焊接过程中，由于离子气流量较小、电弧抗压缩能力较弱，等离子弧只熔化工件而不产生小孔效应，因此焊件背面也无尾焰。液态金属熔池在弧柱的下面，靠熔池金属的热传导作用熔透母材，形成焊缝，其焊缝断面呈碗状。使用该焊法进行焊接时，不添加填充金属，适用于板厚为 0.5~3.0 mm 的薄板的焊接。

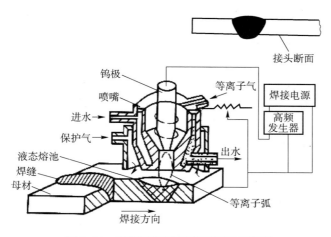

图 3-93 普通熔透型等离子弧焊示意图

(3) 微束等离子弧焊。

微束等离子弧焊是指电流在 30 A 以下的熔透型等离子弧焊,如图 3-94 所示。微束等离子弧焊由于喷嘴的拘束作用和维弧电流的同时存在,使小电流等离子弧十分稳定,现已成为焊接金属薄箔的有效方法。该焊法可得到针状、细小的等离子弧,因此适宜焊接非常薄的焊件,最小板厚可达 0.01 mm。

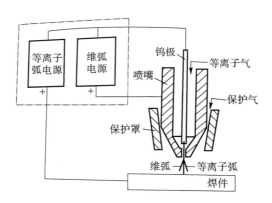

图 3-94 微束等离子弧焊

4. 等离子弧焊注意事项

(1) 等离子弧焊空载电压较高,电源一定要接地,操作者必须防止触电。

(2) 等离子弧光及紫外线辐射比较强烈,操作者应注意眼睛和皮肤的保护。

(3) 等离子弧焊会逸出大量气化的金属蒸气、臭氧、氮化物及大量灰尘等,因此,工作场地应设置通风设备和抽风的工作台。

(4) 等离子弧会产生高强度、高频率的噪声,要求操作者必须戴耳塞。

(5) 高频振荡器的高频辐射对人体有害,引弧频率以 20~60 kHz 较为合适,同时,焊件应接地可靠。转移弧引燃后,应保证迅速切断高频振荡器电源。

二、计算机辅助焊接

1. 计算机辅助焊接过程控制

焊接过程的自动化是提高焊接效率、保证产品质量的一个极其重要的手段。焊接质量控制的对象是焊接参数,其控制效果既表现在焊缝金属的内在质量(如金相组织好、内部缺陷少等),也表现在几何形状(如焊缝成型、焊接熔深和熔透控制等)等方面。在焊接控制中,利用计算机高精度的运算和大容量存储的功能,同时,将神经元网络和模糊控制引入熔透控制中,实现了焊接过程的质量自动控制。

2. 焊接过程的模拟及定量控制

焊接过程的变化规律十分复杂,如冶金过程、焊接温度分布、焊接熔池的成型、应力应变以及焊缝跟踪和熔透控制等。长期以来只能定性地依靠经验加以预测,随着计算机的发展,如何从经验走向定量控制就成为发展的必然趋势。

(1) 数值模拟。

通过数值模拟,对焊接过程获得定量认识,如焊接温度场、焊接热循环、焊接冷裂敏感性判据、焊接区的强度和韧性等,不仅可以免去大量试验而得到定量的预测信息,而且还可节省大量经费、人力和时间。

(2) 物理模拟。

采用缩小比例或简化某些条件的模拟件来代替原尺寸的实物研究,例如焊接热力物理模拟、模拟件爆破试验、断裂韧度试验等。物理模拟和数值模拟各有所长,只有将二者很好地结合起来,才能获得最佳效果。

(3) 焊接专家系统。

目前按其功能,焊接专家系统在焊接领域中可分为诊断型、设计型和实时控制型三类。诊断型用于预测接头性能、应力应变、裂纹敏感性、结构安全可靠性、寿命预测、焊接工艺的合理性及失效分析等。设计型可以根据约束条件进行结构设计、工艺设计、焊条配方设计、最佳下料方案、车间管理等。实时控制型是根据初始条件,控制焊接参数,反馈系统与实施系统有很快的响应速度。这三类焊接专家系统已不同程度地应用于焊接生产研究中。目前,人们正在研究更高级的智能专家系统,如应用模糊控制和神经网络控制技术来控制焊缝成型、识别焊接缺陷、选择最佳焊接条件等。

三、焊接机器人

焊接机器人是机器人与焊接技术的结合,是自动化焊装生产线中的基本单元,常与其他设备一起组成机器人柔性专业系统,如弧焊机器人工作站等。

焊接机器人能稳定地提高焊接质量,保证其均匀性;提高生产效率,可24 h连续生产;可在有害环境下长期工作,改善工人的劳动条件;可实现小批量产品焊接自动化,为焊接柔性生产提供基础等。随着制造业的发展,焊接机器人的性能也在不断提高,并逐步向智能化方向发展。

目前,焊接生产过程中使用的机器人主要有点焊机器人、弧焊机器人等。

1. 点焊机器人

点焊机器人焊钳与变压器的结合分为分离式、内藏式和一体式,组成了三种形式的点焊机器人系统,如图3-95所示。

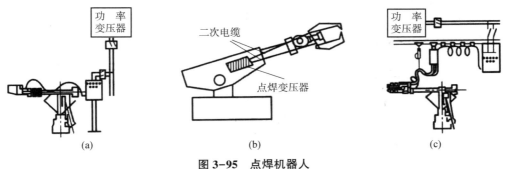

图 3-95 点焊机器人
(a) 分离式；(b) 内藏式；(c) 一体式

分离式点焊机器人的焊钳与点焊变压器通过二次电缆相连，所需变压器容量大，影响机器人的运动范围和灵活性。内藏式点焊机器人的二次电缆大为缩短，变压器容量也减小，但结构较复杂。一体式点焊机器人的焊钳与点焊变压器安装在一起，共同固定在机器人手臂的末端，省掉了粗大的电缆，节省了能量，但造价较高。

选择点焊机器人时，应注意点焊机器人的工作空间应大于焊接所需工作空间，点焊速度与生产线速度相匹配，按工件形状、焊缝位置等选择焊钳和选用内存量大、示教功能全、控制精度高的机器人。

点焊机器人约占我国焊接机器人总数的46%，主要应用于汽车、农机、摩托车等行业。

2. 弧焊机器人

弧焊机器人操作机的结构与通用型机器人基本相似。弧焊机器人必须和焊接电源等周边设备配套构成一个系统，互相协调，才能获得理想的焊接质量和较高的生产率。图3-96所示为典型完整配套的弧焊机器人系统。该系统由操作机、工件变位器、控制盒、焊接设备和控制柜五部分组成，相当于一个焊接中心或焊接工作站。弧焊机器人具有机座可移动、多自由度、多工位轮番焊接等功能。

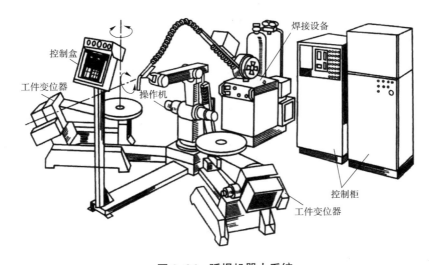

图 3-96 弧焊机器人系统

弧焊机器人在通用机械、金属结构、航天航空、机车车辆及造船等行业都有应用。一般的弧焊机器人都配有焊缝自动跟踪（如电弧传感器、激光视觉传感器）和熔池形状控制系统等，可对环境的变化进行一定范围的适应性调整。

目前，焊接机器人正朝着智能化方向发展，如能自动检测材料的厚度、工件形状、焊缝轨迹和位置、坡口的尺寸和形式、对缝的间隙，自动设定焊接工艺参数、焊枪运动点位或轨迹、填丝或送丝速度、焊钳摆动方式，实时检测是否形成所需要的焊点或焊缝，以及是否有内部或外部焊接缺陷及排除等。

第四章 汽车车身钣金基本工艺

汽车在使用过程中,车身、驾驶室及其内部设施的钣金件、装饰件等由于磨损、撞击及使用维护不当,部分构件会发生歪扭、断裂、锈蚀等缺陷和损伤,需通过修补、整形或更换来恢复其几何形状、尺寸和使用性能。该作业需要由钣金工来完成,所以只有熟悉车身钣金基本工艺,才能顺利地完成相应的钣金修理工作。

第一节 钣金常用设备

从事汽车钣金修理所使用的机具与设备大致分为手工工具、动力工具以及动力设备三大类。其中,动力工具和设备主要分气动和电动两种。由于汽车钣金造型复杂,因此修理作业常用的整形矫正工具繁多。作业时,钣金工可根据被修整部位金属板曲面形态等条件,按粗整形、细整形、整形精加工、表面处理等工序,适当选择工具类型。

一、车身钣金常用手工工具及使用

在车身维修工艺中,利用手工工具修复构件变形是最常见的传统作业方式之一。对于车身覆盖件的局部变形、凹瘪和柱类零件的弯曲等,均可以灵活地运用各种手工工具,使变形部位复位。

(一)钣金锤

1. 钣金锤的种类

钣金锤是连续敲击钣金件恢复其形状的基本工具,一般用于汽车制造和汽车车身修复。钣金锤主要分为铁锤、尖嘴锤、球头锤、橡胶锤、冲击锤、精修锤等。钣金修复时应根据被修整部位的变形情况及钣金件的材质特点,选用不同的钣金锤来一点一点敲击,使其恢复原形。

(1)铁锤。

铁锤是修复损坏钣金件的必需工具,用来进行大强度钣金加工,以使损坏的金属钣金件大致回到原形,如较大重量的车身内部结构的校正和拉直、重型车身的校正等,如图4-1所示。在更换金属板时则用于清理损坏的金属板。此类铁锤的手柄较短,适用于空间较小的钣金作业。

图4-1 铁锤

（2）尖嘴锤。

尖嘴锤也叫镐锤、鹤嘴锤，用于维修小凹陷，如图4-2所示。用其尖端对凹陷的中心部位柔和地轻打，可将凹陷敲出。平端与底座（垫铁）配合作业可以去除微小的凸点和波纹。

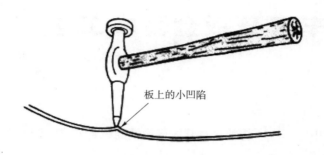

图4-2 用尖嘴锤敲出小凹陷

各种规格的尖嘴锤如图4-3所示。注意：尖嘴锤不能用于修复大的凹陷表面，且使用时不要用力过猛，防止尖端戳穿车身的钢板。

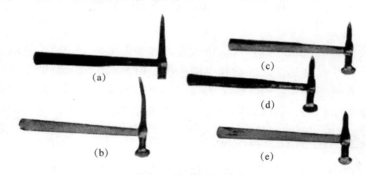

图4-3 各种规格的尖嘴锤
(a) 长锥尖；(b) 长弯曲锥尖；(c) 短锥尖；(d) 短子弹头尖；(e) 短錾头尖

（3）球头锤。

球头锤即榔头，又名圆头锤，是一种多用途工具，如图4-4所示。该锤有一个圆形平面锤头和一个球形锤头。主要用于校正弯曲的结构部件，修正厚度较大的钢板部件和钣金件初成形阶段。

（4）橡胶锤。

橡胶锤用于柔和地敲击薄钢板，具有一定的弹性，不会损坏油漆表面，如图4-5所示。通常用于修复表面微小光滑的"凹陷"型压痕，常和吸盘一起使用。

图4-4 球头锤

图4-5 橡胶锤

(5) 冲击锤。

冲击锤也叫重头锤,锤头一端为圆形,锤垫的表面近乎是平的;另一端为方头,如图4-6所示。这种锤垫面大,打击力散布在较大的面积上,适于凹陷板面的初始矫正作业或修复加工非外露的钣件和加强部位。操作时需较大力量,一般不用于光洁表面的修复。

图4-6　冲击锤

(6) 精修锤。

图4-7所示为各种常用的精修锤。用冲击锤去除凹陷之后,用精修锤精修外形。精修锤的锤面较冲击锤小。锤面隆起的锤头适于修平表面微小高凸点和波纹的顶端。带有锯齿面或交错缝槽面的精修锤,即收缩锤,适用于表面收缩作业,敲到钣金件上会留下细小的点痕,可有效控制整平过程中产生的金属延展。图4-8所示为收缩锤的两种锤面。

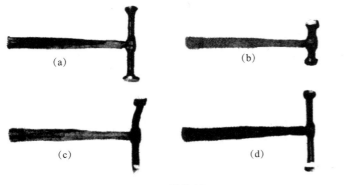

图4-7　精修锤

(a) 双圆头锤;(b) 收缩锤;(c) 偏置冲击锤;(d) 猛击锤

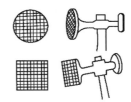

图4-8　收缩锤的交错和垂直锯齿面

2. 钣金锤的使用

钣金锤的正确使用方法为:用手轻松握住钣金锤手柄的端部(相当于手柄全长的1/4位置),握锤时锤柄下面的食指和中指应适当放松,小指和无名指则应相对紧一些,拇指用于控制锤柄向下运动的力度,用手腕摇动的方法轻轻敲击车身构件表面,并利用钣金锤敲击零件时产生的回弹力使锤子做环状运动,如图4-9所示。

注意:禁止像钉钉子那样让锤子做直线运动,也不可用手臂或肩部的力量,以防用力过猛。重锤金属表面容易使之产生延展变形,而连续轻轻锤击操作,既可达到修平变形的目的,也可有效地抑制金属的延展变形。一般以每分钟100~120次的频率施行轻微敲击,能够将延展变形控制在最小范围内。

经常检查锤柄和锤头结合是否牢固,以防工作过程中锤头飞出给钣金工带来危险。

锤击作业质量的关键在于落点的选择,一般应遵循"先大后小、先强后弱"的原则,像矫正成形件那样,从变形较大处起顺序敲打,并保证锤头以平面落在金属表面上,如图4-10所示。与此同时,还要注意分析构件的结构强度,有序排列钣金锤的落点,锤击过程中应保证间隔均匀、排列有序,直至将车身覆盖件的表面损伤修平。

钣金锤的锤垫通常为一弧形曲面,与金属实际接触的面积相当于10~30 mm直径的圆,应根据构件表面形状、金属板厚度以及变形的大小来合理选择钣金锤的尺寸和锤垫曲面的隆

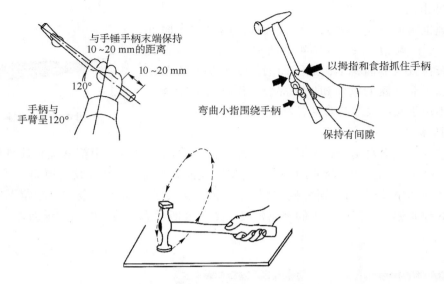

图 4-9 钣金锤的正确握法及运动轨迹

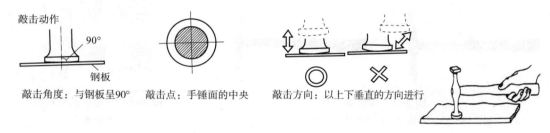

图 4-10 钣金锤的正确锤击方式

起高度。平面或有稍许曲面的钣金锤适合于修复平面或低幅度隆起表面；凹形或球形锤垫则适合修复内边曲面板；重磅手锤则适用于粗加工或厚板构件的修复；精修锤用于最后的精修，在敲击时，锤子应和金属表面垂直；对比较薄弱的薄板类构件，一定要使用木垫块或选用木槌、橡胶锤等，有效避免车身构件发生二次损坏（即因修复造成的损坏）。另外，有些变形必须借用撬具、垫铁等才能完成修复。

用钣金锤修复变形，其整形手段主要以锤击为主，具有直观、方便实用、快捷、灵活性大等许多优点，是行之有效的矫正方法之一。锤击法的缺点是被锤击的金属表面易发生局部损伤；依赖手工操作，需要钣金工具备丰富的经验。

（二）垫铁

1. 垫铁的种类

垫铁又称顶铁或衬铁，一般为手持的铁砧，但目前也有塑料、木块材质的垫铁。钣金修理作业中，可用手握持垫铁垫在被敲击金属钣金件的背面，当从钣金件正面用锤敲击时，垫铁会产生一个反弹力，因此每次敲击后，应重新定位。这样，锤与垫铁的配合工作使凸起的部位下降，凹陷的部位隆起。

常见的垫铁有高隆起、中隆起、低隆起、平凸起以及几种隆起组合在一起的组合垫铁等类型，使用时应根据钣金件的结构和形状来选择。常见的垫铁如图 4-11 所示。

(1) 通用垫铁。

通用垫铁有多种隆起，适应性最广。可用来粗加工挡泥板的隆起部分和车身的多种曲面；校正挡泥板凸缘、装饰条和轮缘；收缩平的金属面和隆起的金属面；修正焊接区等。由于通用垫铁体积小，便于手持，因此在窄的地方也容易使用。

(2) 足尖式垫铁。

足尖式垫铁是一种专门设计的组合平面垫铁，用来收缩车门板、挡泥板裙板、柱杆垫部和汽车各种盖板，也可以用来在挡泥板底部形成卷边和凸缘。该垫铁一个面非常平而另外一面微微隆起，特别适合于还没有精加工过的金属钣金件的加工。需要注意的是，使用该垫铁时不可过度锤击。

(3) 足跟式垫铁。

足跟式垫铁因形状像足跟而得名。用来在钣金件上形成较大形状的凸起，校直高隆起或低隆起的金属板、长形结构件和平面钣金件。

(4) 楔形垫铁。

楔形垫铁又叫逗号垫铁，可以用来在柱杆垫部和宽的挡泥板凸缘上生成隆起；也可以用来加工与支架或其他车身内部构件形成一个封闭结构的钣金件；在柱杆垫部粗加工一些小的凹痕，特别是在垫盖梁和横杆的后部以及在车身其他地方产生的褶皱等。

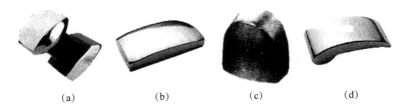

图 4-11　常见的垫铁

(a) 通用垫铁；(b) 足尖式垫铁；(c) 足跟式垫铁；(d) 楔形垫铁

2. 垫铁的使用

用垫铁修整车身表面，是钣金作业中最为流行的一种修平方法。凡是便于放入垫铁的部位、车身壁板表面发生的凹凸变形，均可用垫铁予以修整。

垫铁在钣金修平作业中起很大作用。在粗加工过程中，垫铁相当于一个敲击工具。垫铁敲击或压迫损伤的车身覆盖件的内面，垫起金属板的内面并展平弯曲变形的金属。在精加工过程中，垫铁可以用来平滑较小或较浅的不平。此外，垫铁还可以视需要延展金属和消除内应力。

使用时，应将垫铁放在受损钣金件的内面，用手臂对其施加压力而使其抵在金属的内表面上，如图 4-12 所示。敲击时，垫铁起到了铁砧的作用。

依据垫铁与钣金锤的相对作用位置，垫铁的操作方法（图 4-13）可以分为钣金锤与垫铁正对敲击（正托法）和钣金锤与垫铁错位敲击（偏托法）两种。正托法常用于修平钣金件和延展金属，偏托法则用于校直钣金件的较大变形，如图 4-13（b）所示。

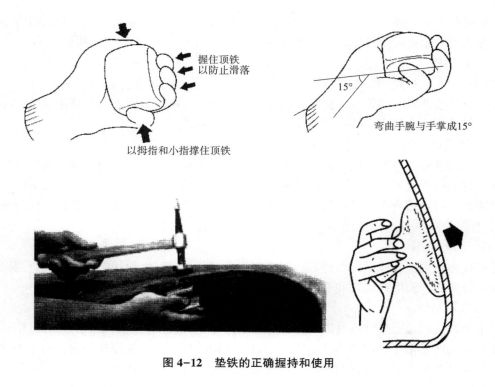

图 4-12 垫铁的正确握持和使用

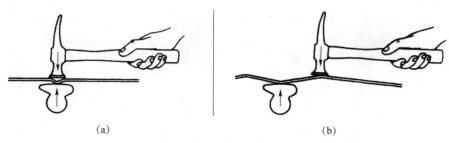

图 4-13 垫铁的操作方法
(a) 正托法；(b) 偏托法

注意：无论是用正托法还是偏托法操作，垫铁的工作表面必须与所修整的钣金形状基本一致（即半径与修理的金属钣金件的曲面一样大或略小一些），如图 4-14 所示，不然会造成新的损坏，且垫铁的工作面应保持光滑、干净，不要存在油污、涂料以及毛刺，否则会降低加工质量。

(1) 偏托法操作要领。

偏托法通常用于精修前的局部变形的校正，属于粗加工过程中的钣金修复，多用于较大的多部位连续变形。操作时，将垫铁置于金属板背面的最低处，钣金锤则在另一面敲击变形的最高处，锤击时垫铁也作为敲击工具一并修复变形或最大凹陷处。

对于图 4-15 所示的变形，也可以同时使用两把钣金锤击打变形部位，这种偏托法操作可以避免修复过程中受力不均。很小的压痕、很浅的起伏、轻微的褶皱都可以用这种方式拉伸，而不会损坏漆层。

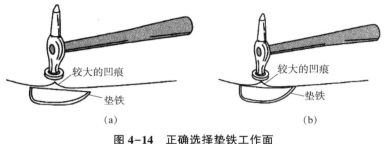

图 4-14　正确选择垫铁工作面

(a) 曲率不一致, 错误; (b) 曲率一致, 正确

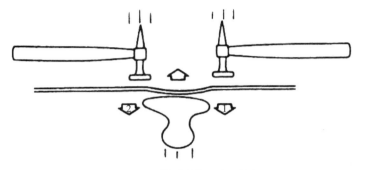

图 4-15　同时使用两把手锤

用偏托法修整平面, 一般不会造成板件伸展。因为垫铁击打的是板料背面的凹陷处, 而手锤击打的则是板料正面的鼓凸部位, 所以即使钣金技术不十分熟练, 也可以比较自如地从事此种类型的敲平操作。

这种运锤和使用垫铁的方式也称"断贴法"敲平。"断贴法"敲平在操作手法上有两个基本特征: 一是平锤的落点与垫铁的垫贴点并不一定重合; 二是由于垫铁通常是用冲击力加之敲击产生的反弹力来击打变形的, 故垫铁与钣金锤的击打时刻并不一定同步。为此, 应善于运用"断贴法"从两面同时敲平, 对提高修复质量和工作效率都有帮助。

(2) 正托法操作要领。

正托法这种钣金操作对于修复隆板和平整较小的凸起十分有效。当局部变形基本修平直时, 应按正托法进一步敲平。操作时, 将垫铁直接置于金属板背面凸起部位, 用钣金锤在另一面直接锤击变形部位。

由于钣金锤的敲击作用会使垫铁位置发生轻度回弹, 在钣金锤敲击的同时, 垫铁也将同时击打金属板。此时, 垫铁顶靠得越紧, 则展平的作用与效果也越大。

正托法垫铁始终作用着一定的压力, 回弹力有助于从钣金件正反两面敲击金属, 使钣金锤和垫铁的击打力度加大, 由此可以降低操作人员的劳动强度并提高钣金修复的工作效率。但是, 正托法敲平容易使金属造成延展变形, 这是因为当金属板在敲平过程中过分承受锤击时, 则受锤击部位的金属会变薄使面积增大。由于周围没有受到锤击区域的金属是固定的, 因此限制了变形区域金属向四周的伸展, 膨胀金属只能离开水平位置而向上或向下隆起, 如图 4-16 所示, 这是钣金操作中应尽量抑制的变形, 故宜慎重使用正托法。非到最后精平或经验不足者, 不可过分依赖此种敲平方法, 必要时, 还应进行收缩操作, 以消除金属的延伸变形。

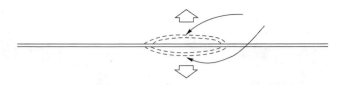

图 4-16　延展变形倾向分析（箭头所指隆起倾向）

这种使用垫铁的操作方法也称为"紧贴法"。"紧贴法"修平与前述的"断贴法"敲平的不同点在于：钣金锤的落点一定要与垫铁的工作面重合，即实现点对点的一一对应；垫铁始终贴紧在修正面上，即垫铁面与锤击部位准确对应，以防止因"打空"而破坏趋向平整的构件表面。

注意：偏托法和正托法各有优势，正确的做法是：当钣金件凹凸变形比较大时，应先用偏托法修理；修平到一定程度时，再改用正托法进一步敲平。

（三）修平刀

1. 修平刀种类

修平刀是车身修理的特殊工具，也称匙形铁。将修平刀贴紧待修表面，再捶打修平刀，对表面某些微小隆起、划伤部位恢复原状特别有效。

不同的车身修平刀如图 4-17 所示。不同的修平刀可与不同的面板形状匹配使用。另外，当面板背面的空间有限时，修平刀也可当作垫铁使用。

图 4-17　不同的车身修平刀

2. 修平刀的使用

对于难以放入垫铁的弧形凹陷，需要按图 4-18 所示的方案将修平刀插入并抵住凹陷部位，用木槌或尼龙锤敲击凹陷周围的隆起，使变形逐渐减轻。当修平至一定程度时，再改用金属锤进一步修整变形。

粗平作业所使用的修平刀，实际上就是一根带弯曲工作面的杠杆。除了在形状上要求与修正表面相近以外，工作面的宽度应大一些为宜。在粗平过程中，修平刀主要起支撑作用，甚至要用修平刀将凹陷板面直接垫起，若接触面积过小，则很容易使金属表面留下硬痕。

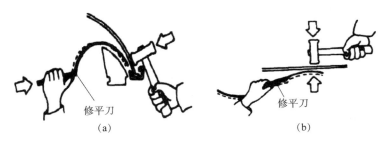

图 4-18 借助修平刀敲平
(a) 大曲面的敲平；(b) 手不易深入的平面敲平

图 4-19 所示为车门面板局部变形但内部结构无损伤的情况下的修整方案。操作时，先将车门外缘放在两块垫木上，使车门外侧的面板与地面悬空。按图 4-19（a）所示的方法用修平刀撬动，将向内凸出的隆起弹回到正常位置；车身钣金件初步整形后，再按图 4-19（b）所示的方法，用修平刀的平面配合，用锤进行正托或偏托敲击，借助修平刀和钣金锤将车门面板修平。

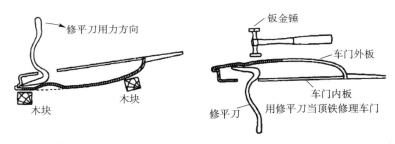

图 4-19 应用修平刀修正车门面板
(a) 用修平刀撬动，进行粗加工；(b) 用修平刀垫住，进行修平操作

使用修平刀还可以用来修复与内结构距离较近的板面。使用修平刀隆起车垫板如图 4-20 所示，按箭头方向用力并依数字顺序操作，可以逐渐隆起车垫板的变形。

当车身发生严重损伤使外面板与内结构压在一起时，用修平刀插入两构件之间将其分离十分有效。如图 4-21 所示，左右摇动和上下撬动修平刀，可使两钣金构件分开并将凹陷隆起，然后再像使用垫铁那样借助钣金锤将损伤表面敲平。若有点焊的焊点时，则应使用专用工具先去掉焊点使之放松后再进行矫正与修理。

注意：运用修平刀进行粗平操作时，应注意控制锤击力度。受修平刀支点选择方面的影响，其端面与变形的垫贴力量不易控制，而当锤击力大于修平刀的垫贴力时，就达不到修平的目的，甚至还会使变形加剧；反之，若修平刀的垫贴力比锤击力大，情况就比前者好得多。与垫铁法相比，修平刀法的敲击力度相对小一些，在轻轻锤击的过程中还应特别注意垫贴位置和敲击部位的变化情况。

应用修平刀法时还应注意支点选择的问题，要避免以车身的某些薄弱环节作支承，不得已时应垫上木板以免造成支点变形。

无论采取哪一种办法，都应遵循"敲高垫低"的原则，并注意随时调整垫点和锤点的位置。连续敲击一点或锤击力度过大、次数过多，都不可避免地使金属板面发生延展，这恰恰又是造成板类构件翘曲的重要因素。

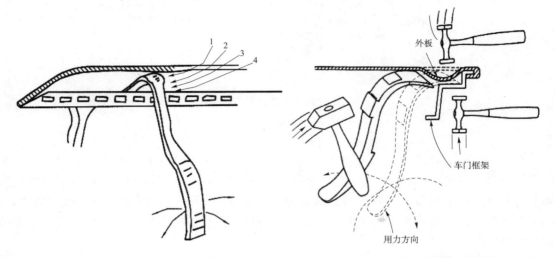

图 4-20　使用修平刀隆起车垫板　　　　图 4-21　用重载修平刀隆起车身板

（四）撬棒

1. 撬棒的种类

撬棒类似于内边翘起的修平刀，是用来通过车身的某些洞口或者缝隙伸进狭窄的空间，不需要在薄钢板上钻孔就能把凹陷撬平的工具，一般用来把车门、后翼子板和其他封闭式车身板等的凹陷撬平。撬棒有不同的长度和形状，大多数的末端是 U 形的，用作把手。

各种车身撬棒如图 4-22 所示。

图 4-22　几种不同的车身撬棒

2. 撬棒的使用

损坏的车身钣金件已经经过校正、拉直等粗加工后，如果表面仍存在一些小的不规则的麻点或小凹点，而使用常规的手动加工工具（如鹤嘴锤）不能去除时，可以选用撬棒进行精加工。

如图 4-23 所示，撬棒穿过车身固有的洞口，通过撬棒头部可以对车门侧板的合适大小的凹点进行撬击，以消除凹陷。

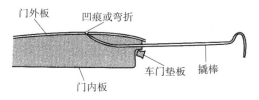

图 4-23 用撬棒撬起凹陷

（五）凹坑拉出器和拉杆

对于密封型车身面板的凹陷，若无法利用现成的孔洞使用撬镐撬起时，则可采用凹坑拉出器或拉杆进行修理，但此时要在皱褶表面处钻孔。

凹坑拉出器如图 4-24 所示。其顶端呈螺纹尖端形式或呈钩形。螺纹尖端可以旋紧在孔中，利用套在杆中部的冲击锤向外冲击手柄端面，同时，向外拉手柄，可以慢慢拉起凹坑，如图 4-25 所示。

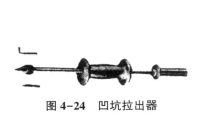

图 4-24 凹坑拉出器

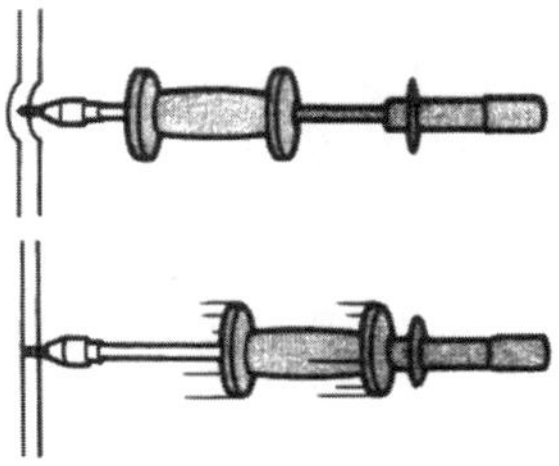

图 4-25 用凹坑拉出器拉平凹坑

利用拉杆也可以修复凹坑。将拉杆的弯钩插入所钻的孔，勾住凹坑两侧向外提拉，如图 4-26 所示；可视具体情况在周围轻轻锤击，将凹坑拉起，如图 4-27 所示，经整平后用气焊修补孔洞，喷漆复原。

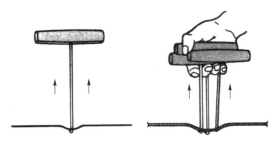
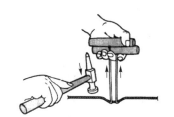

图 4-26 用拉杆拉起小凹坑或用几根拉杆拉起大的凹坑

图 4-27 拉起凹坑低点的同时，敲打其隆起点

（六）金属切割工具

汽车钣金修理离不开金属剪，常见的金属剪如图 4-28 所示。

（1）手剪刀。

手剪刀是用来剪切薄钢板的常用工具。它可用来裁剪钢板成任意形状。在使用时应注意根据不同材料和不同需要选择手剪刀。比如，一般低碳钢板可以用常用的铁皮剪刀，但不锈钢等硬金属应用专业的金属切割剪（图4-28（b）~图4-28（d）所示）。面板切割剪是特殊的铁皮剪刀，用来切断车身钣金件中被损坏的部分，切口清洁、准直，容易焊接。

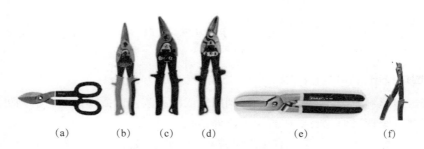

图4-28 常见的金属剪

(a) 铁皮剪；(b) 直剪；(c) 右向剪；(d) 左向剪；(e) 航空剪；(f) 面板切割剪

（2）脚踏剪板机。

在车身修复中，脚踏剪板机可以满足一般薄金属板料的剪切工作，如图4-29所示。

（七）其他手工工具

（1）夹持类工具。

图4-29 脚踏剪板机

夹持类工具（图4-30）包括大力钳、电工钳、台虎钳、尖嘴钳等。大力钳主要用于夹持零件进行铆接、焊接、磨削等加工，也可作为扳手使用。电工钳可专门用于剪短电线与焊丝。台虎钳装置在工作台上，用以夹稳加工工件，其转盘式的钳体可带动工件旋转到合适的工作位置。尖嘴钳主要用来剪切线径较细的单股与多股线，以及给单股导线接头弯圈、剥离塑料绝缘层等。

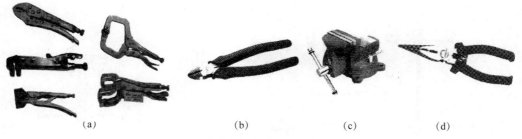

图4-30 夹持类工具

(a) 各类大力钳；(b) 电工钳；(c) 台虎钳；(d) 尖嘴钳

（2）测量类工具。

测量类工具包括卷尺、量尺等。图4-31（a）为卷尺，是可以方便地抽拉进行测量的工具。图4-31（b）为伸缩量尺，两端有定位端。与卷尺相比，伸缩量尺的测量数据更加精准。

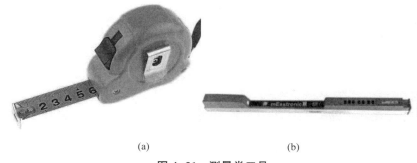

图 4-31 测量类工具

(a) 卷尺；(b) 伸缩量尺

(3) 扳手。

扳手是一种常用的安装与拆卸工具。常见的扳手有开口扳手、套头扳手、内六角扳手、内梅花扳手以及套筒扳手等。开口扳手可在螺栓和螺母间以任意角度滑入滑出，但很容易将螺栓、螺母磨圆，也很容易造成手部的伤害，因此在汽车车身修复中应慎重使用，如图 4-32 (a) 所示。套头扳手端部是封闭的且形状酷似梅花，在使用中非常安全，不会将螺栓或螺母头磨圆，可以施加更大的力，如图 4-32 (b) 所示。内六角扳手也叫艾伦扳手。它通过扭矩对螺丝施加作用力，大大地降低了使用者的用力强度，是工业制造业中不可或缺的得力工具，如图 4-32 (c) 所示。内梅花扳手是一种六角紧固件，更易于抓牢和转动而不打滑，又称星形紧固件，如图 4-32 (d) 所示。套筒扳手附件有棘轮手柄、旋转器、转接杆、快速手柄、延长杆、转接器，如图 4-32 (e) 所示。在汽车拆装作业中，使用套筒扳手比开口扳手或套头扳手更快、更简易，而有些操作一定要用它。

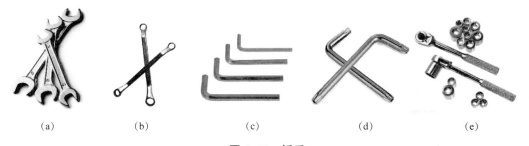

图 4-32 扳手

(a) 开口扳手；(b) 套头扳手；(c) 内六角扳手；
(d) 内梅花扳手；(e) 套筒及组合件

(4) 铆枪。

铆接是车身修理作业不可缺少的工艺。用弹射铆钉枪进行铆接是十分方便的。图 4-33 所示为重型弹射铆钉枪。

图 4-34 所示为铆接过程。先将铆钉组件插入被连接件的通孔中，再用铆钉器将外伸之铆钉杆拉断，铆接即告成功。

图 4-33 重型弹射铆钉枪

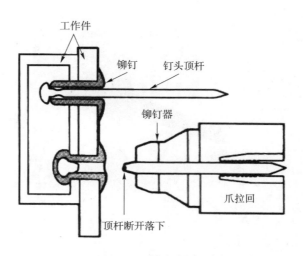

图 4-34 铆接过程

(5) 装饰件、仪表板、门窗修理工具。

如图 4-35 所示，装饰件、仪表板、门窗修理工具主要是立柱、车门、顶棚、仪表台、音响、视频电气、门窗等的拆卸工具。

图 4-36 所示为装饰件修理工具。尖叉形状的撬起工具可以撬起装潢小钉、弹簧、夹子和其他装饰固定件。

图 4-37 所示为门手柄工具。门内手柄是以钢丝弹簧夹夹在门板上，弹簧夹呈马蹄铁形，装在手柄轴上。利用门手柄工具将弹簧夹撑开，才能将手柄抽出来。

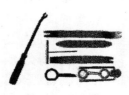

图 4-35 拆卸工具

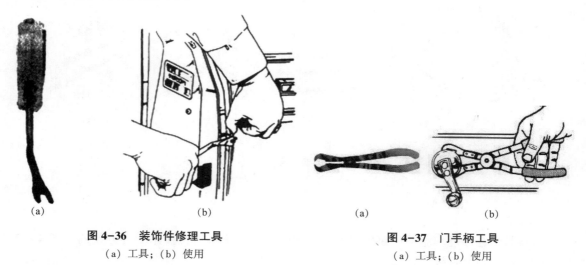

图 4-36 装饰件修理工具
(a) 工具；(b) 使用

图 4-37 门手柄工具
(a) 工具；(b) 使用

二、气动工具

气动工具主要是利用压缩空气带动气动马达对外输出动能的一种工具，又称风动工具。

根据基本工作方式，气动工具可分为旋转式（偏心可动叶片式）和往复式（容积活塞式）。一般气动工具主要包括动力输出部分、作业形式转化部分、进排气路部分、运作开启与停止控制部分、工具壳体等主体部分，还有能源供给部分、空气过滤与气压调节部分、工具附件等。气动工具具有重量轻、体积小、操作方便、速度可控、安全可靠、稳定性好、可减轻修理人员的劳动强度等优点，已成为车身维修设备的首选。气动工具包括气动扳手、气动钻、气动锯、气动錾锤、气动打磨机等。

（一）气动扳手

气动扳手是棘轮扳手及电动工具总合体，主要是一种以最小的消耗提供高扭矩输出的工具，一般有通用扳手和气动棘轮扳手两种，如图 4-38 所示。气动扳手通过压缩空气提供持续的动力源可以获得比较大的力矩输出。

气动扳手被广泛应用在许多行业，如汽车修理、重型设备维修、产品装配、重大建设项目、安装钢丝螺套以及其他任何一个地方的高扭矩输出需要。

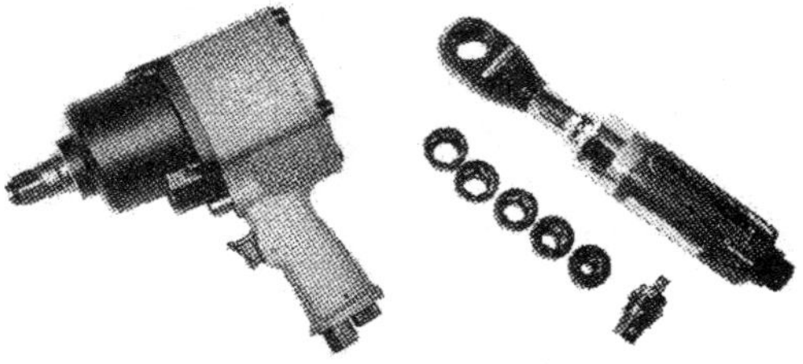

图 4-38 气动扳手
(a) 通用扳手；(b) 气动棘轮扳手

（二）气动钻

气动钻又称空气钻，具有体积小、重量轻、转速可以调节等特点，在汽车维修的钻孔作业中更易于使用，如图 4-39 所示。气动钻包括手握式气动钻、气动点焊钻。手握式气动钻方便施力，作业效率好且省力，排气孔位于握柄下方，能防止切削屑飞散。气动点焊钻配有专用钻头，可用来钻出点焊孔，也可用来拆除钣金件的焊点。现代车身中大量运用高强度、超高强度钢，所以车身修复气动钻在转速上应采用低转速高扭矩以提高钻头的切削力。

目前，市面上的气动钻大致可以分为低转速高扭矩钻、高转速低扭矩钻和限位钻。

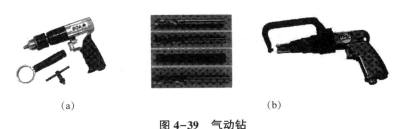

图 4-39 气动钻
(a) 手握式气动钻；(b) 气动焊点钻

（三）气动锯

气动锯在汽车车身钣金修复过程中主要用于结构件、外表件的分离工作，如图 4-40 所示。其主要作用是下料、切断、修整、剪切外形等。气动锯通常可以剪切玻璃钢、塑料、薄铁板、薄钢板、铝板及其他金属材料钣金件。目前市面上有四种锯条可供选择。

①14 齿。用于切割铝材或木材。

②18齿。用于切割圆弧（如音响的改装）。
③24齿。用于切割3 mm以下钢板。
④32齿。用于切割1 mm以下单层钢板。

图 4-40 气动锯

（四）气动錾锤

气动錾锤用于切割没有复杂车身线的薄钢板。由于切割面可能会变形，因此适合使用钢板剪对不要求精度的部位进行粗切割。气动錾锤端部可安装钢板剪、扁錾和气锤等，如图4-41所示。气动錾锤配合不同的工具头，具有不同的功能，不仅可以粗切割薄钢板，还可以铲除钢板。

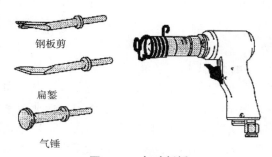

图 4-41 气动錾锤

（五）气动打磨机

车身修复用气动打磨机又称磨光机，通常用于打磨焊接的保护焊点和清除油漆。磨光机有着不同的尺寸和型号，通常使用的是便携式圆盘磨光机。在使用磨光机时不要碰到突出位置或打磨板件的边缘，否则工具会发生危险造成严重伤害，因此在使用过程中必须佩戴面罩。车身维修时，可以根据不同用途选择打磨机，如图4-42所示。

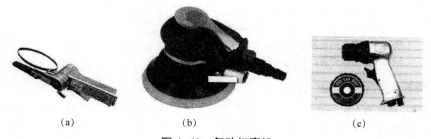

(a) (b) (c)

图 4-42 气动打磨机

(a) 环带打磨机；(b) 圆盘砂纸打磨机；(c) 黑金刚打磨机

(六) 气动旋具

气动旋具即气动螺丝刀，如图 4-43 所示。可用于各种螺钉的装卸，包括一般机制螺钉、塑料件自攻螺钉、复合金属板自钻孔螺钉、精密度配件上的精密螺钉和合金压铸孔中的螺钉等。气动旋具有直柄和枪把式两种。

(七) 其他气动工具

(1) 气动铆钉枪。

气动铆钉枪用于各类板材紧固铆接，高效高强度且快捷便利，如图 4-44 所示。

图 4-43 气动旋具

图 4-44 气动铆钉枪

(2) 气动胶枪。

气动胶枪利用压缩空气去推动胶的底部实现打胶，根据胶的包装不同可分为单组分胶枪、双组分胶枪、玻璃胶枪等，如图 4-45 所示。

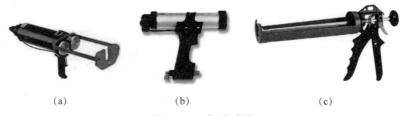

(a)　　　　　　　　(b)　　　　　　　　(c)

图 4-45 气动胶枪

(a) 双组分胶枪；(b) 单组分胶枪；(c) 玻璃胶枪

(3) 气动打孔机。

气动打孔机主要用于车身钣金件更换，便于在使用气体保护焊、塞焊等方法连接钣金件时，在新钣金件上进行打孔等作业，如图 4-46 所示。

(4) 气动吹尘枪。

气动吹尘枪主要用来除尘、清洁物体表面，使用在一些手接触不到的地方，如狭窄缝隙、高处、气管内、机器零部件内部等，如图 4-47 所示。

图 4-46　气动打孔机　　　　　　图 4-47　气动吹尘枪

三、电动工具

电动工具是指用小功率电动机或电磁铁作为动力，通过传动机构来驱动的工具。电动工具具有操作简单、携带使用方便、生产效率高、能耗低等特点，但长时间使用会出现发热现象。

对于大多数汽车维修厂，最重要的电动工具是台式钻床、台式磨床、真空除尘器、热风枪和塑料焊接机。最常用的惰性气体保护焊机、点焊机和车身整形机也属于电动工具。

除这些专用的电动工具外，电动钻、抛光机和打磨机等也可完成与气动工具相同的作业。

（1）手电钻。

手电钻是以电为动力的手持式钻孔工具，操作简单方便。电源电压一般分为 220 V 和 360 V 两种，其钻头尺寸规格为 3.6~13 mm。使用手电钻时应注意用电安全，在钻孔过程中，手电钻应握稳，如图 4-48 所示。

（2）电动角磨机。

电动角磨机即手提砂轮机，主要用来磨不易在固定砂轮机上磨削的零件。例如，发动机盖、驾驶室、翼子板及车身蒙皮等经过焊修的焊缝、焊点，可用手提砂轮机磨削平整，更换上切割砂轮可以进行切割，如图 4-49 所示。

图 4-48　手电钻　　　　　　图 4-49　电动角磨机

（3）台式钻床。

一些大的汽车维修厂使用台式钻床，可安装在地板上或是工作台上。台式钻床的速度可随材料和厚度的不同发生变化，如图 4-50 所示。

（4）台式砂轮机。

台式砂轮机通常以螺栓固定在工作台上，以砂轮尺寸来分类，其中直径为 150~300 mm 的砂轮在维修车间是最常用的,用于从磨锐刀具到打毛刺等范围较广的磨削作业,如图4-51所示。

图4-50 台式钻床　　　　图4-51 台式砂轮机

(5) 热风枪。

热风枪在汽车车身维修车间有许多用途,既可用于几乎所有乙烯树脂车顶维修,也可用于其他塑料件的维修,而且还可用于某些面板的热压装配作业和快速干燥作业,如图4-52所示。

(6) 气体保护焊机。

气体保护焊机(图4-53)适用于车身面板的焊接以及对接焊和塞焊。气体保护焊机的焊接优点是焊接时间短,几乎不产生应力而且操作简单,但需要经常性地保养维护,并要经常清洁导电嘴。

使用气体保护焊机时应注意,不要在风大的地方焊接,而且焊接后的堆高部分应打磨掉。

图4-52 热风枪　　　　图4-53 气体保护焊机

(7) 点焊机。

点焊机(图4-54)适用于车身面板的焊接,可用来焊介子、螺栓、螺钉及收火作业。

其焊接优点是焊接时间短、不会产生应变变形、部件更换方便、焊接的效果等同于工厂制造的效果。

点焊机需要定期进行保养并整理电极头的形状，而且使用时应注意检查焊接强度，因为目测难以确定焊点的强度。

（8）车身整形机。

车身整形机俗称介子机，如图4-55所示。车身整形机适用于所有拉伸作业，可用来焊接垫圈、介子、螺栓及焊丝，也可用来收火。

车身整形机的优点是能快速、美观地将碰撞后的车身铜板进行复原，可以对一些较小的损伤从外部进行维修。

车身整形机在使用时应注意，需要有一块裸露铁皮以供搭铁。

图4-54 点焊机

图4-55 车身整形机

（9）感应加热器。

感应加热器是一种电感线圈，能通过合理分布感应磁场来满足各种加热工艺。车身感应加热器（图4-56）可用于车身钢板的缩火作业，也可用于所有的加热操作。感应加热器在加热过程中不产生火花，而且热量可由热量输出仪表读出，方便对感应热进行确认，在不使用明火的情况下，能够较柔和且集中地进行加热操作。

（10）吸尘器。

吸尘器的工作原理是利用电动机带动叶片高速旋转，在密封的壳体内产生空气负压，吸取尘屑。车身用吸尘器（图4-57）多用于吸收打磨时产生的灰尘，也可将完工车辆完全清理干净。

车身用吸尘器的吸气管很长，主体可以固定也可以移动，可保持打磨区清洁。日常维护中，需要经常对车身用吸尘器进行保养、及时清理积尘袋。

 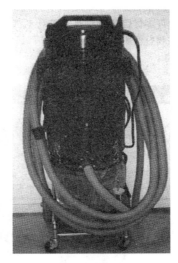

图 4-56　车身感应加热器　　　　图 4-57　车身用吸尘器

四、其他设备

(1) 等离子切割机。

现代汽车车身中，大量运用高强度、超高强度钢，这类钢材的强度、硬度非常大，用一般的切割锯切割效率低，氧乙炔切割时产生高温，影响母材属性，也不能够在现代车身维修中使用。如图 4-58 所示，等离子切割的实质是在极小的范围内产生一种带有热气流的压缩电弧，这股热气流可以整齐地切割金属。由于热量非常集中，甚至切割薄板时也不会使金属变形，因此可以保护金属板件原有强度。

图 4-58　等离子切割机

(2) 车身校正仪。

车身校正仪是一种用液压设备修复结构件损坏的大型设备，在设计和配置上有所不同，但用法类似。在市面上有许多种形式的校正设备，按结构分有两种基本类型：框架式和平台式，如图 4-59 所示。

(a)　　　　　　　　　　(b)

图 4-59　车身校正仪
(a) 框架式；(b) 平台式

(3) 液压拉力装置。

液压拉力装置（图4-60）可以对固定好的车身进行拉伸、推压、扩张等校正工作。它利用手摇液压泵提供压力能，通过液压驱动各种用途的液压缸，实现推、拉、顶、扩等动作。在液压杆两端装上适当的端头，可以满足车身内部两点间校正尺寸的需要。

图4-60 液压拉力装置

第二节 钣金工安全操作

进行汽车车身修复时会用到大量的手动、电动、气动工具和校正设备，因此使用任何工具前都要充分了解其使用方法、安全提示及操作规程，避免产生危险。

一、钣金修复工具的操作安全

（一）手动工具的安全

(1) 使用工具的人员必须熟知工具的性能、特点、使用、保管、维修及保养方法。

(2) 手动工具应保持清洁和良好的工作状况，不能粘有润滑脂、机油等，使用完毕和收拾前应将其擦拭干净。

(3) 手动工具应专物专用，在使用前应检查其是否存在裂纹、碎片、毛刺、断齿或其他的情况。如果存在问题，要修理或更换后再使用。

(4) 工作前必须对工具进行检查，严禁使用腐蚀、变形、松动、有故障、破损等不合格工具。

(5) 带有牙口、刃口尖锐的工具及转动部分应有防护装置。

(6) 使用特殊工具时，应有相应安全措施。

(7) 小型工器具应放在工具袋中妥善保管。

(8) 在使用扳手松开或者上紧螺栓螺母时，尽量用拉力而少用推力动作，使用推力时必须保持好身体的重心,以防跌倒。

(9) 在工作过程中不要把螺丝刀、冲子或其他尖锐的工具放到口袋里,以免刺伤自己或损坏车辆。

(10) 从工具柜中拿取工具时,不要同时打开多个抽屉以免造成工具柜倾翻事故。

(11) 保持良好的职业习惯,将所有的零件和工具整齐、正确地放在指定位置,提高工作效率。车底躺板不用时应将其竖起放到安全位置,不能随意放在地上,以免有人踩到摔倒受伤。

(二) 动力工具和设备的安全

(1) 在使用动力工具前要安装好动力工具的护具。若使用气动工具、气源,则应安装气水分离器,以免混浊空气进入,磨损机件。

(2) 在对工具进行修理和维护之前,先将工具的电源线或空气软管断开。

(3) 使用动力工具和设备时不能超出其额定功率,如砂轮或其他转动工具的最大转数和气动工具的额定压力,否则就会损坏工具或设备,也容易造成人员伤害事故。

(4) 当用工具进行金属表面或者其他表面打磨修整时,应注意调整好速度,并在转速平稳后才能进行工作;避免由于过热而烧坏被加工表面,软化工具的金属部分。

(5) 在用动力工具对小零件进行加工,如打磨、钻孔工作时,不要一只手拿零件,另一只手拿工具操作,否则容易造成对手部的伤害。一定要使用夹紧钳或台钳来固定小零件。

(6) 气动工具使用过程中,供气的软管应进行吹洗,管口不得对人,且与套口连接应牢固。气管不得有折角,当遭受挤压或受到损坏时,应立即停止使用。沿气管方向不得站人,以防风管脱口伤人。若要更换工具附件,须待气体全部排出、压力下降后方可进行。

(7) 使用冲击式气动工具(风锤、风铺、风铲、风枪等)时,必须把工具置于工作状态后,方可通气。

(8) 利用空气压缩机进行压缩空气时,要调整好压缩机的充气压力,保证不超过警示的极限。

(9) 使用吹气枪工作时,压力值应保持在 0.5 MPa 以下。清洁车门、立柱和其他难以够到的位置时,应注意戴上护目镜和防尘口罩。禁止用吹气枪来清洁衣物,更加不能直接对着皮肤吹,因为即使是在较低的压力下,压缩空气也能使灰尘粒子嵌入皮肤,可能导致皮肤发炎。

(10) 使用电动工具和设备,必须注意安全用电。应确保它们的电源线能正确接地。定期检查电线的绝缘层有无裂缝或裸露出导线,及时更换有破损的电线。在潮湿地带或金属容器内使用电动工具,必须有相应的绝缘措施,并有专人监护。电动工具的接头应设在监护人便于观察、便于操作的地方。

(11) 电动工具使用过程中,手部不能靠近运动部件。

(12) 不得使用电动工具做规定范围外的作业。

(13) 使用液压设备时,应缓慢施加压力,注意观察,确保安全。在进行车身的拉伸矫正工作时,要站在拉伸链条的侧面,保持一定距离并戴上全尺寸面罩,防止零件飞出造成伤害。

(14) 焊接用的气瓶一定要固定牢靠,防止倾倒产生危险。使用完毕后应关上气瓶顶部的总气阀,避免气体泄漏流失或爆炸。

（15）砂轮机使用前应检查砂轮有无外伤、裂纹，然后进行空转试验，无问题方可使用。由于砂轮机转速高且有一定重量，打磨时与物件接触点要求比较严格，所以稳定性较差，使用时，操作者精力要集中，需戴防护镜。磨削时应避免撞击，应用砂轮正面磨削，禁止使用砂轮侧面，防止砂轮破碎伤人。安装砂轮时，砂轮与两侧板之间应加柔软垫片，严禁猛击螺母。使用时，操作人员应站在侧面，不得两人同时使用一个砂轮，而且当砂轮片有效半径磨损达 2/3 时必须换新。

（16）车辆举升机的安全。

① 使用前应清除举升机附近妨碍作业的器具及杂物并检查操作手柄是否正常。

② 检查操作结构是否灵敏有效，液压系统不允许有爬行现象。

③ 待举升车辆驶入后，应将举升机支撑臂和橡胶垫块进行调整，使橡胶垫块能对正该车型规定的举升点。支撑臂支车时，四个支角应在同一平面上，支起后四个托架要锁紧。

④ 举升时人员必须离开车辆，有人作业时严禁升降举升机。举升前必须确保车辆上无人。支车时举升要稳，降落要慢。

⑤ 举升到需要高度时，必须确保起保险作用的机械锁销已经插入到位，并确保安全可靠才可开始在车底作业。

⑥ 举升机不得频繁起落。发现操作机构不灵、电动机不同步、托架不平或液压部分漏油，应及时报修，不得带病操作。

⑦ 完成作业应清除杂物，打扫举升机周围以保持场地整洁。

⑧ 定期（半年）排除举升机油缸积水并检查油量，油量不足应及时加注相同牌号的压力油；同时，应检查润滑、举升机传动齿轮及链条。

⑨ 机器除底保及小修项目外，其他烦琐笨重作业，不得在举升机上操作修理。

⑩ 车辆在举升机上作业后，不立即移走的情况下，一定要安放安全凳进行预防性支撑，以防举升机意外滑落造成车辆和人身伤害。

（17）千斤顶的安全。

① 修理人员在工作中经常使用移动式千斤顶（图 4-61）抬起车辆的前部、侧面或后部。为了避免车辆损坏，千斤顶的支座应放置在建议的举升点处（纵梁、悬架臂、后桥），如图 4-62 所示。若支座位置摆放不正确，则可能会使车底的部件凹陷或损坏。

② 顺时针转动千斤顶手柄时，应关闭升起支座的液压阀，然后上下泵动手柄，缓慢升起车辆。待车辆升到足够高度后，用支撑架对其进行支撑固定。

图 4-61　移动式千斤顶

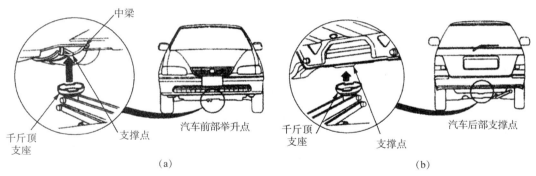

图 4-62 千斤顶的举升
(a) 正确顶起前部；(b) 正确顶起后部

③车辆升起后，将其落到支撑架上。拉紧驻车制动杆并用木块塞住车轮。当用支撑架支撑车辆时，不要摇晃车辆。

④将车辆从千斤顶上放下来时，应逆时针慢慢转动手柄将车辆缓慢降下，防止车辆猛然降落，造成损伤。

⑤在车底作业时，要用支撑架将车辆支撑住，千斤顶是用来升起车辆而不是用来支撑车辆的。

二、钣金修复人员的安全防护

随着科技的发展，维修车辆的高端设备种类也陆续增加，而对于个人操作的安全防护更是非常重要，大到使用电阻点焊机时必须避开身上佩戴心脏起搏器的人，小到打磨时的粉尘对眼睛的伤害，均不能忽视。在日常维修工作中，有很多维修人员因种种原因没有佩戴安全护具，最终对其自身及其家人造成了极大的伤害。个人安全防护是为了预防和减少维修人员在实际操作中遇到的伤害。

正确的个人穿着和行为可以防止伤害事故的发生，应注意以下事项：

（1）一定要穿戴规定的连裤工作服，裤腿的长度应当能够遮住鞋面。

（2）在喷漆区应当穿防静电工作服。脏衣服会将灰尘带到新喷的漆面上。

（3）在发动机或机器运转时，一定要让衣服远离运转的零部件。松垮或悬垂的衣服（如衬衫后摆、领带、袖口和围巾等）可能会缠到车辆或机器上的转动零部件中，从而造成严重的人身伤害。所有饰物都要在作业前取下来。

（4）穿带有防滑鞋底的厚鞋子，以防止摔跤和脚部受伤。好的工作鞋能够为长期站立提供舒适的支撑。不要在车间内穿凉鞋，否则，若重物掉落，则可能会砸伤脚趾。

（5）长头发要在开始作业之前在脑后扎好。如果长头发被搅进运动的零件或气动工具中，可能会造成严重的人身伤害。在进行磨砂、打磨和其他操作时，一定要戴上帽子。在发动机舱盖下面或车辆下面作业时，应当戴上防撞帽。

（6）在黑暗的地方（如汽车底部）作业时，要使用便携式车间照明灯，这样可以提高作业速度、质量和安全性。

（7）在抬起和搬运物品时，应弯曲膝盖而不是腰、背部。重物的搬运应当借助合适的设备，或者请他人帮忙。

（8）手脚不要伸出过长。在工作中要保持平稳的姿势，防止滑倒。

（9）在使用车间的机器设备时，一定要先查看相关的使用说明。

（10）使用钣金空气锤和打磨时发出的刺耳噪声以及收音机发出的噪声都有可能让人没法听到其他的声音，有些车间的噪声很大，足以造成永久失聪，应注意使用耳塞、耳罩等进行防护。

（11）为防止严重烫伤，不得触摸热金属件，如散热器、排气歧管、排气管、催化转化器和消声器等。

（12）在钣金作业时，注意不要被旋转的砂轮上锋利的锯齿状金属件割伤。

（13）在将车辆开进车间时，应注意其他车辆和人员，最好请人引导一下，同时打开车窗、关闭收音机，以便能够听见向导的指挥。

（14）针对有机溶剂的危害，操作人员要戴上适当的防护器具，如图4-63所示。有机溶剂使用完毕后，务必盖上涂料和稀释剂容器的盖子。烟火、吸烟或静电可能导致有机溶剂爆炸或火灾，必须使有机溶剂远离烟火。有机溶剂务必远离易燃物品并连接搭铁电缆。

（15）通常粉尘是通过呼吸系统进入人体的，所以作业时应戴上防尘口罩。

（16）由于焊接操作过程会产生焊渣，焊接人员必须戴上安全防护用品（如皮手套和护腿）和焊接防护面罩，以保护眼睛和面部皮肤。

图4-63 佩戴防护器具

常用安全防护用品如图4-64所示。

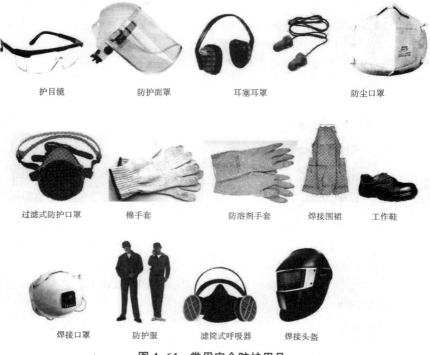

图4-64 常用安全防护用品

第三节　钣金构件的展开与放样

汽车上有相当多的零部件都是钣金件，如汽车覆盖件、车身大梁、弹簧钢板、消声器等，因此钣金展开和放样在汽车制造和维修中占有极其重要的地位。

一、基本概念

（一）钣金展开

钣金展开指将物体表面按其实际形状和大小，不折叠、不遗漏地摊画在一个平面上，展开所得的平面图形称为展开图。图 4-65（a）所示为高为 H，边长为 A 的正六棱柱表面展开示意图；图 4-65（b）所示为根据该六棱柱的投影画出的展开图。可见，立体表面展开的实质就是画出立体各表面的线段实长及其实形。

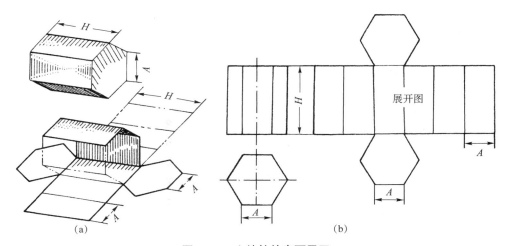

图 4-65　六棱柱的表面展开

钣金展开的方法有两种，即图解法和计算法。我国通用的钣金展开法为图解法。所谓图解法，就是根据施工图进行一系列作图得到展开图的方法。用图解法作展开图的第一道工序就是放样。

（二）放样

放样（又称放大样）就是根据施工图的要求，按照正投影原理，将构件的实际形状和尺寸按 1∶1 的比例画到施工板料或样板材料上的过程，也称为实尺放样。放样得到的图形就叫放样图。放样是施工下料的第一道工序，与钣金展开、下料有极其密切的关系。随着工业技术的发展，出现了光学放样自动下料等新工艺和电子扫描放样等新技术，提高了下料精度和生产率，但是，实际工作中，特别是在汽车钣金维修中多为单件或小批量作业，所以实尺放样仍然是目前应用最为广泛的一种基本方法。

放样的一般步骤为：

1. 读图

放样前要读懂钣金构件的施工图和主要内容，并对构件的形状尺寸进行分析，想象出构件各部分在空间中的相互位置、形状和尺寸大小。

2. 准备放样工具

放样划线的具体操作包括：标志中心线，划轮廓线、定位线等。划线中，除了要保证线条清晰均匀外，最重要的是保证尺寸准确。为保证生产尺寸的准确，提高工作效率，必须熟练地掌握各种基本几何图形的画法和正确准备及使用工具。在钣金划线作业中，通常使用的工具有划针、圆规、角尺、划针盘、样冲和曲线尺等，如图4-66所示。除此之外，根据施工图放样时的需要还可能经常用到量角仪、粉线、万能角度尺和各种不同长度的直尺等工具和量具。

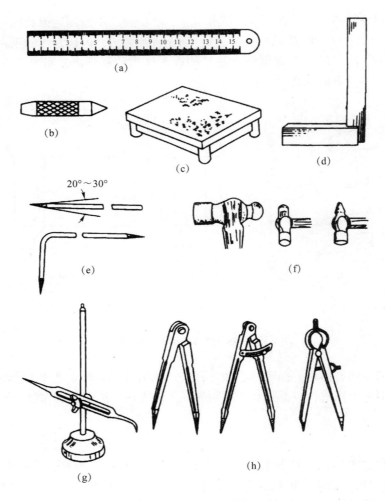

图4-66 常用的放样工具
(a) 钢板尺；(b) 样冲；(c) 划线平板；(d) 直角尺；(e) 划针；(f) 锤子；(g) 划针盘；(h) 圆规

(1) 划针。划针主要用于在钢板表面划出凹痕，通常用直径为4~6 mm，长为150~250 mm的弹簧钢丝和高速钢制成。划针的尖端淬火后磨锐，以保证有足够的强度、硬度以及锋利性。

（2）圆规。圆规用于在钢板上划圆、划弧或分量线段的长度等。常用的圆规用工具钢制成，两轨脚尖淬火后磨锐，以保证能够划出清晰的线条。

（3）长杆圆规。长杆圆规专用于划大圆、大圆弧或分量较长直线。两杆脚可依照所需尺寸任意调整，划较大圆弧时，甚至需两人配合操作使用。

（4）钢直尺。钢直尺即钢板尺，常用规格为 150 mm、300 mm、500 mm、1 000 mm 等。

（5）直角尺。直角尺有扁平和宽座两类。扁平角尺主要用于划直线以及检验工件装配角度的正确性；使用宽座角尺时，可以将宽座内边靠在钢板的直边上，划出与直边垂直的线。直角尺灵活方便，适用于为各种型钢划线。

（6）样冲。为使钢板上所划的线段能保存下来，作为施工过程中的依据或检查标准，就得在划线后用样冲沿线冲出小眼作为标志。使用圆规划圆或在钻孔前，也要用样冲在圆心上冲一小孔作为圆规脚尖的定心或钻头定心定位之用。

（7）划线规。划线规用来划与型钢边沿平行的直线。

（8）曲线尺。曲线尺用于划线工作中经常遇到的需光滑地连接各曲线已知定点的工序，用曲线尺连接这些点可以提高工作效率和划线的精确度。

（9）小手锤。小手锤用于打样冲用，常用工具钢制成，头部经淬火处理。

3. 选择放样基准

放样基准是指放样划线时所选择的起点和基准线、基准面、基准点。通常情况下，放样基准一般可根据三种类型来选择：

（1）以两个互相垂直的平面或直线作为基准。

（2）以一个平面和一条对称中心轴线为基准。

（3）以一个平面和两条中心线为基准。

一般情况下，放样基准的选择与设计基准一致，如图 4-67 所示。

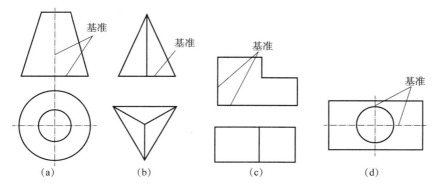

图 4-67　放样基准的选择

(a) 以一个平面和一个中心对称轴线为基准；(b) 以一个平面为基准；
(c) 以两个互相垂直的平面为基准；(d) 以两条对称中心轴线为基准

4. 放样划线的基本规则

①垂直线必须用作图法划，不能用量角器或直角尺。

②用圆规在板料上划圆弧或等分尺寸时，为防止圆规脚尖的滑移，必须先用样冲冲出圆心眼。

③放样公差不应超过表4-1所列范围。

表4-1 放样的公差 单位：mm

名　　称	公差	名　　称	公　　差
十字线	±0.25	结构线	±0.50
直线	±0.25	轮廓线	±0.50～±1.00
曲线	±0.50	总长（宽）	±0.50
平行线间距离偏移	±0.25	两对角线	±0.10
样冲眼与线间	±0.25	两孔距离	±0.50

④划线前应核对板材的型号规格是否与施工图要求相符。对于重要产品所用材料，应有合格检验证，板材的化学成分和力学性能应符合施工图规定的要求。

⑤划线前板料表面应清洁，不得有麻点、裂纹等缺陷。若有，则应错开排料，以避免出现废品浪费材料。

⑥划线前板料应平整，若表面呈波浪形或凹凸不平过大，影响划线准确度，则应在划线前加以矫正。

⑦划线前，应在划线部位刷涂料，以便辨认线痕。

⑧划线工具（如钢直尺、角度尺等计量工具）应定期检查校正，尽可能采取高效率的工卡量具。

⑨划完放样图后，应检查线条和规定的孔是否有遗漏，还应检查各部尺寸是否正确。

5. 划线常用符号

为了能反映出构件的各道加工工序的性质和内容，避免出现错误造成废品，必须对所划线条的作用使用统一符号加以说明。划线常用符号见表4-2。

表4-2 划线常用的符号

名　称	符　　号	名　称	符　　号
中心线		折角线	
拼缝线		加工边线	
切断线		轧圆线	（正轧圆 反轧圆）

6. 放样操作

（1）首先，应划出所选择的基准线。

对于图形对称的零件、构件，一般先划中心线和垂直线，作为划其他线的基准；对于非对称零件，对板料加工来说，至少要划出两个方向的基准线。

（2）根据施工图上的要求，对应基准线划其他线。

①按照基本几何作图法划出各部位的圆弧线。

②对应基准线，由近到远，划出各段直线。在截取线段时，必须从划出的基准线有关部位开始截取，不能脱离基准线另划线段。

③按施工图的要求和钣金放样要求，完成所有线条的划线。

（3）在放样图的重要部位打样冲眼。

打样冲眼时应注意：

①直线少打，但两端部位必须打上。

②曲线多打，要反映出曲线特征。

③重要线间的交点必须打上。

④圆心部位必须打上。

至此，放样图全部工作完成。

7. 圆锥台放样实例

以下以正圆锥台为例介绍放样操作步骤（不考虑板厚），如图 4-68 所示。

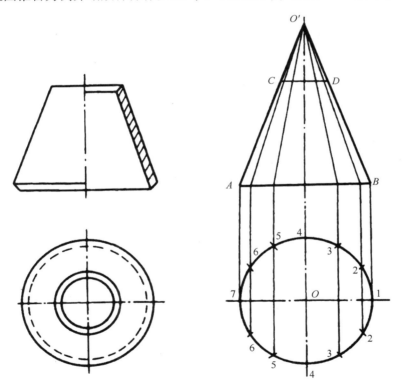

图 4-68　正圆锥台的施工放样图

（1）根据设计尺寸（施工图）外形，划出中心轴线，再划出与中心轴线垂直的底边线。

（2）在中心轴线上取圆心 O，以锥台底边为半径划出平面图（即俯视图）。

（3）在锥台底边上，以中心轴线交点为对称点，划出底边 AB，使其等于施工图底边。

(4) 作一条与底边 AB 平行的直线，使其与底边的距离等于施工图立面图的高度。
(5) 在平行线上截取与中心轴对称的线段 CD，使其等于施工图上口宽度。
(6) 连接 AC、BD 即为圆锥台立面图。
(7) 把平面图的圆周 12 等分，并在底边 AB 上找出相应的等分点。
(8) 延长 AC、BD 交于点 O'。
(9) 在立面图上划出与 12 等分点相对应的素线。
(10) 在圆心、中心线等部分打样冲眼，则圆锥台放样图完成。

(三) 样板

在生产过程中，当生产批量大、精度要求较低时，将展开图画在纸板、胶合板、油毡或薄金属板上，经剪切矫正后制成的划线、下料、检验板统称为样板。

样板的种类比较多，汽车钣金维修作业中常用的有下料样板和靠试样板（检验样板）等。

下料样板是指供下料用的划线样板。以此样板的外形为模板，在制作构件的金属板料上划线或者靠模剪切。在汽车钣金维修作业中，多用实形样板，就是用纸紧贴在实物上剪下样板，将该纸样板摊平后，根据实物形状复杂程度分块或整体在薄钢板料上划剪切线。

靠试样板是指手工制作形状复杂的钣金件时，需要分成几部分，然后用焊接、咬接等方法连接在一起，需要检验内形和外形是否合格而制作的样板。在汽车钣金维修作业中，用实形样板下料，手工成形后，需要检验成形后的构件与实物在形状、尺寸上的误差，常用靠试样板靠试检验，以使总的形状基本达到要求。

(四) 下料

下料是指成形加工前将原材料切成所需的长度和所需的几何形状、尺寸的工序。对于不同规格的原材料，不同形状、尺寸的展开板料，其下料方法也不尽相同。常用的钣金下料方法有剪切（手工剪切、机械剪切）、冲切、气割等。

为了制造薄板构件，汽车制造及修理工作必须先根据设计图样作出展开图，在板料上放样，进行切割下料，再经过弯曲或冲压成形，然后进行组装（咬合、焊接、铆接、胶接等）完成制作。

一个钣金构件的制作，必须在放样图的基础上，将其表面展开，才能依据展开图下料制作。立体表面按其几何性质可分为可展开表面和不可展开表面。由直线旋转或直线运动的轨迹形成的几何体及其组合均为可展开表面，如棱柱体及其组合、棱锥体及其组合、多面体及其组合、圆锥体（包括斜圆锥体）及其组合以及这些形体的相互组合。不可展开表面是由曲线旋转或扭转运动轨迹形成的几何形体，如球面、卵形面、椭圆球面、螺旋抛物面等。

二、可展开表面的展开

可展开表面的展开常用的方法有平行线展开法、放射线展开法、三角形展开法等。

(一) 平行线展开法

如果形体的表面是由一组互相平行的直素线或棱线构成的（如各种棱柱体、圆柱体、圆柱曲面等），其表面的展开可以用平行线法。

1. 平行线展开法的基本原理

平行线法的展开原理，是将零件的表面看作由无数条相互平行的素线组成，两相邻素线及其上下两端线所围成的微小面积可近似地看作是梯形或长方形，当分成的面积较多时，各小平面面积的和就等于形体的表面面积。只要将每一小平面的真实大小，按照原来的分割顺序和上下位置不遗漏不重叠地依次画在平面上，就得到了零件表面的展开图。

2. 直角弯管的展开画法

直角弯管是由两个相同的圆柱体组成的，其展开如图 4-69 所示。

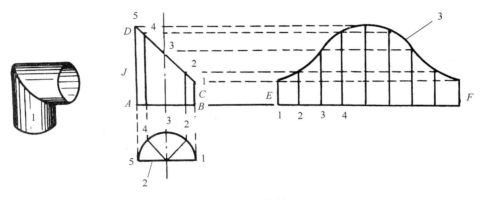

图 4-69　直角弯管的展开

在展开画线时，仅画出一部分即可。其步骤是：

（1）按弯管尺寸要求作投影图的主视图和俯视图（按国家制图标准，允许只画半个圆）。

（2）把主视图的投影线 AB、AD、BC 表示出来。

（3）等分俯视图半圆周为 4 或 8 等分，得出各等分点为 1、2、3、4、5 或 1、2、3……8、9。

（4）通过各等分点向上作垂直线，交于 CD 线上，分别得到相应各点 1、2、3、4、5 或 1、2、3……8、9。

（5）延长 AB 线，在 AB 延线上截取 EF 线段，其长度等于圆管的周长，若俯视图是半圆时，其等分为二倍的俯视图等分；若俯视图是全圆，则其等分为俯视图同样等分，然后将其各等分点逐次标明号数。

（6）在 EF 线上各等分点向上引垂线并与主视图 CD 线上各点向右引出的水平线对应相交，得出各交点。

（7）最后，把这些交点用曲线板连成一条光滑的曲线，即画出所求的展开图。

不论弯管的直径长短和所弯的角度大小，展开图形都可以用上述方法作出。展开图形画好后，若要求进行咬接，则应按咬缝宽度加上咬边尺寸画。

3. 三通管的展开画法

三通管在管子连接上应用很广。这种管子的接头由主管 1 和支管 2 两部分组成，如图 4-70 所示，它的展开步骤如下：

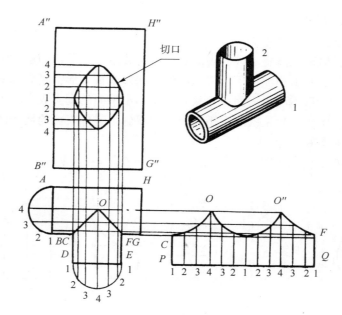

图 4-70 三通管的展开

(1) 按照实际尺寸画出主管和支管的俯视图 ABCDEFGH，主管右视图半圆周 A-4-B 和支管俯视图半圆周 D-4-E。把支管的俯视图半圆周 D-4-E 6 等分，等分点为 1、2、3、4、3、2、1，由等分点向上引垂直线，把主管右视图半圆周的 1/2（即 4B）分成 3 等分，等分点为 1、2、3、4，由等分点向右引水平线。

(2) 延长 DE 线，取 PQ 等于圆周长度并分成 12 等分（因半圆周分 6 等分）。等分点为 1、2、3、4、3、2、1、2、3、4、3、2、1。由各等分点向上作 PQ 的垂直线，与由主管右视图 4-B 各等分点向右引出的水平线对应相交，把各交点用曲线板连成圆滑曲线，即可得到支管的展开图 CPQFQ″O。

(3) 延长 BA 线和 GH 线，A″B″ 和 H″G″ 线段等于主管圆周长度的长度并用圆规量取主管右视图 1/2 半圆周 4-B 各等分点的长度，在 A″B″ 线段中点 1 分别向上、向下作等分点 2、3、4，再由各等分点向右作 A″B″ 的垂直线，与支管俯视图半圆周 D-4-E 各等分点向上引出的垂直线对应相交。把各交点连成曲线，即为接口的展开图，把它挖去即得出主管的展开图 B″A″H″G″。

不论三通管直径大小，和两管相交成什么角度，只要正确画出主视图和俯视图，都可运用上述方法画出它的展开图形。

4. 斜口正圆柱管的展开

图 4-71 (a) 为斜口正圆柱管的立体图，图 4-71 (b) 是它的投影图和展开图的作图过程。斜口正圆柱管的表面也是正圆柱表面，不过斜口圆柱管表面上的素线长度不一。为此，可在管面上取若干素线，将圆柱面视为棱柱面，即可将其展开，具体展开过程简述如下：

(1) 在水平投影上将下口 12 等分，得 12 个点，并分别过等分点作主视图底口垂线交斜口于 1″、2″、3″、4″、5″、6″、7″。

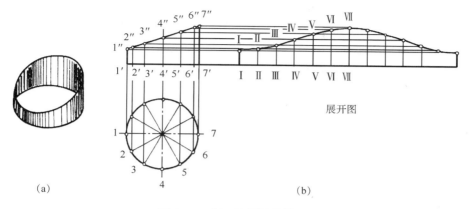

图 4-71 斜口正圆柱管的展开
（a）斜口正圆柱管的立体图；（b）斜口正圆柱管的投影图和展开图的作图过程

（2）作下口底边的延长线并在延长线上截取线段 12 段，使每段均等于水平投影的已等分弧长，得 12 个交点。

（3）分别过 12 个点作底边延长线的垂线。

（4）过 1″、2″、3″、4″、5″、6″、7″分别作底边的平行线，与 12 个点的垂线相交于 12 个点Ⅰ、Ⅱ、Ⅲ、Ⅳ、Ⅴ、Ⅵ、Ⅶ……

（5）用曲线板把 12 个交点光滑地连接起来即得到斜口正圆柱管的展开图。展开图上左右两端素线 I-I 是接缝线。

需要说明的是这种近似展开法，其断面图等分点越多，展开越精确。

5. 平行线展开法小结

从以上几例展开的情况可以看出，只有当柱状形体的所有彼此平行的素线都平行于某个投影面时，平行线展开法才可应用。

平行线展开法的作图步骤可归纳如下：

（1）任意等分断面图（或任意分割断面图），由分点向对应视图引投影线（即素线投影线），在该视图上得一系列交点，也就是由断面图上的分点确定形体上相应的素线位置和素线长度。

（2）在与该视图素线垂直的方向上截取一线段，使其长度等于正断面周长，且在此线段上照录断面图上各分点，再过各照录点引垂直线，与该视图中在第一步时所得交点而引的一组水平线同名各点对应相交。

（3）将交点依次连接，完成展开图。

在平行线展开图中所说的断面图是正断面图，也就是和彼此素线都垂直的断面图。在展开图中，断面图伸直后所在的线段称为展开图的长度，展开图上的曲线称为展开曲线。与展开长度垂直的直线和展开曲线必有交点，此交点到展开长度所在线段的距离称为展开图的高度。

（二）放射线展开法

放射线展开法适用于零件表面的素线相交于一点的形体（如圆锥、椭圆锥、棱锥等）表面的展开。

1. 放射线展开法的基本原理

放射线法的展开原理是将零件表面由锥顶起作出一系列放射线（即素线或棱线），与底边线一起，将锥面分成一系列近似的小三角形，每个小三角形作为一个平面，将各三角形依次展开画在平面上，就得出所求的展开图。放射线展开法的关键是确定这些放射线的长度和相邻放射线间的夹角。

现以正圆锥管为例说明放射线展开法的基本原理，正圆锥的特点是锥顶到底圆任一点的距离都相等，所以正圆锥管展开后的图形为一扇形，如图4-72（a）所示，它的展开图可通过计算或作图求得。如图4-72（b）和图4-72（c）所示，展开图的扇形半径等于圆锥素线的长度。扇形的弧长等于圆锥底圆的周长 πd，扇形中心角 $\alpha = 360\pi d/(2\pi R) = 180d/R$。

圆锥面也可视为由正棱锥面底面的边数无限增多而形成的。圆锥面的展开变成棱锥面的展开，即可用放射法作图。用这种方法作图虽有一定误差，但可通过增加圆周等分数的方式将误差控制在允许范围内。

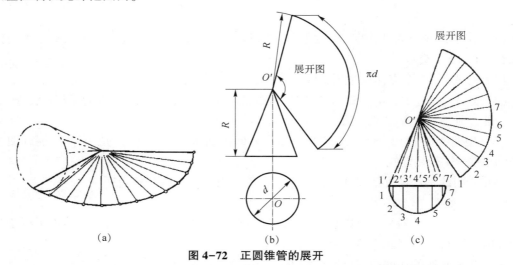

图 4-72 正圆锥管的展开
（a）正圆锥管展开为扇形；（b）扇形半径与圆锥素线的关系；（c）扇形弧长与圆锥底圆周长的关系

用作图法画正圆锥管的展开图时，将底圆周等分并向主视图作投影，再将各点与顶点连接，即将圆锥面划分成若干三角形，以 O' 为圆心，O'-$1'$ 为半径作圆弧，在圆弧上量取圆锥底圆的周长便得到展开图。

2. 正四棱锥的展开画法

正四棱锥的侧面是由四个全等的等腰三角形所围成，画展开图需要依次作出四个等腰三角形的实形。正四棱锥的左、右侧面是正垂面，前、后侧面为侧垂面，在主、俯视图找不到实形。底面正四边形边是水平线，水平投影为实长；四个侧棱相等并交会于一点，是一般位置线，主、俯视图找不到实长，因此，求作其展开图的关键是求得棱线的实长。

（1）作出主视图，使直线 AB 等于正方形底面的边长。作俯视图，使直线 A_1B_1 平行于直线 AB，并使两线等长。作出正方形 $A_1B_1A_2B_2$，如图4-73所示。

（2）在俯视图上通过点 O 作直线 O-6 平行于直线 A_2B_2，再以 O 点为圆心，OB_2 之长为半径作圆弧交 O-6 得点7，自点7作 O-6 的垂线，它在 AB 的延长线上相交1点。作出直线 C-1，即为棱线实长。

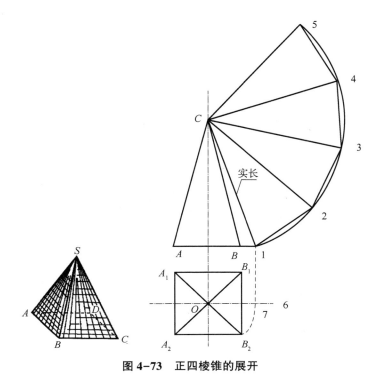

图 4-73 正四棱锥的展开

（3）以顶点 C 为圆心，C-1 长为半径，作伸展圆弧，它的长度要足够包含俯视图上四条底边的总长度。

（4）在俯视图上，用卡规量出 A_1B_1 长，自 1 点画短弧，逐次截出 2、3、4、5 点。

（5）连接 C 点和伸展圆弧上的各交截点，这些连线代表制品棱的实长。连接 1-2、2-3、3-4、4-5。12345C 即为正四角锥的展开图。

3. 已知主、俯视图斜口直四棱锥展开图的画法

斜口直四棱锥可看成直四棱锥被正垂面截切而成，其侧面是由两个等腰梯形和两个梯形围成的，画展开图即依次画出这四个梯形的实形，如图 4-74 所示。

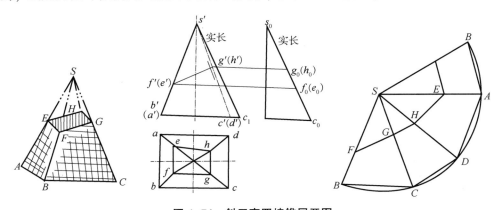

图 4-74 斜口直四棱锥展开图
（a）立体图；（b）基本视图；（c）展开图

(1) 按图4-74的方法作完整四棱锥展开图（底面对应边相等）。

(2) 在主视图上定出斜口面与棱线相交点 f'（e'）、g'（h'），引水平线与斜线 $s'c_1$ 和 s_0c_0 相交，得到四个梯形面上棱线的实长（c_0f_0、c_0g_0……）。

(3) 在四棱锥展开图上的棱线上取 $BF=c_0f_0$、$CG=c_0g_0$……，得斜口棱线端点 F、G……。

(4) 顺序连接这些点，即得所求展开图。

4. 放射线展开法小结

放射线展开法是很重要的一种展开方法，它运用于所有锥体及锥截管件或构件的侧面展开。尽管锥体表面各式各样，但展开方法却大同小异，作法可归纳如下：

(1) 在视图中（或只在某一视图中）通过延长投影边等手段完成整个锥体的放样图。

(2) 通过等分断面周长（或任意分割断面全长）的方法，作出各分点所对应的断面素线（包括棱锥侧棱以及侧面上过锥顶点的直线），将锥面分割成若干小三角形。

(3) 应用求实长的方法（常用旋转法、直角三角形法），把所有不反映实长的素线，与作展开图有关的直线的实长一个不漏地求出来。

(4) 以实长为准，利用交轨法（正锥体可用扇形法）作出整个锥体侧面的展开图，同时，作出全部放射线。

(5) 在整个锥体侧面展开图的基础上，以放射线为骨架，以有关实长为准，再画出锥体截切部分所在曲线的展开曲线，完成全部展开图。

（三）三角形展开法

在钣金制件上，若形体的表面是由若干平面与曲面、曲面与曲面、平面与平面构成，但形体表面无平行的素线或棱线，又无集中所有素线或棱线的顶点时，不宜或不可能用平行线或放射线法直接求作展开图，则常采用三角形法展开。

1. 三角形展开法的基本原理

三角形展开法是将零件的表面分成一组或很多组三角形平面或三角形曲面，求出各组三角形每边的实长，再由已求三角形边长依次拼画出各个三角形，得到展开图。必须指出，用放射线作展开图时，也是将锥体表面分成若干三角形，但这些三角形均是围绕锥顶的。用三角形法展开时，三角形的划分是根据零件的形状特征进行的，因此必须求出各素线的实长，这是准确地作好展开图的关键。

由投影原理可知，若一线段与两投影面都倾斜，则该线段在两投影面上的投影都不是其实长，求该线段实长的方法，除用前面所述的旋转法外，还可以用直角三角形法、直角梯形法和变换投影面法。这里仅介绍直角三角形法求实长（图4-75）。

图4-75（a）所示线段 AB 对两个投影面都倾斜，所以它的两个投影 $a'b'$ 和 ab 都不是实长，如过 B 点作 BC 垂直于 Aa，得直角三角形 ABC，直角边 $BC=ba$；另一个直角边 AC 就是 AB 两点的高度差 H，恰等于 AB 正面投影的两个端点 a'、b' 在垂直方向的距离 $a'c'$，由此可知，只要作两互相垂直的两直角边，如图4-75（b）所示，使 $B_1C_1=ab$，$A_1C_1=a'b'=H$，则斜长 A_1B_1 即为线段的实长。

根据上述原理，如果已知一线段的两投影，使用直角三角形法求实长，其方法可归纳为如图4-75（c）所示，$a'b'$ 和 ab 为线段的两投影，求实长时，只要作一直角，在直角的一边上量取投影图 ab（或 $a'b'$）长，则另一边上量取另一视图的投影差，则直角三角形的斜边即为线段 AB 的实长。

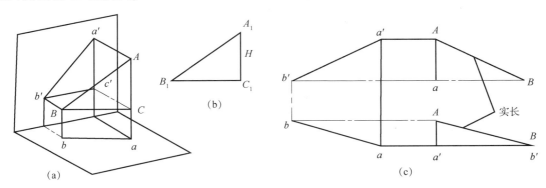

图 4-75 直角三角形法求线段实长
(a) 线段投影；(b) 直角三角形法；(c) 求线段实长方法

2. 变形管接头的展开

变形管接头的展开如图 4-76 所示。

图 4-76 (a) 所示的管接头，其上端管口为圆形，下端管口为正方形，用来实现方管和圆管的过渡连接（俗称"天圆地方"）。

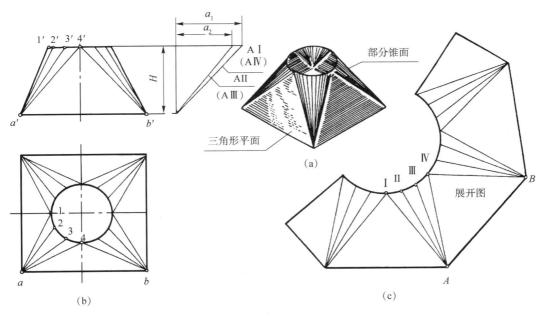

图 4-76 变形管接头的展开
(a) 立体图；(b) 基本视图；(c) 展开图

从图 4-76 (b) 的投影分析可知，它是由四个等腰三角形平面和四个部分斜锥面围成的。

图 4-76 (c) 是它的展开图。画展开图时，四个部分斜锥面也应分划成若干个三角形区域（图中各为三个），然后以每个三角形平面代替每一部分曲面，依次摊开与四个等腰三角

形平面相连接,即得其展开图。图中锥面上各三角形的倾斜边用直角三角形法求得实长;有一个等腰三角形被对半分开布置,是为了满足接缝的工艺性要求。

3. 汽车发动机罩的展开

汽车发动机罩的展开如图 4-77 所示。

汽车发动机罩是一块左右对称、上下两端形状不同的曲面,如图 4-77(a)所示。这样的曲面只能用三角形法展开。把曲面分成若干个小三角形,求出各小三角形的实长,就能作出展开图。

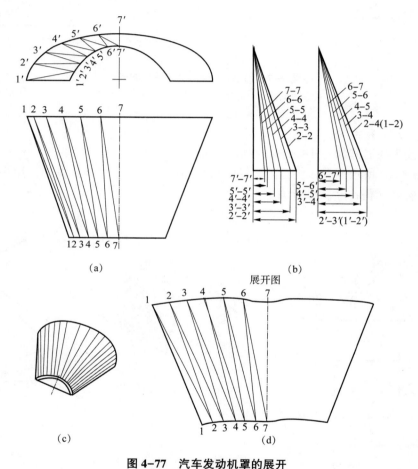

图 4-77 汽车发动机罩的展开

(a) 基本视图;(b) 直角三角形法求线段实长;(c) 立体图;(d) 展开图

(1) 将主视图中大端的曲线分成若干份 [图 4-77(a)中为 6 份],各份可以相等也可以不等,为了作图方便一般作等分。由于曲面左右对称,所以画一半即可。

(2) 把小端的半圆曲线也分成相应份数。得 1′、2′、3′……7′各点。把各对应点连成直线再对角相连,即得到许多小三角形。

(3) 按投影关系在俯视图中作出各连线的投影。这样把曲线分成许多小三角形,根据主、俯两投影直角三角形法求出各线实长,如图 4-77(b)所示。

(4) 以 7-7 线为基准线(图形左右对称),向两边用实线长作出各三角形的实形即得展开图,如图 4-77(d)所示。

4. 三角形展开法小结

三角形展开法又称回归线展开法,因为它略去了形体原来相邻素线间的平行、相交、异面关系,而用新的三角线来代替,因此对曲面来说是一种近似的展开法。这种方法不仅可用来展开可展曲面,而且还可以作不可展曲面的近似展开图。三角形展开构件表面的三个步骤为:

(1) 在放样图中将形体表面正确分割成若干小三角形。

(2) 求所有小三角形的各边实长。

(3) 以放样图中各小三角形的相邻位置为依据,以已知的或求出的实长为半径,通过交轨法,依次展开所有小三角形,将所得的交点视构件具体情况用曲线或用折线连接起来,由此可以得到所需构件的展开图。

三、不可展开表面的近似展开

在形体分析中已经谈到,凡曲线旋转或曲线扭转所形成的几何形体均是不可展表面,如球面、抛物面、螺旋面等。对于这些形体,虽然不可能得到精确的展开图,却可以通过分割组合,得到它的近似展开图。

将一个不可展形体表面切割成很多小块,把每一小块都近似地视为一个小平面,再把这些小平面按位置、顺序不错乱地铺在一个平面上,这样不可展形体平面就被近似地展开了。

根据这种思路,对不可展曲面近似展开的一般原理作如下表述:根据被展开曲面的大小和形状,将其表面按一定规则分割成若干部分,再假定所分的每部分都是可展曲面,一一展开就可得到不可展表面的近似展开图。

1. 纬线法展开球面

若在球面上任取一点,使该点在垂直于球面某一轴线的平面内旋转,该点的轨迹一定为一条封闭的平面曲线,这条曲线称为球面的纬线。如若沿着纬线的方向划分球面,相邻两纬线之间的球面被近似地看成以相邻两纬线为上、下底边的正圆锥面或圆柱面。然后就可以用前面已经叙述过的展开方法把各个正圆锥和圆柱面展开了。这种划分方法称为纬线划分法,即纬线法展开。

图 4-78 所示为球形的放样图及用纬线法所作球面的近似展开图,其作图步骤如下:

(1) 在主视图上,连直径在内作 5 条水平线,实际上为 5 个垂直于旋转轴的平面与旋转面的交线——纬线。纬线与轮廓线的交点为 1、2、3、4、5 点。水平投影为 5 个同心圆并反映实形。过 12、23、34 圆弧段终点作切线,并与轴线交于 O_2、O_3、O_4 点,这样将球面划分为 1122、2233、3344 三个近似圆锥台,中间 4455 纬线圈之间近似于一个圆柱面,另一半对称的 4 个面未画,但同样可按上述方法对称画出,共计 9 个单元。

(2) 中间单元 4455 组成的近似圆柱面,其展开图形为近似矩形,展开长度为 πD,展开图形的宽度为 a,即 2 倍 4455 宽度。

(3) 分别展开各锥面,对 1122 近似圆锥面,以 O_2 为锥顶,R_2 为素线长,12 线为近似圆锥台侧面素线长,22 线为底面直径,按这些尺寸画出扇形展开图。同理,按这个方法也可画 2233 和 3344 近似圆锥台的扇形展开图。

(4) 上下两个较小球顶面,可以近似地将其视为半径为 R_1 的平面圆。至此,用纬线法将分为9个单元的球体近似地全部展开了。

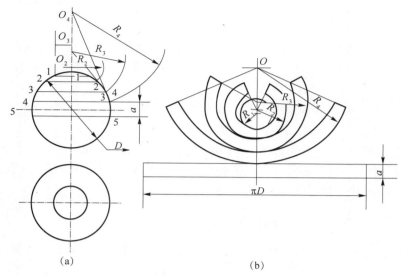

图 4-78 球面的近似展开图
(a) 纬线法展开球面步骤；(b) 球面近似展开图

2. 经线法展开球面

当用一个平面过球面的轴线切割旋转体时，该平面与旋转体表面的交线称为球面的经线。若顺着球体经线方向把球面划分为若干等份，把其中两相邻经线之间的不可展曲面近似地视为沿经线方向单向弯曲的可展圆柱面，再用平行线法展开这一近似圆柱面，这种方法称为经线划分法，亦即经线法展开球面。

如图 4-79 所示为半球的放样图及用经线法所作球面的展开图。

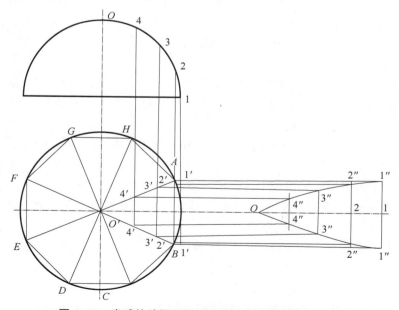

图 4-79 半球的放样图及用经线法所作球面的展开图

其作图步骤如下：

（1）将俯视图外圆 8 等分，得等分点 A、B、C、D、E、F、G、H，并将各点与圆心 O' 连线。

（2）将主视图 O_1 的圆弧线 4 等分，得等分点 O、4、3、2、1，过各等分点作垂线，交俯视图 $O'B$ 于 $2'$、$3'$、$4'$ 各点。

（3）分别过 $1'$、$2'$、$3'$、$4'$、O' 各点作一组水平线。在过 O' 直径所作的水平线上适当地方取线段 O_1，并使其等于立面图中 O_1 的弧长（实际为 πR 长，R 为圆球半径）。

（4）按主视图 4 等分点照录于 O_1 直线上，再分别过 4、3、2、1 各点作 O_1 的垂线，与水平线对应相交于 $4''$、$3''$、$2''$、$1''$ 各点。

（5）圆滑连接 O、$4''$、$3''$、$2''$、$1''$ 各点与 $1''1''$ 直线即得到半球面的近似展开图。

3. 三角形法展开正圆柱螺旋面

图 4-80 所示为正圆柱螺旋面的放样图及展开图。正圆柱螺旋面的形状，是由一直母线沿着曲导线为圆柱螺旋线及直导线为圆柱轴线运动，且始终平行于轴线所垂直的平面而形成的曲面，是由导程 S 和两个圆柱面的直径 D 和 d 决定的。作图的步骤如下：

（1）将俯视图的外圆 12 等分，得等分点 1、2、3、4、5、6、7、6……2、1 各点，这些点与圆心相连，交内圆圆周于 $1'$、$2'$、……$6'$、$7'$、$6'$……$2'$、$1'$ 各点，连接 $2'3$、……、$5'6$、……、$2'1$ 得到 24 个三角形，完成三角形的划分。

（2）用直角三角形法求实长。在 24 个三角形中，有两种三角形，边长分别为 m、n、s 的三角形和边长为 n、m、p 的三角形。在三角形中，只有 m 即 $(D-d)/2$ 的边长反映实长，n、p、s 的实长则可用直角三角形法求得。

（3）按 n、m、s、p 的实长用交轨画法依次画出各个三角形。

（4）把三角形各内、外顶点光滑地连接起来，即得到正圆柱螺旋面的展开图。

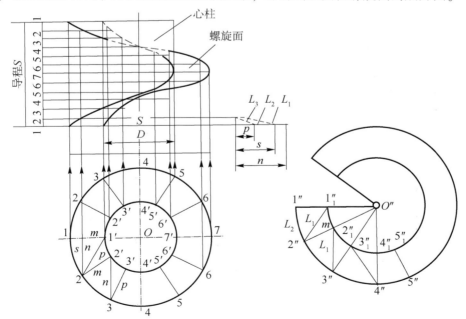

图 4-80　三角形法展开正圆柱螺旋面的放样图及展开图

四、钣金构件的板厚处理和接口咬缝

前面从理论上介绍了展开图的画法,但在实际工程中还需要考虑材料性质、板材厚度、制作工艺、使用要求和材料利用的经济合理性等因素。

任何一个钣金件都是由一定厚度的板料制成的。不同情况下,板厚会对钣金构件的尺寸和形状产生一定影响。将这些影响在放样及展开的过程中采取相应措施予以消除的实施技术称为板厚处理。对于薄板构件,若略去板料的厚度,则其对构件误差产生的影响一般在工程允许的公差范围内,因此,在实际工作中,当板厚≤1.5 mm时,可以不考虑板厚处理问题。对于厚板构件,则必须研究、掌握板料厚度处理的规律,并设法将板料厚度略去,画出没有板厚的放样图和展开图,以保证加工后所得到的钣金构件符合设计要求。

1. 断面形状为曲面的板厚处理

当金属板较厚(≥1.5 mm),而对制件的尺寸又要求精确的情况下,必须考虑板厚的影响。图4-81表示板材弯曲成形时,其中心层外侧部分将受到拉伸而变长,内侧部分则受到压缩而变短,只是中心层的尺寸不会改变(这里假定板的中心层与板的应变中心层重合,实际上,板料弯曲时长度不变的应变中心层将依弯曲程度的不同而有微观位移,并不一定在板的中心层上,但位移量很小)。绘制厚板卷制构件的展开图时,必须注意这种影响,下料时的展开长度应以中心层的展开长度为准。

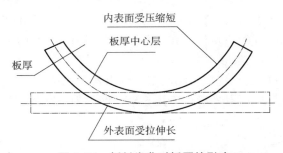

图4-81 板材卷曲时板厚的影响

(1)用厚板卷制的圆管,其管口展开长度需用中径计算,如图4-82所示。

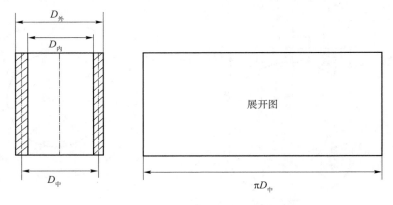

图4-82 用中径计算画圆管展开图

管口周长 = $\pi D_{中}$ = $\pi(D_{外}+D_{内})/2$。只有据此下料才能符合制件的尺寸要求,至于制作平面立体的钣金构件,若无弯制部分,则不必考虑板厚的影响,一般可按实际内表面要求的尺寸下料。

(2) 圆锥管的板厚处理。如图 4-83 所示,圆锥管的大小端均以中径为准绘制放样图和展开图。其展开图为一扇形,大端中径弧长为 $\pi(D-t/2)$,小端中径弧长为 $\pi(d-t/2)$,圆弧所对圆心角 $\alpha=(d-t/2)\times 180°/L$。其中 L 为锥顶到圆锥管小端的素线长度。

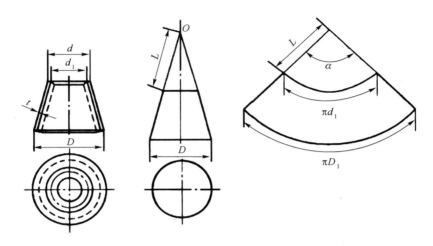

图 4-83　圆锥管放样展开时的板厚处理

综上所述,断面形状为曲线时,板厚处理的方法是,以板厚的中心层为准绘制放样图并进行展开,长度以中心层展开长度为准。

2. 断面形状为折线时的板厚处理

图 4-84 所示为将厚度为 t 的平板折成斜角的断面图。当平板被折成斜角时,可将其视为板料在角点处发生急剧弯折,其里皮弯折处半径是极小的(接近零)圆角,可忽略不计,视里皮长度弯折前后基本不变,即 L_1+L_2,而外皮弯折处则是半径近似等于板厚 t 的圆角,这时外皮与中心层都有较大的长度变化,因此,这类构件在进行板厚处理时应以里皮为准。

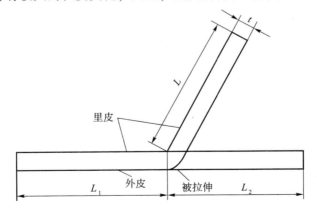

图 4-84　将厚度为 t 的平板折成斜角的断面图

以里皮为准的板厚处理原则适用于所有断面呈折线形状的构件。图4-85所示的矩形管就是以里皮为准放样展开的一个实例。其展开图为一个矩形，根据矩形管图进行放样及展开时，高不变，仍为H；长度按视图里皮为准，即$2a+2b$。对于一些如图4-86所示的弯折平板，长度也同样以里皮为准，即$L=A+B+C$。

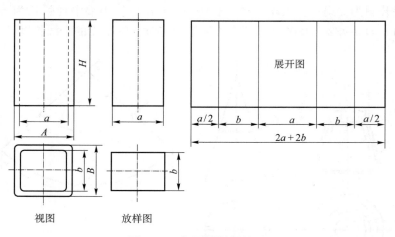

图4-85　矩形管板厚处理

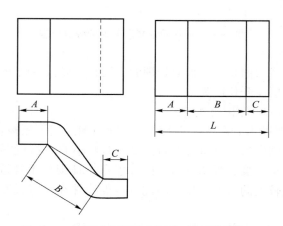

图4-86　向两个不同方向折弯平板的板厚处理

综上所述，当断面形状为折线时，板厚处理的方法是：以里皮长度为准，绘制放样图并展开。

3. 接口和咬缝的处理

板厚处理不仅与构件本身的形状有关，而且还与构件的咬接口形式有关。

接口与接缝是两个不同的概念。所谓接口是指构件上由两个或更多个形体相交而形成的结合处，如90°两节圆管弯头的结合处（实际也是形体相贯的相贯处）就称为接口；而所谓接缝，则是指一块板料成形后对应边相接的缝隙，它是本身相对边缘的结合，是零件自身成形的需要，但是，不论是接口还是接缝，都需要进行板厚处理。

薄板制件的接口一般采用咬缝结合。在画展开图时，必须考虑咬缝的形式，留出咬缝的余量，如图 4-87 所示的管接头中的斜口圆管，在画展开图时就要加上咬缝余量，以备接口的咬缝结合。

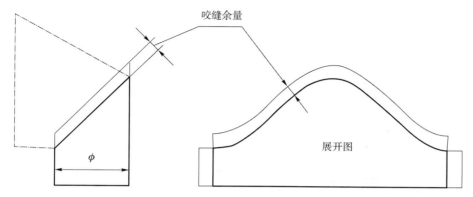

图 4-87　薄板制件的接口留出咬缝余量

图 4-88 所示为两节 90°圆管弯头接口处处理前后的情况。图 4-88（a）表示两节 90°弯头。图 4-88（b）为接口处没有进行板厚处理的情况。很明显，由于没有进行板厚处理，不但弯头角度不对，而且接口中部还有缝隙（即缺肉）。图 4-88（c）则是经板厚处理的接口处的情况，两节管接口处完全吻合，在加工成形时自然省工省力。可见，接口处的板厚处理也是一个不容忽视的问题。在生产过程中，由于工艺不同，板厚处理的方式也不同，一般可分为铲坡口和不铲坡口两种。

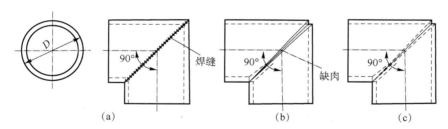

图 4-88　90°圆管弯头接口处处理前后情况
（a）两节 90°弯头；（b）没有进行板厚处理的接口处情况；（c）经板厚处理的接口处情况

（1）不铲坡口时的板厚处理。

不铲坡口是指下料时沿金属板面的垂直方向切割而形成的直角坡口，常称自然坡口。如图 4-89 所示为等径直角弯头不铲坡口的板厚处理。

由图 4-89 可知，弯头内侧管外皮在 A 处接触，而弯头外侧圆管里皮在 B 处接角，其他部位则由 A 到 B 逐渐地过渡到中心层接触，再过渡到里皮接触。A 处坡口在里，B 处坡口在外，在作展开图时应根据这一特点，以相互接触位置的相应素线的尺寸为准。

在实际展开过程中，常将断面圆周均分若干等份，本例为 8 等份，等分点 1、2、8 画在外皮上，因为它们离 A 点较近；4、5、6 画在里皮上，因为它们离 B 点较近；3、7 两点则在中心层上。然后由 1~8 向上引垂线与 A、B 相交，弯头下口至各交点的距离，即为展开图上相应素线的高度。

基于上述理论，放样图可这样绘制：在正面图中画出弯头内侧的外皮、弯头外侧的里皮以及两个端口的线及接口 AB 的连线。在断面图中画出左边的外皮半圆、右边的里皮半圆以及中心层所在圆，再取等分点就可以依次展开了。

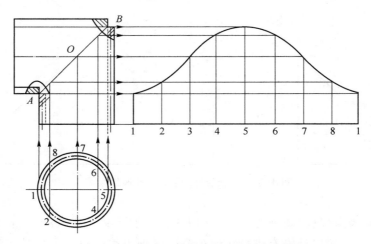

图 4-89　等径直角弯头不铲坡口的板厚处理

总之，不铲坡口的板厚处理较为复杂，要对具体形状作具体分析，以构件接触部位的有关尺寸作为放样图和展开图的尺寸标准。

（2）铲坡口时的板厚处理。

铲坡口是将板边切割成一定形状的斜坡。板厚构件在接口处铲坡口，不仅可以调整接口接触部位，还能改善焊接条件，提高焊接强度。常用坡口形状可分为 X 形和 V 形两种，如图 4-90 所示。

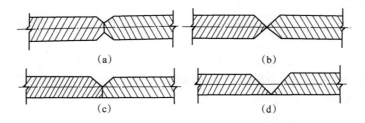

图 4-90　常用坡口形状

(a) X 形坡口；(b) 双 V 形坡口；(c) V 形坡口；(d) 大 V 形坡口

仍以 90°圆管弯头为例，当铲成 X 形坡口后，只有板厚中心层接触，因此，放样图只要画出板厚中心层即可。展开图的展开长度和展开高度都以板厚中心层为准。图 4-91 所示为等径直角弯头铲 X 形坡口的板厚处理。

4. 板厚处理小结

综上所述，可以将板厚处理的一般规则归纳如下：

（1）管件的展开长度，凡断面为曲线的，一律以板厚中心层的展开长度为准；凡断面为折线的，一律以板的里皮为准。

(2) 侧面倾斜的构件高度,一般以板厚的中心层高度为准。

(3) 相交构件放样图的高度和展开高度,不论铲坡口与否,一般以接触部位为准。若里皮接触则以里皮尺寸为准,外皮接触则以外皮尺寸为准;若中心层接触,则以中心层尺寸为准。

(4) 不铲坡口时,某些构件的接口部分往往产生这样的情形:在不同的地方进行外皮接触。这时,在放样图上要把相应的接触部位画出来,展开图上各处的高度也相应地各取接触部位的高度。

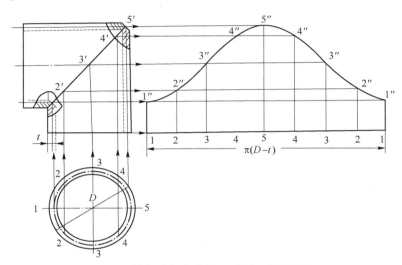

图 4-91 等径直角弯头铲 X 形坡口的板厚处理

第四节 薄板手工成形工艺

薄板手工成形技术主要包括弯曲、伸展、收缩、拔缘、卷边、咬接、拱曲、制筋和铆钉连接等技术。

一、弯曲

弯曲是钣金手工成形的基本操作方法,有角形弯曲和弧形弯曲两种基本形式。

(一) 角形弯曲

角形弯曲是指将金属板料按设定的角度进行平面的折弯。板料角形弯折后出现平直的棱角。弯折前,板料根据零件形状划线下料并在弯折处划出折弯线,一般折弯线划在折角内侧。

1. 小工件的直线弯曲

对短小工件的折弯可放在台钳上进行。角形弯曲的几种操作方法如图 4-92 所示。将工件弯折线与钳口对齐夹入台钳,用木槌敲击露出钳口外的根部,使其沿弯折线弯曲,如图 4-92 (a) 所示。

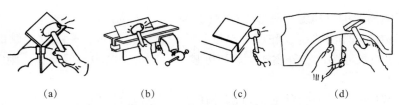

图 4-92 角形弯曲的几种操作方法

2. 较大工件的直线弯曲

当工件尺寸超过钳口宽度或深度时,可用两根角钢作辅助工具,连同工件一起夹入台钳进行弯曲,如图 4-92(b)所示。

3. 工件边缘弯曲

将工件放在平台上,使弯折线对准平台的边缘,一手压住工件,一手持木槌敲击弯折线及靠近弯折线的露出平台部分,使其弯曲,如图 4-92(c)所示。

若工件形状复杂,不能在平台上操作时,可用衬铁和手锤配合进行。一手持衬铁在工件背面垫托,衬铁的边缘要对准弯折线,一手持锤从正面弯折线外缘敲击,边敲击边移动衬铁,循序渐进,使工件边缘逐渐形成弯曲,如图 4-92(d)所示。

(二)弧形弯曲

1. 薄板筒形弯曲方法

按圆桶直径确定板料的周长,把板料放在圆钢上由两侧向下敲击,如图 4-93(a)和图 4-93(b)所示。板料厚在 1 mm 以下时用木拍板或木槌敲,最好用木拍板(50 mm×50 mm×350 mm),因为木拍板敲击面积大,不致把板料敲出坑坑点点,木槌最好用在较厚板料上。然后在两侧各敲成圆的 1/4,最后再由两侧逐渐向中间敲,如图 4-93(c)所示。当圆筒接口敲到近于合拢时,可放在地面上轻敲,直至合拢,如图 4-93(d)所示。

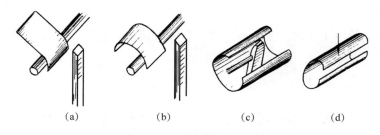

图 4-93 薄板筒形弯曲

对平板料厚度超过 1.2 mm 的薄板进行手工弯曲时,把板料放在平台上,中间垫上 5 mm 厚的胶皮,用长度圆弧锤顺着弯曲纵向一锤挨着一锤地敲击,最好在板料上纵向划出敲击线,线间隔以 20 mm 为宜,也可以根据圆筒直径的大小来确定锤击线间距。

2. 管子的弯曲方法

(1)管子最小弯曲半径。

从管子弯曲变形的情况来看,弯曲半径 R 与管子直径 D 有很大关系。管子直径越大,弯曲半径也应越大,如管子直径等于 20 mm 时,其弯曲半径为管子外径的 2 倍,即 $R=2D$;

当管子直径大于 20 mm 时，采用的弯曲半径不得小于管子外径的 3 倍，即 $R=3D$，汽车钣金中弯曲的管子直径普遍大于 20 mm。不同管子外径的最小弯曲半径见表 4-3。

表 4-3　不同管子外径的最小弯曲半径　　　　　　　　　单位：mm

D	管子外径	4	5	6	8	10	11	12	14	15	16	18	20	22	24	25
R	最小弯曲半径	8	10	12	16	20	22	24	28	30	32	36	40	60	72	75
D	管子外径	27	28	30	32	33	34	35	36	37	38	40	42	43	45	47
R	最小弯曲半径	81	84	90	96	99	102	105	108	111	114	120	126	129	136	141
D	管子外径	48	50	52	53	55	60	62	63	65	70	73	75	80	85	90
R	最小弯曲半径	144	150	156	159	160	180	186	189	195	210	219	225	240	255	270

（2）弯管方法。

弯管方法有两种，即冷弯和热弯。当管子直径较小时，采用冷弯；当管子直径较大时，采用热弯。当管子内径在 10 mm 以下时，可以直接进行弯曲；当管子内径大于 10 mm 时，无论是冷弯还是热弯，都要在弯前向管内装满干砂，两头用木塞塞住，在木塞中间钻一个直径为 5 mm 的小孔，为热弯时通气。干砂要装实，只有抵住管壁，弯管时才不致发生皱壁或压扁管壁。图 4-94 所示为冷弯管。

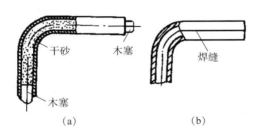

图 4-94　冷弯管
(a) 管子灌砂；(b) 焊缝在中性层位置

当管子直径较小时，采用冷弯。弯曲操作可在虎钳或弯管工具上进行，如图 4-95 所示。

图 4-95　小直径管冷弯

当管子直径较大时，采用热弯，弯管时可在弯管台上进行，如图 4-96 所示。加热管子时，其加热长度和弯曲角度由管子直径来决定。

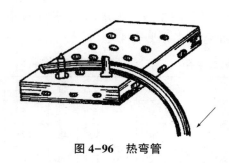

图 4-96 热弯管

弯曲角度为 90°时,加热部分的长度等于管子直径的 6 倍。

弯曲角度为 60°时,加热部分的长度等于管子直径的 4 倍。

弯曲角度为 45°时,加热部分的长度等于管子直径的 3 倍。

弯曲角度为 30°时,加热部分的长度等于管子直径的 2 倍。

加热方法,当管子直径较小时,可以用氧乙炔火焰加热。当管子直径较大时,可以用临时地炉加热,同时要注意加热温度和均匀程度。一般到管子变为暗红色为止,温度为 700~750 ℃。温度过高会使金属强度急剧下降,弯曲时容易把金属拉裂。

弯曲焊管时,应把焊缝放在中性层的位置上,如图 4-94(b)所示,否则在弯曲时焊缝会因拉伸或压缩作用而开裂。

二、伸展、拱曲与收缩

(一) 伸展

伸展是板料经过锤击后,使其宽度、长度、外口径、深度增加或由直板料伸展成弧形。伸展是板料产生塑性变形的结果,伸展形状多,操作方法也不一样,下面举例说明。

1. 直角任意弧形锤放

直角任意弧形锤放也称展弯,是将长条板料折成 90°角,使它的一边经锤击后伸展弯成任意弧形。其操作方法是:按需要的弧形量其展开长度及宽度,再量出弧形高度,并沿高度线将板料折成 90°角,如图 4-97 所示。把要伸展的一面放到铁砧上用手锤锤击展弯,手锤落下要平稳、均匀,锤击点越靠近板料外沿就越多而且重,使边沿材料厚度变薄,面积增大成放射状。锤击时要注意,锤击点不要集中在某一处,否则会使板料破裂。要经常对照展弯的弧度是否标准。当板料因锤击过重或次数过多时,金属材料会变硬,此时,应停止锤击,用氧乙炔火焰进行退火处理后再继续,直到板料被展弯成需要的形状,如图 4-98 所示。

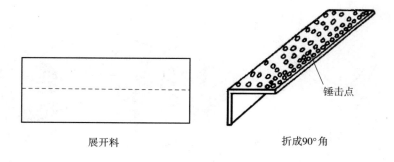

图 4-97 直角任意弧形锤放

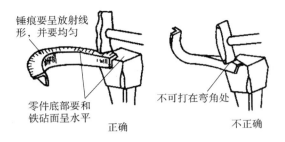

图4-98　直角任意弧形锤放操作

2. 型胎上伸展

把板料夹在型胎上，用钣金锤敲击垫木，垫木垫板料使之伸展，如图4-99所示。

3. 扩边

扩边是用锤击的方法，使板料边缘伸展。如图4-100所示，把桶形底边扩成喇叭口形。它是沿桶形边缘在一定的尺寸范围内用锤击，依靠板料的伸展作用而形成。常用于圆形桶上45°上底三折咬扣，汽车上的排气管子接头扩边也是这种形状，一般为展成45°圆弧边。

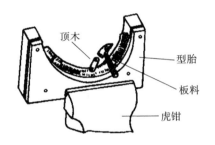

图4-99　在型胎上伸展

图4-100　圆形桶件扩边

（二）拱曲

拱曲也称锤拱，是将平板料通过锤击产生塑性变形而伸展成需要的形状。

锤拱在汽车修理上有广泛的应用，如汽车上的灯壳、驾驶室、翼子板、发动机罩等，都可以用锤拱的方法制成。

1. 锤拱件下料尺寸的确定

锤拱件下料没有严格的计算标准，常采用实际比例法和近似计算法两种方法来确定。

（1）实际比例法。

用纸按实物或模胎的形状压成皱褶包在实物或模胎的表面，沿实物或模胎的边缘把纸剪下来，再按纸的展开尺寸加上适当的余量便可得到拱曲零件的展开料。若产品数量较多，则必须对所得的尺寸经试作修改后取得毛料样板，才能进行大批下料。

（2）近似计算法。

近似计算法是按零件展开形状进行计算。如半圆形拱曲，其展开形状是圆形，只要求出毛料的直径便可下料。其计算公式见式（4-1）：

$$D=\sqrt{2}d=1.414d \tag{4-1}$$

式中，D 是待下料的毛料直径；d 是实物半球形零件的直径。

这种算法是取近似值，未考虑锤拱时材料的伸展，成形后可能会比原型略大，可进行边缘修整。

2. 锤拱的操作方法

（1）锤拱所用工具。

锤拱时可用铁锤、木槌、凹陷的模块及垫杆，平台、铁砧等。

（2）锤拱方法。

锤拱时选用弧形垫且装柄处至锤面距离较长的拱锤，选择废旧的中间带圆孔的零件作垫铁，如汽车上齿轮套、盆齿轮，较大轴承外圈等。把板料放到垫铁孔上，用左手按实、右手持锤，沿着板料的边缘，边转动板料边锤击，如图 4-101（a）所示。

锤击一圈后，锤击点向板料中心移动一个锤痕位置，依此方法，直到锤击遍及板料后再从已经成拱形的板料的边沿重新开始，如果此时垫铁的内孔显得过大，可以移到内孔小的垫铁上继续锤击。落锤要均匀而稠密，尽量使锤垫圆弧处落在板料上，以免板料出现裂痕。当锤拱件已经到了合格的程度时，拱深较小的可以在平台上进行一次修整，锤垫与锤击部位和平台面放实后再锤击，避免锤垫与平台面敲空而增大拱件凹凸程度。修整消除拱件表面不平后再用锉刀挫光边缘毛刺和不整齐的地方。拱深较大的拱件不能在平台上修整。可在垫杆上进行修整，如图 4-101（b）所示。

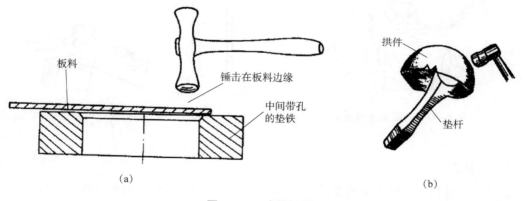

图 4-101 直接锤拱
(a) 在垫铁孔上锤拱；(b) 在垫杆上修整

对于锤拱深度较大的或接近球形的零件，坯料事先需进行退火，在加工过程中，如发现有硬化现象，也应立即进行退火，以免产生裂纹。对于一时不慎锤击时产生了裂纹，可以用气焊进行补焊，用低碳钢焊丝做焊条，焊后用锉刀锉去焊道增高，只略高于其他部位且圆滑过渡，然后可继续锤拱。

对于拱形要求比较严格的零件，可以先在金属板上制作型胎，然后在型胎上锤拱。操作时将板料边沿放在型胎上，用圆弧锤垫进行锤击，先从板料边缘开始，逐渐向中心锤击，如图 4-102 所示。锤拱作业不能急，一次不能锤得太深，且用力要均匀。对于形状比较复杂的拱形件，可以分成几部分来完成，再焊接成整体，但焊后必须进行修整。

第四章　汽车车身钣金基本工艺　　179

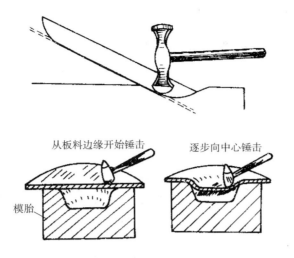

图 4-102　在型胎上锤拱

（三）收缩

收缩也称收边或缩边，是将板料边缘向内锤击，使其折起需要的角度的过程。应用最多的角度一般为 45°和 90°。例如消音器闷盖、隔板、油箱盖及各种弧形咬扣等。

收缩的操作方法是：先在板料划出所需的毛坯外线，将其剪下来，再在毛坯板料两面分别划出零件的缩边线。把板料放在衬钢上（最好是小型轨道钢），用左手扣拉板料，衬钢刃对准缩边线，右手持钣金锤，板料角度为 45°，沿缩边线向内，边锤击边转动，每转动一周后，板料向内减少 15°，分四次完成，每次敲一周。缩边过程如图 4-103 所示。在循环敲制过程中，板料应该有规律地转动（一般为顺时针转动），每一锤痕最多转 5 mm，一个锤痕敲击三锤。转动时不得忽快忽慢，敲击力量也不可过重。

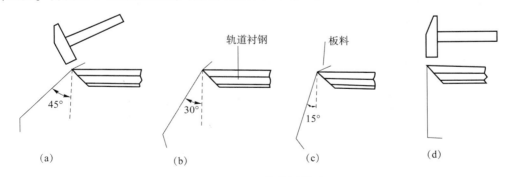

图 4-103　缩边过程

(a) 第一次 45°锤击；(b) 第二次 30°锤击；(c) 第三次 15°锤击；(d) 第四次 0°锤击

每周之后向内板的角度不得超过 15°，力量太大或角度扳得过大会使板料变形、起皱，增加锤击次数。必须耐心地一次一次地敲制。需要注意的是：锤痕一定不要落在板料的外沿上，也不要落在缩边线以里。因为缩边操作主要是依靠金属的塑性变形来完成，越靠近缩边线的锤击点越多，越往外撞击点越少（缩边锤击点分布如图 4-104 所示），否则会增加敲制难度，所谓"一锤敲错，十锤难收"就是这个道理。

每敲击一周后，都要对发生翘起和扭转变形的板料进行整理，方法是：把缩边一面朝上，平放在平台上，用钣金锤敲击已经立起来的边，锤击角度和立起来的边的角度一致，如图 4-105 所示。然后再轻轻地对缩边线以里且靠近缩边线的部位锤击一周，直到板料没有了变形后，再进行下一次缩边。

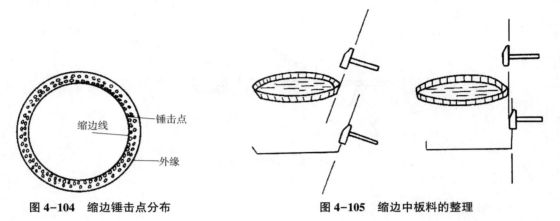

图 4-104　缩边锤击点分布　　　　图 4-105　缩边中板料的整理

三、卷边与咬接

（一）卷边

为增加钣金制件的刚性和强度，使其不易变形，常将钣金件的边缘卷过来。这种方法称为卷边。需要卷边的薄板制件如机罩、桶、盆、壶等。卷边分为空心卷边、实心卷边和平行卷边。

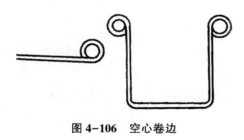

图 4-106　空心卷边

1. 卷边种类与用途

（1）空心卷边。

主要用于刚度、强度不大的桶口和薄板零件的边缘。其形状如图 4-106 所示。

（2）实心卷边。

在空心卷边（夹丝卷边）里夹入一根铁丝，使薄板件边缘刚性更好。所夹铁丝的直径应根据板料厚度和零件尺寸的大小以及受力情况来确定。一般钣金件的夹丝直径为板厚的 3~5 倍为宜。

夹丝卷边主要用于容量大的桶、盆以及铰链连接。形状如图 4-107 所示。

（3）平行卷边。

主要用于不重要的桶口及板料的边缘，分为单层卷边和双层卷边，其形状如图 4-108 所示。

2. 卷边尺寸的确定

需要卷边的钣金件在下料时，必须加上卷边的展开尺寸。卷边的展开尺寸根据卷边的形状和夹丝直径的大小来确定。以夹丝卷边为例计算卷边尺寸。

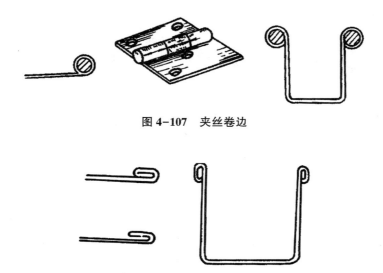

图 4-107 夹丝卷边

图 4-108 平行卷边

卷边展开尺寸如图 4-109 所示。它由直段 L_1 和卷曲部分 L_2（270°）组成，当夹丝直径 d 及板料厚度 δ 确定后，可通过式（4-2）求得卷边展开尺寸的宽度 L。

$$L = L_1 + L_2 = \frac{d}{2} + \frac{3}{4}\pi(\delta + d) = \frac{d}{2} + 2.35(\delta + d) \tag{4-2}$$

若板料厚度为 1 mm，夹丝直径为 4 mm，则其卷边展开尺寸的宽度为：

$$\frac{4}{2} + 2.35 \times (1+4) = 13.75 \text{（mm）}$$

平行卷边的展开尺寸是根据单层卷边或双层卷边的宽度确定的。

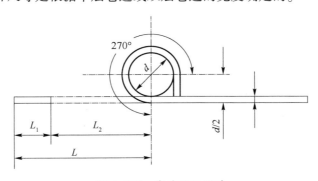

图 4-109 卷边展开尺寸

3. 卷边的操作方法

以夹丝卷边为例，其具体操作步骤如下：

（1）根据板料厚度和所选取的铁丝直径，量取卷边的展开尺寸，然后在板料两面分别划出抗弯线，如图 4-110 所示。

（2）将板料放在平台上。把第一条折弯线对齐平台边缘，用左手压住板料，右手用拍

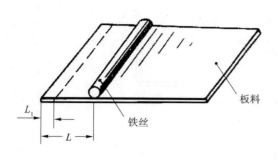

图 4-110 划出卷边抗弯线

板向下敲击露出平台外的板料（当板料厚超过 0.75 mm 时，最好用钣金锤敲击），使之向下弯曲成 90°，如图 4-111（a）所示。

(3) 将板料向外伸出至两条线中间处并敲弯，再把第二条线对准平台边沿敲弯，如图 4-111（b）所示。

(4) 将板料翻转，使卷边朝上，轻而均匀地敲打卷边向里弯，使弯曲部分逐渐成圆弧形，如图 4-111（c）所示。

(5) 将铁丝放入卷边内，先将远处一端卷边扣好，以防铁丝弹出，再左手掐紧铁丝，一段一段由远而近全部扣完，然后进行修整，使卷边靠紧铁丝，如图 4-111（d）所示。

(6) 翻转板料，使接口靠住平台棱角，轻轻敲打使接口靠紧，如图 4-111（e）所示。

对于空心卷边的方法，操作过程和夹丝卷边一样，只是不放铁丝，轻轻将卷边敲拢。注意，敲击时不要把卷边敲扁，以免导致其失去应有的刚性作用。

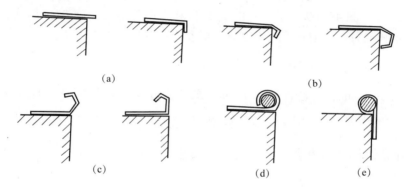

图 4-111 夹丝卷边操作过程

（二）咬接

咬接也称咬扣，应用在 1.0 mm 以下厚度的薄板上，是将两块板料的边缘（或一块板料的两边）折转扣合成一体并彼此压紧的过程。

1. 咬接的形式及主要用途

常见的咬接形式，是根据板料咬接时所咬合的层数分为三折咬扣、四折咬扣和五折咬扣三种。这三种咬扣连接形式及其主要用途分述如下：

(1) 三折咬扣。

三折咬扣是最简单的一种咬接方法，也是较为常用的咬接方法之一，主要用于桶底、直角弯管等，如图 4-112 所示。

(2) 四折咬扣。

四折咬扣也是最为常用的咬接方法之一，主要用于拼料，制作薄板管子、桶、盆及类似桶形制品的底部连接等，如图 4-113 所示。

图 4-112 三折咬扣形状及应用

（3）五折咬扣。

五折咬扣是较难操作的一种咬接方法，常用于较大的又要求较为坚固的桶底及盖，此种咬接手工操作较难，多用于机械作业，常见的有液体及原料容器桶，以及食品、饮料包装桶等。其咬扣形式如图 4-114 所示。

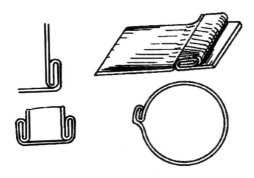

图 4-113 四折咬扣形式及应用

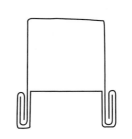

图 4-114 五折咬扣的形式

2. 咬扣件尺寸的计算方法

进行薄板咬扣的件在下料时必须加上咬扣的尺寸，否则制出的零件尺寸会变小。咬扣的宽度是根据板料的厚度而决定的，也就是说厚板料的咬扣宽度比薄板料咬扣的宽度要宽一些，一般 0.5 mm 厚以下的薄板料咬扣宽度为 3~4 mm；0.5 mm 厚以上的板料咬扣宽度为 4~6 mm；超过 1.2 mm 厚的板料不能进行咬接，而是采用焊接的方法。咬扣下料的尺寸根据层数而定。其计算方法是：

咬扣宽度×（咬扣折叠层数−1）＝咬扣下料尺寸

四折咬扣的折叠层数是四层，但其中一层是属于工件本身的宽度尺寸，所以在计算下料时必须减去一层。

例：制作一根直径 100 mm 的管子，采用四折咬扣，咬扣宽度为 4 mm，求管子下料的总宽度是多少？根据上述方法，只要算出咬扣下料尺寸，再加上管子的周长就是管子下料的总宽度，即：

4×(4−1)＝12(mm)（咬扣下料尺寸）
100×3.14＝314(mm)（管子周长尺寸）
12+314＝326(mm)（管子下料总宽度）

三折咬扣和五折咬扣的下料尺寸与上述四折咬扣的计算方法相同。

3. 咬扣的操作方法

① 按咬接计算的尺寸剪下板料，并在板料咬扣的两端双面各划出两条折弯线。以咬扣宽 4 mm 为例，第一条折边线在板料边沿 4 mm 处划线，第二条折边线在第 12 mm 处划线。

② 把板料放在平台一端或角钢平面上，使咬扣的折弯线与平台或角钢的直角棱对齐，用左手把板料压紧，避免敲击时板料移动位置，将伸出部分用拍板折弯 90°（1.0 mm 厚以上板料折弯时用钣金锤），如图 4-115（a）所示。

③ 把板料翻过来，如图 4-115（b）所示。把折弯部分向里敲击至 30°，如图 4-115（c）所示。

④ 把板料向外移至第二条折边线，并与平台或角钢直角边对齐，压紧板料，使之不能移动，如图 4-115（d）所示，然后用拍板或钣金锤在 30°折边上方 25°左右向下敲击，使第二条折边线以外向下折成 45°角，如图 4-115（e）所示。

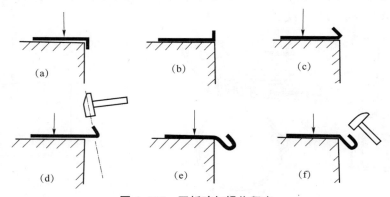

图 4-115 四折咬扣操作程序

⑤ 整理已经形成的 45°弯扣，使之第一折边与第二折边距离均匀，一般两折边的间距为板料厚度的 2 倍，如图 4-115（f）所示。如果是两块板料相拼咬接，则同样按上述过程把另一块板料也敲成 45°弯扣；如果是一块板料成管形咬接，则要注意两端弯扣应是相反，若两弯扣在同向上，则在同一平面上是无法咬接的，如图 4-116 所示。

⑥ 将两弯扣即咬接部分扣合在一起，按图 4-117（a）所示方向先轻轻锤击，随着接缝逐渐咬合，锤击力加大，直至压紧，如图 4-117（b）所示。若需要一面保持平整无咬接处凸起，则可用咬接模冲压咬扣，如图 4-117（c）所示。

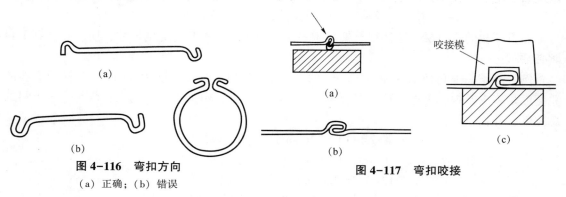

图 4-116 弯扣方向
(a) 正确；(b) 错误

图 4-117 弯扣咬接

车身构件上常见的咬扣形式多以三折顺缝为主。用翻边钳取代手工咬缝，可使车门蒙皮与车门内板的咬接十分便利地完成。先将长边用手锤和包布托铁弯折成30°（注意不要用手锤敲击弯角的边缘，并且不要损坏外板的型线），然后用翻边钳垫住端部，用力夹紧，如图4-118所示。这种翻边方式具有效率高、成形美观、表面锤痕少等许多优点，很值得在车身维修的钣金作业中推广。

应当注意的是，车门蒙皮的咬接虽然简单，但需要在咬缝操作前涂敷防锈剂和点焊密封胶，最后还要以点焊方式将其焊牢。

检查咬缝质量的重点在于咬缝是否等宽、平直而不扭曲，咬缝要牢、无裂纹。咬缝如需要起密封作用，则应用水或煤油试漏；需要承受拉力的，要先将咬缝试板进行拉力试验，合格后再投入正式生产。

咬缝出现质量问题时，应从材质、操作技术和工艺手段三方面查找原因。

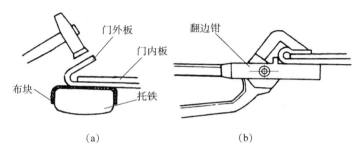

图 4-118 用翻边钳咬缝
（a）按定位线将长边弯折成30°角；（b）用翻边钳完成咬缝

四、制筋

在薄板上制成各种不同形状的棱线，可以提高构件的刚性和抵抗变形的能力。这种经过制筋的板料，不仅强度发生变异，而且还具有美化构件的作用，这也是制筋广为车身构件（特别是车身外蒙皮）所采用的主要理由。

车身覆盖件发生损伤后，起加固和装饰作用的外表线形会受到破坏。对车身覆盖件进行了敲平、焊接、挖补等作业后，原有的棱线也可能发生弯曲、扭曲或变得不够清晰。这些都需要借助手工工具及手工操作加以修整、恢复，手工制筋是这些操作的基础。

1. 用扁冲制筋

用扁冲手工制筋是最简单的一种方法，适于制棱线细而浅的筋。具体操作方法如图4-119（a）所示。先划出制筋的标记线，然后在工作台上铺一块橡胶板并将板料放好，一只手持扁冲对准标记线，另一只手握锤敲击扁冲，沿标记线冲出符合要求的棱线。

敲击扁冲制筋的过程中，应注意不要用力过猛并保持深浅一致，移动距离不要超过扁冲的宽度和确保良好的衔接。沿标记全部敲冲一遍后，再由一端开始冲第二遍，直至达到符合要求的深度。最后，拿到平台上（不垫胶皮）再轻轻敲冲一遍，使起筋形成清晰、整齐的线条。

如果要求两面成形多条棱线，可于板料的两面同时划出标记线并按上述方法于两面交替操作，最后统一进行细致的修整。

2. 借助模具制筋

较深的筋条最好用模具冲制，制筋模具可分为上下两部分。

图 4-119 为手工制筋方法。其中，图 4-119（b）所示的两套模具需要上下合模；而借助简易模具来制筋时，则只要求上模符合形状要求，下模则选用相应宽度的槽钢或两块定位角钢，如图 4-119（c）所示。

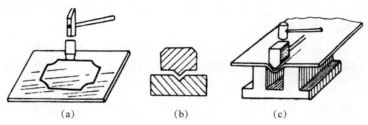

图 4-119 手工制筋方法

3. 垫铁制筋

利用垫铁制筋在车身维修中也比较实用。为提高垫铁制筋的美观程度，应将拟制筋的宽度和尺寸用划针清晰标出，按图 4-120 中虚线所示的方法将垫铁紧紧垫在划线区的中线上，并按图中标明的数字顺序锤击金属板，直至使金属板发生延展并形成基本轮廓，然后再用双头钣金锤和鹤嘴锤交替敲击垫铁垫部，直至金属充分延展并形成符合要求的筋棱。用垫铁制筋时，在敲击金属板过程中一定要用力将垫铁紧紧垫住工件，注意不要打空、打偏，以防止造成凹陷和影响美观的锤痕。

当需要将焊缝隆起时，也需要借助垫铁使其形成符合要求的焊缝。如图 4-121 所示，用垫铁的垫尖直接抵住焊缝的中线，然后用钣金锤从另一面锤击垫铁垫部及其周围，可使高区和没有用垫尖抵住的部位下降，很快沿焊缝形成一定高度的隆起。

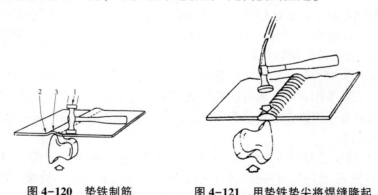

图 4-120 垫铁制筋　　图 4-121 用垫铁垫尖将焊缝隆起

第五节　车身钣金件一般修复工艺

一、钣金敲平作业

车身维修实践中，敲平作业除用来修正板面的凹凸不平外，成形、矫正过程中或者作业终了，一般也要伴随着敲平或以敲平作业来结束操作，所以，敲平作业是车身维修中的一项最基本的作业形式，对表面涂装、外观质量都会产生直接的影响，在钣金技术中不仅占据着重要的位置；同时，也是钣金基本技能的直接体现；修整复杂的多曲面还存在一定的难度并需要较好技术水平。

针对车身板类构件不平的特点，敲平工具主要使用钣金锤（如手锤，平锤、扁嘴锤、木槌、尼龙锤、橡胶锤等）、垫铁、修平刀（俗称橇板）等手工工具。敲平的操作方法则以锤击方式为主，按操作程序分为粗平与精平两个工艺步骤，二者在程序和手法上也有所不同。

由于车身大都是用薄钢板预制的覆盖件（如翼子板、发动机罩、行李箱盖、车垫、车门与壳体蒙皮等）包容起来的，因此若受到碰撞或挤压，都会造成车身板类构件的永久性凹凸变形。此外，在车身维修（如牵引、焊接、矫正等）过程中，也难免造成板类构件的变形或关联损伤。概括起来说，引起车身板类构件不平的主要原因是由于外力导致的机械损伤和加工、修理过程中造成的不平。

（一）焊缝的敲平

将两块薄板熔焊在一起时，由于焊接过程的热影响，难免发生变形。对于图 4-122 所示的点焊变形，可使用正托法和偏托法等敲平作业予以修正。

若车身钣金件发生断裂需要焊接或补片时，则可能会使焊缝高于金属板的表面，需要用敲平的方法锤击焊缝，使之低于车身外表面以便于打磨和涂装。用砂轮打磨时，应注意不要将焊缝磨透，如图 4-123 所示。

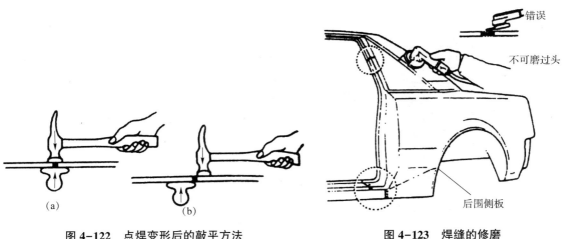

图 4-122 点焊变形后的敲平方法
（a）使用正托法敲平；（b）使用偏托法敲平

图 4-123 焊缝的修磨

（二）局部凹凸的敲平

敲平作业所追求的是钢板表面光滑并平整如初。它是在应用"断贴法"对凹凸损伤粗略敲平后，对表面残留的细小凹凸进行更加精细的敲平作业，如图 4-124 所示。

敲平时应在仔细观察与分析的基础上选择敲平点，确定锤击力度和敲平次序。一般应先从损伤较大的部位开始操作，若遇到近似于同等程度的损伤，则从距操作者较远或最不便于

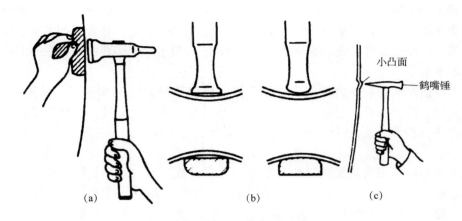

图 4-124 局部凹凸损伤的精平作业
(a) 紧贴法精平; (b) 敲平工具的选择; (c) 使用鹤嘴锤修平

操作的地方开始。操作过程中要注意手眼的准确配合并确保锤垫端面的中央而不是锤垫的边缘落在敲击点上。垫铁的跟踪亦应十分及时,锤击次数要少并尽量使每一次的垫托和锤击都有效。垫铁、修平刀、敲平锤三者的工作面形状必须与车身构件的几何形状相吻合,否则就达不到敲平的目的。要防止不加分析与思索地敲平,由此可能给以后的作业带来许多麻烦。

(三) 鹤嘴式修平刀在敲平作业中的应用

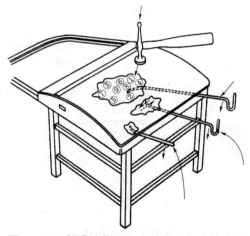

图 4-125 鹤嘴式修平刀在敲平作业中的应用

车身维修中的敲平作业中,离开了鹤嘴式修平刀的帮助有时也显得无能为力,尤其是在修复那些结构复杂和不便于接触的部位所发生的损伤时。如图 4-125 所示,将鹤嘴式修平刀直接插入车门内侧,用鹤嘴式修平刀的工作面隆起凹陷,进而根据隆起情况用鹤嘴锤将车门面板敲平(注:图 4-125 中的数与①~⑨为鹤嘴式修平刀的工作面隆起凹陷处后的锤击点,箭头指向为用鹤嘴式修平刀隆起凹陷处时的操作方法——端部升起或转动)。

若鹤嘴式修平刀不便于插入车门内侧,可在车门内结构适当部位开孔,以利于使用鹤嘴式修平刀和在敲平中调整接触部位。

实际操作中使用如下三种方法可以较为准确地控制鹤嘴式修平刀工作面及其接触位置:

①使鹤嘴式修平刀端部升起或转动,同时,观察车门金属板损伤位置的变化情况,由此来确定鹤嘴式修平刀工作面的正确位置。

②先用钢卷尺在车门外侧测量需要垫住的部位,再据此确定鹤嘴式修平刀的深入长度。

③将鹤嘴锤杆插入车门内侧后,在转动鹤嘴杆的同时,用钣金锤轻轻敲击车门面板,以探查鹤嘴杆端头工作面的准确部位并将其引导到需要敲平和使用鹤嘴杆式修平刀垫起的凹陷。

（四）敲平后的检查

在敲平作业过程中，对稍大一点的凹凸检查起来比较直观，但当作业接近完成时，就需要借助锉刀来检查不平部位之所在。使用锉刀的目的在于检验而并非将板面修平，旨在通过锉刀滑过时产生的痕迹（俗称镗一下）来显示板面的实际凹凸状况（表面留有锉痕的部位为凸点，无锉痕的部位则为凹陷），然后及时用平锤或鹤嘴锤等工具修平。

检查弧形板面时，最好使用如图 4-126 所示的可调柔性锉，当这种类型的柔性锉压到弧形板面上时，可通过调整使两端留有一定间隙，给操作带来很大方便。

敲平作业中如何选择钣金锤与垫铁，对维修质量、效率也有直接影响。用于敲平的钣金锤和垫铁有多种类型，如先用扁嘴锤（俗称鹤嘴锤）修复较小凹凸，能十分有效地减小车身构件表面的受力面积和延展变形程度；合适的垫铁和修平刀，能起到可靠的支撑与垫贴作用；尼龙锤可矫正较大但比较圆滑的变形；橡胶锤可于终了时，对表面进行更加细致的修整。这些都有助于质量、效率的提高，对抑制金属的冷作延伸现象也十分有利。

总之，钣金敲平作业具有很强的实践性。若要做到操作瞬间的正确判断和手的准确配合，的确需要在掌握上述基本要领的基础上再进行更多的实践、体会与摸索。如此，钣金操作技能才可以得到进一步提升。

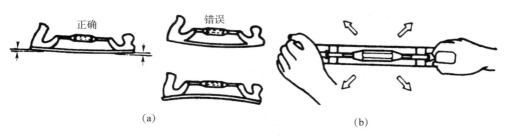

图 4-126 用柔性锉检查敲平作业的质量
(a) 柔性锉的调整；(b) 运锉方向

二、钣金弯曲校正

随着汽车轻量化的发展，车身用钢板在强度提高的同时也大幅度减薄了，加之车身又是用薄钢板包容起来的，车门与车身壳体外蒙皮等薄板类零件极易发生大面积凹瘪。矫正车身钣金件自然有着不同于其他金属材料的工艺方法与要求。

（一）吸引法

有些变形的特点是：表面变形大但过渡较为圆滑；金属板的变形呈弹性状态，局部未发生较大的延伸变形。对此，如果采用锤击法矫正，一方面，需要拆除车内的装饰板及其他关联零件；另一方面，则很难避免表面涂层不被破坏，甚至还会因锤击而造成二次损伤。

若使用图 4-127 所示的单体或三体真空吸盘，于车身或车门外侧将变形部分吸牢，则可以十分容易地用手将凹陷变形的车身钢板牵拉复位。

橡胶吸盘用于平面上凹陷部位吸引及牵拉时的作用原理可以对照图 4-128 进行如下简要说明。当橡胶吸盘的下端面贴紧外蒙皮表面后，按下扳柄，利用螺钉盘将橡胶吸盘中部提起,在吸盘和蒙皮之间形成的真空度便可将吸盘与蒙皮紧紧吸附在一起,其吸力可达数百牛。橡胶吸盘由于具备柔性和边缘薄、中间厚的结构,对变形平面的吸附有一定的适应能力。

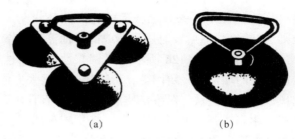

图 4-127 手持式真空吸盘
(a) 三体式;(b) 单体式

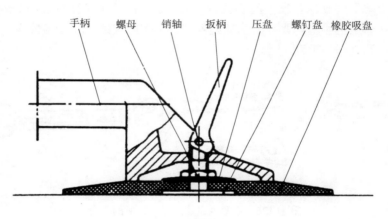

图 4-128 橡胶吸盘

这种单体和三体式组合结构还可用于玻璃等类附件拆装时的吸持,尤其用于玻璃时,不仅可以产生足够的吸附力,而且具有柔性连接的特点,因此比较安全。加之单面吸持的方式还可为其拆装提供很多方便,不仅免去了拆装内围板、车内装饰及车门摇窗机等机件的麻烦,而且能可靠地保护车身金属板及表面涂层,不失为一种简单、方便、得心应手的矫正方法。吸引法使看似棘手的变形瞬间复位,比起用其他连接方式,自有其独到之处。

吸引法矫正的缺点是,仅适于修复以弹性变形为主的面积较大的凹陷损伤,应用范围有一定的局限性。

除真空吸盘以外,还有一种称为电磁吸盘的工具,也具有吸引法矫正上述变形的功能,但其结构比真空吸盘复杂,造价也比真空吸盘高得多。

(二) 惯性锤法

近些年来,惯性锤法在车身维修行业中得到推广和应用,它与成套装卡定位装置配合使用。如图 4-129 所示,车身构件的许多变形和损伤都可以利用惯性锤的冲击惯性予以修复。

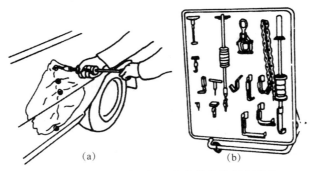

图 4-129 用惯性锤矫正车身构件的局部变性
(a) 应用实例图；(b) 惯性锤组件

用惯性锤组件矫正变形时，应先将拉杆的一端用定位装置与变形部位固定，再用手捉住滑块迅速向与变形相反的方向滑动，利用滑块沿杆身滑动时的惯性力，冲击杆端并带动定位装置使变形得到矫正。可见，牵引力的大小主要取决于拨动惯性锤的力的大小和滑动速度的快慢。这两个因素决定着滑块对杆端作用力的大小，亦即对变形的矫正力的大小。

惯性锤法与锤击法有很大区别，前者通过定位装置将惯性锤的冲击力作用在变形的部位使变形和损伤得到修复而后者则通过直接锤击变形金属表面来达到矫正目的，显然，对薄壳类车身构件而言，后者对矫正变形更有利，并且对金属表面的损伤程度也小，尤其不会产生因锤击而造成的延展变形。运用惯性锤法，操作者可以直接控制惯性锤冲击力的大小，对变形的矫正过程也比较直观。

惯性锤法矫正变形的作用原理虽然相同，但装卡装置可选择的范围很大，因为车身构件的变形与损伤是多种多样的。这就要求装卡与定位装置，既要适用于多种变形的矫正，又能方便灵活地装卡于车身损伤各个部位。如此，才可以为车身钣金件的矫正作业提供更多的方便。通常有以下几种装卡定位方式：

1. 夹持方式

该方式利用某些车身钣金件便于安装夹具的便利条件，应用各种类型的特制卡钳，将损伤部位以夹持方式固定并与惯性锤的滑杆相连。这种方法适用于翼子板、车轮拱形罩、壳体及车门下边缘等处变形的矫正，而且这种装卡方式一般也不会损坏矫正部位的金属。

夹持方式能承受较大的矫正力，但装卡钳的方法和牵引力的作用方向一定要正确。图 4-130 所示为使用夹持方式进行局部矫正的应用实例，借助液压矫正设备和专用夹具可以对车身局部变形进行可靠的固定和牵引。

2. 旋入方式

该方式利用 T 形尖锐螺旋锥钻入薄板类车身构件，如壳体蒙皮、车垫、翼子板凹陷部位等，实现滑杆与变形构件的可靠连接，但是，旋入方式的操作必然会在被修复的构件上留下螺旋锥孔，故矫正完变形以后还应逐一将孔补焊并用砂轮、锉刀等工具磨平。

旋入方式仅用于矫正薄板的变形，而且所能承受的矫正力也比较小。

3. 挂环方式

挂环方式是在构件的变形部位，焊上若干个用于连接滑杆的挂环。当凹陷面积较大时，也可以并列焊多个拉环并穿上拉轴，以使矫正力能均匀地作用于变形表面，如图 4-131 所

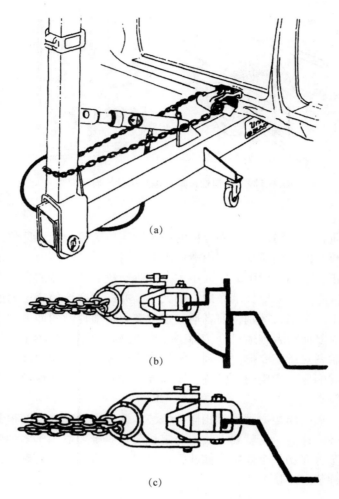

图 4-130 夹持方式应用实例

(a) 使用液压设备进行牵引；(b) 对封闭型断面的夹持可在局部开"窗口"；(c) 对非封闭型断面的牵引

示。拉环可用装配垫圈来代替，这类小零件在车间随处可见。这种连接方式也适用于薄板类构件的变形，特别是对那些不便进行矫正操作的部位（如门槛板、加强筋、车身型线等）的矫正十分方便。

挂环方式虽然能承受稍大一点的矫正力，但是焊接挂环会破坏钢板背面的防锈层，并且整形后还要去掉挂环并对焊接点进行修磨。

（三）牵引法

惯性锤法所需的矫正力完全依赖手动，故仅适于矫正较小的变形和强度、刚度不高的构件。对于像箱式断面的梁式构件和较为严重的变形，惯性锤法就显得无能为力了。

牵引法则是借助外力的牵拉作用，来实现对骨架、横纵梁、翼子板、门槛等变形的矫正。如图 4-132 所示，选用合适的装卡定位装置与车门或车身的变形部位固定后，就可以借助外力轻而易举地将变形矫正过来。

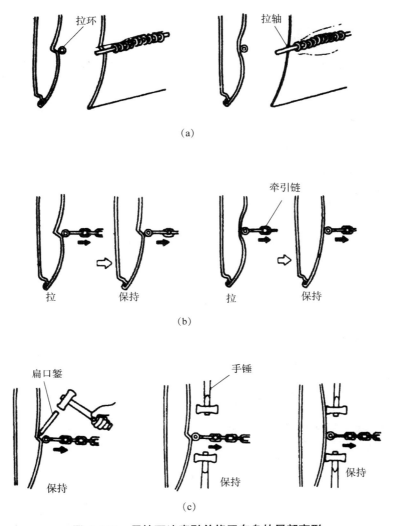

图 4-131 用挂环法牵引并修正车身的局部变形
(a) 于变形部位焊接拉环并穿拉轴；(b) 用牵引装置拉紧链条并保持一定的拉力；
(c) 用扁口錾修整型线或用木槌敲击凹陷周围的隆起部分，使变形在振动过程中恢复

有些场合不宜将装卡定位装置直接夹持在车身的某些部位上，此时同样可以用焊接挂环的方式实现与牵引的连接。

有时，车身构件并非是向车内方向的挤压变形，而表现为向外弯曲的膨胀形式。对此也需要运用牵引法加以矫正，只不过是作反向牵引而已。有效的矫正方法是利用具有向内收缩功能的工具或设备，使外胀式变形得以向相反的方向收缩。当车身的变形发生在单边时，向内牵引收缩的固定方法亦应有所变化，需要另选强度高的部位作为收缩牵引的基础，以防止车身的另一侧发生不应有的变形。

对于较大的车身构件，有时需要采用支架拉伸的方法进行牵引。如图 4-133 所示，由于受主梁高度的限制，因此牵引时需要用支架将车身升起一定的高度，然后将牵引设备送入车身底部进行不同方向的牵引操作。

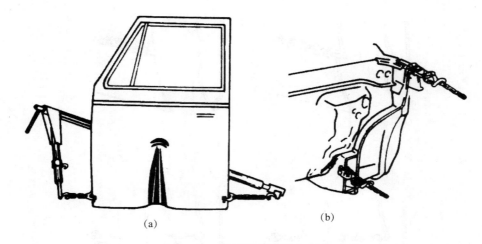

图 4-132 牵引法矫正车身变形
(a) 车门的牵引;(b) 车身的牵引

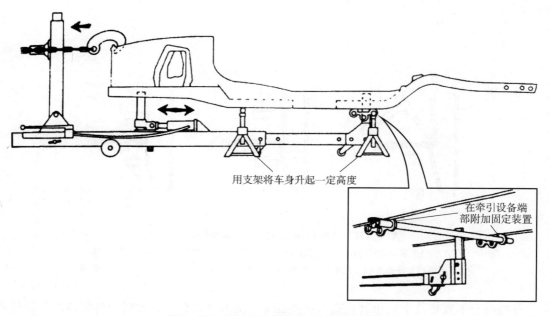

图 4-133 采用支架拉伸的方法进行牵引

图 4-134 所示为车身侧向牵引的操作实例。它是借助木块固定并使用牵引设备来矫正局部变形的。

图 4-135 所示为前车身变形的牵引操作实例。它是借助焊上去的拉板并使用牵引设备来矫正局部变形的。

牵引法与前述惯性锤法的主要区别:除可以视需要获得足够的矫正力外,惯性锤法所施加的矫正力往往是冲击性的,而牵引法所施加的矫正力则可以从零开始逐渐加大到所矫正力的极限;牵引法可以从不同角度同时增大牵引力,对矫正综合变形更有利。可见,

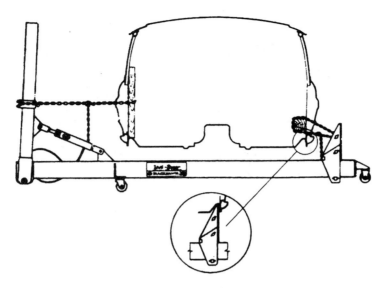

图 4-134 牵引设备与木块配合使用

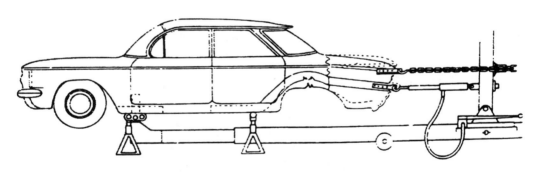

图 4-135 牵引设备与拉板配合使用

牵引法更适合矫正大型构件的多方位变形，尤其是矫正车身的整体变形，非使用牵引法不可。

在牵引法中，除运用拉链并附以各种定位装置外，皮带式牵引法也有其特殊用途和独到之处。如当翼子板下边缘被向内挤压变形后，可牵引挂在翼子板边缘上的牵引皮带，使变形得到矫正。当然，若需要矫正单边的变形，则皮带的另一端应固定在其他强度较高的部位。运用皮带取代拉链牵引的好处在于，可避免铁链对车身外表面的刮伤。另外，在牵引的选择方面也有较大的余地。

(四) 支撑法

车身钣金件的变形方向往往比较复杂，但是由于受牵引方向以及设备、工具等的限制，对于开口类、框架式车身结构（如门框、窗框、发动机室、行李箱等）的挤压变形，如果使用支撑法矫正就显得比较得心应手。支撑法利用可以伸长的支撑杆的支撑力将框架式构件的变形垫压至理想的位置，如图 4-136 所示。

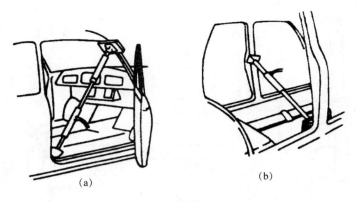

图 4-136 支撑法矫正车身变形
(a) 前窗柱的矫正；(b) 侧窗柱的矫正

对于一些综合变形，往往是将支撑法和牵引法配合运用。如图 4-137 所示，翼子板的严重变形波及了窗柱，仅用支撑法直接矫正窗柱的变形是不可能的；反之，仅用牵引法矫正前部的变形也很难奏效。两种方法配合使用，就可以获得事半功倍的整修效果。

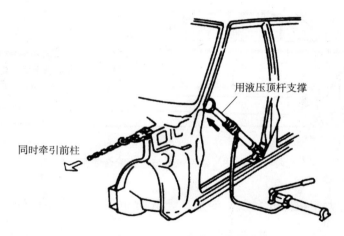

图 4-137 牵引法与支撑法配合矫正

支撑法也适宜矫正车身底部于垂直方向上的变形，对于车身底梁的水平方向变形可用牵引法矫正，但对垂直方向的变形就不好进行牵引。若车架和承载式车身的车底纵梁产生拱曲，则用支撑法矫正就显得十分方便。矫正车架的下拱形弯曲时，将梁的两端于垂直方向固定后，用液压千斤垫支撑变形最大部位，弯曲就很容易得到矫正。同理，对于上拱形弯曲也可以用支撑法矫正，只需要变换一下支撑位置即可。

图 4-138 所示为支撑法修复车垫变形的操作实例。对于车垫罩及其周围发生的凹陷变形，可以使用便携式液压工具并配以专用橡胶接头垫出，矫正过程中使用钣金锤和垫铁按预定要求（如虚线所示）进行整形即可。

支撑法矫正用起来也比较灵活，一般分为液压和机械式两种，其中液压方式的使用性最好也比较多见。与支撑工具配套的各种类型的支撑座,可以适用于车身上的不同部位,所以,一般不必借助其他连接方式就可实现对变形的矫正。

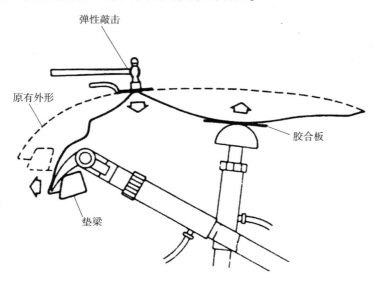

图 4-138　车垫凹陷的支撑方案

三、钣金收放

收放操作是针对金属板的膨胀、收缩变形而进行的。车身维修中无论是冷作还是热加工,都会不同程度地造成金属板的变形。如当熔焊、钎焊或对金属板进行加热时,金属材料便会受热膨胀,而当其再次冷却下来时,金属板就会收缩从而导致其变形和失去原来的形状,如图 4-139 所示。

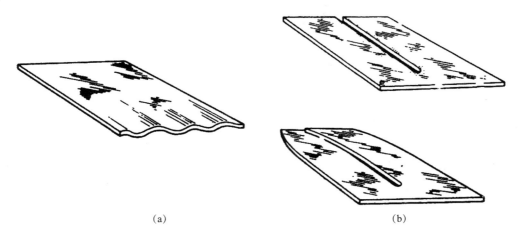

图 4-139　金属板的热胀与冷缩变形
(a) 金属板边缘受热并冷却后自然形成的波浪形状;(b) 整个金属板加热并冷却后自然形成的翘曲变形

钣金作业中,对板类构件所进行的焊接、成形、矫正、敲平等,都会使金属发生延伸或拉紧,对车身局部或整体参数都会产生不同程度的影响。一方面,车身上板类构件所发生的尺寸变化,势必给装配带来一定的困难;另一方面,与延伸相伴的是变形,也非得进行矫正不可。

车身钣金件变形的根源主要是由板厚不均造成的。其中,变薄那部分金属的组织被拉长,形成疏松状态(俗称"松"),同时引起相邻金属的相对紧缩;而变厚那部分金属的组织被压缩,则形成紧的状态(俗称"紧"),同时引起相邻金属的相对松弛。

焊接或挖补作业将会使金属受热膨胀,不均匀的加热与冷却同样也会导致金属的延展或收缩。如图4-140所示,将两块金属板对焊时,当已经焊过的区段开始固化收缩时,熔池内的白热金属在膨胀而且强度减弱,然后,已经完成的焊缝金属继续冷却,所产生的收缩力将引起施焊区段内继续积聚变厚,从而造成两块金属板之间相互拉进、靠拢直至重叠,结果使整个焊缝长度缩短,焊缝区域内金属板的翘曲变形便由此形成。冷却后金属板在内应力的作用下,必然会出现不同程度的延伸或拉紧,板厚也因此变得不均匀了。

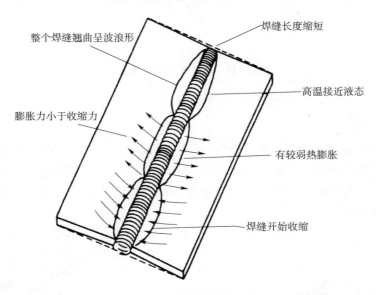

图4-140 金属板对焊时的热变形

当车身钣金件的尺寸和形状(如翘曲、扭曲变形)发生的变化超过一定极限时,车身构件就很难正确地装配在一起;薄板类构件呈现的隆起变形,在外力的作用下还会弹来弹去,产生所谓的"油壶现象";有时车身构件的内应力还会与汽车运动载荷合并,从而对构件的安全性构成一定威胁。显然,这都需要通过收放操作并消除内应力来恢复车身构件的原始状态。

由此可见,车身钣金技术中收放作业的目的在于:对伸展、膨胀的金属进行收缩(以下简称"收");对收缩、拉紧的金属进行延展(以下简称"放")。收放可以将尺寸误差和形状与位置误差控制在技术标准之内。

车身钣金的收放作业有以下三种形式。

(一)冷作法

用冷作法(也称锤击法)收缩与延展,以钣金锤和垫铁为主要工具,通过敲击拉紧部位使之放松,从而达到修正的目的。

冷作法收缩与延展的突出优点是对防锈层的破坏程度较低,尤其适合修复耐腐蚀特种钢板;利用金属的冷加工硬化现象可进一步提高材料的强度和硬度;对薄钢板膨胀、隆起或拉紧、翘曲现象,收放效果十分明显;所用工具简单而且操作方便。另外,这些也使冷作法成了车身维修中钣金作业的首选方案。

冷作法收缩与延展也带有一定的局限性。如比较适合修复那些变形程度小、面积不大的构件;而对厚钢板或板类构件不具备一定的收缩、延展面时就不适用。缺点是操作效率较低并且具有一定的技术难度;反复锤击会使构件表面损伤,尤其是当变形面积、程度较大时,这一点就显得更加突出。

1. 薄板的延展作业

薄板的延展作业,是车身钣金技术中的一个基本功。掌握对薄板的冷作法延展的正确操作要领,还有助于得心应手地运用其他延展方法,因为其他延展方法一般还需要冷作法延展操作的配合。

薄板的拉紧与放松会导致其产生两种形态的变形。一种是由四周拉紧、中部放松形成的凸鼓变形;另一种则是由四周放松、中部拉紧形成的翘曲、扭动变形。操作前应经过认真分析、诊断,根据拉紧与放松的特征来确认属于哪种类型的变形,以便于区别对待。

对于沿周拉紧状态而引起的中间隆起,应通过锤击法延展、放松板料的周边,不应再敲击凸鼓中部以免变形加大。基本操作要领是:由四周开始锤击并逐渐向中间移动。其中,锤击边缘时的力度要大、击点要密,随着击点向中心的移动,力度应逐渐减小并使击点逐渐变疏,如图4-141(a)所示。如此,金属板就可从四周开始延展和放松并趋向至隆起面的中心,中凸变形自然会被消除。

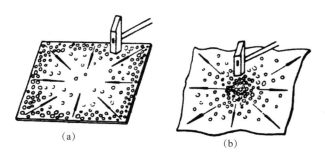

图 4-141 薄板的延展
(a) 放松板料的周边,以矫平中部凸鼓;(b) 放松板料的中部,以矫平四周的翘曲

对于沿四周放松、中部拉紧形成的翘曲、扭动,修正时与上述操作有所不同。锤击则从板料的中间部位开始并逐渐呈放射性地向四周边缘扩散。与前述操作的相同点在于,敲击力度也是由强到弱、锤击点同样要由密变疏。锤击使板面中间延展,拉紧状态被放松,翘曲和扭动现象自然也被消除了。

操作过程中还应注意延展的正确运用,不能一概而论。比如,对板面上存在的局部凹凸，就实在没有必要将凹凸的周围敲击膨胀。遇此情形可先用钣金锤、垫铁等将板面修平，然后再按上述要求进行延展作业；否则，不仅会使修正作业复杂化，而且还可能适得其反。

2. 收缩锤和收缩垫铁的应用

对车身上板类构件的膨胀并由此而引起的隆起变形，最有效的冷作收缩法是应用图4-142所示的专用收缩锤和收缩垫铁，在膨胀隆起部位进行类似于敲平的锤击操作。收缩垫铁的使用可比照精平那样采用"紧贴法"。为适应车身覆盖件的不同曲率，收缩锤与收缩垫铁的端面也有几种形状变化，实际操作时可视情况合理地选用。

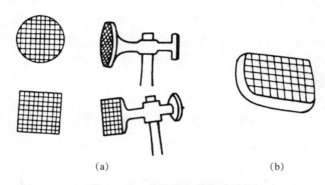

图4-142 收缩锤和收缩垫铁
(a) 收缩锤；(b) 收缩垫铁

用上述方法收缩中凸的隆起变形时，不允许将收缩锤与收缩垫铁同时使用。否则，反而收不到理想的收缩效果。合理的做法是，视实际情形交替使用收缩锤与收缩垫铁，一般是收缩垫铁的使用机会大于收缩锤的运用次数。其意义在于，收缩锤敲击过频容易导致金属表面损伤，因为锤纹的作用会使钢板外表变得不够光滑。与收缩锤交替使用的工具，是敲平作业所用的钣金锤与垫铁。

用收缩锤和收缩垫铁冷作收缩的原理十分简单。用收缩锤（内侧选平面垫铁）或收缩垫铁（外侧选平面锤）对板料锤击的过程中，收缩锤或收缩垫铁端面上的花纹能使被锤击的金属随之发生微小的多曲变形。显然，这种因敲击再次发生的微小变形导致板类构件的表面拉紧并收缩，而中凸隆起变形也随之被消除。

车身维修的钣金操作实践证明，冷作收缩法具有操作简便、收缩效率高等许多优点；也不需要对操作者的技能水平要求得十分严格；而且还具有独到的新颖之处。尽管国内车身维修行业中还很少应用冷作收缩法，但随着特种合金材料在车身上的广泛应用，其将以不可比拟的优越性，在车身维修行业中迅速流行、推广开来。

应用冷作法进行收放操作时，要十分注意板类构件的形态变化，要有针对性地调整敲击点的位置、范围、力度、疏密等，这些因素都会直接影响收放的工作质量、效率并造成明显不同的收放结果。当冷作法收放作业接近完成时，一般还要做一次精平。用平锤、橡胶锤等进行最后的调整性敲击，可使整块金属板的组织舒展、均匀，表面光滑、平整。

(二) 火焰法

运用火焰法收放，可以获得比冷作法大得多的收缩、延展量，因此，这种方法更适合膨胀程度大、拉紧状态严重而且范围面积大的变形。对此，如果应用冷作法收放，不仅难以奏效，而且对构件表面的锤击损伤也会增大。若运用火焰法收放，则可以十分有效地解决这类问题。

对需要延展的板类构件，只要在加热和加热后冷却过程中不停地锤击，就可以获得比冷作法大得多的延伸量。这种类似于锻打的作业方式，与冷作法延展相比有异曲同工之处，因为加热使金属的塑性提高、强度下降，加之锤击力的作用，理所当然地会获得明显的延展效果。火焰法延展特别适用于需要较大延展量的厚钢板。

1. 火焰法收缩原理

火焰法收缩（俗称收火）则属于另外一种类型的作业。它是利用金属热胀冷缩这一性质来达到收缩目标的。如图 4-143 所示，当利用火焰对钢板迅速加热时，受热点及其周围就会以此为核心向外膨胀并延伸至一定的范围。距受热点越近，金属的延伸、膨胀量也越大；反之，则延伸、膨胀量越小。由于受热点周围的金属仍然处于冷硬状态下，因此限制了膨胀的扩展并形成了沿周长方向的固定，使受热部位的金属不仅未能向外延伸，还造成了一定程度的向心压缩载荷。加热则使受热点变成红热区，压缩载荷最终演变成金属的垂直扩张，延伸量也为受热点金属的膨胀变厚所代替。

在此状态下，如果尽快使红热区冷却，受热点及其周围的板料就会收缩，局部表面积将比受热前小一些，金属内部也会伴随着产生拉伸载荷。若对受热点及其周围的金属进行轻轻地锻打，于垂直方向膨胀的金属就被压缩并固定了下来，材料的内应力也因此被消除，再加上冷却的作用，就可以获得更大的收缩量，因此达到了对板类构件膨胀、隆起的收缩目的。

冷却方式有风冷和水冷两种。前者的冷却速度稍慢，故收缩量比水冷要小一些；后者为急冷，金属的收缩量相对较大。因为用水对加热部位的急剧冷却，还会在四周形成更大的向心拉伸力。这种在加热金属周围产生的缩颈现象使板料的收缩量更大、收缩效果更明显。冷却方式需要依变形程度和膨胀状态的不同而定，但无论采取哪一种冷却方式，加热时的速度都必须是急剧的，以免对周围金属产生更大的热影响。

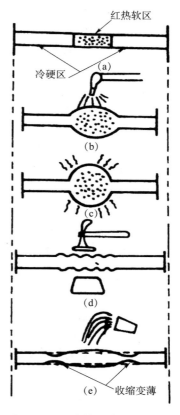

图 4-143　火焰法收缩的原理
（a）于收缩点加热；
（b）受热金属膨胀并使周围金属受压缩；
（c）受热金属进一步向垂直方向膨胀；
（d）锻打加热部位金属使其压缩并固定；
（e）冷却使加热金属发生缩颈现象

火焰法加热对同一点最好是一次性的，加热点的大小也应控制在直径为 20~30 mm 范围内。实践表明，即使适当增大加热点的面积，一般也不会收到更显著的收缩效果。因为膨胀与收缩量的大小均受到了金属膨胀系数和金属质量等多方面的限制。尤其当车身维修的钣金作业接近竣工状态时，更应避免过度加热并尽量减少加热点数量，以免给精平和涂装作业带来更多的麻烦。加热温度一般应控制在 500 ℃ 以内，相当于钢板受热点变为橙红色；当构件的板料较厚且需要大面积收缩时，方可适当加热到 700~750 ℃，相当于钢板受热点变为黄色或浅黄色。

需要注意的是，由于高强度钢在车身上应用广泛，因此给经验法判断火焰加热温度带来一定的困难，因为不同厂家生产的高强度钢其加热的临界温度是不同的，所以如果能够查出金属材料的性能及其加热临界温度则更好。

用彩色加热蜡笔可以更加精确地控制金属板的加热温度。这种蜡笔可以用于监视金属材料的实际加热温度，比用经验控制加热时金属板颜色的方法更精确、更可靠。使用前，先按加热温度要求选择符合控制要求的蜡笔，在金属板的加热区域画上蜡笔标记。当使用火焰加热至蜡笔上所标明的指定温度时，蜡笔记号便会熔化，此时应立即停止加热。

用火焰法对车身板类构件进行收缩操作后，金属表面就难免显得不光滑了，还需要用敲平法（精平）对收缩过的部位做精细的修整。另外，对构件尺寸、形状与位置误差等，也要进行一次最后的检查与校正。

火焰收缩法的优点是收缩效率高，操作过程也比较直观，缺点是会由于金属的热传导作用而破坏周围的涂层；而且高温对周围构件的热辐射也大，甚至需要拆除部分构件后才能施工。钣金作业中应尽量减少火焰法收缩应用的机会，尤其是当车身材料为耐腐钢板时，这一要求显得更加重要。

2. 用火焰法收缩局部隆起的操作实例

车身维修中利用火焰法对薄板进行收缩处理，是钣金工利用金属延伸（膨胀）或收缩力，将变形的金属恢复到原来的尺寸和形状的有效方法。因为当车身局部发生损伤或变形时，碰撞处必然会有一定量的金属产生拉伸而隆起。

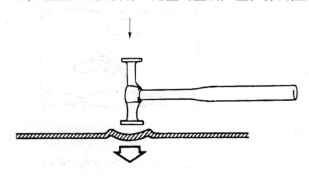

图 4-144　敲平皱褶时初步操作方法

采用火焰法收缩如图 4-144 所示的凹陷时，应先确定整个需要进行收缩的区域及其中心和最高点，按金属板的厚度选择合适的氧-乙炔焊嘴，点火后将其调整成中性焰，缓慢加热收缩区最高点直到樱红色。随着收缩区域温度的提高，金属板将随之膨胀而隆起。此时，去掉加热火焰而后迅速用平锤敲击隆起部位，经数次连续击打后，隆起塌陷，冷却后可初步消除隆起并得到较好的收缩效果。

加热时应注意对加热点尺寸的控制，加热点直径一般为 18 mm。加热点的温度也不宜过高，尤其是焊枪与金属板的距离不要过近，否则会使加热点处的薄板烧穿造成更大的麻烦。

完成上述粗略整形后，应按照图 4-145 所示的方法，用垫铁或修平刀垫住锤击点的另一面，同时，用钣金锤敲平加热点区域及其周围皱褶和波峰。运锤时应注意的操作要领有：

①锤击次序按图 4-146 中所标出的顺序号进行，落锤点在波峰处并且从锤击点开始向中心滑动（即向加热中心移动，R 为运锤方向）。

②锤击操作的速度宜快不宜慢，因为薄板的散热速度较快，并且当金属冷却下来后，平皱的效果将会大大减弱。

③严格控制锤击的力量不要过大，因为加热区的金属变软并且强度较弱，多余的金属

有向加热区转移的倾向，使之变厚，若锤击过度，则会使该区域的金属减薄形成再度拉伸。

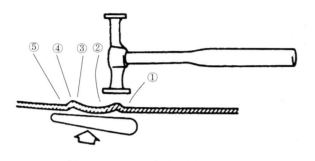
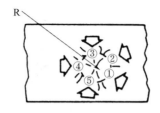

图 4-145　进一步敲平皱褶的方法　　　图 4-146　收缩时的锤击次序及运锤方向

R—快速滑移向中心锤击

火焰法收缩敲平时的技术关键是对敲击力度的控制。因为采用"紧贴法"本身就容易使板料延展，所以敲击时不能像砸钉子那样用力大而猛。一般初期的敲击力度可稍大一些，随着损伤面收缩程度的变化，敲击力度应随之减弱，否则将欲速则不达。因为在加热收缩后的敲平过程中延展量增大时，还要依靠收缩法来重新消除隆起和变形。特别是车身材料的优化（如高强度钢板和表面处理钢板等的应用，有条件使板类构件趋于变薄和不便于收缩），也给收缩作业带来许多困难，因此操作时应将延展量控制在最小并保证一次成功。无论如何，反复在金属板的同一部位进行加热和收缩操作是不可取的。

（三）电热法

如前所述，冷作法需要于构件的两面同时操作；而火焰法的热辐射范围大会使作业场合受到某些条件限制。这里介绍的电热法则有许多不可比拟的优点。

多功能车身整形焊机及其与之配套的电热棒和电热收缩锤，是电热法收缩的主要工具和设备。它的工作原理比较简单，作为电源的主机通电后，可以对电热棒或电热收缩锤进行加热。

根据需要选择作为不同变形状态下的整形工具——电热棒或电热收缩锤，就可以实现对薄板类车身构件膨胀、伸展的电收缩。电热法收缩的效率高、质量好、变形小、热影响低，真可谓"事半功倍"。

如图 4-147 所示，将电热棒（碳棒）通电加热后，便可直接在待收缩钢板上回转划动，使膨胀、隆起的金属受热。视情采用风冷或水冷方式冷却加热点，板类构件的伸展、膨胀就会收缩（机理同火焰法），变形和内应力得到消除从而达到修复的目的。另外，与多功能车身整形焊机配套的电热收缩锤也是一件比较得心应手的工具。电热收缩锤能够在加热过程中轻轻锤击被加热金属使热膨胀得以固定。由于它是在通电加热状态下拍击钢板表面的，显然与冷作法中的敲平作业存在着明显的不同，因此理所当然地得到截然不同的结果。

电热法收缩不会像火焰法那样，在构件表面上留下因加热而导致的不平，也不会有火焰法那样大的辐射热而殃及其他构件。收缩终了一般不必用平锤、垫铁等工具敲平；有时还可不必拆除内饰板等关联件，从车身外侧即可直接进行收缩操作；对钢板表面的烧损面和对周围涂层的破坏程度等，也比火焰法轻得多；对面积较大薄板类膨胀变形有不可多得的收缩效果。电热法收缩的缺点是受加热速度和能量的限制，对厚板或深度变形的收缩则难以奏效。

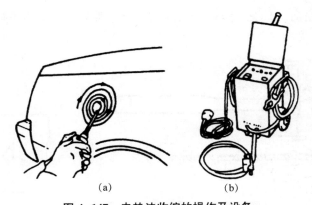

图 4-147 电热法收缩的操作及设备
(a) 用电热棒加热并收缩车身翼子板；(b) 多功能车身外形修复机

四、填料填补修复

对于板件上的小凹坑和小缺陷，现代做法是用填料加以修补，填料可以是塑性填料，腻子和焊锡。

成品填料和腻子都是用质地坚实、重量轻、附着力好、填充性好的材料调成的，填料和腻子成品有多种类型，配套方式也有多种，表 4-4 为车身维修作业常用的几种腻子和填料。

成品腻子每道涂层厚度的限值因厂家而异，大致情况是：钣金填料、中间填料约为 10 mm；聚酯油灰，刮涂型为 3 mm、喷涂型为 1 mm、清漆腻子为 0.1 mm。

表 4-4 车身维修作业常用的几种腻子和填料

型 式		主要用途	特 点
钣金填料	蜡面型	填补较大凹陷和擦痕	①干燥后表面会形成蜡膜，需要用一种塑料磨具粗磨一下 ②堆积性极好 ③干燥后坚硬，但不宜打磨
	轻量型	填补较大凹陷和擦痕	①由空心金属粉粒组成，刮抹时有"沙沙"声 ②堆积性极好 ③打磨性好 ④疏松多孔
	玻璃纤维或铝粉型	填补较大凹陷和擦痕	①堆积性极好 ②抗锈耐久 ③还可用来填补板件上的小孔洞

如何正确选用不同类型的填料和腻子是很重要的，大于 3 mm 的凹坑应先用钣金填料或中间填料填补，然后覆以聚酯油灰做面层，打磨后再施一道聚酯油灰、清漆油灰或喷涂一层底面两用漆。

如果板件上原来的旧漆属自然干燥型（精漆或丙烯酸树脂），腻子中的溶剂可能会渗入旧漆层，造成漆层剥离。同样，如果旧漆属二元反应型烘干漆，也会出现这种问题（丙烯酸树脂+聚氨酯型漆干燥后虽不怕有机溶剂，但如果老化变质很易受溶剂侵蚀），因此不要在此类旧漆膜上施涂腻子，必须使清除漆层的面积比补腻子的范围大些。

填料填补工艺：

1. 清除板件上的漆膜

填补部位的旧漆层必须打磨干净并倒以坡口，如图 4-148 所示。由于打磨产生的热量会使漆膜软化、粘在砂纸上，因此除丙烯酸树脂漆外，一般都用 60 号砂纸打磨。丙烯酸树脂应先用 24 号砂纸把漆皮去掉，然后再用 60 号砂纸磨去道痕。

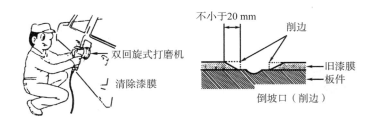

图 4-148 倒坡口

2. 清洗板面

先用压缩空气吹掉施工部位的尘污和油水，再用脱脂剂去除蜡和油迹。雨天或湿度较高的场合，可用红外线灯烘烤板面去湿。当环境温度较低时，为改善填料的附着性和加速干燥也要将板面加热到 20 ℃ 左右，如图 4-149 所示。

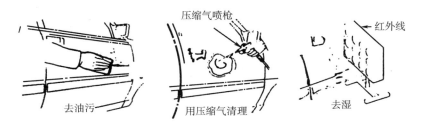

图 4-149 清洗板面

3. 调配腻子

按厂家的说明将一定量的填料、固化剂放在腻子板上，用灰刀调匀。调配时不可为了加快干燥而多放固化剂。用灰刀调和时要注意不要搅入空气，调到腻子的颜色均匀一致为止。一次调配量不宜太多，以免调和时间太长而导致腻子变硬。

4. 涂刮

使用刮刀刮腻子时要纵向（长度方向）运刀，若填补的区域为圆形，则可按图 4-150 所示的运刀方向施工。涂刮时，要轻度按压腻子，刮刀每次盛的腻子要适量，填补时可比实际需

图 4-150 运刀方向

要量多一些。一次涂层不宜太厚，最好分成几次涂刮，以避免出现气泡和针孔。当上道腻子半干以后才施下一道腻子。

5. 干燥

腻子抹好后，可在 20 ℃下静置 20~30 min 后再进行干燥，若气温低或湿度大，则干燥时间需相应延长。若用烘干设备强制烘干，则应避免升温太急剧或温度太高而导致腻子卷皮或开裂。腻子表面温度以 50~60 ℃为宜。

6. 修刮打磨

蜡型腻面可用修刮器进行初步修整，要趁其半干并仍有一定柔韧性时进行。如图 4-151 所示，修刮应顺着多方向进行，如上下、左右、斜向等。

初步修刮以后，再用打磨机进行打磨。打磨机有双旋式、单旋式及往复式三种，可根据打磨条件加以选取。

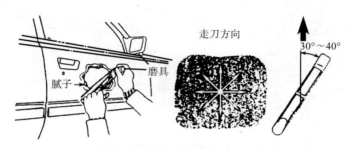

图 4-151　填料修磨及运动方向

五、板件切换修复

板件切换亦称板件挖补，是将损坏到不可维修的钣金件切除，换上新补件的一种修复工艺。其钣金损坏主要是由于严重锈蚀，或已经多次焊补，或由于严重碰撞。其损坏件往往是原件无法修复或无修复价值。正确的板件切换修复能使板件强度得到恢复，外形可以复原。

板件切换比板件贴补优越。其一，由于焊缝是对口的，有利于焊接施工和整平作业。其二，切换过的零件形状准确，质量较高。其三，切换后不存在夹层，便于两面油漆，也不会因夹层存积泥水而很快产生锈蚀。所以钣金维修作业往往采用切换而不采用贴补。

板件切换包括螺栓连接板件的切换和焊接板件的切换。螺栓连接板件，一般是将板件从车上拆下后进行切换。而焊接板件的切换只能在车身总成上进行，其工艺比较复杂，技术要求也高。

（一）螺栓连接板件的切换工序

(1) 板件从车上拆下后，首先仔细检查切换部位的损坏情况，确定切换范围。

(2) 根据已确定的切换范围，打出纸样板。此样板可以不带折边或卷边的余量。

(3) 根据纸样板在铁板上划线，加放折边或卷边余量，准确下料。

(4) 根据欲维修切换部位的形状进行补件加工使其与准备切换部分的零件表面形状完全吻合。

(5) 将新制的更换件夹紧在更换部位，作为样板划线切去损坏部分，使补片紧密地接在切除之处。

(6) 先点焊几处定位，再按顺序焊接在一起。

(7) 用铁锤整平焊缝并用锉刀等进行修整，使之形状平整、圆顺、光滑而美观。

（二）对焊接板件的切换修复

现代车身结构，大多由各种钣金结构件经焊接组装而成，掌握焊接板件的切换修复技术是一个熟练钣金工所必须具备的技能。对初级钣金工来讲，应该了解掌握一般钣金焊接件切换知识。

1. 拆开前的准备工作

实施切换作业前，应该先拆除有碍切换作业的各类附件，如玻璃、内外饰件等，由于撞击而损坏的车辆，必要时应进行整个车身的找正，然后进行更换部分的切除作业。

切除范围的确定是很有讲究的，一般来讲，切除的范围不要超出受损面，但并非可以随便选择哪里作为切口，若切口位置选择不当，则会影响车身强度。

切口选位与车身的结构、形状和强度有关，应按照具体维修手册上所注明的位置选取。原则上必须遵循保证质量和提高维修效率两个方面，具体可按如下选位，如图4-152所示。

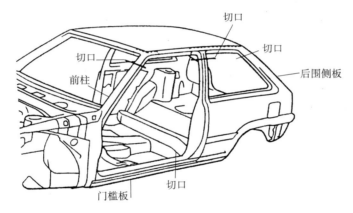

图 4-152 切口位置

(1) 无补强构件或无通道处。

(2) 非应力集中区。

(3) 表面修整量小的部位（有漆或饰条覆盖）。

(4) 切口小或拆卸工作量小的部位。

2. 粗割

多数板件是由点焊连接的，对碰撞损坏的板件由于基础材质未损，不可能作为一个整体拆下，可先沿焊缝处将板件切开，然后再拆除焊点，就方便多了。这种做法称为粗割法。对于大多数板件的更换，都可以用粗割法提高效率。

当用上述切补法更换板件时，新旧板件均用粗割。新板件要有30 mm的放量，以后再用气动锯将多余部分切下，使板件精确拟合。

进行粗割时，所用工具要与切割部位相适应。常用粗割工具及其特点见表4-5。

表 4-5 常用粗割工具及其特点

粗割工具名称	适用范围	特　点
气动锯	一切车身板件，如纵梁、横架、立柱、门槛板等	①切痕整齐 ②可切割较厚板件
气动錾配割板錾	外板件，如后围侧板、地板、门槛板等薄板件	①速度快 ②噪声大
氧乙炔割具	厚板件，如纵梁、横梁和挡泥板等	①速度快 ②切痕不齐 ③有火星 ④可能造成板件变形

图 4-153 所示为气动锯粗割作业。图 4-154 所示为气动錾粗割作业。图 4-155 所示为氧乙炔割具粗割作业。

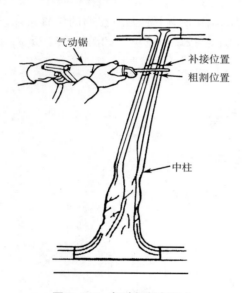

图 4-153 气动锯粗割作业

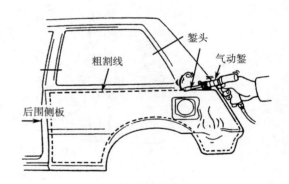

图 4-154 气动錾粗割作业

3. 剥离焊点及拆解连续焊缝

点焊连接的车身板件，拆除作业量主要是剥离焊点。剥离焊点的方法，一是切，二是磨。有的点焊部位有多层板件，用什么剥离工具取决于板件的布置，剥离时尽可能不损伤保留板件。

图 4-156 所示为确定焊点。剥离焊点，首先要确定焊点位置。可以用焊枪烧焦漆膜，再用钢丝刷刷掉旧漆寻找，如图 4-156（a）所示，或用扁錾探查，如图 4-156（b）所示，注意的问题是在烧漆时不要使钢板变色，要轻烧轻燎，随时刷掉。

焊点位置确定后，可以用切具来剥离焊点，焊点剥离如图 4-157 所示。图 4-157（a）所示为锯孔器和钻头式剥离焊点的原理。

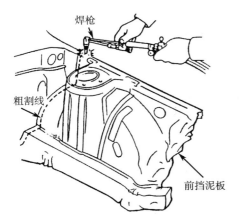

图 4-155 氧乙炔割具粗割作业

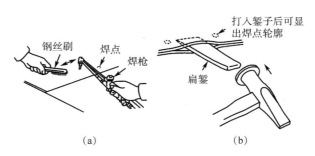

图 4-156 确定焊点

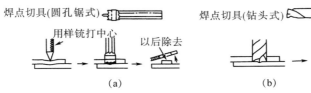

图 4-157 焊点剥离

表 4-6 为用焊点切具剥离焊点的适用范围及特点。

表 4-6 用焊点切具剥离焊点的适用范围及特点

		适 用 范 围		特 点
焊点切具	钻头式	φ8 mm		①所换板件夹在中间 ②切换板件在上层的，焊点小	①不伤及底面板件 ②底面板件不留焊点，清理方便
		φ10 mm		①所换板件在上层 ②板件厚（焊点大） ③焊点已被损坏	
	锯孔器			所换板件在上层	①不伤及底面板件 ②仅切割焊点外缘板件；分开后还需清理焊点
	钻头			①所换板件在底层 ②所换板件夹在中间且不能由底面焊接	①成本低 ②新近推出一种省工型点焊剥离器，使用方便并自带夹紧装置

对板件采用保护焊连续焊接的长焊缝，一般可用切割砂轮解板，图4-158所示为切割砂轮和盘式砂轮机拆解焊缝的示意。图4-159所示为拆除板件的不同切割方式。

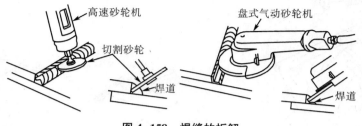

图4-158 焊缝的拆解

对铜焊件的拆解，可用氧乙炔焊炬加热钎料，然后用钢丝刷将熔化的钎料刷掉。应用此法要注意避免过热。熔去钎料后，即用螺丝刀将板件撬松分开，如图4-160所示。

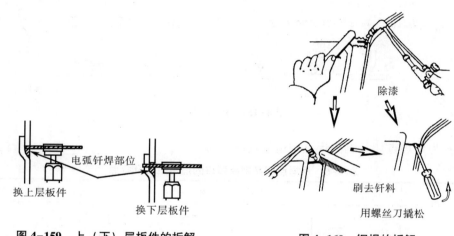

图4-159 上（下）层板件的拆解　　图4-160 铜焊的拆解

4. 清除和整备

拆下受损板件后，在装新补件之前，要进行清理和整备，磨去原来的焊痕，除去焊接面上的锈污，如图4-161所示。对于要进行点焊的板件，务必清除背面的油漆。并用手锤和托铁将板件焊接部位调平，如图4-162所示。最后在清理后的焊接面上涂防锈密封剂，如图4-163所示。

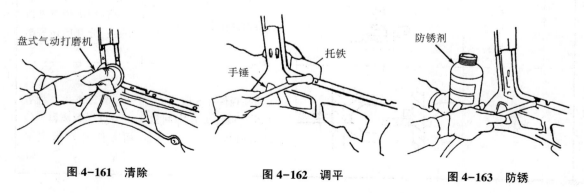

图4-161 清除　　图4-162 调平　　图4-163 防锈

5. 补件复合

受损板件切除，保留件经过整理调平准备就绪，再对补件（新制件）进行粗割，然后复合，定位，切割搭接部分，再进行焊接、修整、调平等细微工艺才能完成，其技术要求较高。

【知识链接】

计算机辅助钣金成形

计算机在钣金成形中发挥着越来越重要的作用。3D 软件中，SolidWorks、UG、Pro/E、SolidEdge、TopSoild、CATIA 等都有钣金件一项，主要是通过对 3D 图形的编辑而得到钣金件加工所需的数据（如展开图、折弯线等）和为数控冲床（CNC Punching Machine）/激光、等离子、水射流切割机（Laser、Plasma、Waterjet Cutting Machine）/复合机（Combination Machine）以及数控折弯机（CNC Bending Machine）等提供数据。

第五章 汽车车身测量与校正

第一节 汽车车身变形的测量

一、车身测量的意义

车身测量就是使用专用设备测量车身上各参考点的位置,将测量的结果和理想位置进行比较,确定车身故障损坏的范围、方向和程度,并为车身故障的诊断和校正提供依据。

测量工作是顺利完成各种车身修复必不可少的程序之一,是维持和恢复车身的正常功能,使汽车处于完好技术状态的主要依据。

车身碰撞变形后,对于局部变形可直观地做出判断,但对于整体变形损伤的诊断相对较难。若汽车整体参数发生变化,则对汽车的行驶性、稳定性、平顺性、安全性等都有较大影响。

在整个修理过程中,不论非承载式车身还是承载式车身,测量是非常重要的。必须对损伤部位所有主要加工控制点依照厂家说明书进行复查。为保证汽车的操纵性能,关键尺寸的公差配合不得超过 3 mm。

车身定位依靠定位孔,车身上大多数的控制点都是孔洞,而测量尺寸也是中心点到中心点的距离。若所测的孔不是同一尺寸,则它们通常也是同一类型的圆孔、方孔或者椭圆孔等。

车身维修的测量,一般分为作业前、作业中和竣工后三个步骤。作业前的检测,旨在确认车身损伤状态和把握变形程度的大小;维修作业过程中的检测,有助于对修复过程的质量进行有效的控制;竣工后的检测,为验收和质量评估提供可靠的数据。

车身整体变形的认定,主要依赖于对关键要素的测量结果。它不仅有助于对变形作出正确的技术诊断,同时,也为合理地制定维修方案提供了依据。其中,属于单一构件变形时,可以通过更换或修复相应的构件来解决;属于关联部件变形时,可从变形较大的构件入手,逐一进行校正和修复;而对于车身的整体变形,则应以基础构件变基准,综合地、全面地对整体定位参数值进行校对和修理。简而言之,以测量结果为依据制定的维修方案,不仅可行而且可靠,是实现正确诊断和高质量维修的基础。

对车身的校正或更换主要构件,需要通过测量来保证其相关的形状尺寸精度和位置精度；维修过程中不断测量车身定位参数值所处于的状态，可以保证修复作业是否在质量控制之下。因为为维持或恢复车身完好技术状况、工作能力、使用寿命的作业，有它应遵循的技术标准。其中，除可以进行定性评价的技术要求外，更多的则是依照测量结果进行定量评价的技术指标。更确切地说，测量对修复效果起着量化的验证作用，尤其是在校正变形的过程中，若离开了对外观参数的测定，修理作业就不可能成功，甚至是无法进行的。

二、车身测量的基准

（一）车身尺寸的基本要素

1. 控制点

车身上的控制点用于检测车身损伤与变形的程度。车身设计与制造中设有多个控制点，检测时可按技术要求测量车身上各个控制点之间的尺寸，若误差超过规定的极限尺寸，则应设法修复使之达到技术标准规定的范围，如图5-1所示。

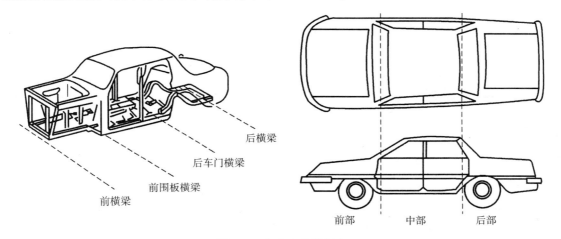

图 5-1　车身上的控制点

确定控制点位置时，首先在车辆的中部车身上找出一个水平面并在此面上确定 4 个未受破坏的控制点的位置，这样可以确定一个未受破坏的长度、宽度和高度。如果在中部车身上找不出 4 个未受损的控制点，应该在向前或向后的位置用测量的办法找出可以代替的点，直到其符合制造厂的技术标准。如汽车前悬架支承点与车身其他控制点的相对位置正确与否，会直接影响前轮定位角和汽车的轴距误差；发动机支承点与车身控制点的相对位置，则会影响到传动系统的正确装配，造成异响甚至损坏发动机或传动系统的零件。

测量人员应做到：准确并多次按照要求进行测量，测量过程中多次重新核实所有测量结果。

2. 基准面

基准面（基准线）是汽车设计时，人们为便于测量车身高度方向的尺寸而假想的平面，如图5-2所示。该平面与车身平面平行，有固定的距离。厂家测量得到的高度尺寸都是以该基准面为基础进行测量的，是汽车碰撞维修的主要参考平面。

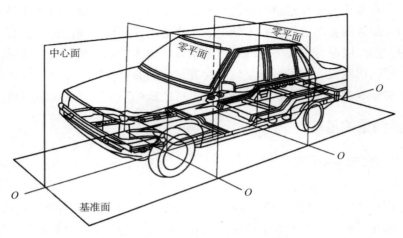

图 5-2 基准面、中心面、零平面

因为基准面是一个假想面,所以与车身地板之间的距离可以增减以便测量。若测量空间不足,则可以增加高度。非承载式车身基准面位于车门槛板下方 100 mm 处,如图 5-3 所示。

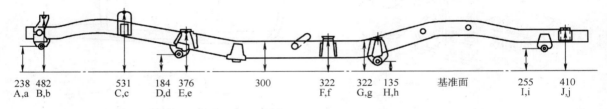

图 5-3 非承载式车身的基准面

在实际测量中,应根据上述基准面原则调整车身沿水平方向的高度,由此确定车身高度测量基准。如果遇到实际测量部位不便于直接使用量具时,可以根据数据传递方法将基准面上移或下移。这样不仅有利于测量仪器使用,而且也可以获得更加精确的测量结果。

3. 中心面(线)

中心面是一个假想平面,它的长度方向将车辆分为相等的两部分,即左半部分和右半部分。所有的宽度尺寸或横向尺寸都是以中心面为测量基准的,如图 5-2 所示。

实际测量中,使用定中规等测量仪器检查车身损伤时,如果不同测量断面上定中规的中心指销在同一条直线或平面上,可以说明车身无横向变形或损伤。如果经测量发现定中规有偏移时,则说明该断面车身发生了横向变形或损伤。

修复车身所发生的变形或损伤时,应在纵向、横向两个截面上反复调修、校对相对于标准的形状与位置误差参数,使车身表面各关键点(空间坐标)符合技术规定。更换车身覆盖件时,对互换性、形状与位置公差和装配准确度亦有着较高的技术要求。这些都很难单纯地依靠技术、工艺标准来实现对车身维修质量的控制与判定。对称车辆左右的测量结果相同。绝大多数车辆设计是对称的,但也要注意非对称车辆零件的数据差别。

4. 零平面（线）

汽车碰撞损伤往往影响多个部分，车身中部制造得很坚固，不会轻易弯曲，通常采用这个部分作为一个测量基准来测量不同的零件的宽度或长度。

但是，这个由构件组成的刚性壳体在承受载荷时依作用力与反作用力平衡法则，整个壳体在极限载荷内始终处于稳定平衡状态（图 5-4）。这如同凭握力并不能使鸡蛋破碎那样，所施的压力被蛋壳整体结构有效地化解了，在力学上称为应力壳体，如图 5-4（b）所示。

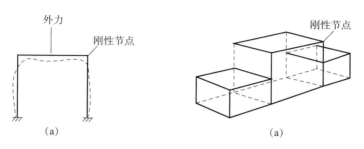

图 5-4 刚性框架的受力分析与应力外壳
(a) 受力分析；(b) 应力壳体

根据应力车身壳体的变形特点和损伤规律，测量时可以将前、中、后三部分或左右对称部分的界面称为零平面，而零平面的变形可以理解为最小。以中间车身为例，当车辆发生撞击事故时，损伤最轻的部位通常为中间车身的对称中心，若依此为基准测量，同样可以得到可靠的检查与测量结果。

5. 高度尺寸测量

高度尺寸为测量点和想象的基准线之间的距离。实车上看不到基准线，因为它只存在于尺寸图上，因此在执行实际工作时，基准线就要转换成实际可看到的物体。由于车身校正平台表面是平的，因此可以用来当作基准线。实际高度尺寸必须经由计算之后再转换。

（二）车身尺寸的读取

虽然车身数据各公司不同，但是基本数据基本相同，一般标注了车身上特定的测量点并反映出测量点的长、宽、高三维数据。以此数据为依据对车身进行检测、评定损伤程度。如图 5-5 所示，上半部分是俯视图，下半部分是侧视图。

1. 宽度数据

在俯视图中有一条贯穿左右的线，这个线就是中心线，又称中心面。A 和 a 两点相对中心线对称。

2. 高度数据

俯视图下方有一条线，这条线就是车身高度的基准线（面）。俯视图上每个点到高度线都有数据标注代表测量点的高度值。

3. 长度数值

在俯视图中，可以看出汽车前部与后部每个测量点到零平线的长度数据。使用这种数据图配合测量系统进行测量时，先调整车辆的高度达到要求的数值，再把车身固定。移动检测系统，把车身调整到与车辆宽度中心线一致。将车身下部的基准孔作为长度零点。找到长、

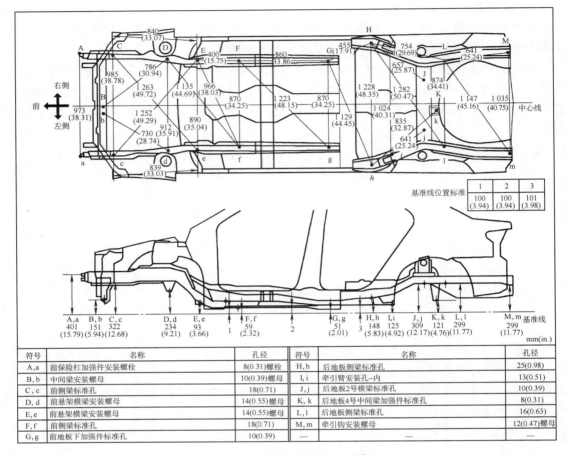

图 5-5 车身底部数据图（三维）

宽、高基准后，可以使用各种三位检测机进行测量。

若车身受到较为严重的碰撞损伤，则可以利用参数对车身和车架进行校正和修复，按照车身定位尺寸图进行修复，可以保证维修的可靠性和准确性。

（三）测量方法

1. 参数法测量

参数法以车身图纸或技术文件中的规定来体现基准目标。汽车车身尺寸图中，一般都注明了车身上特定的测量点。以此为基准对车身的定位尺寸进行测量，可以准确地评估变形及其损伤的程度，属于比较可靠也较为流行的方法。

如图 5-6 和图 5-7 所示，无论是承载式车身还是非承载式车身的车架，其定位基准和测量参数存在着密切的关联性，见表 5-1。这种数据链关系，一方面，说明了车身定位参数的变化"牵一发而动全身"，在一定程度上增加了校正与测量的复杂性；另一方面，还说明即使较为严重的机械损伤，也可以利用目标参数来实现对车身、车架的校正与修复。按车身定位尺寸图体现的基准目标，既可以满足设计要求，又可以保证测量结果的可靠性、重现性。

第五章 汽车车身测量与校正

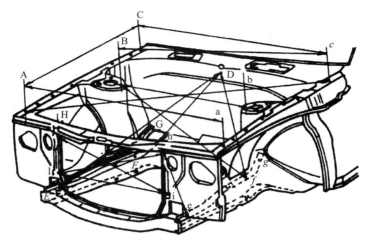

图 5-6 承载式前车身定位参数测量示例

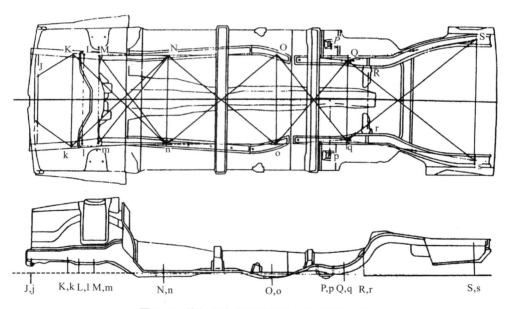

图 5-7 旅行客车车架的定位参数测量示例

表 5-1 车身的定位参数名称及数值示例   单位：mm

测定方向	前车身测定部位	参数示例	测定方向	车架测定部位	参数示例
发动机室长度方向上的测量	A-C	901	车架长度方向上的测量	M-N；m-n	582
	a-c	901		N-O；n-o	891
	B-C	454		O-Q；o-q	585
	b-c	454		Q-S；q-s	1 082

续表

测定方向	前车身测定部位	参数示例	测定方向	车架测定部位	参数示例
发动机室高度方向上的测量	A-a	1 256	车架高度方向上的测量点与基准水平线的高度差	J, j	66
	B-b	901		K, k	106
	C-c	1 284		L, l	90
发动机室对角线的测量	A-c	1 557		M, m	90
	a-C	1 557		N, n	-25
	B-c	1 168		O, o	-32
	b-C	1 168		P, p	5
	B-f	921		Q, q	12
	b-F	921		R, r	150
发动机室高度方向上的测量	D-G	561	车架对角线长度的测量	S, s	244
	D-g	561		J-K, j-k	352
	D-E（四门轿车）	978		K-n, k-N	1 114
	D-e（两门轿车）	980		M-n, m-N	960
	D-F（四门轿车）	652		N-o, n-O	1 180
	D-f（两门轿车）	653		O-q, o-Q	939
	H-E（KE 系列）	287		Q-s, q-S	1 379
	h-e（TE、AE 系列）	297		K-k	780
水箱支架宽度方向上的测量	（KE 系列）H-h	762		L-l	778
	（TE, AE 系列）	538	车架宽度方向上的测量	M-m	761
	（KE 系列）I-i	758		N-n	765
	（TE, AE 系列）	538		O-o	782
水箱支架对角线的测量	（KE 系列）H-i	779		P-p	892
	（TE, AE 系列）	580		Q-q	690
	（KE 系列）I-h	783		R-r	490
	（TE, AE 系列）	580		S-s	1 060

以图纸规定为基准的参数法在车身测量中，其定向位置要求，用点与点之间的距离来体现；其对称性要求，用模拟轴线（或点）与实际对称轴（或点）的相对位置来体现。

2. 对比法测量

对比法是以相同汽车车身的位置参数作为基准目标。当然，所选择的车身应完全符合技术文件规定要求的状况，必要时还可以通过增选台数来提高目标基准的精确性。运用对比法确定测量基准时，应注意以下两个问题：

（1）数据的选取。由于对比法需要操作者视情况量取有关数据，选择哪些测量点、数

据链作为车身定位参数的基准目标,也是一个值得研究的问题。对此应遵循的原则是:

①利用车身壳体或车架上已有的基准孔,找出所需的定位参数值。

②以基础零件和主要总成在车身上的正确装配位置为依据。

③比照其他同类型车身图中的标示方法来确定基准参数的量取方案。

(2) 误差的控制。与参数法相对,对比法测量的可靠性较差。这就要求应尽可能将测量误差限制在最小,以防止因累计误差的增加而影响质量。其对策是:

①选择便于使用的测量器具(如测距尺)。

②不能以损伤的基准孔作为测量依据。

③同一参数值应尽量避免接续,最好是一次性量得。

若没有可供选择的车身作为对比条件,也可利用车身构件对称性的原则,进行对角线比较法和长度比较法测量,如图 5-8 所示,但这种方法仅适于程度不大的变形,而且还要求将二者结合起来进行综合评价才能判明损伤。

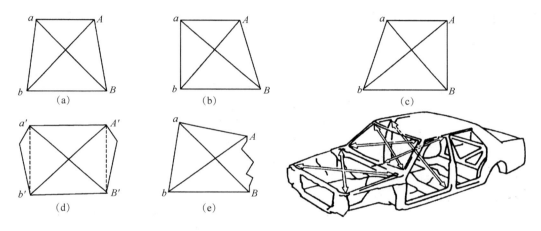

图 5-8 长度比较法和对角线比较法测量

(a) 无变形 ($ab=AB$);(b) 左侧变形 ($aB>Ab$);(c) 右侧变形 ($Ab=aB$);
(d) 左右变形相同 ($a'B'=A'b'$);(e) 长度比较右侧变形 ($ab>AB$)

三、车身测量系统

(一) 机械式通用测量系统

1. 门式通用测量系统

门式通用测量系统如图 5-9 所示,其不仅能够同时测量所有基准点,还能够使部分测量更准确。

测量时,若车辆上的基准点与标准数据不同,则车辆基准点发生了变形。不在位置的基准点必须校正到标准值以后,才能对其他点进行测量。

测量前需要进行如下工作:

(1) 拆下可拆卸的损伤件(包括机械部件和车身覆盖件)。

(2) 若损伤非常严重,则应先对中部或者基础部分先进行粗略校正,然后再将中部基准点回复标准值。

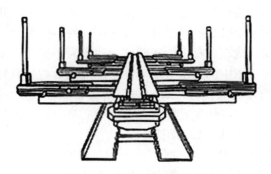

图 5-9　门式通用测量系统

（3）若某些部件不需要拆除，则该部分需要进行支撑。

2. 桥式通用测量系统

如图 5-10 所示的桥式测量仪是一种典型的机械式通用测量系统。桥式测量仪也称为轨道测量仪或者通用桥式机械测量系统，用于测量车身和车架的损坏程度。

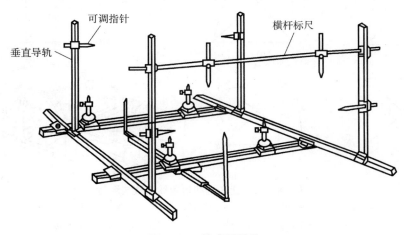

图 5-10　桥式测量仪

桥式测量仪测量过程中，可以根据需要调整其与车身的相对位置，在使用测量针的同时，还能直接读取测量值。测量的时候应与厂家的车架和车身结构尺寸进行对比，从而判定车身损伤情况，判定校正工作是否准确，或者更换部件定位是否合理。

（二）电子式车身测量系统

电子式测量系统使用计算机和专门的电子传感器来测量车身损伤结构。电子测量系统中存储了大量的车身数据，可供随时取用，免去了人工翻找记录等工序。

1. 半机械半电子测量系统

常见半机械半电子测量系统的测量工具是一个类似轨道式量规的测尺，在量规的基础上安装了传感器，测尺上可以显示数值。测量后传回计算机软件内，与系统标准数值进行比对，即可知结果。

这种测量系统在测量过程中，只能测量一个控制点，得到两点之间的测量值，不能测量多个数值,不能随着位置变化随时反馈,需要重复测量来确认数值的准确性。

2. 半自动半电子测量系统

常见的半自动半电子测量系统使用自由臂方式进行测量,测量自由臂由一节可以转动的关节连接,每两个臂可以在平面内进行360°转动,多个臂的转动可以到达空间的任意位置,连接处有角位移传感器,转动的任何一个角度都会被传输记录到计算机上。自由臂的每个臂长是一定的,计算机会自动计算出自由臂端部到达的空间位置的三维数据尺寸。

在测量过程中,如果车辆变形,有的测量臂端部在控制点变形后测量不准确,配备不同的探头,测量起来相对简单一些。测量时同样需要多次、反复确认控制点的数据。在每次拉伸修复以后,都要进行控制点的测量以得到数据。该系统不仅不能实时监控,而且还容易在拉伸以后造成原有数值修复失败,任何的移动都会造成基准变化而导致测量不准确。

3. 全自动电子测量系统——激光测量系统

激光测量系统工作原理即激光测距原理,激光扫描仪所发出的激光束扫到悬挂在基准点上的靶牌上,控制计算机便计算出各个基准点的实际尺寸,控制计算机识别不同位置靶牌并将测量结果与系统数据库中的车身技术尺寸进行比较,从而判断车身的损伤变形情况。

激光测量系统直接读取瞬时数据,在拉伸和校正作业过程中,车辆的损伤区域和未损伤区域的基准点都可以实时监控。按照计算机的提示选择合适的数字标靶、标杆和磁性安装头装到车辆上。标靶和安装的金属器件通常存放在计算机工作台下面,有时固定在指定位置或车辆的基准点上。安装好激光器和标靶之后,计算机标定,然后读取车辆的尺寸。通过手动确认就可以完成对车身结构的精确测量。

该设备受风速影响较大,因此只能在室内以及无风的条件下使用。

4. 全自动电子测量系统——超声波测量系统

该系统采用超声波测量技术,每个测量点都安装上超声波传感器,发送超声波,横梁上装有高频麦克风接收声波,声音等速传播,可以快速准确地测量声波在车辆上不同基准点之间传播所用的时间。接收器可以自动计算出每个测量点的三维数据。超声波测量系统如图5-11所示。

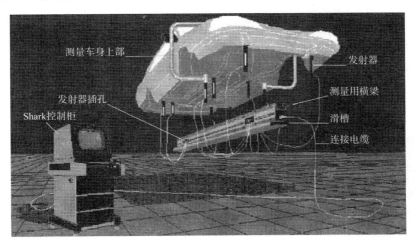

图5-11 超声波测量系统

使用超声波测量系统可以极大地简化操作过程,接收装置多可以提高计算精度。根据车身损坏的程度,选择车身上的测量点,按照计算机提示选择合适的传感器连接杆和适配器。在拉伸校正过程中,一次可以测量多点,多点可以同时监控。系统自动实时刷新。在校正过程中,维修人员可以直观地看到尺寸的变化。

第二节　汽车车身损坏诊断

一、碰撞分析

(一) 碰撞影响

现代车辆考虑到碰撞安全性,设计中允许各构件在一定碰撞下发生凹折变形,最大限度地吸收碰撞能量,保障车内乘员的安全。车身的前部和后部,允许的变形量较大,尽可能多地吸收碰撞能量,以保证车身中部乘坐舱的完整。如汽车以 50 km/h 左右的速度撞在前方的挡墙上,发动机舱变形,缩短 30%~40%,而乘坐舱缩短 1%~2%。采用适当识别和分析方法确定碰撞损坏形式后,才能将损坏车辆正确修复。

车身分为承载式和非承载式,受力是非常复杂的,归纳起来有三种:

(1) 直接碰撞部位所受到的碰撞力,它是损伤的主因。

(2) 如果被碰撞物体是非固体,且其遭受撞击部位位于质心下方,撞击时刻该物体会被抛起,以下落的方式将车身砸伤。

(3) 惯性力造成损伤。

(二) 碰撞力的分析

碰撞力和损坏范围与碰撞事故发生的情形有很大关系,了解事故过程,有助于确定损坏情况。一般都是向事故的见证人尤其是驾驶员询问事故发生过程,这也有助于估计修理费用,因此,车身技师应向评估员或准备做评估的人说明上述原则。

车身技师应该掌握以下情况:

(1) 发生事故车辆的大小、外形、位置和速度。

(2) 碰撞时的车速。

(3) 碰撞时汽车的角度和方向。

(4) 碰撞时的乘客数量及其位置。

有经验的车身/车架技师,通常能从事故发生的情况来推测碰撞损坏的程度。某些碰撞类型的损坏通常以可预计的模式和顺序发生。

当汽车即将撞上障碍时,如果驾驶员紧急转向,想躲开障碍,那么车辆将受到侧面撞击和侧面损坏,如图 5-12 所示;如果驾驶员紧急制动,那么车辆将受到正面撞击,车头将撞瘪,车架或车身也会发生变形,如图 5-13 所示。正面撞击时,如果撞击点较高,那么发动机罩和车顶将上翻,车尾

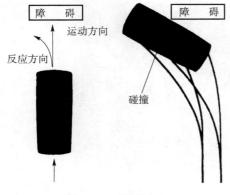

图 5-12　侧面撞击

将下凹；如果撞击点较低，由于车身惯性使车尾上翻，而车顶将前移，那么前车门顶部和车顶线间将出现较大开口，如图5-14所示。

同样重量、同样行驶速度的汽车，由于撞上不同的障碍物（另一辆车、电话杆或墙），受到的损坏是大不相同的。

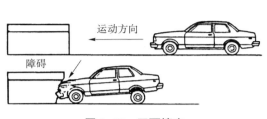

图5-13 正面撞击

图5-14 正面撞击点较低时的损坏形式

如果碰撞面较大（比如一面墙），损坏就较轻，如图5-15（a）所示；反之，碰撞面较小，损坏就较重，如图5-15（b）所示。严重的撞伤不仅会损坏保险杠、发动机罩和散热器等设备，而且还可能伤及发动机甚至后悬架。

图5-15 碰撞损坏的区别
（a）撞在墙上，碰撞能量分散在较大的面积上，汽车前部的伤害较轻；
（b）撞在灯柱或电线杆上，碰撞力集中在较小的面积上，伤害较重

当两辆车相撞时，还要考虑碰撞时的相对运动情况。如图5-16所示，2号车在行驶时，被1号车撞在侧面。由于两车的纵向速度差，1号车将发生前后缩短的变形，由于两车的横向速度差，1号车将发生左右弯曲的变形（图例中向右弯），即同一次碰撞造成两个方向的损坏。

另一方面，同一次事故可能撞两次。例如，一辆汽车与另一辆汽车相撞，偏离路面后，又撞在立柱或护栏上，前后两次碰撞造成的损坏可能截然不同。

各类型的损坏之间，既有区别又有联系。在

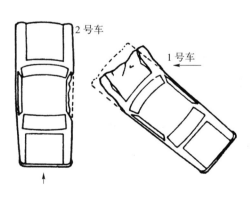

图5-16 侧面碰撞会造成车架或车身损坏

具体诊断损坏前,一定要搞清事故发生的情形,在诊断时,一定要获得尽可能多的事实,用测量器具认真检查并详细记录,然后才能着手修理,测量时多花时间,能大大加快修理速度。想得细,就能干得巧。

注意:损坏评估方面的其他内容,可参考相关手册。

二、承载式车辆车身的损坏

碰撞对承载式车辆的损坏程度,可以用圆锥模型来描述。车辆设计时是可以吸收碰撞力的。碰撞时,撞击处的车身发生一定的扁折变形,以吸收一部分碰撞能量。当碰撞力向结构传播时,会被车身上更多的区域吸收,直到碰撞力全部消失。撞击处就相当于圆锥的顶点。

圆锥的中心线将指向碰撞方向,碰撞力沿车身传播的方向和区域,就像圆锥的截面一样沿轴线扩大。圆锥的顶点和碰撞点称为初次损坏区,如图 5-17 所示。

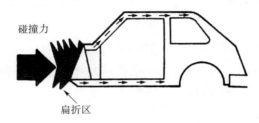

图 5-17 碰撞力的扩散方式

车身是由薄金属板连接在一起的,碰撞被大部分车身板壳体吸收。碰撞波沿车身传播的作用称为二次损坏。通常,这种损坏是向车身内部结构或与车身碰撞相对的部位发展,如图 5-18 所示,碰撞力向右,车顶的惯性力阻碍车顶随撞击点右移,造成车顶相对向左翻折。

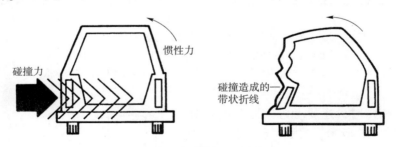

图 5-18 碰撞造成二次损坏

为控制二次损坏的分布区域,保护车内乘员的安全,在车辆上设计了一些折扁区。折扁区在碰撞力作用下按预先设定的方式变形,保持乘坐舱的形状,并吸收掉二次损坏的能量,如图 5-19 所示。

换句话说,正面碰撞将由车身的前部和折扁区共同吸收碰撞能量,在强大的撞击下,车架各梁杆将产生皱结,甚至断裂,与其他部件脱离,如图 5-20 所示;后部碰撞由车身后部吸收,侧面碰撞将由撞击区的车身板、车顶边梁、侧面立柱和车门共同吸收。

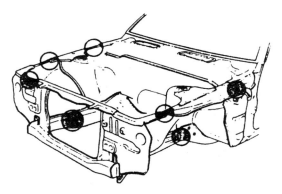 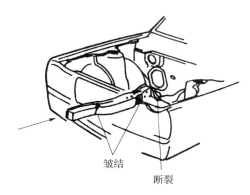

图 5-19 碰撞后，要仔细检查折扁区的形状　　图 5-20 正面碰撞由车身前部和折扁区共同吸收碰撞能量

（一）承载式车辆车身的损坏形式

（1）前部损坏是由于车头撞上另一辆车或其他物体引起的损坏，碰撞力大小取决于车重、车速、撞击物以及撞击面积。如果碰撞不大，将造成保险杠后移，使前侧梁、保险杠座、前翼子板、散热器支座和发动机罩锁支柱等发生弯曲变形。

如果碰撞进一步增加，前翼子板将被撞到前门上，发动机罩铰链将上弯，触到发动机罩，前侧梁折皱，与悬架所在横梁接触。如果碰撞再增大，前翼子板围裙和前车身支柱（特别是前门铰链上部区域）将发生弯曲变形，前门可能被撞掉。此外，前侧梁折皱加大，使悬架横梁弯曲，发动机与驾驶室之间的隔板和地板也会变弯，以吸收碰撞。

如果前部碰撞与整车轴线有一个夹角，还会发生侧向弯曲变形，而且两侧的纵梁被横梁连在一起，受碰撞一侧纵梁上的力，将通过横梁传给另一侧纵梁。

（2）后部损坏是由于倒车时撞上其他物体，或被另一辆车从后面撞上引起的损坏。如果碰撞较轻，后保险杠、后车身板、行李箱和地板等会变形，车轮上方的后侧围板也可能鼓出。

如果碰撞较重，后侧围板会上折到车顶，四门车辆的车身中支柱会变弯，碰撞也能使上部部件和后部纵梁发生变形。

（3）侧向损坏会造成车门、前部侧板、车身中支柱，甚至地板发生变形。如果前翼子板或后侧围板受到较大力度的垂直碰撞，碰撞力会传到撞击点另一侧的车身上。

如果前翼子板中部受撞，前轮将后缩。碰撞力将通过前悬架所在的横梁，传给两侧纵梁；如果碰撞力很大，悬架部件会损坏，前轮定位将改变。另外，侧向碰撞还会造成转向装置及其支座的损坏。

（4）顶部损坏是由于落物砸伤汽车或汽车翻滚引起的损坏，顶部损坏不仅局限于车顶板，还可能造成车顶侧梁，后侧围板和车窗的损坏。

车辆翻滚时，车身支柱和车顶板会弯曲，相应的支柱也会被损坏。根据翻滚方式的不同，还可能造成车身前部或后部损坏，其辨认特征是车门及车窗附近发生变形，易于发现。

（二）承载式车辆的碰撞作用过程

（1）碰撞的最初（约 1×10^{-6}s），碰撞波试图使结构缩短，造成车身中部结构横向、垂直的变形趋势，而且碰撞力以冲击波的形式开始向撞击点以外的区域扩散。车身材料由于惯性和弹性，有保持恢复原来形状的趋势，因此不能马上产生变形。

（2）碰撞继续作用，在撞击点出现可见凹扁变形，能够吸收碰撞能量，保护乘坐舱。同时，冲击波加剧扩散，其他区域也出现变形、撕裂或松散。

（3）设计合理的车辆，在大的碰撞力作用下，乘坐舱车身板的变形将是外凸的，保持乘客不受伤、车门能打开。

（4）即使撞击点是车身上的棱角顶点，碰撞波扩散的范围也会很大，可能造成车身结构的扭转变形。

碰撞对于其他类型的车身也会造成影响。坚固的车身设有缓冲区，即使受到较大的冲击力车身损伤也相对较轻，因此钣金修复重点在车架上。

三、非承载式车辆车身的损坏

掌握如前所述的对车身变形的分析要领后，可以对轿车等类型车辆的变形加以分析。但是非承载式的货车车身有特殊的一面，需要在此加以简要说明。以货车为例，货车发生碰撞时，除车身的直接损伤外，由货物惯性力的冲击所导致的二次破坏，也需要在诊断过程中认真考虑和对待，如货物装载质量、种类和位置等，对前后轴的载荷的分布、对车厢的冲击程度以及对驾驶室、车架的影响等，都会因碰撞的实际情形不同而异，即对于货车碰撞变形的分析与诊断，还需要了解事故发生时的初始状态。

（一）驾驶室变形的诊断要点

货车驾驶室有如图 5-21 所示的几种形式，目前比较流行的是乘坐舒适性好的长头驾驶室和长度利用系数高的平头驾驶室。

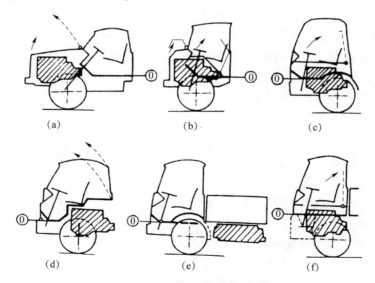

图 5-21 货车驾驶室的类型

(a) 长头式；(b) 短头式；(c) 平头式；(d) 平头式；(e) 平头式；(f) 平头式

货车驾驶室是驾驶员的工作场所，对乘坐舒适性、操纵性、安全性、维修性和可靠性等都有着不同于其他类型车身的要求。比如：采用浮动支承式驾驶室，可以明显地改善驾驶员的乘坐舒适性；装配大型双曲面风窗玻璃、车门设下角窗等，可以有效地扩大驾驶视野；使用高强度钢板和采用应力壳体车身，提高了驾驶室的抗冲击能力并使整体刚度得到加强等。

尽管驾驶室的种类多、结构差别大，但只要掌握了分析与诊断的要点，就可以按其变形的特点找出规律来。

首先，要检查驾驶室与车架的装配形式及其损伤情况。属于固定式装配的驾驶室，要检查其结合部有无撕裂或变形，根据弹性支承的损坏状况，即可大致判定其整体变形程度；属于浮动式支承的驾驶室，除检视减振件有无变形外，还要重点检查水平定位装置是否损坏，并由此推断出整体变形趋向；对于翻转式驾驶室，可通过试翻转来观察其变形状态翻转支承机构是否工作正常。

此外，对以下部位的损伤状况也是检查的重点：车门的启闭是否灵活无阻滞；车厢是否向前移位并殃及了驾驶室；前后窗柱有无弯曲、扭曲现象；构件的连接处有无松动（指螺栓连接）、脱焊。对于直接损伤、波及损伤的诊断方法，则可参照前述轿车车身变形分析方案。

驾驶室车门框是比较容易发生损伤变形的部位，受到冲撞，经过校正后，应参照如图 5-22 所示的测量方法，检查、校对车身门框控制点的对角线尺寸。

 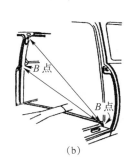 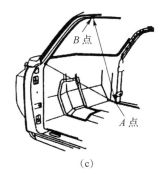

(a)   (b)   (c)

图 5-22 驾驶室门框变形程度的测量

(a) 车门框对角线的测量；(b) 两车门后立柱对角线的测量；(c) 两车门前立柱对角线的测量

(二) 车厢变形的分析

货车车厢可以分为集装厢平板型、栏板型和封闭型。同一种型号的货车可以有不同形式的车厢，通常由专门的工厂根据不同用途来进行改装或改造。车厢多通过螺栓、U 形卡等与车架可拆地固定在一起。

平板型车厢多为钢材压制成的波纹型车底，这样可以使车厢承载面降低。而木制车厢多为横纵木梁叠加和铺以木制底板，车厢承载面比前者高。为了防止木材损伤、腐朽等，绝大多数木制车厢底的表面还覆盖一层薄钢板。目前，更加流行钢木混合式车厢，它具有两种材料共有的双重优点和合理利用资源的意义。

栏板型车厢沿四周装有可开启的挡货栏板。较短的车厢为单开式（一般为后开），其余车厢栏板均为固定式（不可翻开）。较大的车厢为三开式，即车厢的三面栏板均可开启。另外，车厢前端的防护架（俗称鸟架）也是栏板式车厢的组成部分。它与车厢底板固定在一起，旨在防止车内货物在运输过程中前移而危及驾驶室。

为运送特定的货物，人们常常要用到封闭的厢式车厢。厢式车厢利用型材或冲压的构件制成框架，再覆蒙皮形成封闭壳体。为提高强度和使蒙皮不致发生振动，几乎所有表面都制成波纹筋，加之与底板刚性连接，因此整个壳体具有很大的刚度和承载能力。

另外，铝合金厢式车也开始在一些有特种用途的货车上采用，这也是近几年来对汽车轻量化有了更新的追求目标后产生的。这种厢式车一般为六块板式结构，结合部借助主体框架用螺钉、铆钉等方式连接在一起。这种以铝合金材料为主体的车厢的主要承载部位还使用了特殊铝合金材料，而且外蒙皮均为铝合金板。这种车身对阳光的反射率好，能有效地降低车内温升，适合一般杂物和药品、食品及家具等运输。为便于装卸，车厢的后部和侧部还设有密封的推拉式或旋转式车门等。

除碰撞造成的直接损坏以外，货车车箱变形的原因更多地来自货物的冲击。其中，冲击方式有货物落体和惯性两种。

受装载货物落体冲击的车箱，其损伤体现得较为明显。垂直方向上的变形使车箱底板凹陷、下垂，表面不平且四周离地高度误差较大。

追尾碰撞时，除栏板受到直接损伤外，车箱底板也会变形并发生位移，而且角碰撞还会使车箱底成为菱形。

货车的正面碰撞不仅损坏了车架和驾驶室，强大的惯性力还将把货物挤压到前栏板上，使栏板、保险架损伤并带动车箱整体前移。

用对角线法测量车箱的各部尺寸，就可以比较直观地检查出车箱的变形状态；对车箱各部连接进行点检，不仅可以查出隐含的局部破损，而且还可以根据原来的装配痕迹查明车箱的位移情况。

第三节 汽车车身变形的校正

校正作业必须以测量和诊断为基础，才能在修复过程中体现"有的放矢"；校正作业所遵循的基本原则是，利用力的合成、分解、位移的原理，向与变形相反的方向牵引受到碰撞的车身构件并根据金属材料的弹性适度"矫枉过正"。

一、车身的固定

校正将使车身构件承受很大的牵引力或压缩力，因此对车身可靠地进行固定就成了校正变形的前提条件，否则就不可能使修理、校正到位，同时，还给测量工作带来许多困难和麻烦。

若要实现车身的牢固可靠，就需要满足一些基本条件。首先，对车身固定位置的选择应在满足校正力作用方向的前提下，选择车身上强度较高的封闭式或半封闭式构件作为优选固定点装配夹具，如底板梁、车架、门槛、侧梁等。这样，不仅可以使固定有效、可靠，而且还能避免因校正所引起的固定点构件的二次损伤。

另外，仅在一处固定车身也容易造成构件的局部损伤。为此，根据力的合成与分解法则增加固定点可使车身实现多方位固定，可以有效地分解车身固定力和避免受力过于集中。另外，多点固定也有利于作业过程中实现任意方向的校正。这点对较为复杂的变形很有意义，同时在几个不同的方向进行校正操作，可以收到事半功倍的效果。如图 5-23 所示，为了实现对车身内侧变形的校正，在前、后及另一侧三个方向、四个部位进行可靠的固定，就可以十分容易将这类"香蕉形损伤"校正过来。对于承载式车身发生的某些损伤，当牵引拉钩的安装方式受到限制时，可以采用如图 5-24 所示的方法进行多点固定。

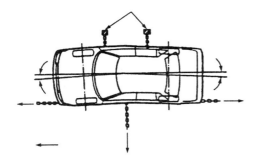

图 5-23　在对称和辅助方向上加以固定　　　　图 5-24　实行多点固定

根据上述基本原则，这里再介绍几种常见的车身固定方式，供校正时优先选用。

（一）插桩方式的固定与校正

传统的车身维修作业中，是以插桩的方式来固定车身的。

插桩方式如图 5-25 示，将牵引用拉链的一端通过夹具或其他连接装置与车身固定，另一端则与插入（或预先埋入）地面的插桩连接。为便于调整拉链的松紧度，安装如图 5-25 中所示的紧链器。

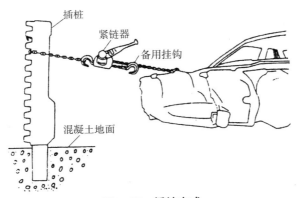

图 5-25　插桩方式

用拉链与车身固定时，应根据车身的实际损伤状况和所发生的部位来确定牵引方案。其中，需要纵向牵引车身时，可通过夹具与车身前后部的纵梁或车架固定；需要横向牵引车身时，客车、货车可从侧面固定底梁或车架；轿车可通过专用夹具固定门槛的下边缘，但要注意卡钳的正确安装，如图 5-26 所示；强度不足时也可于门槛板或纵梁中部焊接如图 5-27 所示的附加固定拉铁，以解决装卡不便的困难或损伤原车身构件的问题。

插桩方式，一方面，用于固定车身；另一方面，还要承担对变形构件的牵引，但无论是牵引还是对车身的固定，都需要视情况选择不同的位置和方向。为此，只好将插桩沿车身校

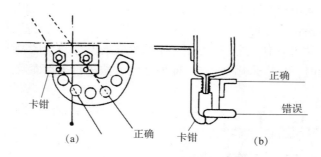

图 5-26 卡钳的正确安装

(a) 卡钳安装的正面图；(b) 卡钳安装的侧面图

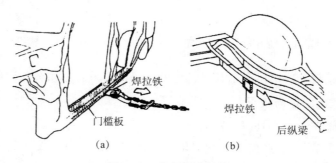

图 5-27 加焊固定拉铁

(a) 门槛；(b) 后纵梁

正场地的四周布置，以供不同方向固定车身或牵引变形时选择。当固定或牵引的水平高度需要调整时，则可通过上、下移动拉链的位置来实现。

这种固定车身的方式，只能解决整体水平移动问题，而且仅适合校正车架以上部分水平方向上变形的固定，对于垂直方向或其他方向变形的校正，就难以选择固定点并实现可靠的固定，其应用范围因此受到诸多方面因素的制约。目前，这种插桩方式已很少为汽车车身维修行业所采用。

（二）地锚方式的固定与校正

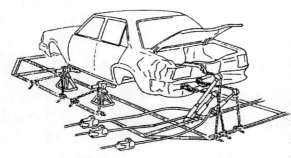

图 5-28 采用地锚方式

对车身的固定总是要考虑选择最牢靠的构件，这是为防止因校正而造成二次损伤。承载式车身的底板纵梁和非承载式车身的车架，是车身的重要基础构件，一般都符合固定的优选条件。采用如图 5-28 所示的地锚方式，就十分有利于在车身底部实施固定，而且对方向性的选择余地大，定位可靠性也好。

地锚与地面的固定方式有两种：一种是与地面位置相对固定的埋入式地锚；另一种则是能与地面位置相对移动的滑动式地锚。前者施工简便、易行，但灵活性较差；后者虽然施工复杂些，但车身固定点的可选范围较大，使用起来比较得心应手。

地锚拉链与车身的固定方法，比插桩方式灵活得多。其中，当需要对车身进行水平方向的牵引时，仍可采用如前所示的那几种牵引与连接方案，而对于垂直方向上的牵引与校正，也可以借助液压千斤顶轻而易举地实现。

此外，以地锚方式固定车身，不仅可以满足水平方向上校正的需要，对于垂直方向上的校正也能实现可靠固定，但要求车身摆放位置需要与地锚挂具的分布大致对应。尤其是埋入式地锚，由于挂环的位置不可调整，因此更需要预先计划好车身的摆放位置。

应用这种方式固定车身时，还应注意到分力对校正作业的影响。由于车身固定点与地面存在着高度差，因此在进行水平方向的校正时，拉链受力后将产生一个向下的垂直分力。拉链与地面的夹角越大（拉链短）则垂直分力也越大；反之，拉链与地面的夹角越小（拉链长）则垂直分力越小。故除非是较小的车身变形，否则都要拆除汽车底盘的悬架装置，改用可靠的刚性支撑。

（三）台架方式

以台架方式固定车身，是迄今为止最优秀也最流行的方案。由于车身是通过夹紧支撑装置与台架呈多点刚性连接，因此具有固定可靠、支撑的稳定性好等许多优点。尤其是当对变形同时进行任意方向的校正作业时，可以有效地使变形及其关联损伤一并得到校正，更加显示出其无可比拟的优越性。

典型的连接与使用方式如图 5-29 所示。夹具的下部与台架横梁固定，上端则通过夹板、螺栓与车身门槛下边缘牢固地连接在一起。为适应不同的车身宽度，一般固定架还可以沿车身的宽度方向水平滑动。如果车身的宽度与台架的差距较大，也可以借助贯通的中间轴和拉臂将车身固定在台架上。如此，这种台架方式可以实现多方位的牵引与矫正。如图 5-30 所示，借助拉链与千斤顶可将门柱牵引复位。同时用液压顶杆支撑台架横梁，门槛的弯曲也很容易校正。

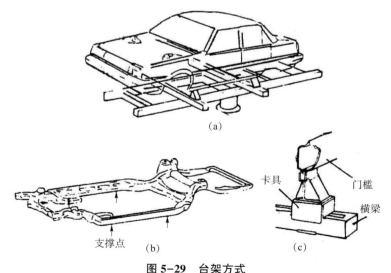

图 5-29　台架方式
(a) 整车放置；(b) 支撑点；(c) 卡装

这种台架方式固定的车身还为测量工作提供了很大的方便。校正与定位都是在同一台架上进行的，故操作过程中一般不会发生位移现象。作业前的检测、校正过程中参数的校核、竣工验收的质量评价等测量工作都可以在台式固定架上依次完成。

可移动的回转牵引桩式整形台，能够更加灵活地运用于车身和车架的校正与修理中，如图5-31所示。这种整形台可整体移动，牵引桩亦可方便地变换牵引方向；而且对车身高度方向上的测量也十分容易实现。

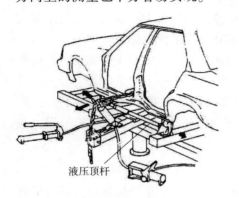

图5-30　用台架校正车身变形

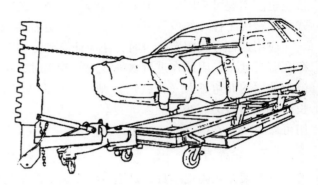

图5-31　回转牵引桩式整形台

还有一种移动式车身校正架（图5-32），虽不具备上述台架式固定车身的那些特点，但以其机动性好、构造简单、价格低廉等优点，也被汽车车身维修行业所广泛采用。移动式车身校正架可直接以刚性方式支撑于车身底板纵梁的一侧，用以限制在同一断面上做侧向牵引时的移动；专门夹具以拉链方式固定于车身另一侧的门槛上也可以实现车身的侧向固定和牵引；纵向牵引时的车身固定方案可按图5-33所示的方法进行。

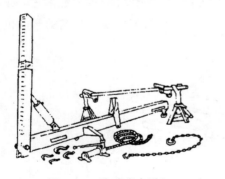

图5-32　移动式牵引架

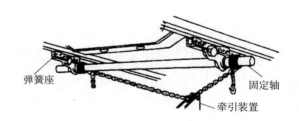

图5-33　纵向牵引时的固定方案

如果需要安装卡钳用于牵引校正时，那么也可以使用如图5-34所示的方案对变形部位进行固定。

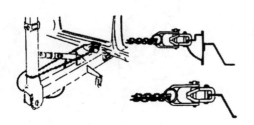

图5-34　正确使用卡钳夹紧和牵引

二、车身的校正

对于现代汽车车身来说，精确的整体定位参数和消除构件的内应力，对使用性和安全性都有着十分深刻的意义，但手工操作或传统的作业方法，就很难保证校正的精度和质量，所以这里在介绍对车身变形的校正时，也将以专用机械和设备的应用方法为主。

(一) 校正原理

车身变形的校正原理是充分利用力的性质，合成、分解、可移性和平行四边形法则等，按与车身碰撞力大致相反的方向牵引或顶压变形部位，使受损伤的构件得以修复。

对于碰撞程度较轻的局部变形，一般运用较为简单的牵引方法，就很容易使变形得到校正。但对较为严重的车身碰撞变形，由于其受力的严重性和复杂性，便不能简单地依靠这类校正方案了。如图 5-35 所示，当车身构件受到来自碰撞力 F 的重度角碰撞时，就会形成如图 5-35（a）所示的变形。如果校正过程中，仍然简单地用与力 F 相反方向的矫正力 C 进行牵引（如图 5-35（b）所示），就会很容易形成如图 5-35（c）所示的那一种结果，将 A 段拉直，但 B 段仍处于弯曲状态。究其原因，复杂的冲击过程使车身构件的变形程度很不均称，金属材料的强度也因此发生了变化，如皱褶多的加工硬化现象就显得严重些。再用同一方向上的力加以校正时，受损伤构件表面上存在的强度差异，也必然会影响到校正的复原率。这就是简单牵引难以奏效的缘由。如果灵活地运用力的性质，对损伤状况进行进一步的细致分析，如图 5-35（c）所示的方案，调整矫正力 C 的大小和方向，变形就比较容易得到校正。

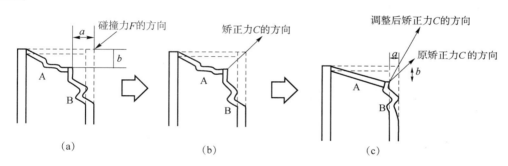

图 5-35 矫正力的方向分析
（a）碰撞力 F 形成 A、B 两段弯曲；（b）按与碰撞力相反的方向 C 牵引矫正；
（c）如果 A、B 两段的复原率不等，应调整矫正力 C 的方向

对局部损伤已经基本得到修复的构件，一般可用其轴线的延长线作为牵引的施力点一次完成校正，如图 5-36 所示。

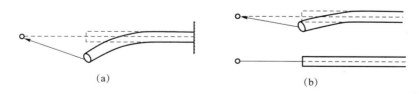

图 5-36 基本牵引方向
（a）假设构件的局部变形已经得到矫正，在其轴线的延长线上设定一点作为牵引施力点；
（b）构件经牵引后被矫直

对此，还可以按图 5-37 所示的方法，对矫正力 C 的方向与大小作出更加直观的分析。

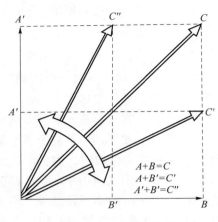

图 5-37 合力方向分析

当牵引力为 C 时，其垂直方向上的分力 A 和水平方向上的分力 B 大小相同，与牵引力 C 所形成的夹角也相等；当牵引的方向调整成 C' 时，则垂直方向上的分力减小变成 A'，水平方向上的分力仍为 B；当牵引力的方向调整成 C'' 时，则水平方向上的分力减小变成 B'，而垂直方向上的分力仍为 A。对车身变形构件的校正，就是以这种简单的平面力系分析为依据的。

事实上，车身构件多属于立体刚架式结构，这就决定了其碰撞时的受力状态多为空间力系，即作用在车身构件上的冲击力由于分解的结果，使力的作用线（即分力方向）不在同一平面内。尽管大多数场合，也可以将空间的受力简化为平面力系来对待，但总不如在详尽分析的基础上进行校正来得更好。这里并不需要对构件的受力作更专业化的分析，只需要建立起关于空间力系的概念，就可以按本书推荐的方案牵引各类复杂变形了。

当然，许多变形都很难通过一次校正来完成，而是需要不断修正力的大小和方向，有时甚至还要调整矫正力的作用点。例如，校正如图 5-38 所示的严重弯折，由于受牵引条件的限制而不能按理想方向施加矫正力，因此也可以将牵引力分解成两个或两个以上的分力，通过辅助牵引同时对弯曲进行校正。于垂直和水平两个方向同时牵引纵梁，就比较容易使变形的纵梁恢复到正常工作位置；反之，如果教条地非沿与初始碰撞力相反的方向牵引不可，往往会弄巧成拙，反而使校正作业趋于复杂化。拉伸力尽量不要只加在一个点上，建议同时夹在不同的点上施加拉力。

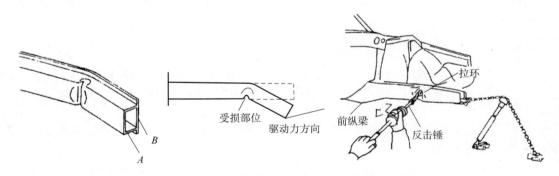

图 5-38 适当增加辅助牵引力，弯折便很容易得到恢复

（二）校正方法

车身变形虽然很复杂，却可以从上述分析中得出这种结论：正确的校正方法在于，选择合理的牵引方向并准确控制矫正力的大小。结合这一点，将常见的车身碰撞变形及其矫正方法推荐给读者，以期收到抛砖引玉的效果。

1. 水平方向上的牵引

当车身受到较严重的正面碰撞、追尾碰撞或侧向冲击时，都需要从水平方向上对变形构件进行牵引。如图 5-39 所示为轿车前车身正面碰撞损伤的实例。校正前应先测量变形状况，并将一些关键参数记录下来，如对角线 A、B 和左右的垂直弯曲等。如图 5-39（a）所示的情形，可斜向牵引变形最大的左梁的端部，左端的变形和右梁的弯曲自然会同时得以校正。所设定的牵引方向应视变形的实际情形而定。如果纵梁变形向外倾，应将牵引方向适当向外倾斜一定的角度；如果变形是向内倾的，只需向前牵引，待弯曲的构件展开后再确定是否需要调整牵引方向，如图 5-39（b）所示。

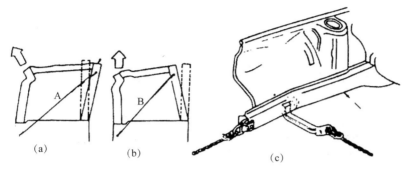

图 5-39 水平方向上的牵引
（a）斜向牵引；（b）正向牵引；（c）水平方向牵引时可视情况附加横向矫正力

牵引过程中应不断测量那些关键参数，循序渐进地施加牵引力，不要急于求成，以免造成二次损伤。如弯曲较为严重的纵梁，纵向牵引不能使其完全复位时，还要于侧面附加水平方向上的牵引力，如图 5-39（c）所示，通过更大的附加校正力的作用，来实现单方面强行牵引难以达到的校正弯曲的目标。

追尾碰撞造成的后车身变形，比起前车身来也并不简化。因为后车身受冲击时力的分散与传递更歧异，严重的还会波及车身的中间支柱。牵引时应用夹具等将拉链与车身纵梁后端固定，牵引点尽量布置得分散些，以免发生局部变形。当只是后翼板轻度变形时，也可用夹具于内侧固定拉链。这样可使装卡更方便些，如图 5-40 所示。

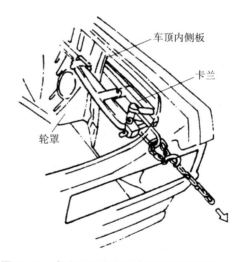

图 5-40 车身后翼子板内侧的固定方法之一

车身受到侧向冲击的危害性很大，严重时可使车身整体弯曲。校正方法如图 5-41 所示，像扳直一根铁条那样从三个方向进行牵引。

2. 垂直方向上的牵引

当车身于垂直方向上发生变形时（其中包括扭曲），就需要进行垂直方向上的上、下牵引。

对于前翼子板上扬一类的变形，可以采取如图 5-42（a）所示的牵引方法装配拉链，将向上变形的车身构件向下牵引。进行向下牵引的操作时，车身构件将于三点承受两个不同方

图 5-41 校正车身侧向整体变形的基本原理
(a) 基本原理；(b) 加力方向同时在三个方向上牵引

向上的作用力，门槛处的车身固定点 C 和牵引端 A 一样，都承受着垂直向下的拉力；而位于构件中间的支撑点 B 则承受着垂直向上的支撑力。根据力的平衡原则，中间支点 B 所承受的力的大小为拉力 F_A 与 F_C 之和，与如图 5-42（b）所示的对称牵引时的受力（F_A 与 F_C）存在明显不同。这一分析的意义在于，校正过程中应十分注意 B 点的承受能力，一方面，要选择变形开始的过渡点作为支撑点；另一方面，还要兼顾构件强度的大小，必要时应加垫木块等以减少单位面积上的压力，否则就有可能造成车身构件的损坏，并且也达不到校正变形的目的。

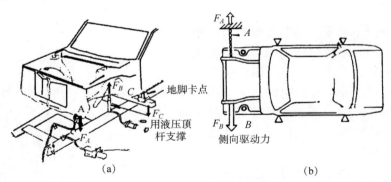

图 5-42 垂直方向上的牵引与支承

与向下牵引的意义相同，向上牵引也存在支撑方式和支点的选择问题。所不同的是，中间部位的受力方向与前述的正好相反，应特别注意防止中间支撑部位的二次损伤。

3. 车身任意方向折叠的牵引

车身发生冲撞事故后的损伤状况往往是十分复杂的，车身整体出现任意方向的折叠变形最为常见。前、后车身发生严重折叠变形并伴随下垂损伤时，最好使用如图 5-43 所示的台式校正系统，利用车身底梁做整体固定后，借助拉链和挂钩分步骤牵引和校正。牵引和校正时，应从强度较大构件开始并应先修复对车身控制点影响较大的部位。

如图 5-44 和图 5-45 也是校正车身多处折叠变形并伴随下垂损伤时的修复方案。校正时可先用拉链将变形部位拉紧，再用液压千斤顶将下垂的纵梁适当顶起至正确高度。操作时一定要注意两个方向的牵引同时进行，并且要反复校正反复测量避免发生校正过度现象。为防止损伤支撑或牵引部位的构件，校正时可在受力部位垫以木块或金属衬垫，如图 5-46 所示。

第五章　汽车车身测量与校正　237

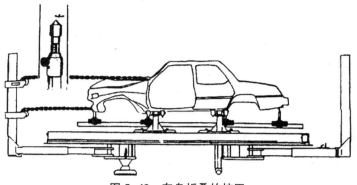

图 5-43　车身折叠的校正

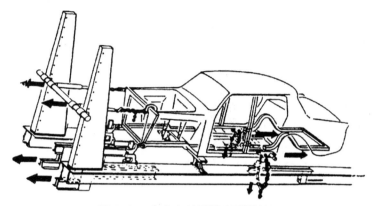

图 5-44　车身多处折叠变形的校正

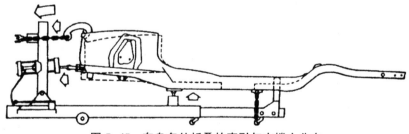

图 5-45　车身多处折叠的牵引与支撑力分布

当中间车身受到冲撞损伤时，可采用如图 5-47 所示的牵引方案予以校正。校正时应注意选择合适的挂钩，由于中央门柱为封闭式断面并且强度有限，因此校正过度或因校正造成变形损伤都会十分棘手。

4. 车架变形的校正

车架变形的校正方案有两种：一种是就车法校正；另一种是解体法校正。前者的车架与车身及底盘的大部分总成，仍然处于基本装配状态；后者则将车架由车上拆下，校正作业是在工作台上单独进行的。

就车校正车架的变形，完全可以参照如前所述的垂直方向和水平方向的牵引方法。但要注意以下几个方面的问题：

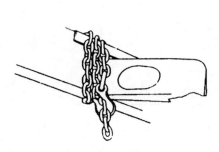

图 5-46　加衬垫予以保护

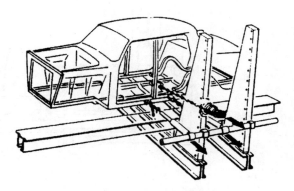

图 5-47　侧向冲击损伤的校正

（1）校正变形前应将与车架装配在一起的有关总成的连接螺栓松开，必要时应当拆下，以免校正过程中形成的相互位移将其损坏。

（2）由于车架强度较高，因此固定点、牵引点以及支撑点的布置应尽量合理，以防止构件受力的应力过于集中。

（3）对不适宜就车校正的变形，应及时改变修复工艺，不要强行牵引以免造成不可收拾的被动局面。

（4）校正竣工后，还应检查车架各部的铆钉有无松动，若发现问题，应予以拆除并更换。

车架变形的主要形式是弯曲和扭曲。其中，弯曲分为垂直方向和水平方向两种；扭曲则分为扭转和对角扭曲（菱形）。对于垂直方向上的弯曲变形，可如图 5-48（a）所示的方案予以校正；对于水平方向上的弯曲变形，可参照如图 5-48（c）所示的方案予以校正；对车架的扭曲变形，则可参照如图 5-48（b）所示的方案予以校正。但是，无论哪一种校正方式，都要使力的作用点避开车架翼面的边缘或腹板的中部。对支撑点的选择亦应兼顾支撑力的合理分布。如图 5-48（a）所示的那样，使支撑点远离弯曲变形的部位，校正时则非但达不到修复的目的，而且势必使车架发生二次损伤。

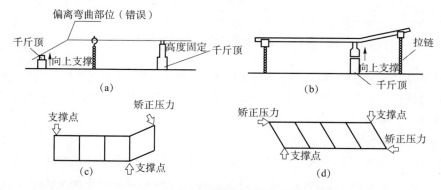

图 5-48　车架弯曲变形的校正

（a）垂直向下弯曲；（b）垂直向上弯曲；（c）水平方向弯曲；（d）菱形变形

车架的变形不仅集中体现在纵梁上,横梁的弯曲变形也是十分常见的。校正如图 5-49 所示的变形,可以使用 3 个液压千斤顶和两条锁链,按如图 5-49(a)所示的方法把链钩挂在两边将横梁固定,然后按箭头所示的方向逐渐增加矫正力即可。也可按如图 5-49(b)所示的方法,将链钩挂在弯曲横梁的一侧,而另一侧的链条处则采用刚性支撑,图中指示线处。校正过程中应注意观察横梁的变形情况,并且使用专用量具不断测量控制点尺寸参数的变化,如图 5-49(c)所示,箭头所指处为测量规的测量点。

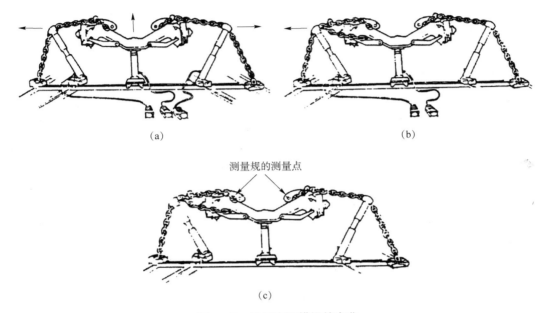

图 5-49 校正车架横梁的弯曲
(a)链钩挂住横梁的两边;(b)链钩挂住一边,另一边采用刚性支撑;(c)不断测量控制点的尺寸

将车架拆下解体后校正尽管能够满足质量需要,但拆装作业量大,故只有当就车法修理难以完成时方可采用。对车架进行解体修理时,应当根据具体情况,区别对待。

三、车身校正实例

(一) 车身前端损坏的整修

车身前端损坏主要是前端受碰撞(如追尾事故)形成的。损坏的部位包括前部的横梁一侧的挡泥板、侧梁以及另侧的前翼板等相关区域。

整修前端要从前挡泥板和侧梁开始,首先需要修复支撑结构件,如图 5-50 所示。整修过程大致如下:选择需要更换部件的一侧先进行侧梁的牵拉,如图 5-51 所示,按图示的控制点 A、B 测量控制尺寸。尺寸达到要求后,再修理挡泥板和侧梁的安装结构。在很多情况下,修理一侧的挡泥板或侧梁仅在右边或左边略有偏斜,纵向则无变形,因此仅测定三个对角线长度,使之符合出厂要求即达到校正目的。牵拉时,对上加强筋和侧梁同时进行效果更好。

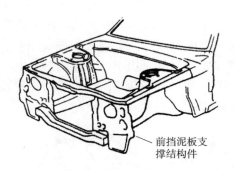

图 5-50　修复前挡泥板支撑结构件

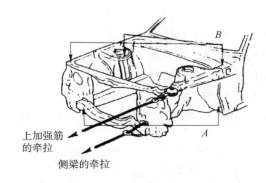

图 5-51　检查前端尺寸并进行拉伸

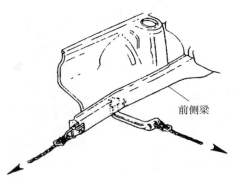

图 5-52　前侧梁弯曲的修理

若由于该区域侧梁严重损坏，则应将前横梁和散热器上的支撑分开，再加以校正。此时，在纵向牵拉的同时，应增加一个横向的牵拉，使弯曲得以更好地校正，以检查对角线为准，如图 5-52 所示。修复后再将断开的支撑点焊接复原。

修理前挡泥板和侧梁的安装部位，主要集中在接近前围板和前围上盖板的地方。如果碰撞比较严重，损坏会涉及前柱，使车门关不上。此时，简单地夹住挡泥板侧梁的前缘进行牵拉，如图 5-53（a）所示，是修理不好前柱或前围板的损伤的，而应改变牵拉方式（图 5-53（b）），只有增加一个动力推杆支撑门框才能顺利修整前柱的损伤。

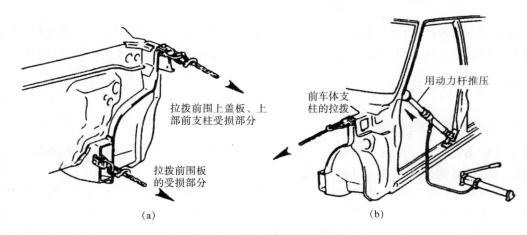

图 5-53　前柱和前围板的修理

在车身修理中，其修复程度是由尺寸测量来判定的。车身上有些特定的孔是标准参考孔。校准孔之间的尺寸符合厂家出厂规格时，表明车身修复是最理想的。图 5-54 所示是检查车身前部的标准孔，有前翼板的后安装孔、前地板下加强筋的参考孔等。

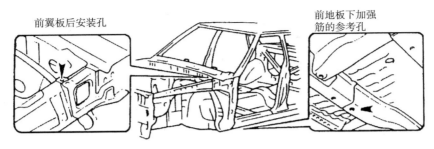

图 5-54 标准测量点

一般当前置发动机、后轮驱动的汽车，前侧梁遭到严重损伤时，其变形如图 5-55 所示，标准测量点的高度会降低；对于前置发动机、前轮驱动的汽车，前侧梁遭到严重损伤时，其变形如图 5-56 所示，标准测量孔向上偏斜了。修理汽车时，应十分注意这两类情况。只有侧梁被完全校正后，标准孔位置才是正确的。由此测得的孔间尺寸才有实用意义。

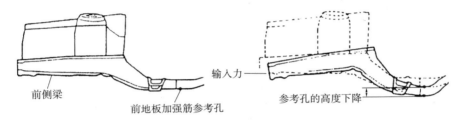

图 5-55 典型的前置发动机后轮驱动汽车前侧梁的损伤

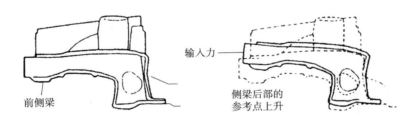

图 5-56 典型的前置发动机前轮驱动汽车前侧梁的损伤

车身前部散热器支架和前轮罩的修复与更换同时需要注意以下事项：
(1) 散热器支架的修复需要拆下保险杠、前照灯等部件。
(2) 对于散热器支架的更换，拆下损伤件的散热器支架，焊接时需要参照维修手册的焊点数量和位置。有些车辆是用螺栓连接的，更换时注意螺栓的拧紧力。
(3) 前轮罩应整体维修，包括前轮罩与前门立柱装配表面，不要切断前轮罩总成。
(4) 更换前轮罩应该与其他部件有良好的配合并且查阅维修手册，实时测量保证精确。

(二) 车身后部损坏的整修

车身后部损伤扩散程度比前部更为厉害。多数情况下，后端碰撞时，保险杠会被碰坏，后侧梁向上弯曲，轮罩变形，后顶盖侧板向前移动，各部间隙明显加大。如果碰撞十分严重,还会影响到车顶、车门及车体中心柱。

校正时,将夹钳或钩子接到后侧梁的后部、后地板或后顶盖侧板后端部,一边牵拉一边测量车身下方每部分的尺寸,观察车身板的配合间隙来确定必要的修理程度。

当后侧梁被严重碰撞,影响到后门框变形开关不畅时,只能靠牵拉侧梁来消除后顶盖侧板的应力。若轮罩或车顶侧边的内板和后部侧梁一起牵拉,则车门间隙将会被调节到正常状态,如图5-57所示。一旦上部结构的损坏修复到可以固定,应马上装好校正上部结构的固定装置,同时,去掉损坏严重不能再修复的零件,并进行部件更换。

后翼子板更换可以参照厂家推荐的切割位置,如图5-58所示。拆下损伤的翼子板后,检查翼子板里侧部件是否有损伤。安装新翼子板前,任何受损伤的部件都必须修好。

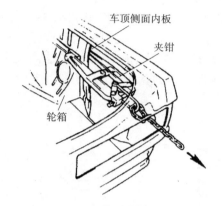

图5-57 后顶盖侧板的修理

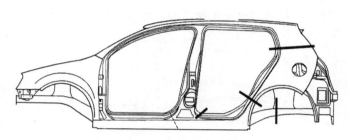

图5-58 厂家推荐的切割位置

图5-59 泡沫隔音

翼子板里侧的空腔经过泡沫隔音处理,如图5-59所示。维修手册中列出了泡沫处理的部位。经泡沫处理后可以减少传到车内的行驶噪声。

(三)汽车侧面损坏的整修

要校正车身前部由于侧面碰撞引起的侧向弯曲损伤,有必要使用车架校直装置。如图5-60所示的校正中,B点受力最大,此处必须夹持得十分牢靠。牵拉沿两个箭头相互垂直方向进行。

若汽车侧面车门槛中心严重受碰撞,则车身底板也会弯曲变形。修理这种损伤的牵拉方法如图5-61所示,将自弯凸一侧作为固定一侧,在凹侧面沿三个方向牵拉,先将车身两端拉开,再将凹陷部分向外拉出,达到校正目的。

对于车身上部的校正以B柱为主,牵拉一侧的B柱可以使整个车身的乘客舱部分都发生较大的变形,因此需要注意对不需要改变位置部分的固定。由于B柱一般都采用车身上强度最高的钢材制造,因此若要将B柱校正成形不太容易,因此拉伸B柱主要是将整个车身的尺寸进行校正,当车身绝大部分尺寸定位后,采用单板逐一校正的方法逐一修复。拉伸B柱最好采用尼龙拉带等柔软的拉伸工具,防止对车身造成进一步损坏。

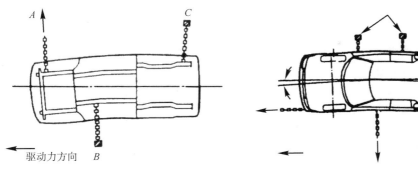

图 5-60 侧向弯曲损伤的校正　　图 5-61 汽车侧面损坏的整修

(四) 其他校正方法

(1) 向上牵拉。将两个加力塔分居车身左右两侧,用链条相连,牵拉链条与要校正的钣件相连。车身固定在工作台或底架上,加力塔牵拉链条可将该区域上提。

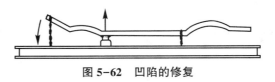

图 5-62 凹陷的修复

(2) 凹陷修复。在车身底下塞上垫块,然后通过滑轮将车身高端向下拉,如图 5-62 所示之左端。

车身前端的横梁凹陷修复方法如图 5-63 所示。其中如图 5-63 (a) 所示为修复横梁两边凹陷的装置。此时三个液压顶杆均参与顶推,使横梁恢复原状。如图 5-63 (b) 所示为修复一端凹陷的情形。如图 5-63 (c) 所示为正常情况下横梁测量点位置。修复后,经过测量符合修理手册要求即告结束。

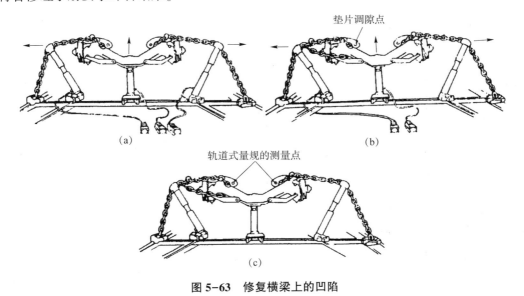

图 5-63 修复横梁上的凹陷

实际上,修理的对象和内容是千差万别的,掌握了基本的牵拉要领后,只要结合实际,灵活运用牵拉组合，就一定能达到良好的校正效果。

(五) 检查

车身校正、焊接等修理工作完成后，应及时做最后检查。检查分两种情况进行，在未使用固定装置修理时，应做最后测量检查，并同车身和车架尺寸手册对照，确定是否达到校正要求；在固定装置上修理，则不必进行测量，只需判断车身控制点与固定装置匹配即可。

最后检查应当围绕整车仔细观察，看看是否还有明显的缺陷：
(1) 检查车门与车门槛之间的间隙是否准直均匀。
(2) 检查整个车身上部所有部位的平整程度是否符合要求。
(3) 开、关车门以及发动机罩盖、后备厢盖等可位移部件是否运动自如，锁紧是否牢固。一旦检查发现问题，应将车身重新固定后再进行必要的牵拉，直至符合要求为止。检查完成后，汽车还应放在工作台上，装上那些修理之前被卸下的部件，恢复整车面貌，再从工作台上将汽车卸下来，完成最后的装饰修整。

【知识链接】

汽车车身测量新技术

随着技术的快速发展，汽车车身测量技术也在不断推陈出新，出现了许多新型测量技术，如超声波测量和红外线测量等。红外线测量系统由两台对角布置的机器人、视觉传感器、测量控制柜（内含测量计算机及图像处理系统、用户界面程序、服务器模块等）、PLC控制柜系统（安全门模块、光栅、RFID系统、Z向传感器）等部分组成。其中，激光视觉测头是获取被测对象图像信息的直接器件。采用半导体激光器作为光源的测头可以非接触、在线测量车身上棱边、定位孔的空间三维坐标或功能尺寸，不仅测量方便，而且有助于提高车身测量的精度。

第六章

汽车车身修复过程

汽车车身维修通常按车身的损坏程度制定维修的工作量，并区分为车身大修和车身局部小修两大类。小修常用锤子、手顶铁和垫圈焊接机等工具，但是大修通常采用专业大型工具，若车架严重损伤，则必须用车身校正仪来修复，使之回复至正常位置和形状。汽车车身维修基本工艺过程如图 6-1 所示。

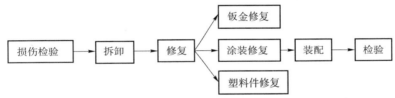

图 6-1　汽车车身维修基本工艺过程

第一节　汽车车身检验与评估

一、概述

如图 6-1 所示，汽车车身损伤检验是车身修复的基础和依据。汽车车身在修复前一般应先进行初检，以了解车身的装备情况、总体损坏情况和损伤程度。必要时可拆除某些损坏零件或组件后进行检查。初检中，对某些须进一步拆卸才能全部暴露的可疑部分，应在车身检验单上注明，以便下一步拆检工作时进行。汽车车身修复前的检验是确定车身修复内容的重要依据。

二、车身损伤形式

汽车车身常见的损伤分为以下六个方面：

（一）车身涂层损伤

车身涂层损伤主要表现形式为车身涂层的脱落、变坏，造成的原因是紫外线作用，干湿度、温度的剧烈变化，污秽、老化以及机械损伤等。

（二）车身金属构件损伤

车身金属构件损伤主要是指潮湿、泥土尘埃、装载物品等产生化学影响引起的锈蚀和机械损伤等所造成的凹陷、破裂、变形等。

1. 磨损

磨损是钣金件相互接触的表面受力产生相对运动而引起的。常见的车身钣金件磨损有各铰链轴孔磨损、门锁舌与锁扣的磨损、锁舌台肩与限位板面的磨损、玻璃升降器齿轮的磨损、发动机罩下表面与散热器上表面及翼板上表面的振动接触和相对挫动磨损，等等。钣金件发生磨损后，一般采用焊修法和加热冷收法进行修理。

2. 腐蚀

钣金件的腐蚀绝大多数是因为金属表面积有泥水，发生氧化反应而引起的，也有极少数是由于接触化学药品而引起的化学腐蚀。钣金件发生腐蚀时，往往使钣金件表面产生锈斑而逐层剥落，直至大面积穿孔。

腐蚀一般在钣金件的夹层、各接合部的缝隙等部位出现，如货车翼板的尾部的夹层、驾驶室后围下裙部夹层、车门内外底槽以及客车车身骨架构件外侧板面与外蒙皮贴合处、驾驶室底板等部位，均易发生腐蚀。

3. 裂纹与断裂

汽车钣金件在成形和焊接过程中会产生内应力。汽车行驶时，车身总是在不断振动，使各钣金件承受交变载荷。当振动特别强烈而且持续时间较长时，钣金构件在应力集中和结构薄弱部位将会产生裂纹和断裂。

4. 弯曲和歪扭变形

弯曲和歪扭变形属于机械损伤，引起这种损伤的原因很多，如车身受到撞击和挤压、汽车在行驶中突然加速、紧急制动和急转弯的惯性力及通过路况差的路面等均能使车身钣金件发生弯曲和歪扭变形。一般框形结构的钣金构件，容易出现弯扭变形，如车门门框、风窗框等。

（三）车身木质构件损伤

车身木质构件的挠曲、干裂、分层、腐烂主要是由干湿度变化、细菌侵蚀及其构件的疲劳造成的。

（四）车身装饰、附件损伤

车身装饰、附件的损伤是由于使用、保管不当以及磨损、老化所致的。

（五）车身塑料件损伤

车身塑料件的损伤主要是由于汽车碰撞事故引起的，主要表现形式为划痕、裂纹、破裂及穿孔等。

（六）意外损伤

意外损伤是指车辆因交通事故等原因受到严重撞击而造成的各种损伤，如外钢板和车架结构变形、断裂等。

由于不同车辆损伤的情况不同，因此其检验的内容和方法也有所不同。

三、汽车车身损伤评估

(一) 损伤分析

多数情况下,车架和车身的损伤是由车辆碰撞或翻覆等事故造成的。有时,车辆受到较大载荷或车门等部件过度磨损,使各部件经常处于非正常工作状态,也可能造成车架的弯曲、扭转、凹陷等变形损伤。结构不同,受冲击部位和冲击力不同,造成的损伤情况也各不相同。例如,在正面碰撞事故中,车辆前侧中间处受到外力作用,容易使左右罩板向内侧拉伸,因此应重点检查左右罩板配合处附近、前横梁与左右侧梁的装配连接处附近以及后车门与后顶侧板或车门槛板之间的间隙及水平差异。

(二) 车身损伤的检验方法

车身损伤的检验方法主要有目测、样板检测和量具检测三种。

1. 目测

目测主要检查车架各构件的损伤、断裂、严重锈蚀以及钢板上的变形、刮伤、扭曲或裂痕等。特别要仔细检查裂纹,避免漏检,同时,各构件的连接部位要注意检查是否脱焊、裂损等,而且还要检查各装置是否牢固。

2. 样板检测

样板检测适用于承修数量多,品种单一的车辆。检查部位通常是前、后风窗窗框,驾驶室门框及左、右侧骨架弧度。

3. 量具检测

量具检测主要用于乘客室门框、侧窗框及车身骨架横断面龙门框架对角线长度的检测。为保证测量的准确性,应制作专门的定位杆进行检测。

(三) 车身损伤检验内容

1. 车架变形检验

车架变形检验是把测量杆悬挂在车架基准尺寸图中示出的主要测量点下(前、中、后),通过测量杆的中心上下或左右扭转变形情况来检查的(具体见第五章第一节)。

2. 车身变形检验

车身变形测量可借助测量杆和卷尺进行,目前也有采用专用轿车测量系统的。具体见第五章第一节。

3. 车门变形检验

检查车门开闭时对其他部位有无刮碰,从打开直至停下应运转自如,门铰链工作状况良好,闭合时应能可靠地锁紧,闭合后立缝间隙应符合要求。升起、降下车门玻璃时应无异响,不发卡,无过重现象。

4. 发动机罩和锁扣检验

打开发动机罩,检查罩锁扣是否平稳解脱,罩锁扣钢绳工作是否正常,罩铰链行程是否合适,罩支撑柱工作是否可靠以及是否完全锁牢。检查罩与挡泥板的间隙,同时,检查高度上是否有较大误差。

5. 后备厢检验

检查开闭动作是否圆滑，锁紧机构是否正常，铰链是否松旷，闭合时，后备厢盖与后挡泥板的间隙及高度差是否符合要求。

第二节 汽车车身拆卸

一、概述

待修车辆经过外部清洗后需要进行车身拆卸，其拆卸内容根据车身损伤情况和修理类型确定。局部拆卸只拆去必须拆下才能修理的部件和拆卸后便于车辆修理的零部件；当局部拆卸部件过多或局部拆卸难以保证整车的技术要求时，应当进行整体拆卸。

拆卸后需要进行更换的部件，可以采用较快的方法进行，但不应损坏与它连接的有用部件。拆卸后再用零部件要妥善放置，易混淆的零部件要加以标记或编号。

拆卸中经常遇到的工作是拧动螺栓、铲除铆钉或焊点。点焊连接的零件（如车身蒙皮等）多用扁而尖的錾子錾开。操作时，錾子应当尽量平放，避免使继续使用的骨架构件受损。拆卸脆且易损的零件，如玻璃、内软饰、木质材料及易变形的零件时，应当格外小心。拆卸中如遇到螺栓锈死难以拧动时，可在螺母及螺栓的螺纹上蘸些煤油或螺栓松动剂，稍停片刻，用小锤沿四周轻敲使螺母松动，然后拧下。如果还不能拧动，可采用破坏性拆卸，用手锯将螺栓连同螺母锯断或用錾子在接近螺纹的地方錾开螺母。

二、车身附件拆卸

车身拆卸分为车身附件拆卸和车身钣金构件拆卸两大类。其中，车身附件的拆卸是修复车身钣金构件的前提和基础。下面简述几类典型车身附件的拆卸过程。

一般车身附件包括前、后保险杠及骨架，前、后风窗玻璃及其装饰条，车门附件，仪表板总成，顶棚及外饰，前、后排座椅等。

（一）仪表板总成的拆卸

仪表板总成集中了全车的监察仪表，驾驶员可以通过仪表板随时掌握和控制车辆的运行状况，同时，仪表板也是部分设备的控制中心和被装饰的对象。

不同车型仪表板的结构会有所不同，拆装技巧也不同。

一般拆装顺序为：先拆组合仪表→组合开关→收放机→空调操纵机构面板→杂物箱总成→主、副仪表板→风道→茶几→拔下与仪表板总成相连的线束插头→拆掉固定仪表板总成的连接螺丝→取出仪表板总成。

（二）前、后风窗玻璃及其装饰条的拆卸

先拆下风窗玻璃饰条、雨刮臂、后视镜等。然后在风窗玻璃外侧用扁口改锥沿橡胶条周围将其凸缘分开，为避免划伤车身或橡胶条，旋具头上还应包上一层薄布，拆卸时可在车内用改锥沿车身窗口凸缘将橡胶条拨开，再由车内将玻璃轻轻推出并取下，橡胶条可随之拆下。

(三) 前、后保险杠及骨架的拆卸

先拔下保险杠上的车灯插头，或将车灯拆下，再拆掉保险杠骨架与车身连接的螺栓，取下保险杠及骨架，拆掉保险杠与骨架的连接螺栓，分离骨架与保险杠。

(四) 车门附件的拆卸

前门附件的拆卸应先依次拆下与玻璃相关的部件，如摇把、门锁、内拉手及饰框、内扶手、内饰板和密封条等，再将摇窗机降到合适位置，拆下玻璃托槽固定螺栓，即可将玻璃取出。有些汽车的车门玻璃，需要由车门底端进行拆卸，操作时应当注意不同类型汽车在构造上的区别。

三、车身钣金件拆卸

如果车辆钣金件损坏严重，无法就车修理时，必须从车身上将这些钣金件拆卸下来。车身上的钣金件连接分为机械固定和焊接固定两种方法。

对于非结构性或装饰性的钣金件，如汽车的前翼子板、后备厢盖、发动机罩等，通常是用螺栓连接到框架上（个别采用焊接方式的除外），更换这些钣金件时，只需拆卸紧固件即可。

结构性钣金件与整体式车身焊接在一起，从散热器支架到后端板构成一个整体的框架，因此拆卸这类钣金件时就需要了解各构件之间的连接关系才能顺利进行。如散热器支架、内挡泥板、地板、车门槛板、发动机室纵梁、上部加强件、下车身后架、内部护槽、后备厢地板等都属于结构钣金件。当钣金件采用点焊或铜焊方法连接时，需要用角向砂轮磨光机磨去接口部位残留的焊接斑点。如用气割方法切割，对薄板件（如外蒙皮），切割后用钣金剪沿切口剪切，再用锉刀或角向磨光机去掉切口边缘的毛刺；对骨架、立柱、车架等较厚的钣金件，则直接用角向磨光机打磨修整。切割车身结构性钣金件时，应当遵守厂家所规定的办法，不要割断可能降低乘员安全的区域、涉及汽车性能区域和关键性尺寸控制区域的钣金件。这是切割钣金件应当遵从的统一原则。

第三节 汽车车身钣金件修复

一、概述

汽车车身钣金件在使用过程中，会发生各种损伤，常见的有磨损、腐蚀皱褶和凹凸，裂纹和断裂，弯曲和歪扭变形等。引起损伤的原因和发生部位不同，修理方法也不同。有时可以直接维修，有时则需要换件维修。

钣金修复的传统工艺一般采取撬、锤、拉伸及氧-乙炔火焰进行切割和焊接，现代的工艺则通常采用车身外形修复机，利用介子拉伸整形，碳棒收火。另外，对于车架、大梁等较大的损伤，还需要使用车身定位夹具固定，多点反复拉伸并借助三维测量系统等先进设备进行测量。

二、车身钣金件维修

车身钣金件维修常用的基本工艺方法已在第四章第五节进行了较为详细的介绍，因此对

于普通钢制钣金件的维修不再赘述，本节仅介绍铝合金钣金件的修复方法。

随着技术的发展，汽车的结构设计、制造技术、材料选用等方面在不断革新。铝板由于质量轻、耐腐蚀能力强、易于成形等优点，可用来制造汽车上的各种板件，如车门板、翼子板、发动机罩等。铝合金车身也因其节能低耗、安全舒适及相对载重能力强等优点而备受关注，但与钢相比，铝的熔点较低，加热时容易变形；铝板厚，铝质车身及车架构件的厚度通常是钢件的1~2倍；铝比钢软，受损坏后易产生加工硬化，维修困难；发生交通事故时，铝质车身的维修费用较高。由于铝材可修复性差，因此维修技师需要使用专用铝车身修复工具及特殊的工艺方法对其进行修复。

（一）铝板修复方法

1. 铝板敲击修复

铝板的强度比较低，不能使用常规钢板的整形工具。一般使用如图6-2所示的橡胶锤或木槌或垫铁来进行维修，可以防止在校正铝板时敲击过重产生的过度拉伸。

若使用铁锤修复时，宜采用铁锤不在垫铁上的敲击法来校正铝板。敲击时，如果锤击太重或次数太多，都会拉伸铝板，所以应该多次轻敲，而不能仅重敲一两次。收缩锤不可用于铝板，以免使其开裂。

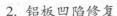

图6-2 敲击法修复铝板

2. 铝板凹陷修复

（1）翘起修复。

对于铝板上出现的小范围凹陷，用尖锤或杠杆撬起效果很好，注意不能使凹陷处升高太多，也不能拉伸柔软的铝。

（2）弹性敲击。

可以使用铁锤和修平刀进行弹性敲击来释放高隆起处的应力。修平刀可以将敲击产生的力分散到一个较大的范围，从而使坚硬的折损处弯曲的可能性减小。

（3）用锉修平铝板。

铝很软，手施加在锉上的压力应减小，并使用圆形边缘的车身锉，以免擦伤金属。

3. 铝外形修复机修复

（1）铝外形修复机修复原理。

铝外形修复机外形如图6-3所示，铝板焊接的介子是铝焊钉。介子对铝板拉伸可以达到修复的目的。铝板外形修复机和钢板外形修复机的结构不同，铝的电阻约为钢板的1/4~1/5，所以铝焊接时的电流就需要钢铁焊接的4~5倍，但这么大的电流很难达到。铝板外形修复机内部没有线圈变压器，有的是十几个大容量的电容，通过所有电容瞬间放电来焊接。铝焊钉的头部有一个小尖与板件接触，接触面积小且电阻大，产生电阻热大，因此容易焊接，但铝焊钉是一次性的，不能重复使用。

图6-3 铝外形修复机

(2) 铝外形修复机修复过程。

①去除表面涂层及氧化层，如图 6-4 所示。

②在焊枪上安装焊钉，调整焊接参数并接通电源，如图 6-5 所示。

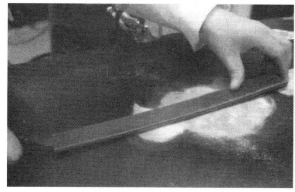

图 6-4　去除旧涂层　　　　　　　　图 6-5　安装焊钉

③将焊钉焊在打磨好的裸金属上（图 6-6），注意力道适中，焊钉要与板面垂直，通过试焊调整焊接时间。

④在焊钉上拧上拉伸连接件，如图 6-7 所示。

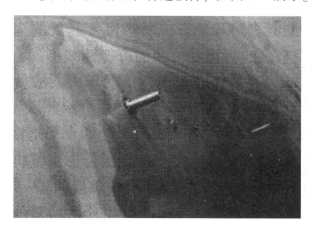 

图 6-6　焊接焊钉　　　　　　　　图 6-7　拧上拉伸连接件

⑤使用校正架进行拉伸校正，拉伸时动作要轻柔，力量要慢慢加大，防止局部变形过大，拉伸同时可以用钣金锤对拉伸部位进行敲击整形，如图 6-8 所示。

⑥拉伸完毕后，用尖嘴钳清除焊接焊钉（图 6-9），并用打磨工具整平表面。

（二）铝板的收缩

对铝板进行拉伸或敲击时用力过大很容易形成隆起变形，这时就需要对受到拉伸的板件进行收缩处理，以恢复板件的正常高度。

1. 氧-乙炔火焰收缩

铝板的强度低、熔点低，加热温度不能过高，否则会使板件产生更大的变形或熔化，导致修复失败。

图 6-8 拉伸校正

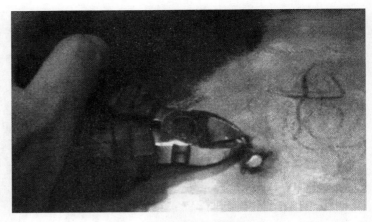

图 6-9 用尖嘴钳清除焊钉

2. 外形修复机热收缩

收缩处理用外形修复机电极触头或碳棒进行，程序和钢板收缩程序类似，但要避免铝板烧漏。

（三）铝板维修操作中的注意事项

1. 避免形状突变

铝合金板材的局部拉伸性不好，容易产生裂纹。如发动机罩内板因为形状比较复杂，在车身制造时为了提高其拉伸变形性能采用高强铝合金，延伸率已超过30%。所以维修时要尽可能地保证其形状不发生突变，以免产生裂纹。

2. 避免产生二次变形

铝合金板件尺寸精度不容易掌握，回弹难以控制，因此维修时要尽可能采用定位固定和加热释放应力等方法使其稳固，避免产生回弹等二次变形现象。

3. 确保零件完好

铝比钢软，维修中的碰撞和各种粉尘附着等原因使零件表面产生碰伤、划伤等缺陷，所以要在模具的清洁、环境的粉尘、空气污染等方面采取措施，以确保零件完好。

三、车身钣金件更换

（一）车身钣金件更换原则与类型

一般来说，出现以下几种情况时，应考虑换件。

1. 变形复杂

车身钣金件的损伤十分严重，产生了扭曲等复杂的变形，通过维修也无法恢复其外形和内在形态时，应该更换。如钣金件在轮廓分明的棱角处发生了扭曲变形，压扁区已出现扭曲，损伤位置在发动机或转向器安装位置附近发生扭曲变形；由于严重冷作硬化而造成的"锁紧在一起"的严重折叠起皱变形等，此时必须更换钣金件。

2. 维修成本高

车身钣金件虽然可以维修，但维修成本太高，维修时间太长；而新件的价格以及拆卸和安装工时明显有优越性时,应该换件。这样不仅会得到更好的外观,而且还可节约喷涂时间。

3. 锈蚀严重

钣金件发生锈蚀,小的钣金件或者大面积锈蚀的钣金件只能通过换件来维修。

4. 有可换配件

待维修的车身钣金件有更换的配件时,才能更换。如果没有待换配件,则只能进行维修或者制作钣金件。当然,制作或者维修的钣金件强度必须符合要求。

汽车车身常见需更换的零部件包括发动机罩、通风栅板、仪表板嵌板、后托架板、车顶板、后缘板、后备厢盖、后围板、后翼子板、车门、前翼子板、门槛板、中柱、前柱、前围板、前纵梁、车轮罩、前护板、散热器支架等。

车身钣金件更换的类型主要有两种。

1. 部件整体更换

一般外钣金件大多采用螺钉或螺栓连接,可以方便地将其整个更换。需要注意的是,更换连接用的紧固件(如螺钉或者螺栓)时,必须符合原来的规格。

对于承载式车身结构件部分,当汽车发生严重的事故需要更换时,也可以进行整个部件的更换,但它们是以电阻点焊等焊接方法连接成一体的,更换时需要通过切割和焊接来实现。

2. 部件局部更换

当车身外钣金件本身的骨架部分没有严重受损,只是蒙皮部分需要更换或者是车身结构件的变形不是整个严重损伤时,都可以进行部件的局部更换。

如车门的损伤,如果其框架没有严重损坏,只需要把蒙皮拆卸下来,换上新蒙皮;如果前纵梁只是某一截严重褶皱变形,维修时仅需要把这一截更换,不用整个纵梁都换掉。

车身结构件的更换一般通过切割分离损坏件,然后通过焊接来连接新件,对定位、测量等的技术要求都很高。只有前悬架的悬梁接合部等结构上的允许误差非常小,才能确保正确的前轮定位。经过切割、加热和焊接后,必须对维修部位及其板件进行防腐与密封处理,以保证维修质量。

(二) 车身钣金件更换步骤

车身钣金件更换的一般步骤如图 6-10 所示。更换新车身构件(以下简称"新件")的要点是定位准确,如果在新件定位参数不可靠的情况下,盲目进行更换和焊接损伤,其后果是可想而知的,因此,新件的准备与定位是更换作业中关键的一环,是一项不容忽视的作业。

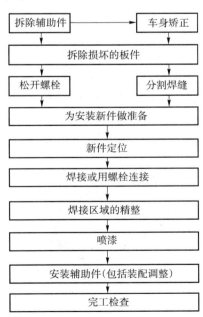

图 6-10 典型钣金件更换步骤

1. 新件的准备与定位

传统作业中并不十分重视新件的准备与定位。主要是由于以往的装配式车身构件允许有较大的装配误差,而且有些汽车的车身构件采用了软连接装配方式,使换件过程中的装配与调整有很大的余地。而如今流行的钢架式车身壳体结构,装配精度要求较高,作业方式也与以往有所不同。

(1) 新件的准备。

由于新件的尺寸未必与需要的相符,因此需要进行切割等操作。首先,进行新件的粗切割时应按图 6-11 所示的规定预留 20~30 mm 的重叠量,待新件的定位作业完成后再重新划线精切割。操作时应注意,落料的富余量不宜过大,否则将不利于构件的安装就位;也不能将尺寸留得过小,否则将严重影响质量,甚至会导致新件报废。

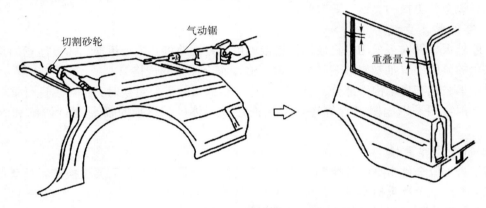

图 6-11 新件的粗切割

由于新件整体都覆有涂料,其表面涂层的绝缘性会影响点焊电流的通过,因此拟用点焊方式焊接时,应预先按图 6-12(a)所示的方法,用带式砂磨机将焊接部位两面的涂层除掉,使接触面形成图 6-12(b)所示的焊接面。磨削时应注意不要用力过大并及时换位,以免使构件过热而影响周围涂层。打磨后仍需参照图 6-12(c)所示的方法,在焊接面及以后不便涂漆的部位刷涂缓蚀剂。

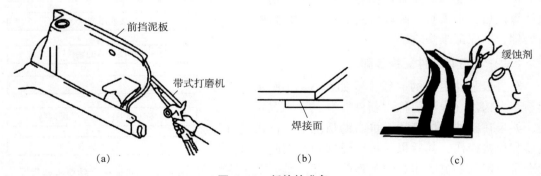

图 6-12 新件的准备
(a) 打磨涂层;(b) 使焊接面无绝缘层;(c) 涂缓蚀剂

对于拟通过塞焊连接的构件，不必除漆，但应按有关技术要求（数量、孔径等），使用冲孔钳或风动钻在构件上制孔。塞焊孔的位置应选在构件的内侧，同时应在便于进行塞焊操作的那一侧。

（2）新件的定位。

新换构件的定位方法一般有两种：一种为参数法定位，适用于对位置度要求较高的车身构件；另一种为试配法定位，适用于对外观品质要求较高的车身构件。实际操作中，通常将这两种方法结合在一起应用，以提高修复品质、效率和精度。

2. 新件的分割与焊接

新件正确定位后，转入分割与焊接作业。与构件的定位一样，分割与焊接也与整体品质密切相关。

（1）新件的分割方法。

新件的最后分割对外观和焊接品质影响较大。由于车身构件的连接形式不同，其分割方法也因此而有所区别。

①划线分割法。对能搭接在一起的断面形状较为简单的车身构件，可采用划线分割法，具体步骤如图 6-13 所示。先沿搭接构件的端头划定分割线，再用风动锯沿切割线分割构件，由此可获得对接质量很好的分割。

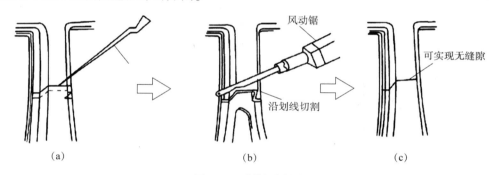

图 6-13　划线分割法

（a）划线；（b）切割；（c）无缝接口

②搭接分割法。搭接分割法的过程如图 6-14 所示，虽然接缝质量不受锯割时走偏的影响，但锯割后留下的切口部分使接口缝隙变大。

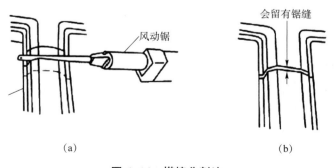

图 6-14　搭接分割法

（a）切割；（b）有缝切口

③测量分割法。有些构件的断面形状较为复杂,其异形结构决定其不能够搭接在一起,如图6-15(a)所示。此时可采用测量法分割。所谓测量法,是指量取基准孔或装配孔至切换部位的距离,以此作为确定分割位置的依据,如图6-15(b)所示。为使切割线能与新件的切口相吻合,可用由新件上割下的断头为基准在车身一侧划线,如图6-16所示。

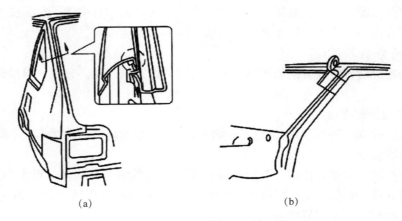

图6-15 测量分割法
(a)异形结构件;(b)划线

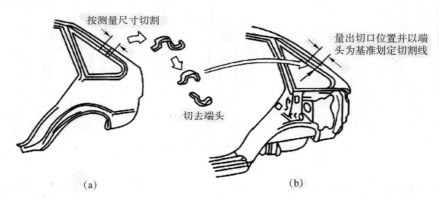

图6-16 比照新件切口划定切割线
(a)切割端头;(b)划线

(2)新件的焊接。

调整、固定、检查、验证等项作业确认新件的尺寸和位置正确后,转入组焊作业阶段将其焊接就位。下面仅就焊接的注意事项进行简单介绍,详细焊接过程见第四章。

①焊接顺序。焊接顺序应遵循由中间向两边、先基础件后附属件的原则。使用气体保护焊时,应使用对接焊,以避免使坡口局部过热而变形。注意暂焊时必须先用万能夹具予以固定,再由中部开始起焊以避免焊接缺陷。

②焊接保护。焊接过程中所产生的火花或热影响,会损坏车身涂层、玻璃、装饰件等,应采取相应的保护措施(如遮盖、拆除等)。此外,点焊机地线虚接所产生的电动势,有可

能击穿车上的微电子设备,故应确保接地可靠并将车上的电源回路断开(如切断总电源或拆下蓄电池的电源线等)。

③参数验证。焊接过程中有必要对那些重要参数进行抽查(测量),使关键要素始终处于受控状态之下,否则当竣工验收不合格而需要重新拆解时,其损失将是很严重的。

④焊接标准。焊接对构件的连接强度和汽车的安全性都有很大的影响,因此,焊接时一定要严格遵守操作规程,通过谨慎操作来获得优良的焊接品质。

(3)焊缝的修整。

对于光整程度无特别要求的部位(如隐含部位、装饰部位等),焊缝的修整方法主要是砂磨或锉削,仅磨削到表面圆滑为止并留有一定的凸起;对于有平面度要求的部位,应磨削适度以免影响车身构件的焊接强度;对于那些不便于用砂轮机打磨的部位,可改用带式打磨机或锉削的方法解决。

(4)焊缝的密封处理。

除了焊前在接合面上少量施涂缓蚀剂以外,焊接竣工后还应在焊缝处施涂车身密封剂,以阻止泥水等渗入使接缝部位的金属锈蚀。

施涂前应先将焊缝及其周围清理干净,然后用胶枪按图6-17(a)所示的方法沿焊缝施胶。枪嘴的直径应大致与焊缝相等,涂胶过量时应用手指将其抹平,如图6-17(b)所示。对于有装饰要求的部位,还可先于焊缝两边黏结胶带纸并在施胶后将其揭除,以使涂胶后的部件更加美观。

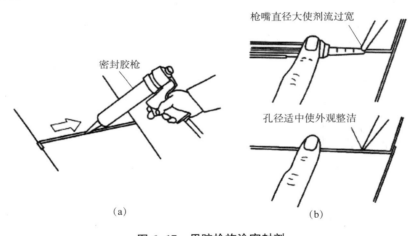

图6-17 用胶枪施涂密封剂
(a)施涂顺序;(b)胶枪口直径应与缝隙相称

对于如图6-18所示的补接或箱式断面构件,由于焊接后原有缓蚀涂层已经破坏,故应按图6-18所示方法在构件接缝或装配孔对准焊缝喷涂缓蚀剂,最好直至流出为止。

3. 换件后的调整

无论是参数法定位还是适配法定位,都需要在上述作业结束后再进行一次最后的调整。一些安装问题、修理缺陷、运动干涉等不良状况,都将通过合理的调整得到解决。这里所指的调整包括对车门、发动机舱盖、后备厢盖等装配位置的调整。

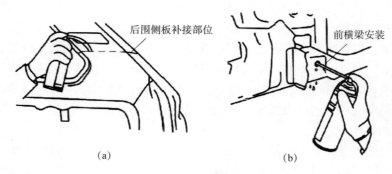

图 6-18 涂敷焊缝缓蚀剂
(a) 直接喷入；(b) 利用装配孔喷施

第四节 汽车车身塑料件修复

一、概述

汽车车身上很多零件是由塑料制成的。塑料件的修复流程通常如图 6-19 所示。

图 6-19 塑料件的修复流程

汽车车身常用的塑料有热塑性、热固性和复合型三大类，每一类又可细分为很多种。不同种类的塑料具有不同的性能特点，相应的维修方法也有所不同，常见的有焊接法、黏结法、热矫正法，三种方法的特点见表 6-1，因此，在实际修复前，首先判断塑料类型并进行损伤评估，再根据塑料种类和变形情况来选用合理的修复方法，最后按照规范完成修复作业。

表 6-1 不同塑料的特点及修复方法

塑料类型	特 点	修复方法
热塑性塑料	加热时软化或熔化，冷却后硬化；可以重复加热软化，其形态和化学成分并不发生变化	多采用焊机焊接修复，也可用黏结法
热固性塑料	在加热和使用催化剂或紫外光的情况下会发生化学变化。硬化后获得永久形状，即使重复加热或使用催化剂也不会变形	宜采用黏结法修复，不能焊接
复合型塑料	由不同的塑料及其他配料混合而成，从而获得特定的性能	宜用黏结法

二、塑料种类的鉴别

常见的塑料种类鉴别方法主要有 ISO 识别码鉴别法、维修手册查阅法、燃烧试验法和试焊法四种。

（一）ISO 识别码鉴别法

直接查看塑料件上的 ISO 识别码（一般正规塑料件生产厂家都会标注）并与说明书或维修手册的符号进行对照，即可确定塑料的种类。ISO 识别码一般模压在塑料件的背面，如图 6-20 所示。

图 6-20　塑料件上的 ISO 识别码

汽车上常见塑料件的 ISO 识别码见表 6-2。

表 6-2　汽车上常见塑料件的 ISO 识别码

ISO 识别码	化学名称	应用举例	属性
PUR	聚氨酯	保险杠面罩、前后车身板	热固
PVC	聚氯乙烯	内饰品、软垫板	热塑
RIM	反应注模聚氨酯	保险杠面罩	热固
R RIM	增强的 RIM - 聚氨基甲酸乙酯	车身外板	热固
SAN	苯乙烯-丙烯腈	内饰板	热固
TPO	热塑性聚烯烃	挡泥板	热塑
TPR	热塑橡胶	窗帘框架板、加水口盖、挡泥板	热固
TPU	热塑性聚氨酯	保险杠面罩、软质仪表板	热塑
TPUR	聚氨基甲酸乙酯	保险杠盖、砾石挡板、垫板、软仪表玻璃框	热塑
UP	聚酯	挡泥板	热固
AAS	丙烯腈-丙乙烯-丙烯酸橡胶	饰板、边灯、车门、外后视镜	热塑
ABS	丙烯腈-丁二烯-苯乙烯	格栅、饰板模压件、车身护板、前照灯外罩	热塑
ABS/MAT	玻璃纤维强化硬质丙烯腈-丁二烯-苯乙烯共聚物	车身护板	热固
ABS/PVC	ABS/聚氯乙烯	汽车仪表板	热塑
AES	丙烯腈-乙烯橡胶-苯乙烯	格栅	热塑
EP	环氧树脂	玻璃纤维车体板	热固

续表

ISO 识别码	化学名称	应用举例	属性
EPDM	乙烯-丙烯压铸单体	保险杠防撞条、内饰板	热固
PA	聚酰胺（尼龙）	外部装饰板	热固
PC	聚碳酸酯	仪表板、护栅、透镜	热塑
PE	聚乙烯	内翼子板、内衬板、阻流板、窗帘框架	热塑
PP	聚丙烯	仪表板、内部镶条、翼子板、格栅、膨胀水箱	热塑
PPO	聚苯撑氧	镀镉塑料件如格栅、前照灯框架等	热固
PS	聚苯乙烯	仪表外壳	热塑

（二）维修手册查阅法

对没有标注 ISO 识别码的车身塑料零件，可从车身维修手册中查找。手册中会列出专用塑料的品种，但是车身维修手册一般是一年更换两次，因而对于新型汽车，要注意查阅最新版本的车身维修手册。

（三）燃烧试验法

这种方法是利用火焰焚烧塑料并观看火焰状态来确定塑料的类型。例如，PVC 制品受热易熔，且火焰呈绿-青绿色，有盐酸气味；聚烯烃类塑料制品燃烧时，火焰没有明显烟雾且有蜡样气味；醋酸纤维塑料燃烧后有醋酸酸味；ABS 制品燃烧时，随即产生黑色烟雾。另外，通过加热可以很容易地判断出是热塑性还是热固性塑料，因为热塑性塑料在加热时能软化，而且能重复地加热软化，但由于使用明火既存在火灾隐患又污染环境，而且对于复合的塑料件，燃烧测试不可靠，因此现在这种方法已很少使用。

（四）试焊法

鉴别塑料类型的最可靠方法是试焊法。一般塑料焊条可分为 6 种，每种焊条均标识塑料品种，如图 6-21 所示。可在零件的隐蔽部位或损坏处用几种焊条进行试焊，如图 6-22 所示。若焊条能与塑料件焊合，则塑料的类型与焊条相同，但该方法只适合热塑性塑料，对其他塑料不适用。

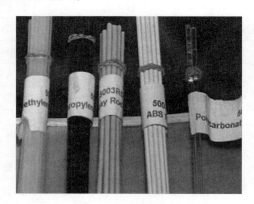

图 6-21 塑料焊条

图 6-22 在零件隐蔽处试焊

三、塑料件修复方法

进行塑料件修复前，首先需要进行评估，以确定该零部件是修理还是更换。如果在弧形接板或大的塑料板上有小的裂缝、撕裂、凹槽或孔，而这些部件更换成本较高，则维修是合理的；如果部件大面积损坏或翼子板喇叭口、塑料装饰件等价格便宜的部位发生损坏，则进行更换是合理的。

塑料件的修理方法主要有黏结法、焊接法和热矫正法三种。其中，焊接法仅适用于热塑性塑料，而黏结法的应用更为广泛，除少数情况外，基本都适用。

（一）黏结法

1. 概述

黏结法几乎可适用于所有塑料，但应注意以下问题：

（1）黏结或焊接之前，应对塑料表面进行清理和处理。

①对黏结部位进行脱蜡、脱脂处理。利用具有脱硫脱脂功能的溶剂浸湿在布上进行擦拭，彻底清除黏结部位上的污物。

②对于裂纹、穿孔部位的黏结，应该用 36 号粗砂轮打磨坡口，增大黏结面积，同时，粗糙的表面也有利于黏结。打磨时如果出现滑腻现象（表面熔化而变得光滑），可涂黏结促进剂，它能将光滑的塑料表面刻蚀成多孔结构或对塑料表面进行活化改性。

③对需要黏结的部位进行火焰后处理。采用富氧火焰（如汽油喷灯、煤气氧化焰、气焰中的氧化焰等）烧烤塑料表面，以使塑料表面改性和活化，并可消除塑料的内应力。

（2）不同的塑料种类，应注意使用适合类型的黏结剂、黏结促进剂、填料及软涂料。

（3）有些产品系列是为特定基体材料进行配方的，使用前应查阅相关的说明书。

（4）在产品系列中可能有适合各种塑料的软填料，也可能为不同的塑料提供两种或更多的填料。

车身塑料件采用黏结法修理的具体步骤如图 6-23 所示。

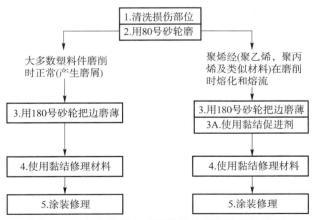

图 6-23　车身塑料件采用黏结法修理的具体步骤

2. 塑料件划痕和裂纹的修理

通常用黏结的方法对塑料件划痕和裂纹进行修理。其修复步骤为：

(1) 施工前的准备。穿戴好必要的劳动保护用品（衣帽、眼镜、防尘口罩、防毒面具、乳胶手套、防滑手套等），准备好施工中的工具和材料。

(2) 塑料鉴别。辨别塑料件的类型，以便确定修理过程中是否需要使用黏结促进剂。

(3) 用水和塑料清洁剂把黏结部位上的蜡、油脂及其他污物清除干净。

(4) 黏结前，应将塑料加热至 20 ℃左右。

(5) 在裂纹的一侧涂敷黏结促进剂，在裂纹的另一侧涂敷一层黏结剂。

(6) 将划痕或裂纹两侧对好后迅速压紧，约 1 min 后即可获得良好的黏结效果。

(7) 进行涂装修理。

3. 塑料件撕裂、穿孔的修理

(1) 施工前的准备。具体同前。

(2) 塑料鉴别。具体同前。

(3) 用水和塑料清洁剂把黏结部位上的蜡、油脂及其他污物清除干净。

(4) 用 36 号砂轮在撕裂、穿孔的边沿打出 6~9 mm 宽度的坡口。如果打磨时出现滑腻现象，说明该塑料是聚烯烃类，可涂敷（喷涂）一层黏结促进剂，待其干燥后继续打磨。

(5) 打磨羽状边。用 P180 号砂纸将裂纹或穿孔周围的面漆打磨出羽状边（注意仅仅打磨面漆而不要打磨塑料），要求在裂纹周围 3~4 cm 范围内没有油漆，以保证后续涂敷的黏结剂不会粘在油漆上，如图 6-24 所示。

图 6-24 打磨成羽毛状

(6) 对黏结部位进行火焰处理可以改进黏结性能。如图 6-25 所示，可用喷灯火焰在坡口处不断移动，直至坡口表面出现棕色。进行处理时一定要注意，不要使塑料及油漆变形或烧焦。

(7) 用塑料清洁剂清除黏结部位背面上的蜡、油脂等，再贴上带有黏结剂的铝箔胶带，将孔完全覆盖住，目的是保证黏结剂不会从反面漏出。

(8) 在打磨好的修理部位涂上黏结促进剂，使其全干。需要注意，若塑料件是氨基甲酸乙酯，则本步骤省略。

(9) 在一块玻璃板上分开挤出等量的黏结剂和固化剂，注意不要将固化剂直接挤在黏结剂上。

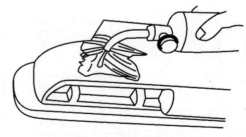

图 6-25 用喷灯进行火焰处理

(10) 用塑料软刮板将黏结剂和固化剂充分搅拌均匀，并注意尽快使用，因为混合好的黏结剂会在 2~3 min 内固化成型。

(11) 使用刮板分两次把混合好的黏结剂填充到孔洞中，且填充动作要快。

(12) 迅速清洁工具,一旦黏结剂干燥则工具很难清理干净。
(13) 固化 1 h,或用烤灯在 80 ℃下烘烤 15 min,使黏结部位完全干燥。
(14) 然后用 P180 砂轮或打磨块磨平表面。
(15) 再次调和黏结剂,使用刮板对黏结部位进行刮平整形。待黏结剂完全固化后,依次使用 P80 号、P180 号和 P240 号砂纸进行粗打磨和细打磨。若出现针孔或高低不平的现象,则可用腻子填平。
(16) 进行涂装修理。

4. 结构性损伤的修复

对于发生破裂(图 6-26)等结构性损伤的塑料件,其修复步骤如下:
(1) 施工前的准备。与前相同。
(2) 塑料鉴别。与前相同。
(3) 使用夹子或胶带将破损部位的正面按原有的尺寸固定好。
(4) 用塑料清洁剂对破损部位的反面进行脱蜡、脱脂处理,如图 6-27 所示。
(5) 用 36 号砂轮打磨破损部位的反面及边缘,必要时可沿裂口打出 6~9 mm 宽度的坡口。若打磨时出现滑腻现象,则可涂敷(喷涂)一层黏结促进剂。

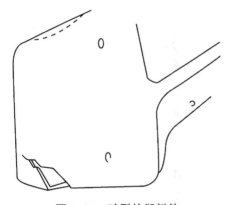

图 6-26 破裂的塑料件

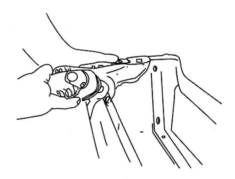

图 6-27 打磨破损部位的反面

(6) 剪下一片比破损区域大 40 mm 的玻璃纤维布。
(7) 用塑料清洁剂清除打磨部位的蜡、油脂等,必要时可涂抹黏结促进剂。
(8) 混合足够的双组分黏结剂,在打磨区涂抹约 3 mm 厚的黏结剂。
(9) 将玻璃纤维布覆盖在黏结剂上,用塑料刮板将其压入黏结剂中并使玻璃纤维布填入沟缝中。
(10) 继续使用足够多的黏结剂涂敷在玻璃纤维布的表面,要求完全填满缝隙和沟槽。
(11) 迅速清洁工具,一旦黏结剂干燥则工具很难清理干净。
(12) 等待黏结剂在室温下硬化约 30 min 后去除夹子或胶带。
(13) 修理断裂部位的正面。重复步骤(4)~(11),如果没有必要,也可以不使用玻璃纤维布,而是直接使用黏结剂填充正面。
(14) 待黏结剂完全固化后,依次使用 P80 号、P180 号、P240 号砂纸对零件的正面进行粗打磨和细打磨。若出现针孔或高低不平,则可用腻子填平。

(15) 进行涂装修理。

（二）焊接法

对于有一定强度要求的车身塑料件，尤其是当塑料件的破口损坏或缺陷较大时，黏结法就不宜采用。此时需采用焊接法。需要注意的是，焊接法仅适用于热塑性塑料，对于热固性塑料，则只能采用黏结法。

1. 塑料焊接的特点

塑料焊接是利用热量把塑料基料和焊条加热或单独把焊条加热至熔融状态后使之连接（黏结）在一起。与钢铁材料不同，塑料有其自己的焊接特点。

（1）导热不均匀。

塑料因导热性极差，所以在焊接过程中很难保持热量的均匀性。加热时，塑料的表面已经软化而表层下面没有，若继续加热，可使塑料的软化幅度加大，但表层已经烧焦，因此，塑料焊接都是采用非明火加热。

（2）焊接强度低。

塑料焊接只是在熔融状态下黏结在一起，所以其焊接强度远不如钢铁焊接。塑料焊接时，为达到好的结合力，对塑料焊条要施加压力。操作方法是一手加热焊条，另一手给焊条施加压力。

（3）焊接温度低。

塑料焊接设备工作性质与金属焊接明显不同，金属焊接设备的工作温度范围要远远大于塑料焊机。

2. 塑料焊接方法

根据焊接设备和工具的不同，塑料焊接方法主要有热空气焊接、无空气焊接和超声波焊接等。

（1）热空气焊接。

热空气焊接是利用由陶瓷或不锈钢制成的电热元件来产生热空气（230~340 ℃），通过焊嘴喷到塑料及焊条上，二者熔化焊接到一起的方法。典型的热空气塑料焊枪结构如图6-28所示。焊接时，可根据需要选择不同的焊嘴。

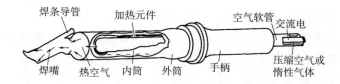

图6-28　热空气塑料焊枪结构

常使用焊条的直径是5 mm。所需空气可由空气压缩机供给，但万万不可使用氧气或其他可燃气体。

塑料焊接时，材料在热量和压力下熔融在一起，操作时，一只手向焊条施加压力，另一只手同时用焊枪把焊条和基体材料加热，并保持锯齿跳动来进行焊接。

若要得到良好的焊接效果，在焊接过程中必须保持加压、加热稳定，速度稳定。若对焊条施加压力过大，则会使焊缝扩大而变形；若热量过多，则会使塑料件烧焦、熔化或扭曲变形。

热空气塑料焊接,可以通过使用快速焊嘴来实现快速焊接,而且可以单手操作。快速焊接是利用快速接头的加压掌来对焊条施加压力(图6-29),既方便又能同时把焊条压平;利用预热管和预热喷嘴加热,热量的分布非常均匀。

热空气塑料焊接还可采用定位焊方法,即用夹紧工具或铝质车身胶带对焊口进行定位固定,用定位焊嘴在断口底部将两侧熔化形成定位焊点,方法如图6-30所示。注意焊嘴要压紧,确保其接触到焊口的两边,而且要匀速地移动。用焊嘴头在断口底部将两板同时熔化很小的一条边,熔化后两板就可以焊接到一起了,注意断口在整个长度上都要熔化成很小的焊缝。

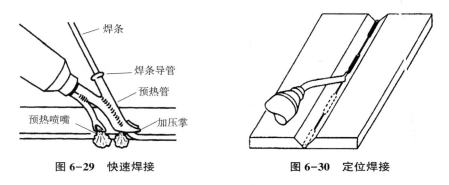

图6-29 快速焊接　　　　图6-30 定位焊接

对于较长的断口,可以先将断口对准,用焊点较小的定位焊固定好后再正式焊接。若损坏的面积较大,则可用一块塑料板来搭焊定位。定位焊时不需用焊条。

热空气塑料焊接的基本步骤如下:

①用清洁剂清洗零件。

②在损坏部位处开V形坡口。

③再清洁,除尘、除油、除污等。

④把断裂位置进行定位焊,或用铝质车身胶带粘好。

⑤把焊机调节到适当的温度,选择合适的焊条和焊嘴进行焊接。

⑥焊好后冷却和硬化处理约30 min。

⑦打磨处理,主要是打磨修整焊缝,使之达到适当的形状,并磨平,磨光滑。

(2)无空气焊接。

无空气焊接方法是指在没有外部空气源的情况下使用电加热元件熔化塑料件和焊条,然后使它们连接在一起的方法。该方法已经在汽车塑料件的维修中得到广泛应用。

无空气焊接通常使用直径3 mm的焊条,选用时,除考虑尺寸外,还要考虑材质的匹配,即必须保证所选焊条材料与焊件材料相同才能进行焊接。

无空气焊接可分为熔流法和压粘法两种。

①熔流法。

熔流法焊接步骤如下:把焊条压入预热管内,然后将加压掌放入坡口;等焊条开始熔化并流出加压掌后开始移动焊枪;轻压焊条,使它进入预热管,注意压入不要太快;缓慢移动加压掌,并在坡口内横向摆动,直到熔化的塑料充满坡口,保证熔化的焊条与母材熔合良好,尤其是V形坡口上部;每次焊接的焊缝长度大约25 mm,使焊缝在冷却之前可以压平表面。

② 压粘法。

压粘法是指用熔流法焊完之后，取出焊条，再将加压掌翻过来，将其尖部慢慢压入焊缝，使焊条与母材黏结在一起的方法。

(3) 超声波焊接。

超声波焊接是指在不熔化基底材料的情况下，不需要加热，也不用溶剂或黏结剂，利用高频振荡能量使塑料结合在一起的方法。超声波焊接是汽车厂组装汽车零件常用的一种先进技术，不仅焊接强度高，而且表面非常光滑，但它也适用于汽车维修工作。

常用的超声波塑料焊接设备是手持式焊机，如图6-31所示。这种焊机使用十分灵活，即使对于大零件和位置难以靠近的部位也非常方便。

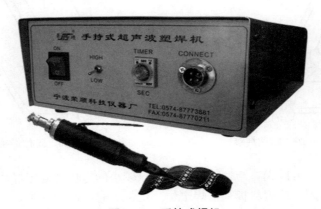

图 6-31　手持式焊机

（三）热矫正法

大多数车身塑料件都具有良好的弹性和柔性，所以在受到冲击、挤压等机械损伤时，往往会出现弯曲、扭曲或弯扭变形共存的综合变形形式，可采用热矫正的方法使变形得到恢复。例如，车身防擦条、前散热器隔栅、仪表板等多用ABS共聚塑料制成，具有强度高、成型性好和二次加工容易等许多特点，适合采用热矫正修复变形。当车身塑料件的变形与断裂并存时，应先进行热矫正后再粘合断裂。

1. 热风机加热矫正

对于局部小范围变形，可使用热风机等对变形部位加热，如图6-32（a）所示。由于热风机存在加热不均的缺点，因此容易造成局部过热而烧损塑料件，操作时最好于变形部位的背面烘烤，待塑料稍一变软就立刻用戴手套的手进行按压、矫正，如图6-32（b）所示。

2. 红外线加热矫正

对于较大的变形，可以使用红外线烘干灯来加热变形部位进行矫正。

加热时，注意当塑料件稍一变软，就应立即对变形部位加压、矫正。为获得良好的外观，还要借助辅助工具（如光滑的木板等）帮助将变形矫平。

由于红外线烘干灯加热效率高、温升快，要严格控制塑料件的受热温度，一般应以50~60℃为宜，过热易产生永久性变形。矫正结束时，应让其在原处自然冷却，不要采取强制性冷却措施或过早搬动，以避免构件发生整体变形。

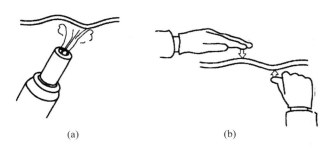

图 6-32　塑料件的热矫正
（a）热风机加热；（b）按压、矫正

3. 火焰加热矫正

在没有电加热的情况下，可以用氧-乙炔火焰来对塑料件进行加热矫正，但要注意控制好火焰温度，利用火焰外焰，并距离塑料件适当的距离来加热，尽量在内侧加热，最好两人合作，塑料件一软化便立即进行矫正。

四、纤维增强型塑料件的修理

纤维增强型塑料俗称玻璃钢，简称 FRP，主要应用于车身壳体壁板、挡泥板和阻流罩等塑料构件。其损伤形式多以浅表划伤和贯穿性裂缝为主。

（一）修理工具和材料

1. 修理工具

纤维增强型塑料件的修理工具包括通用工具和专用工具两类。通用工具主要有砂轮机、清洁工具等。专用工具主要是黏结剂枪，又叫注胶枪。注胶枪主要作用是把黏结剂和固化剂以恒定的速度挤出并混合在一起。注胶枪有气动和手动两种，气动枪使用压缩空气把黏结剂挤出，手动枪则是用手施加压力把黏结剂从管中挤出。

2. 材料

（1）黏结剂。

许多用于维修加强型塑料件的材料都是双组分黏结剂。双组分黏结剂表示基底材料和硬化剂必须混合才能固化，两者应当按正确的比例混合，而且使用前必须彻底地搅拌。

（2）填料。

加强型塑料件上的填料分为装饰填料和结构填料两种。装饰填料是双组分环氧树脂或聚酯填料，主要用于遮盖小的缺陷。结构填料用来填充板件上较大的缺口，同时，保持一定强度，还可增加刚性，但所有的双组分材料都会有一定程度的收缩，可通过加热加速干燥来消除一些收缩。

（3）玻璃纤维布。

玻璃纤维布分为几种不同类型，加强型塑料件的维修一般选择单向织布、机织玻璃布或尼龙网，而粗纱型的不适用。玻璃纤维布必须织得足够松，才能使黏结剂完全浸透并使织纹周围不留空隙。

(二) 维修工艺

1. 判断损伤类型

(1) 单面损伤。

单面损伤是指表面损伤或不穿透板件背面和不致造成板件背面断裂的损伤，例如刨伤和擦伤。对于较浅的单面损伤如不太深的划痕，通常使用玻璃纤维填料进行填充，而对于较深较大的单面损伤，则需使用树脂配合玻璃纤维布来进行修补。

(2) 双面损伤。

双面损伤指贯穿性损伤，如塑料板件被刺穿或断裂，要对两面进行玻璃纤维布的填补修理，有时还要制作补板，对结构进行加强。

(3) 脱胶。

脱胶是指塑料板件从车身框架上脱开。

(4) 严重损伤。

此时需要整块更换或局部更换塑料板件。

(5) 车身金属框架发生弯曲和扭曲。

此时可用拉直和矫直来修理。

(6) 与车架结合的塑料板件发生扭转和弯曲。

此时需要进行更换。可沿出厂时的焊接处重新焊接或采取结构分割的方法修理。

2. 制订维修方法

为选择维修方法，需要彻底地检查汽车。检查所有受影响的加强型塑料板。首先，检查整个板件是否有损坏迹象。其次，还要检查所有的板件焊缝是否有黏结问题。仔细检查板件的背面，确定损坏的范围。根据检查情况，确定采用单面维修、双面维修、板件切割、整块板件更换等方式。

(三) 维修步骤

1. 打磨

用双旋打磨机和砂纸，将裂缝、划伤等待修补的表面及其周围，按照要求磨出坡口并注意处理好其间的过渡关系。

2. 调和材料

使用成套补料（树脂、固化剂、玻璃纤维布、玻璃纤维毡、隔离膜等），将合成树脂和固化剂按100∶2的比例混合，并在调和板上调好后分成两份。应注意严格控制固化剂的加入比例，因为过多会开裂，过少则不易固化。

3. 涂敷

将玻璃纤维毡剪碎后掺入其中的一份树脂中，拌匀后将其填充到打磨好的破损处，如图6-33所示。剪一块比损伤部位稍大一点的玻璃纤维布，用刮板将另一份调好的树脂涂抹于玻璃纤维布上，然后把这块布敷在填充了树脂的破损断面上，如图6-34所示。对于强度要求比较高（如应用于装配其他构件）的部位，还可在贴玻璃纤维布之前先盖上一块金属加强板，最后将剩余的树脂再涂于玻璃纤维布的表面并贴上隔离膜。至此，涂敷工作即基本结束。图6-35所示为用树脂补料填平。

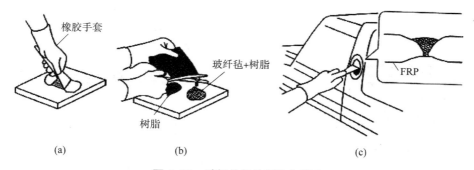

图 6-33 破损补料的调和与填充
(a) 调和树脂;(b) 加入玻璃纤维毡并拌匀;(c) 填充补料

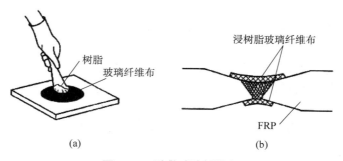

图 6-34 贴敷玻璃纤维布
(a) 在剪好的玻璃纤维布上均匀地刷涂一薄层树脂;(b) 将浸透树脂的玻璃纤维布贴敷补料表层

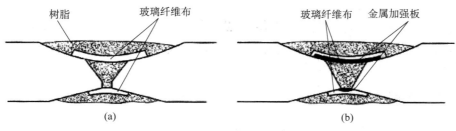

图 6-35 用树脂补料填平
(a) 用补料填平;(b) 增加金属加强板的方法

4. 干燥

贴上隔离膜需静置 20 min 后,再用红外线烘干灯慢慢加热。开始时可将烘干灯的距离调得近一些,但树脂受热过快会发生开裂现象。保持 40~60 ℃温度烘干 2 h 以上,待树脂完全干透固化后,揭去隔离膜。

5. 修整

用打磨机修整树脂表面或用中粗砂纸将表面磨光,再用聚酯腻子将树脂表面存在的小凹陷和针孔填平,待干透后,用细砂纸和极细砂纸蘸水磨光。图 6-36 所示为修整的基本过程。

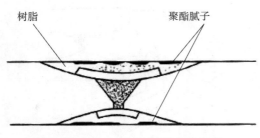

图 6-36 表面刮涂腻子并打磨平整

用补料修补后的车身构件,强度和韧性都非常好,经过表面涂装后可以获得比较理想的外观效果。

五、塑料件维修的注意事项

对塑料件进行维修时,因为塑料中的树脂、加强剂和其他成分挥发的气体对人的身体有害,纤维、树脂等还会溅入眼内或与皮肤接触,必须时刻注意,受伤严重时要请医生帮助处理。

(1) 在切割、打磨或研磨塑料件时,必须佩戴好个人防护用品,如工作服、护目镜、防毒口罩、工作手套等。

(2) 在调节和使用黏结剂时,要认真阅读产品使用说明书,使用专用手套,戴上防毒口罩、护目镜等。

(3) 当树脂或硬化剂接触到皮肤时,要用硼砂皂和热水或酒精清洗。

(4) 保证工作环境通风良好。

第五节 汽车车身涂装修复

汽车车身因事故损伤进行修复后,或车身表面产生腐蚀、划痕、涂层脱落以及由于个性需要或特殊需要而更换车身颜色时,都需要进行车身涂装修复,以恢复车身表面到原车出厂的表面状态,从而达到美化车身外表、隔离外界腐蚀性介质对车身表面的腐蚀、延长使用寿命的目的。

用各种涂料覆盖车身的内外表面是维修作业的最后一道工序,对车身维修品质有直接影响。一方面,涂装可以弥补其他作业遗留下来的缺陷;另一方面,若焊接、钣金、维修等项作业的基础不好,也会降低车身的涂装质量。

一、车身涂层构成及作用

目前,汽车车身常用的涂装系统一般为底漆-腻子-中间涂料-金属闪光底色漆-罩光清漆,或底漆-腻子-中间涂料-本色底色漆-罩光清漆。近几年,高级一些的汽车采用底漆-腻子-防石击中间涂料-中间涂料-金属闪光底色漆-罩光清漆,或底漆-腻子-中间涂料-金属闪光底漆-底色漆-罩光清漆的涂装系统,其中,金属闪光底漆不同于金属闪光底色漆,因不含着色的透明颜料,只有铝粉、珠光粉之类的闪光颜料,故涂层装饰性更为优越,外观更加美观、豪华、别致。

(一) 底漆

底漆根据使用目的的不同,可分为头道底漆、头二道合用底漆、二道底漆、表面封闭底漆等。

1. 头道底漆

颜料含量最低,填充性能较弱,具有较强的附着力,较难被砂纸打磨。由于含黏结剂较多，上层涂料容易与之牢固地结合。

2. 头二道合用底漆

颜料含量比头道底漆多，黏结剂含量较少，附着力不如头道底漆强，而具有较强的填充性能，往往被用作单独的底漆，也可充作头道底漆。应用于具有很好平整度，而不必用腻子填嵌的工作表面上。

3. 二道底漆

具有最高的颜料含量，其功能是填塞针孔、细眼等，具有良好的打磨性。涂装过程中，腻子经打磨后，往往在腻子表面有很多针孔、磨痕，在腻子层表面施涂二道底漆，可使这些缺陷得到补救，这与封闭底漆有相似的功能，但二道底漆的附着力较差，所以在涂二道底漆后，必须把表面的二道底漆大部分磨去，否则会影响面层涂料的附着力，造成面层涂料的浮脆、气泡等现象。

4. 封闭底漆

含颜料成分较低，主要用于填平打磨的痕迹，给面层涂料提供最大的光滑度，使面层涂料丰满并可防止失光、斑点等现象的发生。

(二) 腻子

腻子是在面层修理中使用的所有底层涂料中应用最广的涂料，是由大量的填充料以各种涂料为黏结剂所组成的一种黏稠的浆状涂料，可在粗糙表面形成光滑表面，以利于喷面漆。腻子的主要作用是改善车身构件表面的平整度，使涂层表面光滑和增加装饰效果，必须用砂纸磨光。腻子可涂在裸露的金属或砂纸磨光的旧面层上。

(三) 色漆层

色漆层就是有颜色的油漆。如单色漆＝色漆，金属漆＝色漆＋铝粉，珠光漆＝珠光颜料＋云母粉＋色漆，金属珠光漆＝珠光颜料＋云母粉＋色漆＋铝粉。色漆层很容易受外界的影响而变化，特别是怕紫外线和氧气。

(四) 清漆层

清漆层为溶剂型系统，包括中固体和高固体分丙烯酸树脂/三聚氰胺树脂固化系统以及中固体分丙烯酸树脂/多异氰酸酯固化系统。用于保护色漆层。

二、车身涂层修复

(一) 车身面层修复方法

尽管面层修理用的涂料有多种，但目前维修人员一般仅采用三种方法进行修理，即点修理、板件面层修理和整车全部重新喷漆。

1. 点修理

点修理又称勾缝或凹痕修理，损坏的部位通常都很小，为浅划痕或凹痕。点修理一般包括车身小修、金属整修、涂底层涂料、涂面漆并与修理部位周围的旧面漆相结合等几种方法。

2. 板件面层修理

板件面层修理与点修理方法类似，不同的是修理部位是汽车上的整块板件（如车门、后备厢盖等），并要在板件连接处得到配合。板件上的任何缺陷都要修整，涂面漆前先涂底漆。板件面层修理的关键是配色较困难,所以新颜色要与邻接的板件相一致。

3. 整车全部重新喷漆

整车全部重新喷漆即对整车进行喷漆,此时要考虑以下因素:需要修理的各点的大小和数量,面层暗淡、开裂或损坏的情况以及客户意愿。

(二)涂装修复工艺

从维修一台漆面受损的汽车到修复后交车,一般要经过下述系列工作:清洗—鉴别涂料—表面处理—喷底漆—涂中间涂料—喷面漆—面漆层干燥(烤漆)—抛光、清洗—交车,但不同的漆面、不同的板材、不同的损坏形式,其涂膜修补程序和要求是不同的。

1. 清洗

(1) 全车清洗。

虽然涂装操作可能只是针对车身某一块板件或板件的某一部分,但仍需要彻底清洗整车上的泥土、污垢和其他污物,尤其注意门边框、后备厢盖、发动机罩缝隙和轮罩处的污垢。如果不清除干净,新油漆的漆膜上就可能会沾上很多污点。一般使用纯净水冲,再用车辆清洗剂清洗,然后用水彻底冲净。

(2) 车身待涂装表面的清洗。

车身待涂装表面的清洗主要采用有机溶剂清洗。它的作用是溶解和去除油脂、润滑脂、污垢、石蜡、硅酮抛光剂以及手印等。需要注意的是,硅酮抛光剂及石蜡是在车身表面抛光处理时,形成的一层残留覆盖层。在对板件进行修补作业时,一定要将待涂表面上的这一覆盖层清除掉,否则会影响涂料的吸附能力。另外,绝不允许采用清洗剂擦洗塑料密封胶的表面,在对热塑性丙烯酸面漆表面进行清洗时,所用的溶剂说明书上一定要有"本清洗溶剂可以安全地在热塑性丙烯酸面漆上使用"的标志才可以使用。

2. 鉴别涂料

在涂装修复前,鉴别车身钣金件上的涂料类别是非常重要的。如果涂膜没有正确鉴别,在涂装面漆时就会发生问题。例如,待修理的车身钣金件以前是用硝基漆处理的,那么在二道底漆后面的漆中,所含有的稀释料就会渗入以前的硝基漆,引起涂装后的表面产生皱纹。如果一辆汽车从未经过重新喷涂,则根据车型手册可确定涂层的类型,但对重新喷涂过的车身,在修理时需要确定车身涂层的类型。

(1) 判断车身是否经过重新喷涂。

可通过打磨法或测量涂层厚度法判断车身是否经过重新喷涂。打磨法是通过打磨需要修补部位的某一边缘,直到露出金属,观察涂层结构即可看出是否经过重新喷涂;测量涂层厚度法是将旧涂层剥开,直到露出底材,测量涂层断面的厚度并与新车涂层标准厚度对比,进行判断。

(2) 车身原有涂层类型的确定。

①视觉检查法。用粗蜡打磨漆面,若布上沾有漆迹,则说明漆面是单层式面漆(涂膜表面没有涂装清漆);若没有沾上漆色,则说明漆面是双层(色漆+清漆);若漆面表层结构粗糙,经摩擦后产生一种类似抛光的效果,则说明涂敷的是一种抛光型漆;若出现一种聚丙烯尿烷特有的光泽,则可以判定涂敷的是聚丙烯型漆;用砂纸打磨漆面,若漆层有弹性且砂纸黏滞,则说明是未完全硬固的烤漆。

②涂抹溶剂法。一般来说,用棉纱浸入硝基稀释剂,在涂装表面上摩擦,擦不掉的涂料

便是烘烤型或聚氨酯型，而可擦到布上的涂料则是自然干燥型（硝基型）。虽然烘烤型和聚氨酯型涂料通常不受溶剂影响，但是如果涂层固化不足或涂层变质，它们在受到摩擦时，也会有些掉色或褪色。如果原漆膨胀或收缩，则为未完全硬固的烘烤漆。

③加热检查法。首先，用 P800 砂纸湿磨，消除原漆面光泽；其次，用红外线灯加热打磨过的部位，如果漆面上的光泽重现，表明涂层是树脂型漆。一般涂层加热后会发生一定程度的变软。

3. 除旧漆

车身清洗后，要仔细检查车身漆面，查看漆膜破损迹象，如气泡、龟裂、脱落、锈蚀以及在烤补、气焊等修理过程中引起的部分损坏。对于上述破损，必须将旧漆膜清除，清除程度可根据旧漆膜的损坏程度和重新涂装后的质量要求，进行全部和部分清除。

对于底材表面没有大缺陷的旧涂层，一般只需将面层表面进行适当地打磨，磨掉已经氧化变差的一层，露出良好的底层即可。

对于表面有缺陷的旧涂层，如果是小的缺陷，在缺陷部位进行打磨，直到看不到受损伤的涂层或裸露金属为止，对裸露的金属部分必须进行打磨、磷化或钝化处理，如果裸露金属有锈蚀或穿孔情况，还要先进行除锈或补焊，再进行磷化或钝化处理；如果是面积较大的缺陷，可以用喷砂机进行喷砂除漆，或用化学法及打磨法将旧涂层脱漆，然后进行必要的清洁处理，对裸露的金属表面仍需做除锈、磷化或钝化处理。

除旧漆的方法有很多，常见的有手工法、机械法、加热法、化学法、打磨法等。

（1）手工法除旧漆。

无专用设备的维修厂常采用手工除旧漆的方法，即工人借助铲刀、锉刀、尖头锤等简单工具去除需修补部位的旧涂层。手工除旧漆常用工具如图 6-37 所示。该方法简单方便，但劳动强度高，工作效率低，质量差，仅适用于对较小面积旧漆的清除。

（2）机械法除旧漆。

机械法是使用专用的电动或风动工具（如钢丝打磨机、钢丝轮等）将车身表面的旧涂层除掉。该方法效率高，劳动强度低，是车身维修车间应用较广的除漆方法，但易产生强烈的气味和漆尘，所以要求工作间有良好的通风除尘设施。常用的除旧漆打磨机有电动和气动两种，如图 6-38 所示。由于涂装车间内有易燃物品，因此气动打磨机的应用较多。

图 6-37　手工除旧漆常用工具

图 6-38　除旧漆用打磨机
（a）电动打磨机；（b）气动打磨机

(3) 加热法除旧漆。

加热法是利用喷灯或气焊枪的火焰高温软化或碳化（烧焦）旧漆膜，该方法速度快，特别是对一些腻子层较厚、除旧漆较多的物面来说，是较好的方法，但是如果加热温度过高，板件会发生热变形，从而产生不良后果，所以使用中一定要注意控制温度，必要时可采用多层多次清除的方法。

(4) 化学法除旧漆。

化学法除旧漆是使用脱漆剂，依靠物理化学作用来除旧漆的方法。这种方法具有使用方便、干净高效等优点，应用较为广泛，但应注意不同的涂膜应采用不同的脱漆剂。

对于车身的金属表面，涂膜清除后，应仔细检查有无锈蚀现象，如有，则应将锈蚀处清除干净，以提高涂装后表面耐蚀能力，增强涂膜在表面的附着力，延长涂膜使用寿命。金属表面除锈方法与除旧漆法相类似，大致分为手工除锈法、机械除锈法、化学除锈法、喷射除锈法、电化学除锈法五种。施工时，应根据被涂物的材质、厚度、大小、表面形状、涂料品种、施工条件以及质量要求等来确定采用哪种除锈方法。另外，金属表面在修补涂装前还需要进行脱脂，一般通过有机溶剂或碱液进行。

对于车身的非金属表面加涂合适的涂层，可以延长使用寿命，提高使用性能。例如，裸露的塑料件需要进行脱脂处理、化学处理、退火处理、静电除尘处理等。

4. 喷涂底漆

在涂装工艺中，首先要进行的是底漆的喷涂作业，所形成的底漆涂层是整个涂层的基础。底材的附着力和涂层的耐腐蚀性主要靠底漆来实现，底漆的喷涂质量直接影响涂层的质量，因此必须加以重视。

喷涂底漆前，除了除油、除锈、除旧漆外，还需要进行遮盖准备，即用遮盖纸、胶带等材料做好遮盖工作。

底漆有极大的附着力和抗腐蚀能力，一般用乙烯树脂或环氧树脂涂料。油漆生产厂家已生产有与面漆相配合的底漆，查询即可。

喷涂底漆常用设备一般为喷枪、红外烤灯、空气压缩机等，也可以直接在喷漆室或烤漆房进行。喷枪是一种利用空气压力将液体转化为小液滴的喷涂工具，主要由枪体和喷枪嘴组成，其结构如图6-39所示。在使用时需要根据要求进行压力调整和雾束大小、方向及漆流量的调整。

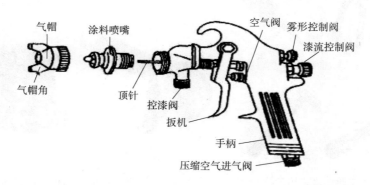

图6-39 喷枪结构

5. 涂抹腻子

对于裸露的板材，经底材处理和喷涂底漆后，即可进行刮涂腻子的操作。对于损坏漆面的修补，一般经过底材处理后，即可直接刮腻子。

腻子品种多，应选择干燥成型快、易于打磨和细腻的腻子。

刮腻子的主要工具是腻子刮刀，而打磨腻子的工具和设备有锉刀、无尘干磨机等。

涂抹腻子的主要步骤有：

（1）检查腻子的覆盖面积。

主要目的是确定需要准备的腻子数量。

（2）调和腻子。

由于装在罐中的腻子其各种成分是分离的，在倒出前，必须进行彻底混合。

（3）混合腻子与固化剂。

将适量的腻子基料与固化剂按照100∶2～100∶3（根据季节温度掌握）的比例混合并搅拌均匀。注意，固化剂要适量，过多，则腻子干燥后易开裂；过少，则难以固化干燥。

（4）刮腻子。

垂直地用刮刀薄薄地刮一层腻子，以使其紧贴于金属表面，然后用刮刀以30°～45°的角度再刮一层腻子。注意，不要使用来回涂刮的方法，以防腻子起刺。

（5）干燥腻子。

新刮的腻子会由于自身的反应热而变热，从而加速固化反应。一般在刮涂后20～30 min就能干燥。如果气温低而湿度高，则腻子的内部反应速度降低，需要较长时间才能使腻子固化。为加快腻子固化，可使用红外线烤灯或干燥机加热。

（6）打磨。

腻子干燥后，使用P60～P280砂纸配合打磨板进行手工打磨或使用机器即打磨机打磨，如图6-40所示。

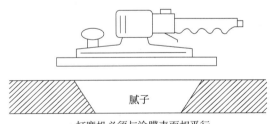

· 打磨机必须与涂膜表面相平行
· 不用过于加力

图6-40　打磨机打磨腻子

刮抹腻子及打磨的要求较高，需要经验丰富、技艺熟练的漆工才能胜任。油漆效果的好坏取决于腻子的刮抹与打磨程度高低。刮抹腻子、打磨，再刮抹、打磨，这道工序可能会重复几遍到十几遍。

6. 上面漆底漆

面漆底漆是用于腻子与面漆之间的涂层，又称为二道底漆和封闭底漆。面漆底漆附着力和遮盖力强，主要作用是填补、遮盖原底色及补腻子的细小缺陷、道痕等。

面漆底漆的喷涂步骤为：

(1) 准备。

先用压缩空气清除表面微尘，若进行过湿打磨，则应进行去湿处理，使被喷涂表面干燥。将粉尘清除干净后，再用脱脂剂做脱脂处理，经遮盖后方可喷涂面漆底漆。

(2) 喷涂。

面漆底漆的喷涂与底漆喷涂方法类似。

(3) 修整与干燥。

喷涂后，应仔细检查喷涂表面有无砂纸打磨痕迹、气孔及其他缺陷。如果存在缺陷，仍可补刮腻子、打磨。

(4) 打磨。

①干打磨。可采用双动式打磨器，配合 P240~P280 砂纸进行打磨；或采用往复式打磨器，配合 P280~P320 砂纸进行打磨。往复式打磨器的打磨速度不如双动式，但操作比较简单。注意，打磨时不要用力太大，否则砂纸磨痕会过深，只能稍用点力沿车身表面移动。

②湿打磨。一般采用 P320~P600 耐水砂纸。当面漆为金属闪光涂料时，用 P400 砂纸打磨；当面漆为硝基涂料时，用 P600 砂纸打磨。当面漆颜色为单色时，可以用 P320 砂纸打磨，但如果是单色的硝基涂料，则应用 P400 以上的砂纸打磨。

7. 喷面漆

底层处理后，就可喷面漆了。面漆喷涂主要步骤如下：

(1) 准备。

①粉尘的清除。在打磨工作结束后，用气枪将打磨粉尘彻底清除。清除工作应按顺序进行，不能有遗漏。全涂装时，清除工作可先从车顶开始，然后是发动机罩、后备厢盖等，接下来是车门和翼子板的间隙、后备厢盖和发动机罩的边缘等。

②覆盖。喷涂前将车身覆盖完好。

③脱脂与最后一道去粉尘工序。用干燥的布蘸脱脂剂擦拭被涂装表面，除去油分、污物和石蜡等。脱脂后，再用黏胶布擦去粘在涂膜上的线头和灰尘。

为保持喷涂过程的干净，最好在封闭的喷漆房中喷涂，并保持适当的温度与湿度、良好的照明、整洁的环境。

(2) 面漆的准备。

①喷涂前的检查。喷涂前，要检查全车身外表有无覆盖遗漏之处，检查有无打磨作业和清扫作业进行得不彻底之处，检查喷枪和干燥设备有无异常。检查完毕后，用肥皂清洗手上的油污，穿上防尘服，再用压缩空气清除黏附在衣服上的灰尘。

②漆料的调配。漆料的调配主要采用计算机调色法，设备有调漆机、阅读机、调色计算机电子秤、微缩胶片、比色卡和比例尺等。漆料要搅拌均匀，以免颜料沉在下面，影响质量及颜色。

③漆料的过滤。调好色的漆料难免混有灰尘和杂质，必须过滤后才能使用。

④黏度的调整。调好色的漆料按所需要的量取出，视需要加入固化剂，调整好黏度。最好用黏度杯调试。注意，漆料黏度随温度变化而变化，且黏度越高，随温度变化的特征越明显。同一种涂料，冬季比夏季显得稠。

(3) 喷枪的选择。

涂面漆用的喷枪，应根据使用目的和涂料种类进行选择，主要是参阅涂料的使用说明书。

(4) 喷涂方法。

涂面漆的方法与涂底漆和面漆底漆的操作基本相同,只是手法要求更加细腻一些,以获得良好的色彩和光泽效果。

①干喷。是指喷涂时选择的溶剂要干得快,气压较大,喷涂量较小,温度较高等,喷涂后漆面较干。

②湿喷。与干喷相对,指喷涂时选择的溶剂要干得慢,气压较小,喷涂量较大,温度较低等,喷涂后漆面较湿。

③湿碰湿。与湿喷类似,不等上一道漆中的溶剂挥发完就继续喷涂。

④虚枪喷涂。在喷涂色漆后,将大量溶剂或固体成分调整得极低的涂料喷涂在面漆上的操作。

⑤雾化喷涂。俗称飞雾法喷涂,又称飞漆。一般用于金属漆的喷涂。由于金属漆中含有金属颗粒(如云母、珍珠等),密度大,所以喷涂金属漆时一般用雾化喷涂法。

⑥带状喷涂。当喷涂某个基材表面的边缘时采用此法。应将喷枪扇幅调得相对窄一些,一般调整到大约 10 cm 宽。此时喷出的雾束比较集中,呈带状覆盖。这样可减少过喷,节约原材料。

(5) 面层的干燥。

参阅涂底漆的相关叙述。

(6) 抛光。

抛光是指通过打磨使涂膜显出光泽,除去附着在涂膜表面的灰尘和小麻点,对表面粗糙处和皱皮处进行整修,对部分涂装而言,还包括对晕色部位的打磨等。该项作业既是全涂装和局部涂装的最后一道工序,也是对涂膜的精加工,必须仔细操作。

(7) 打蜡。

抛光作业结束后,需进行打蜡,但应注意,有的涂料禁止打蜡。例如,合成纤维素丙烯酸硝基涂膜不能使用油性蜡,聚氨酯涂膜在完全固化前,最好不要打蜡。另外,针对不同的涂膜,应选择与之相适应的车身蜡,选择的依据是涂料生产厂家的使用说明书。

(8) 清漆的喷涂。

清漆是汽车表面漆层的最外层,目的是加强对漆膜的保护并使漆膜表面具有更好的光泽。通常在面漆喷涂完成后,经一定时间的闪干,即可直接喷涂清漆,其操作方法与面漆喷涂类似。清漆干燥后,应进行抛光处理,以消除表面过亮现象。

另外,喷漆过程中还应注意:

①漆工应佩戴呼吸面罩,喷枪距漆层垂直距离为 150~210 mm,第一次喷漆行程从顶盖离漆工近的侧边开始,再从右到左和从左到右喷,相邻行程有 50% 的重叠;然后随着距离增加,覆盖宽度也增加,喷枪从垂直到倾斜,重叠增加到 60%~70%。喷到顶盖中心后,迅速移动到另一侧面,为保留一个湿边,此时应从远的中心向近侧喷,发动机罩也应这样喷涂。

②一般面漆喷涂 2~3 道。

③喷涂后在未完全干燥时,可逐步撤除遮盖纸及胶粘带。

④烘干或自干。

第六节　汽车车身装配

车身各部分修复后的装配是车身钣金修复的最后一道工序。其装配质量除与各部件的修复质量有关外，还与装配的方法和技巧紧密相关。

一、装配的支承、定位和夹紧

装配的支承、定位和夹紧合称装配三要素，三者是相辅相成的。

（一）支承

支承是用来支持所装配的零部件的设备，装配时可将零部件固定其上进行装配。平台、构架、模具等都起到装配的支承作用。作为支承，应该结构简单、工作可靠。

（二）定位

定位是将需要装配的零部件放置在要求的位置上。常用的定位方法有画线定位、销轴定位、挡铁定位和样板定位等。零部件在装配过程中只有经过定位并固定或连接后，车身的尺寸和形状才能达到要求。

（三）夹紧

零部件通过定位后，各零部件的相互位置就确定下来，采用夹、卡、压等方法使零部件夹紧，使其不能移动或转动，从而保证装配的准确性。当零部件夹紧时，应当根据零部件的形状或配合特征选用不同的夹紧工具。

二、装配的顺序和技术要求

（一）装配顺序

车身各部分修复后，要根据不同车型的结构特征依次安装。有时还要考虑如何安装更方便、更容易调整和保证质量要求。

（二）部件的配合、调整与质量要求

各部件的配合调整是总装过程中的关键环节，在单独修复安装各部件时，有些问题表现不出来或不明显，但各总成装配到一起时，各种矛盾就会相继出现，特别是在安装比较破旧或撞击严重的车辆时，矛盾更加突出。解决这些问题的办法是应当先找出症结所在，再考虑相应的办法。装配后的零部件，要求位置准确，缝隙均匀。

【知识链接】

现代车身修复技术与模式的新趋势

一、维修设备的现代化

科学技术的日新月异使维修设备逐步现代化，主要表现在以下几点：

（一）效率提升

传统的手工工具如锯、锉、錾子等，更多地被电动或气动工具，如电动角磨机、曲线锯、气动錾等所代替，使工作效率和质量大大提升。图6-41所示为常用电动曲线锯。

（二）精度提高

车身修复过程中，尤其是在校正车身结构时，要不断将校正中的数据同车辆原始数据进行比较。这就需要不断地对修复部位和形状进行测量。显然，传统的钢尺和角尺无论在精度还是在效率上都不能满足要求，因此，高效率和高精度的工具和设备应运而生，如游标卡尺、千分尺、激光测距仪、量规等。

图 6-41　常用电动曲线锯

（三）功能多样

车身损伤后，钣金工往往会根据不同的部位选择不同的工具，如根据不同形式的凹陷选择不同的垫铁。近几年，研究人员根据车身常见损伤的形式和位置，研发出了汽车微钣金组合修复工具，如图 6-42 所示。该套工具适合于汽车车身损伤的大多数部位并将每一种部位的损伤修复都做成一种便于操作的工具。这种微钣金组合修复工具，有效提高了汽车车身小事故的修复效率。与此同时，由于设备操作简单，使用方便，有一定钣金修复基础的钣金工在很短的时间内就可以掌握并熟练运用，因此这种工具受到很多钣金修复企业的欢迎。

（a）　　　　　　　　（b）

图 6-42　汽车微钣金组合修复工具

（a）整套组合工具（正面）；（b）整套组合工具（背面）

（四）环保高效

由于材料和制造的局限性，传统的焊接设备、材料和工艺，都存在安全性差、易腐蚀、不环保等缺点。随着科技的发展，焊接设备、材料和工艺都有了很大的进步。电阻焊、等离子弧焊等先进焊接技术也引入钣金修复领域，不仅环保安全，而且焊接质量高。

二、新材料和新工艺不断引入

随着新材料和新工艺的不断涌现，汽车不再是钢铁材料的简单堆积，铝合金、镁合金、塑料等各种新型材料也越来越多地运用到车身制造中。为适应这些零部件的维修，一些新的维修工艺和设备也不断地加入修复领域。例如，粘铆接技术就是将原本需要焊接的部位用胶粘着之后再进行铆接的一种技术。此外，新出现的铝合金板件、玻璃件、塑料件等新材料零部件的修复技术，使传统的工艺、设备、模式发生了很大变化。

三、现代钣金修复的电子设备和技术

现代钣金修复已大量使用电子测量与智能化校正相结合的设备，如超声波电子测量系统、激光电子测量系统等。

对于需要修复的车身结构，应先测量其损伤范围和标准数据的差异，现代电子测量仪器可以提供高达 0.01 mm 级别精度的测量值。如超声波电子测量系统精度可达 1 mm 以内，具有测量稳定、准确，可以瞬时测量，操作简便、高效等优点，是目前应用范围最广的全自动电子测量系统。

在获得测量数据后，采用智能校正设备，就可以较为方便地进行车身校正工作。如汽车大梁校正仪作为全自动智能集中控制设备，具有快速而且高效的特点，是 4S 店和高端维修企业的首选产品。

第七章

汽车车身典型零部件修复

汽车车身典型零件包括可拆卸连接和不可拆卸连接两类。车顶盖和后翼子板在车身制造时已经同车身骨架焊接在一起，而前翼子板、车门等零部件主要通过螺栓、铰链与车门连接，因此，汽车车身零部件修复主要通过拆装、调整和焊接等方法完成。

第一节 车门的修复

车门总成主要由车门和车门附件组成，车门附件包括车窗玻璃、玻璃升降器、车门锁等。车门及附件的修复主要通过拆卸、更换、调整和焊接等工艺完成。

一、车门的维修

车门壳体除意外碰撞造成凹陷等损伤外，车门两铰链及门锁固定止冲器芯子处（该三处承受着车门总成的全部重力以及行驶时振动产生的动载荷）、车门前侧点焊处及裁剪板材的角口等应力集中部位常会因受力较大而损坏。摩擦损伤常见于门锁舌、锁舌台肩、玻璃升降器齿轮、滑轮、止冲器芯子、铰链销子和销孔等处，腐蚀则主要发生于车门铁壳底部、窗框下边缘、玻璃绒槽架、玻璃金属托槽等处。

（一）任务

修复损坏的车门附件，修复后的车门附件达到正常使用技术要求。

（二）操作准备

维修前需要对车门附件进行简单检查，通过肉眼察看及开关车门等方法检测出车门的损坏部位，再选择相应的维修方法。

（三）操作方法

车门附件的损伤部位不同，维修的操作方法也有所不同。

1. 车门铰链的维修

（1）工具与材料。

工具：焊炬、伸缩顶杠、伸缩托架、钢锯等。

材料：低碳钢焊条等。

（2）维修方法。

①铰链处点焊脱裂的焊修。

若是长裂纹,先将原焊点两侧的裂纹分别焊好,再将点焊处的加强板升温到一定程度,最后将原点焊处的内外层烧熔,并略加焊条焊固。

若是短裂纹,将焊炬放低,火焰直射点焊处,使内外层迅速升温,若外层已熔化而加强板升温仍低,可将焊炬抬高稍停片刻,使外层热量向加强板传递后再焊。待两层都熔化时,略加焊条焊固。此刻要注意焊嘴的倾角及火焰的大小,既要防止因加强板的温度不够、熔化不良导致的虚焊,又要避免薄板熔化面积过大,烧成大孔,增加焊接难度。

为焊得牢固,可用专用工具从外部顶住铰链,如图7-1(a)和图7-1(c)所示,使外层与加强板锁紧贴牢,这样才能焊得结实平整并有利于敲平恢复原来的几何形状。此外,还应在铰链上、下两端分别加焊1~2点,使内外层结合更加牢固。

若下部铰链损伤严重,可采用图7-1(b)所示的伸缩顶杆,从门壳内将加强板向外顶住,使之与外层贴紧,便于焊接。

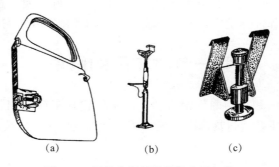

图7-1 焊修车门铰链处的专用工具
(a)伸缩托架的使用;(b)伸缩顶杆;(c)伸缩托架

②铰链处加强板的焊修。

若加强板裂纹不长,且无变形,可先将裂缝缝口对齐、对平,再通过外层螺栓孔将裂纹烧熔后,略加少量低碳钢焊条熔焊,熔池宜深些,但背面不应有透过的焊瘤,达到既牢固又平整的效果。

若加强板裂纹较长,有变形,通过螺栓孔无法焊修时,可用钢锯将外层铁板锯开撬起,将变形复位后,再焊修。如果加强板损坏严重无修复价值时,应予更换,然后再将外层复位焊固。修好后,按要求检查、校正,以确保质量。

(3)技术要求。

车门壳体铰链和门框铰链修复后,就可以进行装配,若销孔径向磨损超过0.3mm,需要加热收缩或焊修后重钻。装配后,上下两副铰链的销孔中心线必须呈一条直线。车门转动时,销子与车门铰链的销孔之间无相对滑动(固接),而与驾驶室门框上的铰链销孔有相对滑动。

2. 车门铰链处金属板面的更换

车门铰链处金属板面失去修复、使用价值时,应予以更换。

(1)工具与材料。

工具:钢直尺、焊炬、衬铁等。

材料:金属板料等。

(2) 更换方法。

①根据损坏范围，选用相同金属或低碳钢料，按规定尺寸制作补焊板面。

②矫正车门，恢复原来几何尺寸。在矫正前，先用平直的钢直尺与车门铰链边对齐，检查其平行度和平面扭曲情况，若有变形，在适当位置割切开1~2道口并撬开，对里层加热，矫正复位。

③按已备好的金属板料，对准旧螺栓孔画线、定位。

④用焊炬将被更换的金属板按划线割下，若发现里边零件有损伤，应及时修复更换。然后将制作的补件对接焊固、焊平。

⑤对于焊过的部位，凡是从里边用各种形状的衬铁能够顶到的部位，应敲平、伸展，消除焊修时产生的内应力。若是连边框一起更换，还需将边包好并在包边处加焊数点。最后，重新检查车门的几何尺寸，矫正不合格的地方。

(3) 技术要求。

车门的几何尺寸必须符合要求，焊过的部位应平整、坚固。

3. 车门玻璃升降导槽的焊修

车门玻璃是在绒槽中滑动升降的，绒槽下部支撑在铁槽上。当升降器的从动臂固定螺栓松动，使玻璃升降时产生左右摇摆，则铁槽承受过大的侧向力，导致铁槽与支架断裂或焊点脱落。鉴于铁槽位于车门壳体内，焊修比较困难。若铁槽支架与壳体用螺栓连接，则可拆下焊修。所以焊修时必须方法得当、位置准确，方能焊牢。

(1) 工具与材料。

工具：焊炬、适当厚度的铁片、一根直径为6 mm且长度适当（根据车型而定）的圆钢杆等。

材料：焊条等。

(2) 维修方法。

①若铁槽下端脱落，先将铁槽断裂缝对齐，用适当厚度的铁片卡在车门内侧与铁槽间使其固定，但不宜卡得过紧，以免铁槽在高温下变形。焊接时眼睛从窗口处观察焊接位置，掌握温度及平整情况，焊条也从窗口伸进，而焊炬则从车门工作孔伸入。焊左侧铁槽时，右手持焊炬，左手持焊条；焊右侧铁槽时，左手持焊炬，右手持焊条，如图7-2所示。

②若铁槽两端同时脱落，首先，应用上述方法将断裂痕吻合对正固定，先焊上端，焊条和焊炬均从车门工作孔伸进门壳内施焊；其次，再按同样方法焊下端。

③若前后两侧铁槽同时脱落，为了找到基准位置，应先对正断痕焊好靠门锁处的铁槽，然后用1根直径6 mm，长度适当（根据车型而定）的圆钢杆撑在前后两根铁槽之间，以确保其间距准确。更换新铁槽时，由于无断痕可对，因此宽度和高度要随时用撑杆测定，严格控制其几何尺寸。

④对于铁槽下支点的加强。大修时，铁槽虽无断裂和脱落，因其是易损部位，故也要加固处理。方法是先将车门倒置，从工作孔处用手将铁槽向里拉，使之与支架靠拢，然后焊固。

(3) 技术要求。

对于平板玻璃导向铁槽的焊修，必须使两边导槽处于同一平面内；对于曲面玻璃的导向铁槽，则必须使两边导槽同时处于与玻璃曲面度相同的曲面内，以确保玻璃能顺利升降。焊接部位要牢靠。

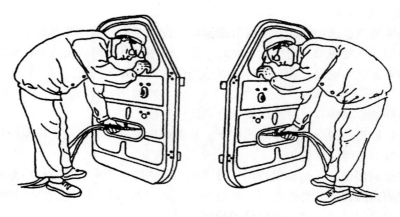

图 7-2 车门玻璃导向铁槽的焊修

4. 车门板底部腐蚀部位的更换

当车门板底部腐蚀比较严重，无修复价值时，必须挖补镶焊，更换车门板。

(1) 工具与材料。

工具：焊炬、克子、手虎钳、划针、衬铁、平锤等。

材料：焊条。

(2) 更换方法。

① 确定更换范围，便于焊接与整平。通常为了便于操作，内门板和外门板的更换部位及高度大体相同为好。内门板面焊缝的位置，应选在平面上，不宜选在棱线上。这样有利于焊接与整平。

② 按已确定的更换范围，配制内外门板。根据原门板料的厚度和材质选择与原门板料相同的材料。按已确定的更换范围，加上折边和包边尺寸按图 7-3 所示的样板，内外两块分别下料。下料后，先将外门板料的折边处用克子沿折边线制出折痕，再将内门板料加工成与被更换部位相同的形状并开出排水孔。

图 7-3 门板底部内处下料样板
(a) 内门板样板；(b) 外门板样板

③ 更换内外门板。把新配制的外门板、内门板分别用手虎钳固定在车门待更换的部位处，沿新门板边缘持划针划线。按划线用细小的焊嘴将更换部位的内、外车门板面的更换部分割除并将切口修整平直。将外门板料沿折边线向内门板料折边包好并与驾驶室试配，待间隙调整合适，把外门板的更换料对接焊好。待冷却后，用小平锤将焊接处敲平校正，使之平整圆顺，松紧一致。再把内门板的更新料对接焊好。最后将外门板沿折边处的折痕朝内门板折边用衬铁和平锤敲击扣合，但不要扣得过紧，然后与驾驶室门框配合试装。待完全合适后，再把包边扣死，并在包边的直线部分做定位焊点 2~3 处，以保证内外两层牢固地结合

在一起。

这种先外后内的更换方法,用于要求较高的外门板的修整,内门板可通过工作孔校正。

(3) 技术要求。

内外门板更换后,要求与驾驶室门框配合良好。

(4) 注意事项。

更换工作全部结束后,需要在底部夹层中间涂上防腐涂料,以延长使用寿命。

5. 车门内板的焊修与整平

(1) 工具。

焊炬、提压车门专用工具、衬铁、平锤等。

(2) 维修方法。

①内门板大面积伸胀性凹陷的修整。

驾驶室内各种原因产生的外力作用,会使内门板面中央伸胀松弛。修整时,先把凹凸不平处撬起敲平,将裂缝对正焊好,再使中央处收缩拉平,解决局部凹陷。由于内门板中央开有工作孔,如图7-4所示,固定螺栓1、2处应力集中较突出,而横向(水平)加强筋到此断开,故大面积变形常出现于此处,因此需采取相应的措施。其修复方法是:首先在固定螺栓1处用焊炬加热至樱红色,然后迅速地把加热处凹陷的车门内板用专用工具提起、压下,再提起,这样反复数次,使受热部位产生皱褶。随后趁热将衬铁垫在皱褶处,用平锤把皱褶敲平。待固定螺栓1处冷却后,再在固定螺栓2处以同样方法收缩处理。车门内板在循环拉压过程中,加强筋由于集中而导致材料变厚收缩,使内门板凹陷消除,从而使整个内板面基本矫平。

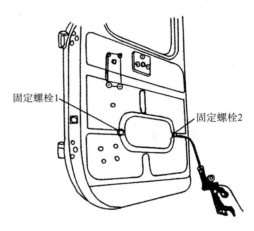

图7-4 车门内板大面积凹陷的修整

②局部凹陷的修理

若局部凹陷面积不大时,撬起板面敲平即可。但敲击时,落锤要轻,以免引起伸胀。若轻轻敲平后仍有松弛现象,则只需轻敲击邻近的边框和加强筋附近即可消除。

若凹陷较深,或伸胀面积较大,撬起后需加热收缩,加热应适度,每点加热范围不宜过大,收缩量要适宜。否则,收缩过多,拉得过紧,会引起其他处松弛的弊病。

(3) 技术要求。

内门板焊修与整平后,要使内门板保持平整。

(4) 注意事项。

内门板的焊修与整平,通常是在车门配合完毕的情况下进行,所以在焊接时,应当尽量减小受热面积,以防产生焊接后变形。

6. 车门外板的更换

当车门外板因撞击严重变形,且在下部有较大面积锈蚀时,则应采取更换外板的方法。

(1) 工具与材料。

工具：焊炬、钢丝刷、钻头、焊点剔除工具、钢板尺、等离子弧切割机或砂轮机、锤子、凿子、钳子、铁皮剪、衬铁、砂纸、加热灯、夹钳、翻边钳。

材料：酒精、黏结剂、密封胶、防蚀涂料、防锈漆等。

(2) 更换方法。

①在拆卸之前，应检查车门铰链是否弯曲，观察车门与门洞间的位置关系。

②查看外门板的固定方式，以确定需要拆卸的构件。

③拆下车门玻璃，以免在修理车门时破裂。

④拆下车门，放到修理工作台上。

⑤用氧-乙炔焊炬和钢丝刷除掉外门板边缘焊点部位的油漆，再用钻头、焊点切除器或砂轮除掉焊点。

⑥在门框上贴上标记条，分别测出外门板边缘到标记条下边线的距离 b 和外门板边缘到门框的距离 a，如图 7-5 所示。

⑦用等离子弧切割机或砂轮机把外门板与门框之间的焊缝清除。

⑧用砂轮打磨外门板边缘的翻边，只需磨掉外缘而使其断开，如图 7-6 所示。不要打磨到门框上，不要用割炬或电凿来拆卸，以免造成门框变形或被意外割坏。翻边外缘打磨前后的断面如图 7-7 所示。

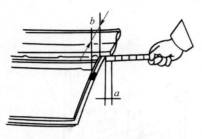

图 7-5 测量出外门板的位置

图 7-6 打磨外门板边缘的翻边

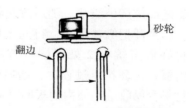

图 7-7 翻边外缘打磨前后的断面

⑨用锤子和凿子把外门板与门框剥离开来。用铁皮剪沿无法磨掉的焊点周围把外门板剪开，如图 7-8 所示。

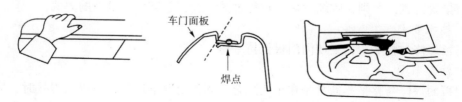

图 7-8 用铁皮剪沿无法磨掉的焊点周围把外门板剪开

⑩到外门板能自由活动时,拆下外门板。用钳子清除留下的翻边,再用砂轮机打磨掉残留的焊点、钎料和锈斑。

⑪拆下外门板后检查门框的损坏情况,同时,对内部损伤进行修理。必要时,用锤子和衬铁修理内折边上的损伤。

⑫在焊接部位涂上可焊透的防蚀涂料,其余裸露部位涂防锈漆或其他防锈涂料。

⑬准备安装新外门板。用钻头或冲孔机在新门板上打出塞焊用孔,用砂纸磨去焊接或钎焊部位的油漆。裸露部分应涂上防蚀涂料。

⑭对于配有隔音板的外门板,应先用酒精擦净外门板,然后用加热灯对外门板和隔音板进行加热,最后用黏结剂将它们黏结起来。

⑮在新外门板背面涂上车身密封胶,在距翻边10 mm处均匀涂抹,厚度为3 mm。

⑯将外门板用夹钳安装到门框上,准确地对好位置,对需要钎焊的部位进行钎焊。

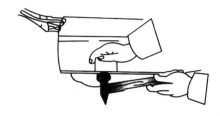

图7-9 用锤子和衬铁敲出外门板边缘的翻边

⑰用锤子和衬铁做翻边,翻边时衬铁上应包上布,以免划伤外门板。翻边应分三步逐步地进行,注意不要使外门板错位,不要出现凸起或折痕,如图7-9所示。

⑱翻边到30°后,用翻边钳收尾。收尾也分三步进行,同时,要注意不要造成外门板变形,如图7-10所示。

⑲用点焊或塞焊焊接车门玻璃框,如图7-11所示,然后再对翻边进行定位点焊。

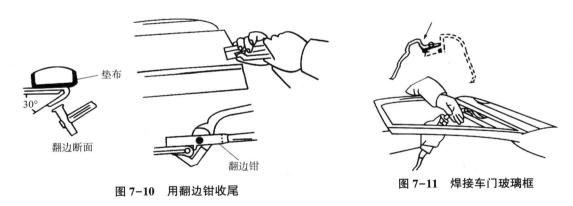

图7-10 用翻边钳收尾　　　　图7-11 焊接车门玻璃框

⑳在翻边处涂上接缝密封胶,在焊接和钎缝部位的内侧涂防蚀涂料。

㉑在新外门板上钻出用于安装嵌条和装饰条的孔。在安装任何零件前,所有的棱边都应修整好。

㉒将车门放入门洞内,检查定位状况,为表面修饰做好准备后,把车门装好。

㉓调准车门与相邻板件间的位置关系,检查其转动是否灵活。

(3)技术要求。

车门装好后,转动应灵活。

二、车门的调整

汽车车门在频繁使用的过程中，会因磨损、变形而导致工作性能变坏。此外，因机械操作或腐蚀等原因而对车门进行修理后，也会引起装配位置不准等方面的问题，因此，只有以车身后翼板为基准先调整后车门的装配位置及配合间隙，才能够保证前车门、前车身翼板等调整和定位有效。

（一）任务

调整受损的车门，调整后应使其符合正常使用技术要求。

（二）操作准备

车门调整前首先应选定合适的基准。比如，对于小型客车，车门的调整就应从后车门开始，因为车身后翼板是不可调整的，因此，以车身后翼板为基准，只有先调整后车门的装配位置及配合间隙，才能够保证前车门、前车身翼板等调整和定位有效。

（三）操作方法

对于不同结构的车门调整的方法有所不同。

1. 旋转式（直开式）车门的调整

旋转式车门是轿车、货车上使用的最为常见的一种车门类型，其基本结构如图 7-12 所示。旋转式车门主要由门体、门面、铰链、限位器、止动器、玻璃导轨、摇窗机和防水密封橡胶条等组成。车门由外蒙皮和内板咬合并点焊组成。其中门内构件板上有预留的检查装配孔，拆下盖板可以方便装卸车门玻璃、门锁、玻璃升降器和进行必要的调整。旋转式车门主要可以分为有窗框式车门和无窗框式车门两种，如图 7-13 所示。

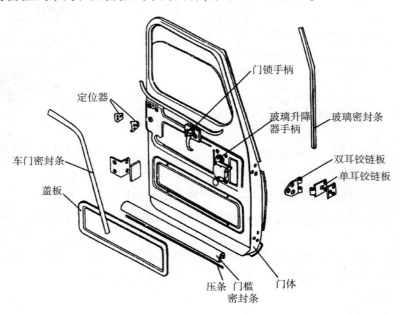

图 7-12　旋转式车门的基本结构

第七章 汽车车身典型零部件修复   289

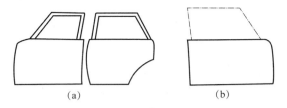

图 7-13 旋转式车门的类型
(a) 有窗框式车门；(b) 无窗框式车门

由于旋转式车门直接安装在车门铰链上，因此可以依赖变动车门、铰链、车身三者之间的相对位置，实现前、后、左、右、上、下甚至内外的调整，如图 7-14 所示。

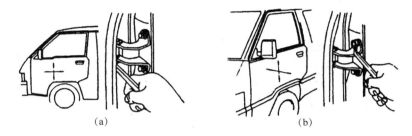

图 7-14 旋转式车门的调整
(a) 沿前/后方向或垂直方向调整车门；(b) 沿左/右方向或垂直方向调整车门

(1) 工具。

扳手、木块或千斤顶等。

(2) 调整方法。

正确调整可以解决如下六个方向的位置度问题：

①垂直方向。旋松车门一侧的铰链固定螺栓，变动车门与铰链间的上下位置，或者旋松车身一侧的铰链固定螺栓，变动铰链与车身的上下位置，都可以实现对车门垂直（上下）方向的位置调整。

②水平方向。旋松车身一侧的铰链固定螺栓，变动车身与铰链间的前后位置，可以实现对车门水平（前后）方向的位置调整。

③垂直倾斜。旋松车门一侧的铰链固定螺栓，将上下两铰链与车门的位置向相反的方向变动或者增减车身与铰链间的垫片厚度，都可以实现对车门垂直倾斜度的调整。

④水平倾斜。旋松车身一侧的铰链固定螺栓，将上下两铰链与车身的位置向相反的方向移动或者增减车门与铰链间的垫片厚度，都可以实现对车门水平倾斜度的调整。

⑤后端位置。旋转式车门的门闩挡块，决定着其处于关闭状态下后端的位置正确与否。旋松门闩与车身的固定螺栓，变动其与车身的相对位置。可以实现车门关闭位置时向内或向外的调整。

⑥前端位置。如果车门前端（即靠铰链一侧车门）相对车身的位置需要向内或向外调整时，可旋松车门一侧铰链固定螺栓，变动车门与铰链向内或向外的位置，即可将车门前端与车身调平。

(3) 技术要求。

调整后应保证车门与车身门框的正确配合。

(4) 注意事项。

调整车门前应注意检查车门相对于车身门框的相对位置，检查车门外板与车身周围构件的间隙。如果车门装配位置过高或过低时，调整前应使用木块或液压千斤顶将车门托起，然后再松动车门铰链进行方向的调整。完成调整后应将固定车门及铰链的螺栓紧固后方可将木块或千斤顶取下，并检查所做的调整是否达到了要求。如果车门的铰链磨损过度，应先修理或更换车门铰链后再进行调整作业。

2. 推拉式车门的调整

推拉（滑动）式车门适用于客车和部分厢式货车，它的开启方式与直开式车门完全不同。典型推拉式车门的构造如图 7-15 所示，其主要由车门内外板、限位器、滑轨及门锁等零件组成。

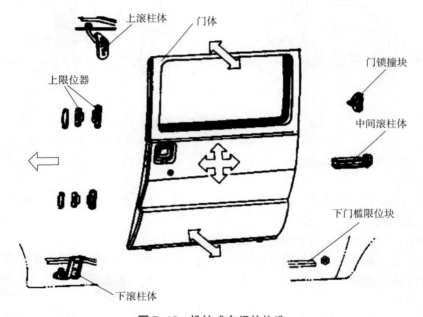

图 7-15 推拉式车门的构造

推拉式车门在使用过程中由于磨损、变形或安装调整不当，不仅会使关闭位置产生很大误差，而且还会造成滑动部件间的相互干涉，使之不能在开启或关闭过程中滑动自如。对推拉式车门的调整，主要依赖改变上、中、下滚柱以及定位器、门闩的装配位置来实现。

(1) 工具。

扳手、螺丝刀等。

(2) 调整方法。

①车门后部垂直方向、水平方向的调整。如图 7-16 所示，调整门锁闩眼，并在车门关闭状态下调整中心滚柱在滑轨中的端隙，以及向上或向下调整托架使中心滚柱与轨道平行，由此即可实现车门后部垂直、水平方向上的调整。其中，调整数据应以原厂说明书中规定的

为准。无明确规定时，这里推荐中心滚柱上端面与轨道的端隙为 0~2 mm，可供调整时参考。对于不能通过调整加以解决的部位，可以用增减垫片来实现相对位置的调整。

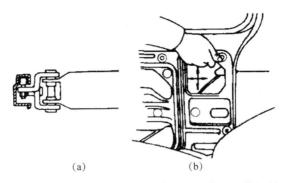

图 7-16　推拉式车门后部垂直与水平方向上的调整
(a) 调整中心滚柱与滑轨的端隙；(b) 调整中心滚柱托架

②车门前后位置的调整。车门处于关闭状态时检查，如果相对于车身的位置靠前或靠后，如图 7-16 (b) 所示，沿箭头向前或向后移动中心滚柱托架，即可实现车门综合位置的调整。注意，调整后应确保中心滚柱工作面与滑轨工作面平行。

③车门前部垂直的调整。车门前部垂直度的调整比较简单，如图 7-17 所示，旋松车门下滚柱支架的固定螺栓，改变其与车门垂直方向的位置，即可实现车门前部垂直度的调整。必要时，也可通过增减装配垫片来实现相对位置的调整。

④车门前部水平位置的调整。调整车门前部的水平位置，需结合上滚柱托架和下滚柱支架的调整一并进行，如图 7-18 (a) 所示。调整目标是保证车门开闭的全行程中，上滚柱与滑轨槽之间的各部装配间隙，始终在图 7-18 (b) 所规定的状态。这里，推荐尺寸 $A = 3 \sim 4$ mm，尺寸 $B = 5 \sim 6$ mm。

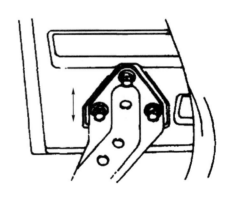

图 7-17　推拉式车门前部垂直方向的调整

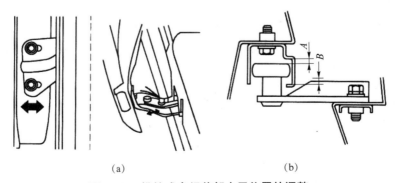

图 7-18　推拉式车门前部水平位置的调整
(a) 调整上、下滚柱托架（左：上滚柱托架；右：下滚柱托架）；(b) 上滚柱与滑轨槽的配合要求

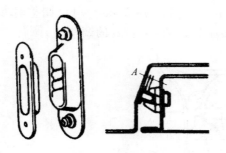

图 7-19 车门定位器的调整

⑤车门定位器的调整。车门定位器在车门处于关闭状态下起定位作用。如图 7-19 所示,调整定位器座、限位垫块等的相对位置,可使车门关闭后定位准确、不旷动。这里,推荐图中的尺寸 $A=2\sim 3$ mm;关闭状态下车身与车门垫块间的间隙应为零。

⑥车门锁与门闩间隙的调整。车门即将关闭状态下,调整车门锁与门闩(撞扣)间垂直方向上的相对位置;在车门全关闭状态下,调整车门、车门锁、门闩三者间水平方向上的相对位置,使其符合原厂规定的技术要求。无明确规定时,如图 7-20 所示,按推荐的尺寸:$A=3\sim 5$ mm,$B=1\sim 2$ mm,$C=D=1.5\sim 3$ mm,$E=2\sim 6$ mm 调整。

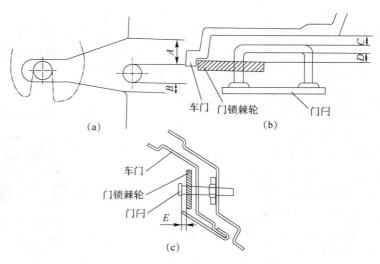

图 7-20 车门锁与门闩间隙的调整
(a) 于半锁位置时的调整;(b);(c) 于全锁位置时车门、车锁、门闩的调整

⑦推拉式车门门锁遥控装置的调整。如图 7-21 所示,装上门锁和钢索后,先检查门内把手间隙 A 和门外把手间隙 B 是否符合标准(见图 7-21(a)),若不符合,应松开固定螺栓,按由前向后的顺序加以调节。通常,可轻轻拉动钢索直至恰好贴合位置时,再将其退回约 1 mm 后拧紧,如图 7-22(b)所示。

(3)技术要求。

对推拉式车门进行调整时应以原厂说明书中规定的数据为准,若无明确规定时,则按前面推荐的数据进行。

(4)注意事项。

进行上述调整时,一定要在车身、车门、定位器、车门锁、滑轨等无严重损伤或变形的状态下进行。因为调整只能解决因正常磨损或装配不当带来的松旷、滑动不畅等问题,而且可调整的范围也十分有限。它和清洁、润滑一样,都属于维护措施而不能代替对严重变形或

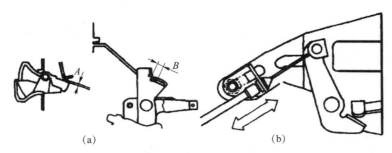

图7-21 推拉式车门锁遥控装置的调节
(a) 检查内外手柄间隙；(b) 调节钢索长度

损伤的修理。尤其是到了非借助垫片进行调整不可的程度时，更要先做好潜在故障的分析，确认无误时再相应增减垫片。

3. 折叠式车门和上掀式车门的调整

（1）折叠式车门。

对于载客容量较大的客车，需要通过加宽通道来保证乘客上下车的速度。折叠式车门比较适合如城市客车、长途客车和旅游客车等类型的汽车。折叠式车门主要由组焊成的车门板以及导轨、定位器等部分组成，如图7-22所示。

手动式折叠门的调整比较简单，可调整的部位仅限于上、下门轴和门闩。其中，变动门轴上、下支承座的位置可以改变车门在垂直或水平方向的相对位置；若调整门闩的高度，则可以改变车门处于关闭状态时向内或向外的位置。

（2）上掀式车门。

上掀式车门多装配在旅行客车和厢式货车的后部，其中以图7-23所示的上掀式后车门最为多见。它主要由门体、气杆簧、铰链、定位器及门锁等组成。打开上掀式车门需要一定的力，在车门两侧安装的气杆簧，起到很好的弹性支承作用。这种支承方式在两厢式轿车的后备厢盖上也广为应用。

图7-22 折叠式车门

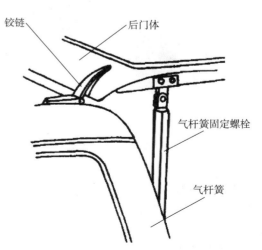

图7-23 上掀式后车门

上掀式车门的调整部位主要是铰链和门闩。按图7-24所示的方案并对照图7-25（a）分别旋松两个铰链及铰链座上的固定螺栓，可以沿前、后方向或左、右方向调整车门；对照图7-25（b）和图7-25（c）所示的方案，旋松门闩固定螺栓并沿箭头所指的方向移动，可以改变后车门关闭状态时的位置；车门限位器的调整则可按图7-26所推荐的方案进行。

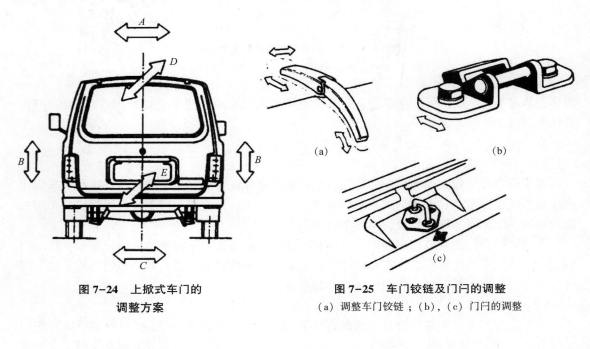

图7-24 上掀式车门的调整方案

图7-25 车门铰链及门闩的调整
（a）调整车门铰链；（b），（c）门闩的调整

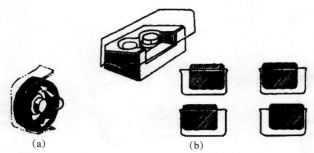

图7-26 车门限位器的调整
（a）旋转定位器的偏心块；（b）旋松固定螺栓并移动定位块

上掀式车门的气杆簧可按图7-27（a）所示的方法拆装。更换时可直接在图7-27（b）所示的部位钻2~3 mm的小孔，待压缩气体排放后再拆解，但是由于气杆簧的气缸内灌注了高压气体，故钻孔拆解时应特别注意防止碎屑片飞出伤人。

同理，将发动机罩或后备厢盖的铰链固定螺栓松开并做少许移动，也可使其相对于车身的位置和缝隙得到调整。当需要做较小调整时，也可通过移动锁闩的位置来实现。

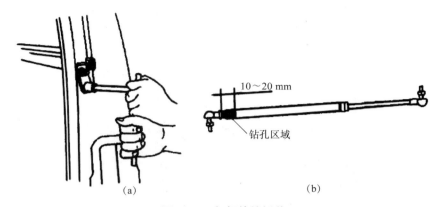

图 7-27 气杆簧的拆装
(a) 拆装方法；(b) 更新时在旧件上的钻孔区域

第二节　车门锁和玻璃升降器的修复

车门锁和玻璃升降器是车身重要组成部分，其主要修复方式有拆装和调整。

一、车门锁的结构

车门锁是通过控制车门的开与关保护乘坐人员安全的装置。通常由金属制成的锁板、锁舌、锁舌弹簧和开关装置组成。

根据控制方式不同，车门锁可分为手动式车门锁、自动式车门锁两种。

（一）手动式车门锁

手动式车门锁中，卡板式车门锁由于其受力平稳、受冲击小，机构紧凑，工艺性能好，因此广泛应用于各类车辆。常见卡板式车门锁的结构如图 7-28 所示。

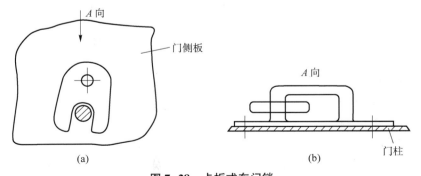

图 7-28　卡板式车门锁
(a) U 形卡板；(b) 环形锁扣

卡板式车门锁总成主要由环形锁扣，锁体（包括 U 形卡板），内外门把手，锁芯，锁定按钮及连接杆等组成，如图 7-29 所示。其工作原理是利用锁体上的 U 形卡板和环形锁扣的脱开或啮合来实现车门的开闭。车门开启时,环形锁扣与U形卡板是分开的,如图7-29所示。车门关闭时,固定在门框上的环形锁与锁体上的U形卡板相撞,使U形卡板、棘爪同时旋转到位,U形卡板被棘爪定位,环形锁扣被U形卡板锁位。

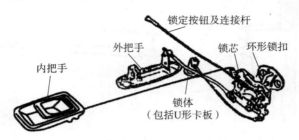

图7-29 卡板式车门锁总成

舌簧式汽车侧门锁(图7-30),它由锁体和联动臂机构两大部分构成。开门时,外手柄转动带动门锁手柄轴,通过联动装置使锁舌后移,内手柄则通过联动臂机构带动锁舌后移。

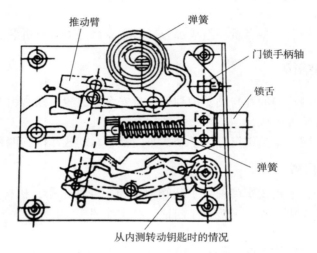

图7-30 舌簧式汽车侧门锁

(二) 自动式车门锁

自动式车门锁又可分为遥控式电子门锁、中央门锁等。

1. 遥控式电子门锁

遥控式电子门锁又称"电子防盗式"门锁,一般由电子指令发射器、接收器和执行机构三部分组成。点火钥匙内装微电波或红外线信号发生器,信号接收器收到与存储的数据一致的解除门锁信号时,便可使门锁动作。使用这种遥控门锁不插钥匙即可上锁和解锁,信号接收器的接收范围一般为几十米甚至更远(接收距离有逐渐增大趋势),在黑暗的场所不用钥匙便可方便地解除门锁。由于每台汽车的遥控式电子门锁具有各自不同的电信号,因此比手动式车门锁更具备防盗功能。

2. 中央门锁

中央门锁是设在驾驶员侧门上的开关，是可以同时控制全车车门关闭与开启的控制装置。中央门锁主要由车门锁、电磁铁机构、内开锁拉杆、外开锁拉杆、锁止杆、锁止柄等组成，如图 7-31 所示。

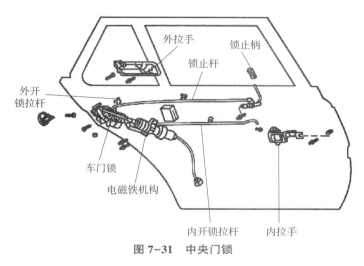

图 7-31　中央门锁

二、车门门锁的拆装与调整

（一）任务

掌握拆装工具的使用，拆装后的车门锁要开启顺畅。

（二）操作准备

车门锁修理准备工具和用品：叉形工具、套装套筒扳手、十字螺丝刀、三角木等。操作前先检查工具有无破损及车辆周边环境，清理杂物，保证操作的顺利及车辆的安全。

（三）操作方法

对于不同结构的车门调整的方法有所不同。

（1）将汽车挡位调到驻车挡，拉上驻车制动器，在前后轮下方垫上三角木。
（2）打开车门，拆下车门内饰板，如图 7-32 所示。
（3）使用抹布作为保护，使用塑料翘板撬开车门外侧拉手装饰盖，如图 7-33 所示。

图 7-32　拆车门锁内饰板

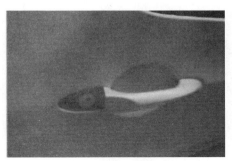

图 7-33　拆车门外侧拉手装饰盖

（4）拆卸车门外侧拉线。使用塑料翘板从车门内侧拉线的卡扣卸下，然后断开锁芯拉线，最后松开外拉手的卡钩，如图 7-34 所示。

（5）取下车门外拉手，如图 7-35 所示。

图 7-34　拆卸车门外侧拉线

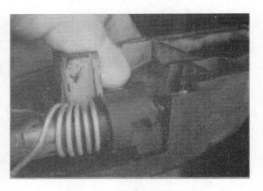

图 7-35　取下车门外拉手

（6）拆下车门内饰板螺钉，如图 7-36 所示。

（7）拆下车门内饰板，如图 7-37 所示。

图 7-36　拆下车门内饰板螺钉

图 7-37　拆下车门内饰板

（8）拆下车锁内拉线，如图 7-38 所示。

（9）拆下门锁控制拉线的连接头，如图 7-39 所示。

图 7-38　拆下车锁内拉线

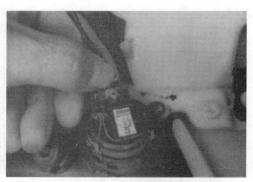

图 7-39　拆下门锁控制拉线的连接头

（10）拆下车门内拉手，如图7-40所示。
（11）拆下车门锁紧固螺栓，如图7-41所示。

图7-40　拆下车门内拉手

图7-41　拆下车门锁紧固螺栓

（12）拆下车门锁侧边螺栓，拔下插头挂钩，取出锁芯，如图7-42所示。

图7-42　取出锁芯

（13）更换新锁后按照与拆卸相反顺序装回。
（14）检查车门锁，确保其能够正常使用。

三、玻璃升降器的拆装

（一）任务
掌握玻璃升降器的拆装方法，拆装后的升降器要升降顺畅平稳。

（二）操作准备
玻璃升降器准备工具和用品：叉形工具、套装套筒扳手、十字螺丝刀、三角木等。

（三）操作方法
（1）拆开车门内饰板，断开玻璃升降器插头，如图7-43所示。
（2）拆下车门玻璃，如图7-44所示。

图 7-43 拆开车门内饰板

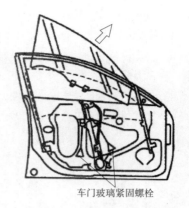
图 7-44 拆下车门玻璃

（3）拆下玻璃升降器螺栓，取出玻璃升降器，如图 7-45 所示。

图 7-45 取出玻璃升降器

（4）将新的玻璃升降器按照相反的顺序装回，接好插头，并将车窗玻璃安装好。
（5）装回拆卸的车门内饰板，按动车窗升降器按钮测试车窗玻璃升降情况。

第三节　汽车玻璃的修复

汽车玻璃以不同方式安装在车身上，一方面，可用于挡风、遮雨、密闭、采光，起到构成车身外形和装饰外观的作用；另一方面，得以通过车窗玻璃改善视野，为乘客提供全方位清晰无阻的良好视线条件。其主要修复方式有拆装换新和修补两种。

一、汽车玻璃的拆装

（一）固定式汽车玻璃的拆装

车身上装配的固定式玻璃主要包括前后风窗和全密封客车的侧风窗两种，装配方式主要包括以下两种方式：

1. 胶粘法

用胶粘法装配前风窗玻璃，有许多突出的优点：汽车发生碰撞事故时，可确保室内乘客不至于因强大惯性而被抛出窗外；可以弥补为扩大视野使窗柱变细所带来的刚度不足；涂胶面（俗称胶口）窄使玻璃的净透视面积大，这一点对于前风窗很有意义；密封性、可靠性好。缺点是拆卸不够方便，一般多用于前风窗和全封闭车身的侧车窗，其中全封闭侧车窗玻璃多为中空式双层玻璃。胶粘法装配的前风窗玻璃如图 7-46 所示。

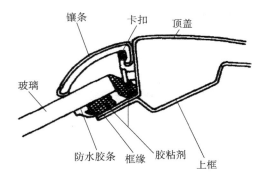

图 7-46 胶粘法装配的玻璃

用胶粘法装配汽车玻璃时所使用的胶粘材料主要有氨基甲酸乙酯、多硫化物、丁基胶带等。

2. 橡胶条法

用防风雨橡胶密封条固定汽车玻璃，是比较流行的一种装配方式。将具有弹性和强度的橡胶条介于玻璃与车身之间，不仅能消除玻璃与车身之间的装配间隙，对车身变化及环境温度变化等也具备一定的适应性。橡胶条法可用于前后风窗玻璃的装配，也可用于固定某些侧窗玻璃。

橡胶条法装配的汽车玻璃有图 7-47 所示的两种常见形式。其中，图 7-47（a）所示的装配兼顾到了玻璃的净透视面积，适合于前后风窗和某些侧窗玻璃的装配；图 7-47（b）所示的装配对称性好且结构简单，适合于折叠式车门及其他小尺寸玻璃的固定。

一般用橡胶条法装配的汽车玻璃，也要用液体聚硫橡胶之类的玻璃密封剂，在橡胶条周围与车身及玻璃的接口处填充，这样可提高所装玻璃的密封性和可靠性。

拆卸汽车玻璃的难易程度主要取决于玻璃在车身上的镶装方式。其中，对于胶粘法镶装的风窗玻璃，可以对照图 7-48 所示的步骤进行。先将玻璃周边的装饰条拆下，然后按图 7-48（a）中所示的方法，将一根细高碳钢丝（直径约为 0.6 mm）由里面沿玻璃穿出；再按图 7-48（b）所示的方法，沿玻璃的周边横向拉动钢丝，使玻璃与胶粘材料被割断。

操作过程中应注意如下两点：

（1）切割时一定要均匀用力，并防止损坏车身上的其他装饰件。

（2）要尽可能多地将原来胶层保留下来，因其与车身的结合一般都十分可靠。

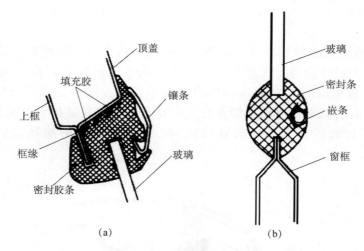

图 7-47 橡胶条法装配的玻璃
(a) 前后风窗的装配；(b) 侧门窗的装配

图 7-48 固定式汽车玻璃的拆卸步骤
(a) 将高碳钢丝沿玻璃边缘穿过，并于钢丝的两端系上木柄；
(b) 沿玻璃的周边来回拉动钢丝将其割断

玻璃镶装前应使用溶剂将玻璃清理干净，需要再次使用的旧玻璃须除去粘在上面的胶层，如图 7-49 (a) 所示，并拆去车身上影响玻璃安装的任何障碍物，如图 7-49 (b) 所示。风窗玻璃装有挡水圈时，应先按图 7-50 (a) 所示的方法，先用酒精将玻璃边缘擦拭干净，再用双面胶带将挡水圈粘牢，如图 7-50 (b) 所示。

玻璃安装前还应先检查固定卡及连接螺栓是否可靠有效，如图 7-51 (a) 所示；为了确保一次镶装成功，涂胶前还应将风窗玻璃放到窗口上定位，并做出准确安装位置的定位标记，如图 7-51 (b) 所示。

用胶粘法镶装风窗玻璃，使用高弹性胶粘密封剂 JN-10、JLC-2，也可使用其他具有同等性能的胶粘材料。JN-10 为单组分枪筒式包装，可直接装于挤胶枪架上使用。JLC-2 为三组分包装，使用前须按 A：B：C=100：11.6：0.3 的比例调和，搅拌均匀后再装入胶枪筒。为减少空气对调和好的胶粘剂的影响，可将其装入薄塑料袋并连同塑料袋一起装进胶枪筒内。

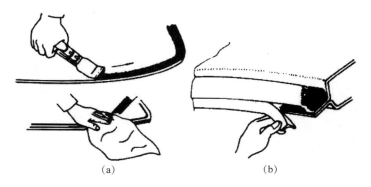

图 7-49 清理玻璃与窗口
（a）将玻璃上的旧胶层铲掉并擦洗干净；（b）拆掉周围的障碍

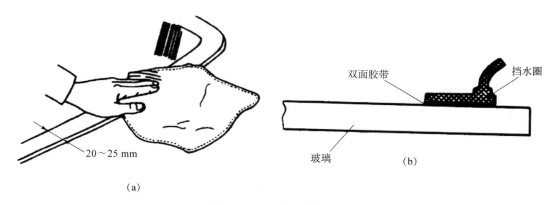

图 7-50 安装玻璃挡水圈
（a）将安装部位擦拭干净；（b）用双面胶带将挡水圈粘牢

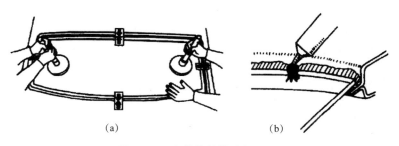

图 7-51 安装前的检验与定位
（a）检查固定卡；（b）试装并做出定位标记

  涂胶前还应使用酒精把拟涂胶部位再擦拭一遍，然后按图 7-52（a）所示的方法，将胶调匀后装入胶枪；然后分别于车身窗口和玻璃两处施胶，如图 7-52（b）所示。为了便于形成高 3~4 mm 和宽 4~5 mm 的涂胶轮廓，胶枪嘴切口的大小应使枪孔直径为 5 mm；涂胶后的玻璃要按定位标记镶装到车身的窗口，用人工的力量压平、压紧，最后用抹刀刮去溢出的胶粘剂，如图7-53（a）所示。

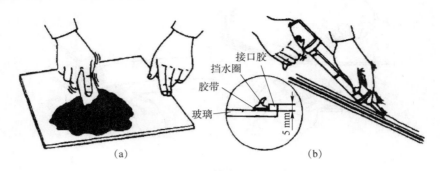

图7-52 涂胶
(a) 如果是双组分胶应先按比例要求调好、拌匀；(b) 用胶枪施胶

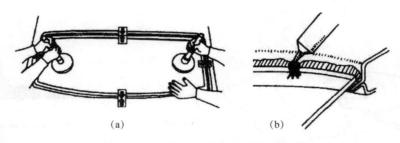

图7-53 将玻璃装好并进一步加以密封
(a) 按试装时划定的标记将玻璃安装到位；
(b) 沿上、左、右三边密封，下边中部（相当于90%区域内）可省略密封

经过24 h静置，胶粘剂基本硬化，此时再进行水密封性能试验。如有渗漏时，可使用上述胶粘剂或其他玻璃密封胶，按图7-53（b）所示的方法进一步加以密封。

此外，市场上还有一种新产品丁基胶带，完全可以替代上述胶粘剂。它以盘卷式包装供应，打开并扯去隔离薄膜，即可直接粘贴于车身和玻璃上，手工加压20~30 s就可以进行水密封试验了。具有黏结强度高、密封性能好、工艺简化等优点，但对玻璃与车身窗口的吻合度要求较为严格。

拆卸橡胶条法镶装的风窗玻璃，可以对照图7-54所示的方法进行。先用螺丝刀或类似工具将风窗玻璃装饰条、刮水臂、后视镜等拆下，如图7-54（a）所示；如果橡胶条还需要重复使用时，应按图7-54（b）所示的办法，于外侧用扁口螺丝刀沿橡胶条周围将其与凸缘分开。为避免划伤车身或橡胶条，螺丝刀头上还应包上一层薄布。

拆卸时可在车内，用螺丝刀沿车身窗口凸缘将橡胶条拨开，见图7-55（a）。如果橡胶条不准备继续使用，可直接用刀具沿玻璃边缘把橡胶条割断，如图7-55（b）所示；然后由车内将玻璃轻轻推出、取下，橡胶条也可随即拆下。

镶装时，应先将玻璃的边缘和窗口清理干净，然后按图7-56所示的方法，先将玻璃边缘擦干净，再把橡胶条安装在玻璃上，并沿橡胶条的凸缘槽内埋入预先准备好的尼龙软线。为便于安装，应先在橡胶条凸缘槽和车身窗口的边缘上涂抹肥皂水，如图7-57（a）所示；

第七章 汽车车身典型零部件修复

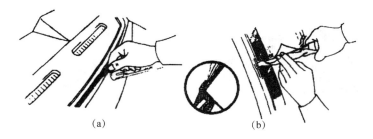

图 7-54 拆卸前的准备

(a) 揭下装饰条；(b) 松开车身与橡胶条的连接

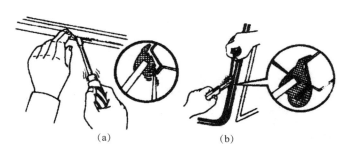

图 7-55 玻璃橡胶条的拆卸

(a) 于车身内侧用专门工具或螺丝刀将橡胶条向外拨出，连同玻璃一起拆下（适于橡胶条重复使用）

(b) 在车外用刀具将橡胶条凸缘割断，先将玻璃拆下再拉下橡胶条（适合于更换新的橡胶条）

在车外用手掌压住橡胶条的同时，于车内玻璃下部的中间部位起，牵拉装玻璃用的尼龙作业线，如图 7-57（b）所示，风窗玻璃随之被镶装在车身的窗口上。

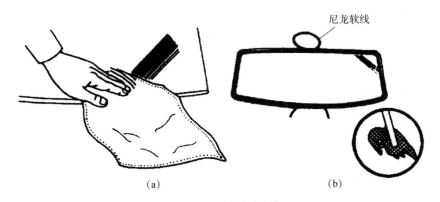

图 7-56 安装前的准备

(a) 将玻璃边缘擦净；(b) 装上橡胶条并埋入尼龙软线

为使橡胶条、玻璃、窗口三者之间贴合紧密，在镶装过程中可用手掌从外部轻轻拍打玻璃。确认安装合格后，再沿密封条周围贴上胶带纸，以防止涂胶过程中或密封胶挤出后弄脏玻璃和车身油漆。最后于橡胶条、玻璃、车身三者之间按图 7-58（a）所示方法加注玻璃密

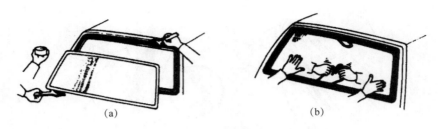

图 7-57 安装方法
(a) 于安装部位涂上肥皂水；(b) 于边缘按压的同时，在车身内牵拉尼龙软线

封剂（国产 JN-8、JNC-2 和进口乐泰 593、595 等），但图 7-58（b）中所示的玻璃下边缘 90% 以上的区域内不宜涂施玻璃密封胶。

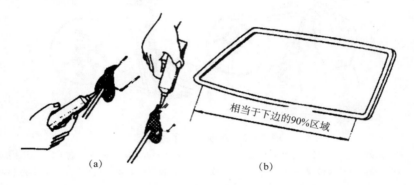

图 7-58 涂施密封剂
(a) 沿胶条两边加注密封剂；(b) 不加注密封剂的区域

图 7-58（b）所示形式的固定式玻璃，拆卸时应先找到嵌条的断头（嵌条装于内侧）并将嵌条轻轻扯下；然后用螺丝刀拨开内侧橡胶条的边缘，随即可将玻璃取下。镶装时的顺序则与此相反。为防止密封不严，橡胶条、玻璃、车身三者之间也需要注入适量的玻璃密封胶。

（二）升降式汽车玻璃的拆装

旋转式车门上装配的玻璃多为升降式，而通风面积不足一半的推拉式玻璃很少在这类车门上采用。

升降式玻璃需要与升降器装配在一起，借助升降器才能调整玻璃的开度。玻璃的下边缘通过一定方式固定在升降器上的玻璃槽内，其余各边则与车门上部窗框内的玻璃导槽装合在一起，调节玻璃升降器即可使下导槽随之上下运动，通风口的上下也因此得到了调整。

玻璃与导槽的装配应十分牢靠，否则容易使玻璃脱出而失去升降的功能。比较流行的方法是用双面胶粘带将玻璃有效地固定在导槽中，即使玻璃在导槽中的运动阻力增大时，一般也不会从托槽内脱出而使玻璃损坏。

为防止玻璃滑动处透风、漏雨，除了在玻璃导槽中镶嵌有一定弹性的密封绒条以限制其前后移动外，在玻璃内外侧还分别装有弹性极佳的橡胶风雨条，如图 7-59 所示。

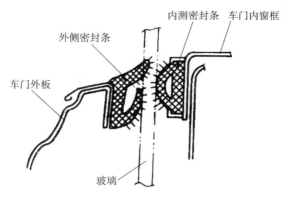

图 7-59 升降式玻璃的密封

升降式汽车玻璃主要镶装在车门上。尽管车门上玻璃升降器在构造上有很大区别，但车门玻璃的拆装方法却大体相同。

升降式车门玻璃的拆卸要领是，先依次拆下与拿下玻璃相关的部件，如摇柄、门锁拉手、内饰板、玻璃托架和密封条等；如图 7-60（a）所示，将摇窗机降到最低位置后，拆下玻璃托槽固定螺栓，即可将玻璃按图 7-60（b）所示的方法取出。有些汽车的车门玻璃需要由车门底端进行拆装，操作时应留意不同类型汽车在构造上的区别。

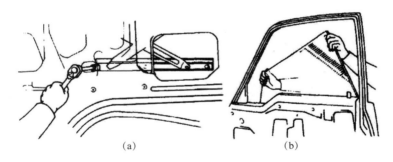

图 7-60 升降式车门玻璃的拆法
（a）先卸下玻璃托槽的固定螺栓；（b）由上部取下玻璃

手摇柄一般都是用开尾卡环锁定的，可以视情况按图 7-61 所示的两种方案拆下。其中图 7-61（b）所示的方案比较容易理解，图 7-61（a）所示的方案在运用时应注意将布条的位置兜正，使作用于开口两端的拉力均匀且方向一致。

升降式汽车玻璃与摇窗机的连接方法主要依赖托架对玻璃的夹持作用，因此，一方面应保证托架槽的直线度误差要小；另一方面，要保证其对玻璃有足够的夹紧力，安装时应注意检查它的可靠性。否则，玻璃就会在升降过程中由槽内自行脱出。由于玻璃托架槽比较紧，安装时可把少许肥皂水涂于槽内的胶带上，这样会使安装更容易些。

为使玻璃与托架槽装配得更加可靠，有些汽车在此还使用了丁基胶带。这种双面挂不干胶的橡胶带，只能是一次性使用。更换新胶带时，一定要将原来残留的胶带清除干净并且要先把胶带粘在玻璃上，然后再将粘有胶带的玻璃插入槽内并用手钳夹紧。也有使用图 7-62

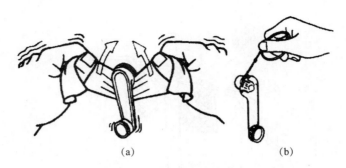

图 7-61　手摇柄开尾卡圈的拆法
(a) 用布条兜下；(b) 用钢丝钩拉出

所示的方法，将配制好的黏结剂涂敷在导槽的整个长度上，将固定夹按图 7-62 所示的位置装好并将玻璃置于框中正确位置，导槽框和玻璃应立即黏结在一起。为防止玻璃松动和保持正确的安装位置，可使用有弹力的橡胶带将其拉紧。经过 1 h 凝固后可去掉紧固用橡胶带，然后用硅酮黏结剂在玻璃与导槽的两边沿接缝处灌胶，做完防水处理后即可将玻璃重新装回到车门中。

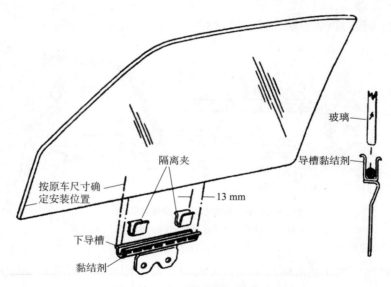

图 7-62　车门玻璃与导槽的黏结

安装玻璃的顺序与拆卸相反，镶装过程中还应按图 7-63 规定的要求，检查两端水平方向上的高度是否合乎标准，否则，应通过调整托槽的安装高度或上下平衡臂及其他相关装配螺钉加以解决。最后还要将密封条装卡牢靠。

（三）推拉式汽车玻璃的拆装

推拉式玻璃主要用于汽车车身的侧窗，有代表性的装配形式可分为有内框式和无内框式两种。

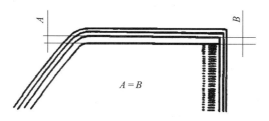

图 7-63　检查玻璃上边缘的水平高度

1. 有内框式

所谓内框是指镶装在玻璃四周（与其成为一体）并同玻璃一起滑动的边框。由于城市客车、长途客车和旅游客车等的侧窗尺寸往往较大，安全性、可靠性、密封性、推拉力、振动与噪声指标等都需要有针对性地采取一些对策，因此在玻璃四周加装内边框和在滑动部分放置塑料减摩滑块，可以比较好地解决前面提到的那些问题。如图 7-64（a）所示，玻璃用橡胶嵌条固定在内框上。在其与外框接触的滑动部位，装有摩擦阻力小的塑料滑块和减振弹片，使玻璃推动自如，并降低了振动噪声。起导轨作用的外框通过橡胶垫块、弹性夹片、密封胶带和胶粘剂等固定在车身上。

2. 无内框式

无内框式推拉玻璃以噪声低、密封好、结构简单而被广泛采用。图 7-64（b）和图 7-64（c）列出了两种常见的装配形式。

由图可以看出，镶装在外框槽内的橡胶件起着玻璃导槽和密封、减振的多重作用。两种结构的主要区别在于外框与车身的连接方式不同，其中密封件式可比夹片式承受的载荷大一些。

需要说明的是，图 7-64（b）中外杠与车身连接处作用的是双面不干胶丁基胶带，其密封与固定作用比一般橡胶密封条可靠得多，但是只能一次性使用，经过拆卸的侧窗其胶带一定要换掉。

边框式玻璃的拆卸方法如下：先拆下窗框夹，再用螺丝刀铲去窗框与车身间的胶粘剂并使之松动，找出外框与车身间的固定螺钉并用螺丝刀拆下，把外边框连同玻璃一起拿下后，将下边框固定并向上拉上边框的中央，玻璃就可随内框一起与外框分离开来。对于分体式内框，可进一步将其解体；对于整体式内框，可直接用螺丝刀将密封条拨出、拆下。

安装时则与拆卸的顺序相反。玻璃与内框镶装前，应在密封胶条上涂少许肥皂水，内框与玻璃装合后还要沿周边注入玻璃密封胶（如 JN-8、JLC-2 和进口乐泰 593、595 等）。外框和车身窗口部分，均应在清理干净的基础上涂敷 JN-10、JLC-2 胶粘剂或使用前面所述的丁基胶带加以胶粘和密封。

直接推拉式玻璃的拆卸方法可参考图 7-65（a）所示的装配结构，先拆下窗框装饰夹，用螺丝刀去除胶粘剂（注意：不要将窗框或车身凸缘弄弯），卸下固定螺钉即可将窗框连同玻璃一起拿下。若将边框向外拉开一些，玻璃就可以从导槽中取出了。

按与此相反的顺序操作，即可将拆下的玻璃装回。关键是要处理好窗框与车身二者之间的密封，仍按前述方法涂胶或换用新的丁基胶带。窗框装合并确认位置准确无误后，按图 7-65（b）所示的方法夹紧。

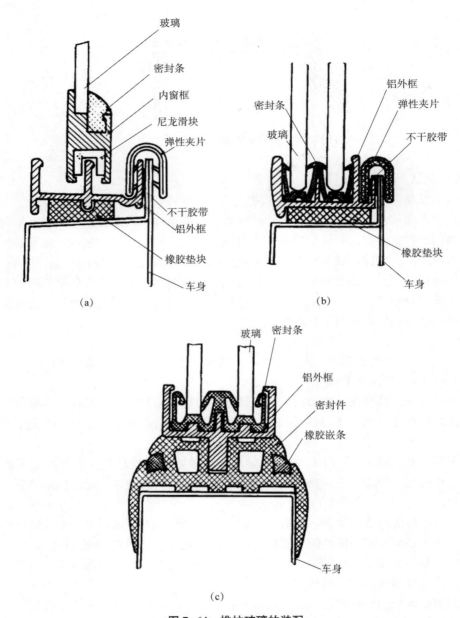

图7-64 推拉玻璃的装配
(a) 有内框式；(b) 无内框弹性夹片式；(c) 无内框密封件式

二、前风窗玻璃的修复

汽车玻璃的修补主要是在裂缝中填补液态胶质，消除缝隙。填补玻璃所用的材料是一种透明度很高的液态胶质，遇紫外线加热可迅速凝固，强度可达原玻璃的95%以上。施工过程也不是很复杂，主要工具是一支类似针管构造的真空注射器，功能是将玻璃伤口内的空气抽掉，然后填以玻璃修补剂（液态胶质）。经过反复几次抽、压后，修补的空间

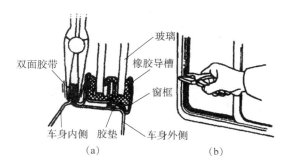

图 7-65 用手钳将密封胶带夹牢
(a) 沿周边夹紧；(b) 夹紧部位

内至少会有 95% 盛满了填补液。这时，再用紫外线灯上、下、左、右各照射 2 min，让修补液凝固。机器移开后，伤口的中心点还会有一个小缺口，这时再滴入浓度较高的修补剂，盖上玻璃片，同样用紫外线灯照射烘干后，用刀片将表面刮平，涂上打光剂，用布磨光即可。

（一）任务

修复前风窗玻璃的小损伤。

（二）操作准备

准备汽车风窗玻璃修补工具和修补材料。

（三）操作方法

1. 玻璃擦痕的修复

消除玻璃表面擦痕使用专用玻璃磨光药品（清洗剂、增光粉）和器具（电动磨光头）。作业时，先用玻璃清洗剂净化擦痕或划痕和其周围的玻璃，必要时用刀片刮去污垢，再把搅拌好的增光粉（乳剂）涂在被浸湿的磨光头上，磨光头以 1 100 r/min 的速度旋转并加稍许压力在擦痕上往复移动，直到擦痕消失，再用清水洗净玻璃上残留的磨光剂。

2. 前挡风窗玻璃凹点的修复

用这种技术消除玻璃凹点，首先，要用专用的玻璃清洗剂清洗凹点和清理碎屑；其次，用专用的钻机在凹点处打孔。清洗钻孔、去除渣滓后，用吹风机吹干并在车内、车外分别固定好专用的反光盘和三脚架，然后将玻璃内的空气抽真空并随之将特种树脂填充进裂缝和破损处，再利用紫外线灯固化树脂进行修补。经反复研磨后凹点便被完全填补。为使修补后的凹点与风窗玻璃的完整部分一致，还可以涂上一层特制的防护液并抛光擦亮。实践证明，由小砂石撞击而造成的损伤中 85% 是可以修补的。

3. 操作说明

并非所有的汽车玻璃都能修补，按照目前的修补技术，只能修补复合（夹层）风窗玻璃上的凹点，而且是在玻璃非应力区上的凹点。钢化玻璃、区域钢化玻璃上的凹点，用这项技术是修补不了的。裂缝和破洞都可以进行修理，但是三条以上裂纹、裂纹长度超过 20 cm

的风窗玻璃建议进行更换。损伤修补部位不得位于驾驶员视野内,即刮水器臂扫刮区域。中间膜或内层玻璃不能损伤,勿在直射的阳光下进行维修,维修场所温度为室温,工作区域不得有水汽。

第四节　保险杠的修复

保险杠损坏后,根据受损程度的不同其主要修复方式可分为拆装换新、焊修、黏结三种。

一、保险杠缓冲器

常用的保险杠缓冲器有液压吸能式和可变形泡沫塑料式两种。

(一) 液压吸能式缓冲器

液压吸能式缓冲器(图7-66)常用作保险杠的支架。当汽车与障碍物发生碰撞时,冲击力通过横杠内侧加强件传到活塞上,活塞推动液压油通过节流孔压向活塞右腔,推动活塞向左移动,并使惰性气体受到压缩。这样利用液压油的节流力吸收能量,其效率可以高达80%,工作特性比较稳定。撞击后靠惰性气体产生复原动力,使保险杠复位。这种保险杠由于造价较高,通常使用在高档的轿车上。

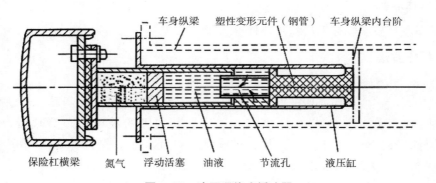

图7-66　液压吸能式缓冲器

(二) 可变形泡沫塑料式缓冲器

现代新型汽车保险杠外罩与保险杠骨架之间安装了一块厚泡沫衬块,如图7-67所示。它取代了车架与保险杠之间的缓冲器。当车速低于4 km/h时,衬块在发生碰撞后能恢复原状。前端部件上加装了泡沫件作为缓冲材料附着在保险杠横梁上,在车辆与行人发生低速碰撞时,不仅能起到保护前后车体的作用,更能有效地对所撞行人起到缓冲作用,从而减小对其伤害程度。

前部变形泡沫塑料式缓冲器在实际车辆前部上的安装位置如图7-68所示。后部变形泡沫塑料式缓冲器在实际车辆后部上的安装位置如图7-69所示。

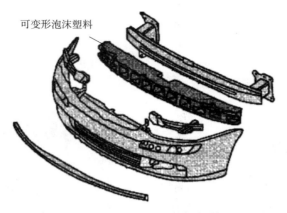

图 7-67　可变形泡沫塑料式缓冲器在实际车辆上的安装位置

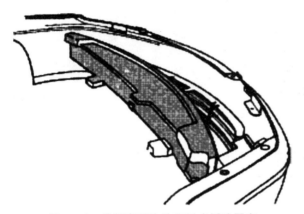

图 7-68　前部变形泡沫塑料式缓冲器在实际车辆前部上的安装位置

图 7-69　后部变形泡沫塑料式缓冲器在实际车辆后部上的安装位置

二、保险杠的拆装

保险杠的拆装，要注意不同车型有不同的安装位置，如大众汽车的前保险杠安装位置在发动机左右侧的悬挂支架上，拆装前要先拆下电瓶才能看得见左侧的安装螺钉，两侧的固定是直接插入至前翼子板侧面的卡扣上面，再加固螺钉；奔驰汽车前保险杠固定螺钉在中网的下方和前保险杠通风叶内，两侧是直接插入，不需要安装固定螺钉。所以拆装车身结构部件需要我们不断地对更多的车进行了解，才能做得更好。

（一）任务

正确掌握前后保险杠的拆装方法与规范，安装后的保险杠符合技术要求。

（二）操作准备

准备工具和用品：叉形撬具、10 mm 丁字形套筒扳手、套装套筒扳手、三角木和工作车等。

(三)操作方法

1. 前保险杠的拆装

(1)将汽车挡位调到驻车挡,拉上驻车制动器,在前后轮下方垫上三角木。

(2)打开发动机盖,拆下中网塑料紧固件,取下中网,如图 7-70 所示。将中网放在安全位置,如图 7-71 所示。

图 7-70 拆下中网

图 7-71 放置中网

(3)拆下前保险杠尾部与前翼子板连接的自攻螺钉,如图 7-72 所示。

(4)拆下前保险杠上方中部三个塑料紧固件(卡扣)(图 7-73)和左右前照灯下方的塑料紧固件,将保险杠取下。

图 7-72 拆自攻螺钉

图 7-73 拆卡扣

(5)清洁保险杠和车身相关位置。

(6)安装顺序与拆卸顺序相反;安装过程注意调整保险杠与车身相关附件的间隙,如图 7-74 所示。

2. 后保险杠的拆装

(1)将汽车挡位调到驻车挡,拉上驻车制动器,在前后轮下方垫上三角木。

(2) 打开后备厢盖，拆下后备厢密封条，拿出后备厢底部隔板。

(3) 拆下后备厢锁装饰盖紧固件，取下装饰盖，如图 7-75 所示。

图 7-74　安装前保险杠

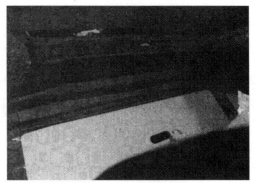

图 7-75　拆后备厢装饰板

(4) 拆下后备厢左右内装饰板紧固件，取下内饰件，如图 7-76 所示。

(5) 拆下尾部饰板紧固件，取下尾部饰板，如图 7-77 所示。

图 7-76　拆下后备厢内饰件

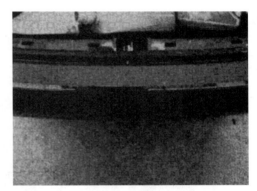

图 7-77　拆下尾部饰板

(6) 拆下尾灯，将尾灯放在工具车或安全的地方，如图 7-78 所示。

(7) 拆下后保险杠与后翼子板相连接的螺栓，如图 7-79 所示。

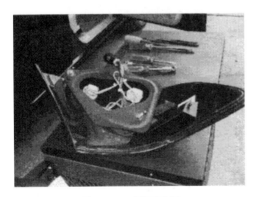

图 7-78　拆下尾灯

图 7-79　拆后保险杠与后翼子板的连接螺栓

(8) 拆下后保险杠左右固定螺钉，拿出后，保险杠放在工作车上或货架上面。
(9) 清洁保险杠和车身相关位置。
(10) 将后保险杠装回；安装过程注意调整保险杠与车身相关附件和钣金件的间隙。
(11) 清理工作场地和工具，要保持车间和汽车整洁。

三、保险杠的焊修

保险杠焊接采用塑料焊枪，它是采用陶瓷或不锈钢电热元件来产生热风，热风的温度为 230~340 ℃。热风通过焊嘴吹到保险杠破损处及焊条上，使其软化，将加热后熔化的塑制棒压入接缝。焊接过程中，塑料的收缩量较金属大，所以在焊接时应多留焊接余量。

（一）任务

按照正确方法焊接保险杠，修复后的保险杠应符合技术要求。

（二）操作准备

准备工具和材料：热风焊枪、塑料焊条、打磨机、砂轮、吹气枪、小刀等，焊前应进行安全检查。

（三）操作方法

1. 清洁部件

（1）用肥皂水清洗焊口，吹干后用塑料清洗剂清洗，但不要用一般的溶剂或除蜡除油剂来清洗。在清除硅质材料时，应先用一般的清洗液清洗，但一定要彻底清除掉残留的清洗液，如图 7-80 所示。

（2）在损坏部位做出 V 形坡口，坡口宽度为 6 mm，如图 7-81 所示。

图 7-80 清洁修复表面

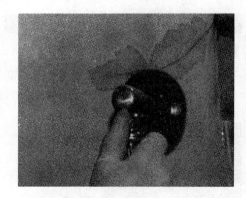
图 7-81 在损坏部位做出 V 形坡口

2. 开始焊接

焊接开始时，将焊条截成 60°角的偏口后插进焊枪的焊条预热管内，然后立即将加压掌压到焊件上的起始部位并使焊枪与焊件表面垂直，再将焊条插到底，使之在焊缝起点压住母材。用左手轻压焊条，而加压掌处的压力只能是焊枪本身的重力。慢慢向身边移动焊枪，开始焊接，如图 7-82 所示。

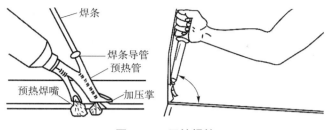

图 7-82 开始焊接

3. 正常焊接阶段

一只手向焊条施加压力，焊枪角度为45°，如图 7-83 所示，同时，用塑料焊枪的热量把焊条和塑料件加热，使之保持适当的平衡。当需要更换焊条时，如图 7-84 所示，应在焊条尚未太短而不够连接之前即停止焊接。随后，将焊条和塑料件接触快速切断。新焊条也切成60°，以保持接合处能够平滑过渡。

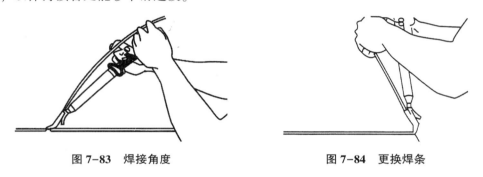

图 7-83 焊接角度　　　　图 7-84 更换焊条

4. 焊接检查

焊接后，观察焊缝是否和焊件完全熔合。焊缝不得有气眼和裂纹，受到弯曲也不应该产生裂纹。

5. 焊接完毕

焊接完毕后，设备需要按照正确的操作顺序进行关闭。首先，把塑料焊枪轻放于工作台上，避免枪头与保险杠及电源线接触。其次，将调压器调到零位，保持足够的冷却时间，以免损坏焊枪。最后，待焊枪冷却后，切断电源并清扫工作场地，把工具及剩余材料放好。

四、保险杠的黏结

保险杠的碎片在某些情况下通过加热来软化会影响外观和今后的使用，因此不可使用焊接，但可以使用黏结法。

（一）任务

按照正确方法黏结保险杠碎片，修复后的保险杠符合技术要求。

（二）操作准备

准备工具和材料：抛光机、抹布、清洁剂、黏结剂、固化剂、抛光剂、砂布和整形锉、红外线烘干灯。

(三)操作方法

1. 清洁部件

用粘有清洁剂的抹布擦拭受损面,如图 7-85 所示;再用抛光机抛光受损部位,如图 7-86 所示。

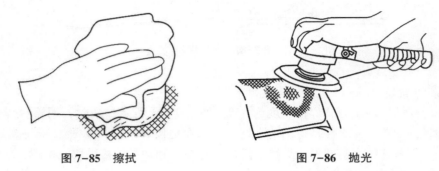

图 7-85 擦拭　　　　图 7-86 抛光

2. 修整部件

使用整形锉修整受损面并用砂纸打磨增加附着力,如图 7-87 所示。

3. 黏结部件

将黏结剂涂抹到保险杠受损部位,再将碎片接上,如图 7-88 所示。

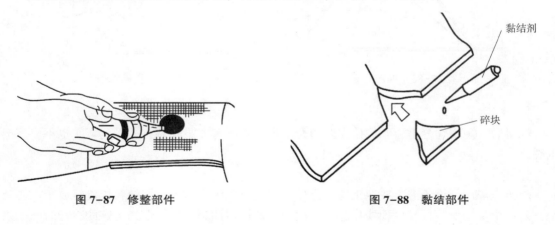

图 7-87 修整部件　　　　图 7-88 黏结部件

4. 固化材料

使用红外线烘干灯均匀烤干受损部位,冷却半小时,完成固化。

5. 抛光修整

用砂轮磨光塑料表面,再用砂纸对黏结部位进行精修,砂轮磨光和砂纸打磨可反复进行。

第五节　汽车翼子板的修复

翼子板是遮盖车轮的车身外板,其材料为塑料或金属,按照安装位置不同,可分为前翼子板和后翼子板。前翼子板安装在前轮处,必须要保证前轮转动及跳动时的最大极限空间。前翼子板用有一定弹性的塑性材料做成。塑性材料具有缓冲性,比较安全。后翼子板没有车轮转动碰擦的问题，但是出于对空气动力学的考虑，后翼子板略显拱形弧线并且向外凸出。有些轿车的翼子板已与车身本体成为一个整体，因此修理时需要进行切割。

一、前翼子板的拆装

（一）任务

按照正确方法拆装前翼子板时应安全规范地使用拆装工件，拆装前翼子板无损伤，拆装完毕后调整前翼子板与发动机盖、前大灯、前保险杠之间的间隙，以确保外观整齐。

（二）操作准备

根据车型的不同，前翼子板更换的方法不尽相同，应该参阅具体车型维修手册制订拆装方案。准备工具有叉形撬具、套装套筒扳手、十字螺丝刀、三角木、工作车等。

（三）操作方法

（1）将汽车挡位调到驻车挡，拉上驻车制动器，在前后轮下方垫上三角木。

（2）拆下前中网和前保险杠。

（3）拆下轮胎挡泥板和前翼子板与门槛之间的装饰条，如图7-89所示。

（4）松开前照灯，拔下转向信号灯电气连接插头。

（5）拆下前翼子板螺栓，如图7-90所示。

（6）将前翼子板从车身上移开。

（7）按照与拆卸相反的顺序安装新的前翼子板。

（8）调整前翼子板和各板件连接处的配合间隙，要求左右对称、均匀，尺寸符合规范要求。

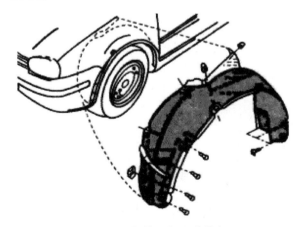

图7-89 拆挡泥板和装饰条

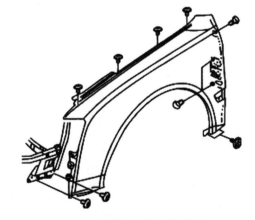

图7-90 前翼子板螺栓位置

二、前翼子板加强件的更换

（一）任务

按正确操作方法切割更换位于汽车前轮拱上方前翼子板加强件，修复后前翼子板加强件应符合技术要求。

（二）操作准备

根据车型的不同，前翼子板更换的方法不尽相同，应该参阅具体车型维修手册制订拆装方案。准备工具有切割工具、手工修整工具、焊接设备及用品。

（三）操作方法

（1）将汽车挡位调到驻车挡，拉上驻车制动器，在前后轮下方垫上三角木。

（2）拆卸前翼子板加强件。如图7-91所示，在位置a用焊点钻去除电阻点焊焊点，在位置b用砂轮机去除气体保护焊的焊缝。

（3）安装前翼子板加强件。

①切除板件的金属垂片，使边缘留下约5 mm，如图7-92所示。

②定位。可用大力钳或者点焊对翼子板加强件进行定位。

图7-91　去除加强件的焊接焊点和焊缝

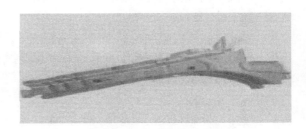
图7-92　切除板件的金属垂片

③连接A柱。用CO_2气体保护焊设备对翼子板板件加强件和A柱连接部位进行连续焊接。注意：分段焊接，尽量减小焊接热量产生的变形，如图7-93所示。

④连接轮拱。翼子板板件加强件与轮拱板件连接可以用电阻焊点焊或者CO_2气体保护的塞焊进行，但要遵从这两种方法的焊接规范，保证焊接的强度，如图7-94所示。

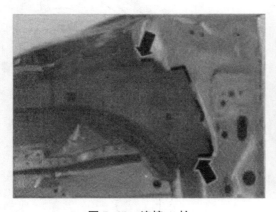
图7-93　连接A柱

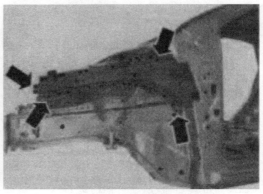
图7-94　连接轮拱

⑤防腐。对焊接的焊缝和焊点涂抹填补密封材料。

三、后翼子板的更换

（一）任务

严重的后端碰撞以及中度的偏后侧面碰撞会导致后翼子板变形严重,需要按照正确操作方法切割和更换后翼子板。修复后的后翼子板应符合技术要求。

（二）操作准备

根据车型的不同,后翼子板切割和更换的方法不尽相同,应该参阅具体车型维修手册制订方案。准备工具有切割工具、手工修整工具、焊接设备等。

（三）操作方法

（1）将汽车挡位调到驻车挡,拉上驻车制动器,在前后轮下方垫上三角木。

（2）先用卷尺按照需要切割部位的尺寸要求在板上划线,经观察比较无误后,再用切割工具进行切割,切割位置一般选择在车顶侧板接近车顶 200 mm 左右的位置和车门槛板靠近轮眉 100 mm 左右的位置,如图 7-95 所示。切割的断口要比新件安装时的对缝有 20 mm 左右的余量。最后用点焊切割器去除焊点,移走旧板。

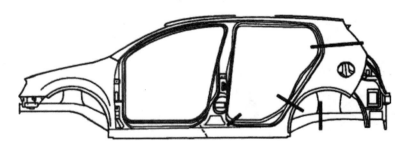

图 7-95 切割位置

（3）后翼子板的安装与定位。

①安装后翼子板。将后翼子板按图 7-96（b）所示的方法安装到位,用万能夹钳将相邻构件边缘夹紧,使后翼子板在各处得到固定。注意:新件落料时的边缘余量不宜留得过大,否则不便于装卡和固定。

②用适配法调整定位。用目测的方法检查构件的形线是否对齐和后翼子板与车门的间隙是否符合要求图 7-96（a）并用自攻螺钉将其临时固定,如图 7-96（b）所示。在后备厢关闭状态下,检视后翼子板与后备厢盖之间的间隙和高度是否合适,并用对比法测量、验证窗口的对角线,如图 7-97（a）所示。确认无误后也用自攻螺钉临时固定,如图 7-97（b）所示。最后,安装尾灯,验证其适配情况及高度是否与另一侧对称（图 7-98）。

③临时固定。每进行一项适配作业,都应在构件边缘的适当部位钻孔,而后用自攻螺钉将其临时固定。因为用夹具固定有时不够可靠,所以适配度的调整也不够方便。

④整体适配状况的检视。全部装配完毕后,再进行一次整体适配状况的检视,查看间隙、线形以及对称度等,还要检查新件及其与之关联的构件,有否整体弯曲或扭曲现象。待确认构件的安装与适配无疑后,再进入电阻点焊作业阶段。安装组合式台灯如图 7-98 所示。

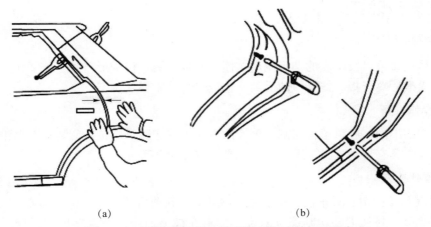

图 7-96 调整后翼子板与车门的适配度并加以固定

(a) 目测检查；(b) 用自攻螺钉固定

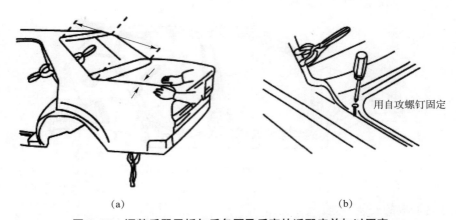

图 7-97 调整后翼子板与后备厢及后窗的适配度并加以固定

(a) 检测后翼子板与后备厢盖及后窗的适配度；(b) 用自攻螺钉固定

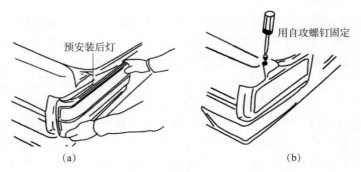

图 7-98 安装组合式台灯

(a) 预安装后灯；(b) 用自攻螺钉固定

(4) 新后翼子板的分割。

为使切割线能与新件的切口相吻合,应用塑胶样板规刻划切割线。使用气动锯切割,切割方法如图 7-99 所示。

图 7-99　比照新件切口划定切割线
(a) 按测量尺寸割下端头；(b) 比照新件端头划定切割线

(5) 新件焊接。

调节板件以便其与车门和车身彼此匹配,如图 7-100 所示,然后将后备厢盖安装在正确的位置上并调节间隙和水平差。然后将新件牢牢地夹紧,用测量设备进行检测,保证位置准确和两片(或两片以上)嵌板或凸缘之间的结合面紧密。以厚度较薄的嵌板或凸缘作为决定焊接电流大小的主要因素。焊接过程中随时调整电极夹臂接触压力和焊接电流的大小。选择点焊顺序(图 7-101),开始焊接。

图 7-100　调节新件配合

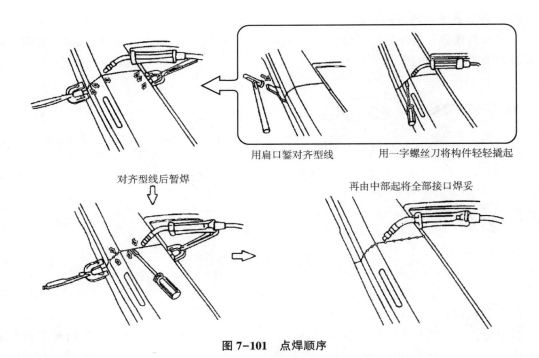

图 7-101 点焊顺序

第六节 汽车钣金件焊接实例

一、汽油箱的焊修

汽油箱大多采用镀锌板制作，内有隔板，用点焊方法与壳体连接，也有用聚乙烯塑料制成的（如桑塔纳轿车）。汽油箱通常安装在汽车车架的外侧或车架的后部，用箍带固定在汽油箱托架上。EQ1092 载货汽车汽油箱和桑塔纳轿车汽油箱的结构如图 7-102 所示。

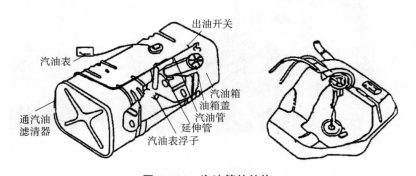

图 7-102 汽油箱的结构
(a) 货车汽油箱；(b) 乘用车汽油箱

除受撞击导致汽油箱变形或破裂外，汽油箱常见的损坏是由于锈蚀穿孔、裂纹所导致的箱体漏油。锈蚀多见于夹箍与汽油箱接触部位，尤其是汽油箱底部与汽油箱托架接触部位。

其原因是箍带与汽油箱直接接触或橡胶垫破损后造成摩擦,当汽油箱镀锌防腐层被磨损后,内层钢板将被逐渐锈蚀穿孔,造成渗漏。裂纹主要集中在隔板与壳体的点焊周围,通常是由于隔板受交变应力反复作用,点焊处受力集中而造成的。

(一) 操作准备

操作前应仔细检查待修汽油箱,判明渗漏位置。

汽油箱渗漏后,应先仔细检查渗漏情况,对汽油箱严重漏油的部位,根据汽油箱外表面上的油迹及油滴位置,即可判断漏油位置。如果渗漏部位不明显,可按以下方法检验:

1. 渗透性检验法

用干燥的抹布擦干汽油箱表面油迹及灰尘等,在有油迹部位均匀地撒一层干燥的滑石粉,在汽油箱内留 5~6 L 燃油,然后由两人配合,将汽油箱左右及前后来回摇晃约 1 min,若发现滑石粉变湿的部位,即为渗漏部位。

2. 密封性检验法

将汽油箱内剩余燃油倒净,把加油管口封住,使出油阀处于最大开度,用气管向汽油箱内输入 29.4 kPa 压力的压缩空气并置于水池内翻动,查看有无气泡逸出。

(二) 操作方法

1. 汽油箱的维修

渗漏部位判明后,即可对汽油箱进行维修。常用的维修方法有锡钎焊贴法、气焊焊接或挖补法、黏结法三种。

(1) 锡钎焊贴补法。

如果是由于锈蚀穿孔造成的小范围渗漏,可采用此法。一般选用厚度为 1~1.5 mm 的镀锌钢板或镀锡钢板或铜板锡焊贴补。对放油螺塞座周围渗漏或出油阀脱落、加油管接口松脱应用锡焊焊修。焊修时注意远离明火。

工具:焊炬、断钢锯条、砂布、细钢丝刷、烙铁等。

材料:5%碳酸氢钠水溶液、热水、压缩气瓶、氯化锌溶液、焊锡、镀锌薄钢板或薄铜板、防锈油漆等。

①清洗。把汽油箱内剩余的燃油倒净,用 80~90 ℃ 的5%碳酸氢钠水溶液反复清洗汽油箱内部,然后用热水冲净,重复 2~3 次,再用压缩空气将内部吹干净。

②清除修补表面。根据确定的修补范围,用锯条、砂布、细钢丝刷等工具,将表面氧化物、污染等杂物清除干净,使其露出金属的颜色。

③在已清洁的表面,涂上氯化锌溶液。

④对烙铁加热并使烙铁口挂锡。加热烙铁时,应严格控制加热温度,若温度过低,则不能熔化焊锡;温度过高,甚至烧红烙铁,不仅烙铁口无法挂锡,还会引发安全事故。加热温度应控制在 300~600 ℃。判断烙铁温度的方法是:将加热后的烙铁在氯化锌溶液中蘸一下,如发出短促的油炸声,且烙铁口呈极亮的银白色,表明烙铁的温度是合适的;如发出"吱吱"的声音,表明烙铁温度过高;如发出细小的"嘶嘶"声,表明烙铁温度过低。

⑤焊补表面镀锡。将挂锡的烙铁置于焊补表面,在焊补表面均匀地镀上一层焊锡。

⑥下补片。选择一块面积比锈蚀部位略大,厚度为 1~1.5 mm 的镀锌薄钢板或薄铜板作为补片,给补片均匀地镀上一层焊锡。

⑦贴补片。将补片镀锡的一面贴于待补的位置上,将加热的烙铁置于补片之上,边按压边移动,使夹层中的焊锡熔化渗透后再熔下一些焊锡,将补片边缘焊牢。

⑧检验。贴补结束后,对焊补部位进行渗透性检验。检验合格后,对贴补部位刷涂防锈油漆。

(2) 气焊焊接或挖补法。

这种方法用于汽油箱锈蚀范围较大或产生裂纹的情况下,常采用氧乙炔焊进行焊修或挖补作业。

工具:焊炬、剪刀、钳子等。

材料:氢氧化钠、热开水等。

①焊前准备。焊接前,倒净汽油箱内燃油,除采用前述方法对油箱进行彻底清洗外,还须选用氢氧化钠水溶液清洗。每只汽油箱使用氢氧化钠 500 g,分两次进行。先往汽油箱内注入半箱热开水,将氢氧化钠 250 g 放入油箱内,堵住汽油箱口,用力摇晃约 0.5 h,然后将水倒出。依此方法连续清洗两次。再用清水洗 1~2 次,将水倒出后,敞开油箱口于通风处静放 1~2 h,待残存的气体排放干净后,再进行焊接。

为确保安全,焊接前应进行试燃。试燃时,将油箱口朝向空间,用明火放在长棒上,离汽油箱口 3~5 m 的距离进行明火试验。焊接时,应清理汽油箱周围易燃物并准备灭火机等消防设备。

②充废气法焊修。先将箱内燃油清倒干净,然后,将另一辆汽车排气消声器排出的废气用胶管接入待焊修的汽油箱口,待废气充入汽油箱 3 min 后,用火焰在汽油箱加油口外试点火,若不能点燃,即可开始用气焊焊补。气焊过程中,应连续不断地对汽油箱充入废气,以保证废气始终充满油箱,直至焊修完毕,明火熄灭后,再向油箱充气约 1 min,方可停止。

③挖补法。在油箱侧面或底面用气焊焊接,必须是在挖补的情况下进行。挖去损坏部分时,必须用剪刀切除,禁用錾子剔除或焊炬吹割。焊补前,应进行油箱的清洗,并进行试燃后才可施焊。步骤同上。

若油箱底部多处腐蚀,可将整个底子挖掉,焊补新底,这样既保证质量,又整齐美观。换底时,可将挖开的口子向外弯曲成直角边,弯边宽度约 3 mm,补片也相应地弯边,然后对好茬口,用焊炬熔化弯边(不用焊丝的焊接)。焊接时,可用钳子将两个弯边夹在一起,先间隔点焊,然后分段全部焊好,这样焊接,速度快,变形小。

(3) 黏结法。

对于汽油箱锈蚀范围较小或非金属材料制作的汽油箱,可用黏结法进行修补(图 7-103)。

工具:刮刀、断钢锯条、砂布、细钢丝刷、剪刀等。

材料:丙酮、黏结剂(SM-2 胶)、脱蜡玻璃纤维布等。

①清除油漆并清洗。用刮刀、断钢锯条、砂布、细钢丝刷等工具将渗漏处的油漆进行清除,使汽油箱表面裸露并用丙酮洗净待补表面。

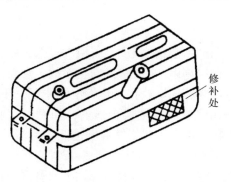

图 7-103 使用黏结法修补汽油箱

②配调黏结剂。按比例配调好黏结剂（黏结剂为 SM-2 胶），并按修补部位大小剪两块脱蜡玻璃纤维布。

③粘贴玻璃纤维布。将调配好的黏结剂涂在已清洁的表面上，分两次交叉粘贴 E 玻璃纤维布，使黏结剂渗透入玻璃纤维布，室温固化即可。

2. 汽油箱的拆装

工具：扳手、钢锯条等。

材料：橡胶垫等。

拆卸汽油箱时，首先将汽油箱内大部分燃油放出，以减轻汽油箱的重量。对无法用扳手等工具拆卸的螺栓（如螺栓已锈蚀），严禁用气割、切割砂轮、錾切等方法拆卸，可用钢锯条将螺栓锯断。安装汽油箱时，夹箍与箱体连接部位须垫橡胶垫。

以桑塔纳轿车为例，汽油箱的拆卸步骤为：拆下蓄电瓶上搭铁线，排放出燃油；拆下燃油表传感器盖并拔下吸油管、回油管及燃油表电线。松开加油口的连接软管，松掉油箱夹箍带螺母，使油箱下沉，最后拔下粗通气管，取下油箱。安装顺序与拆卸相反，但应注意燃油表传感器盖的安装方向。

二、排气管、消声器的焊修

（一）损坏原因

排气管和消声器由于高温和振动以及泥水的腐蚀，各连接部位及消声器外壳容易损坏、锈蚀。

（二）焊修方法

（1）如果消声器破裂严重，其外壳有 2 处以上的成片锈蚀，应予更换新件。

（2）如果消声器外壳只有一处锈蚀，其他部位完好无损，可将锈蚀部位切割掉，按其形状用 1 mm 厚钢板进行焊补。

（3）如果是排气管某一段管子锈蚀，应割掉损坏部分，用 1.2 mm 厚钢板卷成同径管后进行补焊。

（4）在割掉锈蚀部分后，要用小木棍敲打遍及消声器外壳，然后倒出筒内的积炭，清理干净积炭以后再进行焊补。

消声器与排气管子在交变振动环境下工作，各部焊接一定要牢固。保证其焊修后的功能良好。

三、车身钣金件裂纹的气焊修复

车身钣金件的裂纹多用二氧化碳气体保护焊修复，但对于不太重要的部位或受限于设备条件等时，也使用气焊予以修复。

用气焊修复车身钣金件时，应选用 HO-06 型焊炬配以 3 号焊嘴，使用直径为 2~2.5 mm 的低碳钢焊丝，火焰调节为中性焰。

施焊前应将裂纹变形的金属板复位、对齐，如果是通长裂纹还应先将端部固定焊上一点。对裂纹的焊接也遵循"由内向外"的原则，即从裂纹的止点起焊，逐渐将焊道引向裂纹的另一端（构件的边缘）。操作顺序与要领如图 7-104 所示。

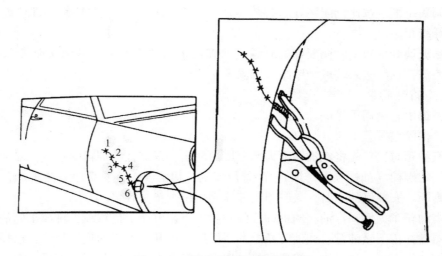

图 7-104 汽车翼子板裂纹的焊接

注：图中数字表示"暂焊"顺序

当裂纹较短时，可沿裂纹走向一次焊到边缘。当裂纹较长时，亦应按 50 mm 的间距先行定位焊接。定位焊的焊点超过三段以上时，应采用分段的方法逐一焊接。这样，可以防止因焊缝温度过高而引起熔池塌陷，同时，也能减少高温给周围金属带来的不良影响，构件的热变形也相应降低。焊接过程中，如发现构件裂纹两侧的金属板件错位，应借助手锤、垫铁等工具将其敲平、理齐。

当需要在一块较大金属薄板上焊接单一裂缝时，为了防止氧-乙炔焊对周围金属产生的热影响，可以用湿布或湿棉纱等围住焊缝后再施工，这样能够有效地阻止热量的扩散，以减少四周金属因焊接带来的变形。

如果裂纹发生在承受载荷较大的部位，还应采取加强型焊接措施。其一，对前述工艺先于裂纹的反面起施焊，并可将焊道加宽、加高，然后再由正面均匀地沿裂纹走一细致焊道。这样既可保证焊接强度，又能使焊缝美观。这种称之为"双面焊"的方法，用于修复车身钣金件的裂纹十分可靠。

对强度和表面平整度要求都比较高的部位，也可以采取图 7-105 所示的焊接方案。焊完一道焊缝后，借助槽形垫铁和手锤将焊缝敲成凹形，再用焊料将凹形槽填平。这样就给砂磨提供了充足的余量，而普通焊接方法则无此打磨余量。

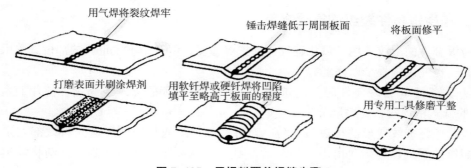

图 7-105 用焊料覆盖焊缝步骤

对车身钣金件的裂纹，无论采用哪一种方式焊修，都应在修补后于焊缝的内侧垫上托铁，用平锤沿焊缝轻轻敲击一遍，以消除焊接造成的残余内应力。对装饰性构件表面，还要认真进行表面修整，以达到涂装作业底层处理的要求。

四、车架的焊条电弧焊修复

汽车车架的常见损伤是断裂，这是在载荷过大和各种交变载荷作用下，车架过载或金属材料发生疲劳的一种表现形式，如图7-106所示。在车架纵梁上的适当部位，焊接各种类型的加强板，可以防止车架断裂或限制裂纹的延长。

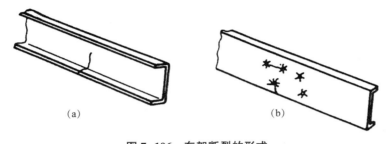

图7-106　车架断裂的形式
(a) 直线形裂纹；(b) 火花形裂纹

加强板与车架连接的形式如图7-107所示，加强板与车架钢板的连接方法多以焊接为主，较长的加强板也可采用铆接的方法连接。加强板的材质和厚度均应与车架一致或相近，沿长度方向的两端，应处理成如图7-107所示的非垂直边的形状，旨在防止车架于加强板两端处产生应力集中。

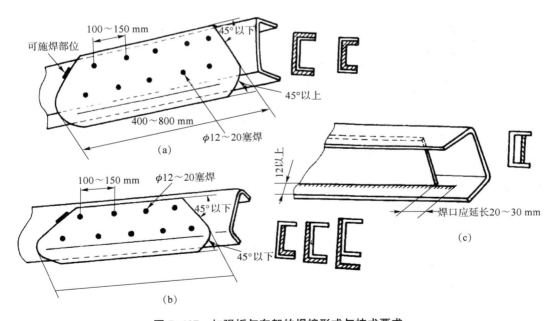

图7-107　加强板与车架的焊接形式与技术要求
(a)"匚"形加强板的焊接；(b)"L"形加强板的焊接；(b)"工"形加强板的焊接

此外，焊接部位的选择和加强板的圆角等，均应符合图 7-107 和图 7-108 中所示的要求。

加强板的腹面塞焊间距为不大于 150 mm；孔径为 13~20 mm。考虑到车架的承载与受力方式，加强板与车架的焊接主要反映在腹板上。除塞焊外，加强板腹板的两端也要分段施焊，焊道长应为 30 mm。除用于上、下翼面的条形加强板能焊接外，一般禁止在车架翼面板上施焊。

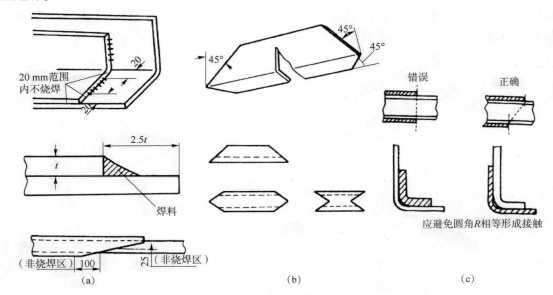

图 7-108 加强板的形状与焊接要求
(a) 焊接部位与焊道形状；(b) 加强板的端部形状；(c) 圆角部位应避免接触

对车架已有的裂纹，应按前面所述的要求先行修复。加强板的位置放准并确认其与车架贴合紧密后，即可由中间部位起逐一向两端施焊。塞焊操作应从孔的边缘开始，随后将焊条旋向孔的中央。焊后还要用镐形锤清除焊缝表面的药皮，以敲击方式消除材料应力并对各焊点、焊道的质量进行检查。

五、前车身悬架支承构件的更换

前车身悬架支承构件（亦称翼子板内支承板）发生严重损伤时，可按图 7-109 所示方法予以更换。

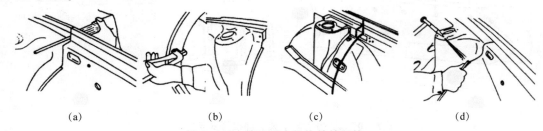

图 7-109 前悬架支承构件的更换
(a) 沿焊点边缘切割并将坏件拆除；(b) 用冲孔钳制成塞焊孔；(c) 点焊或塞焊；(d) 用钎料填充缝隙

(一) 拆除

前车身悬架支承构件是以点焊方法连接的。由于该构件的尺寸较大，有时即使将焊点分离也很难将其作为整体拆下。对此，可用风动锯切割，也可先用氧-乙炔割炬将报废那部分沿原焊缝边缘割下，然后再拆除焊点。车身维修作业中称这个办法为"粗割"，适用于车身上许多报废构件的更换。

用钻削或磨削的方法将焊点清除并使焊件剥离，借助撬板等工具将残留部分从车身上拆下。受损部分拆除后，要对车身上的接口部分进行整理，如：用手砂轮机磨去原来的焊痕，注意既要磨平又要避免损坏车身钢板；用手锤和垫铁将端口变形调整好；位置有误差时，还应先行矫正；将焊接面两边的油漆除净并于焊接面上涂敷防锈剂（注意：凡以后不涂漆的部位均应涂到）。

(二) 更换

待更换的新构件表面都覆盖有涂装材料，以点焊方法连接时一定要先将焊接部位的漆层除掉，否则会影响点焊电流的通过。清除涂层最好的工具是带式打磨机。

如果采用塞焊，则应在构件拟焊接部位用冲孔钳或电钻制出塞焊孔，如图7-109（b）所示。若塞焊孔径过大，容易使车身板件烧穿；过小则影响焊接强度。一般可按表7-1推荐的数值选取塞焊孔孔径。

表7-1 塞焊孔孔径选择表   单位：mm

钢板厚度	塞焊孔径	钢板厚度	塞焊孔径
<1.0	>5	1.6~2.3	>8
1.0~1.6	>6.5	>2.3	>10

由轿车车身的前部构造可知，前车身悬架支承构件，一方面，承担着前悬架的部分载荷；另一方面，还决定着前轮定位参数的准确度，所以，新装的前车身悬架支承构件板，必须以尺寸法定位，即以车身尺寸图中规定的位置要求为准，决定其与车身的装配的相对位置。若没有技术资料可循，则也可利用对称性原则在车身的另一侧通过实测获得。

在各部尺寸逐一校准的过程中，可用局部暂焊方式将前车身悬架支承构件适当加以固定；将起定位作用的部分关联件（如横梁、散热器支架等）装配牢靠，将翼子板装合并调整其与车门的间隙。正式进行定位焊的前后，应分别将全部定位尺逐一核对，确认其定位尺寸准确无误后再施焊。

无论是用点焊还是用塞焊，都要在构件搭接部涂敷防锈剂，并且焊点的分布数量均应相当于原厂方案约1.3倍为宜。

需要注意的是，在清理钢板表面漆皮时，应注意检查构件钢板的材料性质，属于耐腐蚀（表面处理）钢板时，应将拟焊接部位的耐腐蚀层砂磨掉，点焊时还要将电流放大10%~20%。

此外，焊接设备在使用过程中断路会产生强大的自感电势，如果作用在汽车的微电子装置上，就会造成不应有的灾难性损坏。

为此，必须确保焊接设备可靠接地并将汽车电源的回路断开（如断开蓄电池导线）。

六、车身后围侧板的局部挖补

车身维修作业中,经常会遇到钣金件局部锈蚀或发生严重损伤,局部挖补是解决这一问题的较好办法。图 7-110 (a) 为轿车车身后翼板的分段挖补示例。损伤严重时,也可沿图 7-110 (b) 所示的标线切割,进行更大范围的挖补。

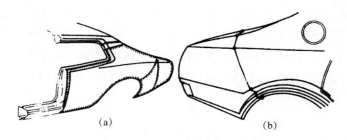

图 7-110 车身后翼板的挖补
(a) 局部挖补的分段;(b) 整体挖补的切割标线

(一) 落料

首先,通过检查确定局部锈蚀的范围,从外部画出欲挖补的轮廓。将其与车身其他部位的连接断开后,用风动锯、切割砂轮等将挖补处割下(禁止使用气割)。

在替换件上划出剪切范围线,要确保范围内的尺寸比切割下的损坏部分大 10~20 mm。按所划切割线将新件多余部分切除并将切口修磨整齐。将新件置于车身挖补处的正确部位,以此新件切口为样板在车身上准确地划定切割线,然后沿此线将车身上的多余部分切除并将端口修磨整齐。

(二) 焊接

将替换件对合车身上的切口并确认其位置正确、缝隙不大于 1 mm,用专门的夹具固定在车身上。然后用二氧化碳气体保护焊按主次定位关系进行定位焊,间距约为 50 mm。

焊接时,应由中间部位起焊分两次向终端延续焊接。施焊过程中,应注意观察焊缝的表面质量并保证熔深。焊毕还要趁热使用垫铁、平锤敲击焊缝,以消除由焊接产生的残余内应力。无误后,将焊缝修磨平整、光滑。

对车身后围板、翼子板等承载蒙皮,尽量使用二氧化碳气体保护焊,这样能使蒙皮周围变形小并保证焊缝具有足够的抗剪切能力。

【知识链接】

车身修复新技术

车身板件修复方法主要采用敲击整形修复和焊接介子整形修复操作。这两种方法都是修整板件比较大的损伤,会对金属的漆面产生损伤,在后面的修复工序中还要进行新的涂装工艺。如果金属板件的损伤较小,可以使用不损伤漆面的修复方法来修复板件,不但可以节省大量的时间和劳动,同时,还可以避免重新喷漆所带来的配色问题。一般常用的方法有黏结法修复和微钣金修复。

黏结法修复的原理是使用黏结的方法把介子（衬垫）固定在变形的部位（而不是用电极焊接介子的方式），通过衬垫黏结在变形区域进行拉伸校正。最后，通过溶剂把黏结剂去掉，变形区域的变形被修复但表层的油漆不会受到损伤。

微钣金修复是对汽车车身表面覆盖件的各部位因外界力量撞击而形成的各种凹陷进行修复的一种新技术。施工过程中，一边利用光线折射的视觉效果来判断凹陷的位置和程度，一边应用杠杆原理逐步将车身凹陷处的张力释放，使凹陷部位恢复原来的状态，实现对车身凹陷损伤的快速、准确、完整修复。如果再同时使用镜面镀膜技术，更能使修复后的汽车表面光亮如新。

参 考 文 献

[1] 李大光. 汽车车身修复技术 [M]. 2版. 北京：人民交通出版社，2019.
[2] 和豪涛. 汽车车身修复技术 [M]. 北京：机械工业出版社，2017.
[3] 郭建明. 汽车车身测量与校正 [M]. 北京：人民交通出版社，2015.
[4] 黄平. 汽车车身修复技术. [M]. 北京：人民交通出版社，2018.
[5] 李昌凤. 彩图检查汽车钣金修复必知365问 [M]. 北京：机械工业出版社，2017.
[6] 任超. 汽车车身修复基础 [M]. 北京：北京师范大学出版社，2016.
[7] 何扬. 汽车车身维修技术基础（钣金部分）：AR版 [M]. 北京：人民邮电出版社，2018.
[8] 曾鑫. 汽车车身修复 [M]. 北京：化学工业出版社，2010
[9] 吴云溪，等. 汽车车身修复技术 [M]. 北京：电子工业出版社，2015.
[10] 顾平林，等. 汽车碰撞钣金修复技巧与实例 [M]. 北京：机械工业出版社，2015.
[11] 陈虹. 汽车材料 [M]. 北京：人民交通出版社，2017.
[12] 王宏雁，等. 汽车车身轻量化结构与轻质材料 [M]. 北京：北京大学出版社，2009.
[14] 李昌凤. 手把手教您学汽车钣金修复 [M]. 北京：机械工业出版社，2018.
[15] 吴军. 汽车钣金维修一体化彩色教程 [M]. 北京：机械工业出版社，2018.
[16] 周世权，田文峰. 机械制造工艺基础 [M]. 3版. 武汉：华中科技大学出版社，2015.
[17] 艾云龙，刘长虹，罗军明. 工程材料及成形技术 [M]. 北京：机械工业出版社，2016.
[18] 史耀武. 焊接制造工程基础 [M]. 北京：机械工业出版社，2016.
[19] 宋昭祥. 机械制造基础 [M]. 北京：机械工业出版社，1998.
[20] 严绍华. 工程材料及机械制造基础（Ⅱ）-热加工工艺基础 [M]. 3版. 北京：清华大学出版社，2008.
[21] 严绍华. 材料成形工艺基础 [M]. 2版. 北京：高等教育出版社，2010.
[22] 钱继锋. 热加工工艺基础. [M]. 北京：北京大学出版社，2006.
[23] 韩星，陈勇. 汽车车身修复技术 [M]. 北京：人民交通出版社，2017.
[24] 姜勇，金守玲. 汽车车身修复技术 [M]. 北京：电子工业出版社，2016.
[25] 李庆军. 汽车车身修复及涂装技术 [M]. 北京：机械工业出版社，2016.
[26] 祖国海. 图解汽车车身修复与涂装快速入门 [M]. 北京：机械工业出版社，2013.
[27] 杨光明，陈海. 车身修复快速入门 [M]. 长沙：湖南科学技术出版社，2015.
[28] 周乐山. 汽车车身修复基础 [M]. 北京：北京师范大学出版社，2016.
[29] 冯培林，等. 汽车车身修复基础 [M]. 北京：人民交通出版社，2016.
[30] 冯培林，等. 汽车车身修复技术 [M]. 北京：人民交通出版社，2015.
[31] 朱军. 汽车钣金常见维修项目实训教材. [M]. 北京：人民交通出版社，2011.